煤炭高等教育"十四五"规划教材

组织与领导能力

编 著 陈 红 龙如银 岳 婷 芦 慧
芈凌云 陈飞宇 李宗波

中国矿业大学出版社
·徐州·

内容提要

本书在系统完整地归纳和呈现组织与领导能力的相关理论基础上，创新性地从个人和组织关系层面探讨组织与领导力，并通过引入案例—知识点—分析案例的思路阐明加强组织与领导能力建设的重要意义和实现途径。全书内容包括：绪论、组织的缘起与发展、组织力、在组织中工作、个人与组织的关系、领导、领导与领导能力。

本书可供高等院校管理类相关专业在校师生及社会实践者参考使用。

图书在版编目(CIP)数据

组织与领导能力 / 陈红等编著. —徐州：中国矿业大学出版社，2022.8

ISBN 978-7-5646-5496-2

Ⅰ. ①组… Ⅱ. ①陈… Ⅲ. ①组织管理学②领导学 Ⅳ. ①C936②C933

中国版本图书馆 CIP 数据核字(2022)第 152572 号

书　　名　组织与领导能力
编　　著　陈　红　龙如银　岳　婷　芦　慧　芈凌云　陈飞宇　李宗波
责任编辑　陈红梅
出版发行　中国矿业大学出版社有限责任公司
（江苏省徐州市解放南路　邮编 221008）
营销热线　(0516)83884103　83885105
出版服务　(0516)83995789　83884920
网　　址　http://www.cumtp.com　**E-mail**：cumtpvip@cumtp.com
印　　刷　徐州中矿大印发科技有限公司
开　　本　787 mm×1092 mm　1/16　**印张** 17　**字数** 424 千字
版次印次　2022 年 8 月第 1 版　2022 年 8 月第 1 次印刷
定　　价　54.00 元

前言

组织是以一定的权力为纽带、以一定的资源分割和配置为基础，为了实现一定的目标，运用信念、理想、态度、知识、技能和其他因素互相协助结合而成的具有一定边界的集体或团体。当今世界正经历着经济、政治、信息技术等方面的变革和创新，组织面临着巨大的挑战。无论是古代还是近现代，无论是国内还是国外，无论是宏观的政治组织层面还是微观的管理科学层面，无论是国家、政党、行政机关、企业还是个体，有无组织与领导能力或者组织与领导能力的强弱，都是关系其生存与发展的大问题。如何提升组织的组织力与领导力就成为一个组织生存和谋求长期发展的关键所在，也是每一个相关研究者孜孜以求的重要目标。“组织与领导能力”作为现代管理科学的一门新兴课程，内涵丰富：既包括科学的组织设计和完备的组织制度，也包括组织的价值观和目标塑造；既包括政治组织力，也包括管理组织力；既包括领导者如何提高领导能力，也包括个体如何通过学习理解有效的领导行为、掌握基本的领导技能、形成进阶化和系统化的卓越组织力和领导力、成为更好的领导者等内容。

目前，国内外关于组织力研究的著作较少，关于领导力的研究也多从传统视角研究领导力的内涵、特征和作用，未完全脱离传统的分析框架，缺少从个人和组织两个层面研究组织与领导能力的著作。为契合新时代的管理实践对组织和领导能力的要求，本书重点围绕个体能力视角，从个人和组织关系层面来探讨组织与领导能力，从新视角揭示组织与领导能力的分析途径，通过理论阐述与案例相结合的方式，阐明加强组织与领导能力建设的重要意义和实现途径，对于帮助组织和个体取得长期可持续发展具有指导意义。

本书围绕组织模块系统阐述了组织与组织理论的发展、组织力的三大层次、卓越组织力标签的识别与培育、在组织中工作、个体与组织的关系等基础理论和方法；领导力的含义、领导角色以及领导者的个人特质；不同情境下的有效领导行为与实践；具体的领导技能，包括沟通和冲突解决、创新和创造、愿景与战略设计、知识管理等；领导力开发和学习的各种方法等。本书将组织与领导力的理论知识内容融合到各章知识点和现代管理案例与思考题中，结构具体如下：

第1章绪论：组织与组织力概述、领导与领导力概述。

第2章组织的缘起与发展：组织形态的历史变迁、组织的类型与功能、组织理论的发展。

第3章组织力：宏观组织力、中观组织力、微观组织力、个体组织能力、卓越组织力标签。

第4章在组织中工作：组织战略与文化、组织运行与效能、组织中的社会化、组织中的权力与政治、组织中的核心态度。

第5章个体与组织的关系：人格与个体差异、个体与组织匹配、组织中的成长性职业生涯管理、组织制度与激励。

第6章领导：组织中的领导者、领导理论的历史变迁、组织中的领导与成员关系、新时代领导面临的挑战。

第7章领导与领导能力：能力的结构与呈现、领导力与领导能力内涵、卓越领导力的标签、卓越领导力的培育。

本书思路新颖，在内容、结构、知识点呈现以及实践观察方面具有独到的总体安排，体现了编者们对组织与领导力的知识点、知识体系、知识应用有高度的理解与系统的把握，在国内外具有领先水平，是一部具有重要创新性和开拓性的著作，也是国内首部面向大中专学生、研究生、各级各类管理者及实践者等的新颖著作。

本书是集体智慧的结晶，由江南大学陈红教授和龙如银教授、南京理工大学芦慧教授以及中国矿业大学岳婷副教授、芈凌云教授、陈飞宇副教授、李宗波老师编著。此外，多位研究生也付出了大量辛勤的劳动。中国矿业大学出版社的编辑们严格把关、细心编辑，提出许多宝贵建议，在此深表感谢！同时，在本书撰写过程中，参考了大量相关文献，在此对所引用文献的作者们表示感谢！

虽然本书经过多次讨论与修改，但仍有不足之处，敬请专家与读者予以指正。

作　者

2022年2月

目　录

第 1 章

绪　论

学习目标：

1. 掌握组织的内涵与特征；
2. 掌握组织力的基本特征；
3. 掌握领导与领导力的内涵与特征；
4. 熟悉组织力的表现形式；
5. 熟悉组织中领导者的领导能力及其表现形式；
6. 了解课程的学习目标和意义。

【开篇案例】 巴恩斯医院

一天，巴恩斯医院产科的护士长黛安娜给她的院长戴维斯博士打来电话，要求他立即做出一项新的人事安排。从电话里黛安娜的急切声音中，院长感觉到一定发生了什么，因此要求她立即到院长办公室来一趟。5 分钟后，黛安娜递给了院长一封辞职信。

戴维斯博士：

我在产科当护士长已经 4 个月了，我简直干不下去了。我有两个上司，每个人都有不同的要求，各自都要求我优先处理他们的工作安排。要知道，我只是一个凡人。我已经尽最大的努力适应这项工作，但看来这是不可能的。让我来举个例子吧！请相信我，这是一件平平常常的事，但像这样的事情，每天都在发生。

昨天早上 7:45，我来到办公室就发现桌上留了张纸条，是杰克逊（医院的主任护士）给我的。她告诉我，她上午 10 点需要一份床位利用情况报告，供她下午向董事会汇报工作时用。要知道，这样一份报告至少要花 1.5 小时才能写出来。30 分钟以后，乔伊斯（黛安娜的直接主管，基层护士监督员）走进办公室，质问我："为什么我的两位护士不在岗？"我告诉她："雷诺兹医生（外科主任）从我这里调走了她们两位，说是急诊外科手术正缺人手，需要借用一下。我也反对过雷诺兹的人事借调安排，但雷诺兹坚持这样安排。"您猜，乔伊斯说什么？她叫我立即让这些护士回到产科部。她还说，1 小时后，她会回来检查我是否把交办的事办好了！这样的事情每天都要发生好几次，一家医院就只能这样运行吗？

讨论：这家医院的组织有问题吗？有人越权行事了吗？要解决黛安娜的问题需要哪些知识和技能？这样的问题或许看起来很普通，但想要妥善处理好也不是件容易的事。因此，本书将探究为什么现实生活中会出现这样的问题以及如何处理这样的问题。

资料来源：https://www.docin.com/p-1499589409.html.

1.1 组织与组织力概述

任何社会都是一个有组织的社会，现代社会更是如此。人类作为典型的群居动物，在日常生活中充满了各式各样的人际交往互动，这就是我们通常所说的"社会生活"。组织既是社会正常运行的基本单位，也是人们进行人际交往互动的环境和框架。在现实生活中，组织无处不在，比如大学是一个组织，大学的二级学院和各个班级也是组织，又如政府、企业、社区等都是各种各样的组织。许多具备社会活动能力的个体和要素按照一定方式相互联系起来就形成了组织，很多组织又组成了社会。

肖金岑等人认为，中国的组织情境与国外相比具有以下特点：第一，中国组织情境中常见的社群、小团体等非正式组织决定了员工间的互动并不仅仅是基于工作角色的互动；第二，中国组织情境往往不具有严格的人际交往边界，强调群策群力，重视集体主义；第三，中国人格外重视关系，强调情感纽带和情感目标达成，乐意交友；第四，中国人讲究礼尚往来和感恩，组织的形成既是一种互惠交换模式，也是真实的情感需求交换。在2008年汶川大地震过后以及2020年新冠肺炎疫情暴发后，部分学者提出"社会组织发挥了重要的不可替代的作用，为处理突发公共事件做出了重大贡献"的看法。比如：积极组织和发动社会捐赠，为疫情防控提供资金和物资支持；积极参与社区联防联控，提供应急服务；开展各种志愿服务；关爱社会特殊群体；搭建以互联网为载体的协作平台；等等。可以说，组织不仅无处不在，而且使人们的生活变得更美好、更有序。

库珀(Cooper)指出，人工智能可以模仿人类进行思考，其成功应用需要特定的组织力，这是一种合力。管理学大师詹姆斯·穆尼曾这样定义：组织是特定人群为了共同目标而联合起来、一起努力实现目标的形式；而组织力，就是实现共同目标的能力。著名学者钱德勒提出，组织力是企业、产业、区域以及一个国家保持竞争优势的源泉。

以往国内外学者们对组织力的研究主要集中在将组织力与动态能力相结合，对其内涵、构成及特征等进行分析，或者仅采用传统静态数学模型对企业组织力进行评价。因此，对现有组织力的理解大多集中在员工意愿、员工能力以及组织机制上。学者可星等人根据系统涌现原理建构了企业组织力系统涌现模型，并创造性地将组织力定义为：在数字经济时代、新兴技术与管理情境中，适应于数字化转型、数字化商业模式创新、构建创新生态系统、支持业务流程的联动有序运行，以及按照新的组织惯例而对系统中先驱企业、跟随企业和互补创新公司内部及其之间的组织流程，进行设计、监控、重构和优化的能力。本书将参考这一定义，着重探究数字经济时代与新兴技术背景下组织力的内涵、构成及其特征。

1.1.1 组织的内涵

组织这一概念同计划一样，既是一个名词，又是一个动词。组织作为名词，是指按照一定的宗旨和系统建立起来的集体。著名组织学家巴纳德(Barnard)认为,由于生理的、心理的、物质的、社会的限制,人们为了达到个人的和共同的目标,就必须合作,于是形成群体,群体发展为组织。组织是社会的基本单元,也是社会运行的基础。组织作为动词,是指管理的组织职能,即通过角色安排、任务分派来发挥群体的作用。在一个组织中,其构成要素除了人之外,还有财、物、信息等。但是,人是最主要的、起决定性作用的要素,组织工作也就是围绕组织中的人展开的。理解组织的概念需要明确两个要点:第一,组织中要有两个或两个以上的人;第二,组织是有目标的,没有目标的人群是零散的,他们缺乏协作的动机,当然也不能称为一个组织。

组织是如何产生的呢?很多学者给出了不同的解释。以原始人打猎为例,由于他们没有先进的器具,又没有猛兽的尖牙利爪,所以一个人打猎很难成功。经过多年实践,他们发现集体打猎效果很好,并且发现听从一个人的指挥比一哄而上更好,于是就共同选出一位能干的人当首领,其他的人听从首领的指挥,这就是最原始的组织。

1.1.2 组织的特征要素

巴纳德认为,组织形成的特征要素包括3个:协作的意愿、共同的目标和信息的沟通。利维特(Leavitt)提出了组织的基本模型,该模型解释了组织的特征要素,包括社会结构、参与者、目标、技术和环境(图1-1)。

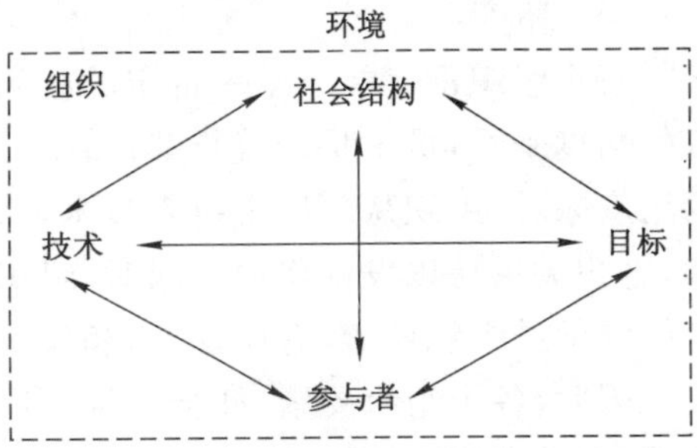

图1-1　利维特的组织基本模型

(1) 社会结构

社会结构是指组织参与者之间关系的规范与模型化,包括两个方面:一是规范体系及其体现的内容,即价值观、规章、制度和角色期待;二是既存秩序,即指实际的有规律的活动、互动和感知等,权力结构和人际关系结构是社会结构中既存秩序的具体表现。合理的社会结构有利于组织发展,不合理的社会结构甚至有可能危及整个组织,比如一个蜂巢或蚁巢中如果缺少甚至没有工蜂或工蚁,巢中的其他成员(蜂王或蚁后、雄蜂或雄蚁、蛹、幼虫、卵等)就难以生存。

(2) 参与者

我国著名企业家任正非曾慨叹道:"一个人不管如何努力,永远也赶不上时代的步伐,更何况知识爆炸的时代。只有组织起数十人、数百人、数千人一同奋斗,你站在这上面,才摸得到时代的脚。"这里提到的一同奋斗的人,就是最典型的参与者。

参与者是指出于各种原因为组织做出贡献的个体。参与者主要有两个作用:一是保持持续性及社会结构的再生产;二是带来变化,即创新与变革。参与者不仅包括某个组织内部的成员,还包括与该组织活动相关的一系列人员,如客户、合作伙伴等。

(3) 目标

目标是指组织及其成员共同享有的价值观和行动指南,决定了组织的发展方向,是开展各项组织活动的依据和动力。确定目标是组织的战略、计划和其他各项工作安排的基础,只有将抽象的目的化为具体的目标,组织实现预期的效益才有比较大的希望。对管理者来说,目标就好比路标,它指明了组织努力的方向,确定了组织应在哪些领域取得成就的标准。管理者在管理实践中要想得到满意的效益,就不能停留在目的性阶段,而应上升到自觉追求目标的阶段。

组织目标是多重的,而不是单一的:既有总体目标,又有具体目标;既有长期目标,又有中、短期目标;既有集体目标,又有许多个人目标。一般情况下,各类组织成员都处于试图实现组织目标的努力与期待之中,为完成组织目标,组织成员要付出一定的代价。在组织目标实现之后,或者重新制定组织目标,或者组织解体。

(4) 技术

广义的技术不仅包括用以完成工作的硬件,还包括参与者的技能和知识,甚至包括工作对象的特征。所以,有些组织理论家将技术定义为"为达到某些实际目的对知识进行组织与应用的凭借物",其内涵既包括物质层面的工具和机器,也包括为解决问题和获取某种期望结构使用的智力技巧及方法。每一个组织都有从事工作所需要的技术,而组织的技术通常部分根植于机器和设备中,同时又包含参与者的知识和技能。斯格特认为,所有的组织都拥有技术,但组织在对技术的理解、程序化或者有效化上存在差异。

(5) 环境

每个组织都存在于某一特定的必须与之适应的物质、科技、文化和社会环境中。从参与者的角度来看,员工是带着与其他社会环境互动后产生的文化和抱负进入组织的。从技术的角度来看,组织从环境中引入技术,从环境中获得收入,并向环境输出。至此,产品得以销售,客户关系得以发挥作用。同时,组织的目标也反映了社会环境所期望的价值。良好的环境能够促进组织健康、有序发展;相反,不良的环境会导致组织运作出现问题。

因此,各个组织要素(社会结构、参与者、目标、技术、环境)代表了所有组织的重要组成部分,各要素间相互影响。人们只有认识到组织要素的系统性,才能正确地认识组织的精髓所在。

1.1.3 正式组织与非正式组织

正式组织是指具有一定结构、同一目标和特定功能的行为系统。它包括明确的目标和任务、相应的机构、职能、成员的权责关系以及成员活动的规范。其组建、运行需要 3 个基本要素:协作的意愿、共同目标、信息的沟通。

"非正式组织"是"正式组织"的对称,这一概念产生于西方,是舶来品。1986 年,罗斯利斯伯格(Roethlisberger)等人在霍桑实验之后率先提出"非正式组织"的概念,并且进一步完善了"非正式组织"的定义:存在于组织成员中那些没有被正式制度规定,或者实际上弥补正式规范不足的那些事实上的人际关系。西蒙(Simon)从决策过程对非正式组织给出了界定:非正式组织是组织中影响决策的人际关系,但它们要么与组织纲领不一致,要么对正式纲领忽略不提;法里斯(Farris)认为,非正式组织是与正式组织目标独立的关系的集合;张田和罗家德认为,组织中人际的非正式关系构成的"圈子"就是非正式组织;Yang 认为,非正式组织是形成于人际关系的社交网络但不出现在正式组织结构图中的组织。

基于人际关系或非正式关系来定义非正式组织,难以反映非正式组织的本质,同时缺乏对非正式组织在功能和结构上的有效界定。因此,为了对非正式组织的范围进一步界定,斯科特(Scott)提出:每个正式组织中都会存在非正式组织,其运行深受正式制度的滋养;非正式组织一经形成便会逐渐产生各自的惯例、准则、价值观、规范和社会关系;非正式组织的建立以组织成员拥有共同的思想、相互喜爱、相互依赖为基础,是自发形成的。这一定义被广泛地认可与接受。表 1-1 为正式组织与非正式组织关系对比。

表 1-1 正式组织与非正式组织关系对比

正式组织	非正式组织
组织结构、成员权利和义务均由管理部门规定，各种活动必须遵循有关规章和制度	不确定且没有固定结构的机构，由无意识社会过程产生，是一种没有固定形态、密度经常变化的集合体
技术-经济系统	社会系统
工作关系	社会关系
讲求效率的逻辑	推崇感情的逻辑
命令型的纵向沟通	非命令型的横向沟通
管理依赖的是职权	管理更多地依赖于领袖个人的人格魅力
领导者选择	个人自愿加入
成文的、强制性规则约束	不成文的、自我约束
管理一般采用“经济-技术”手段	管理一般采用“社会-心理”手段

1.1.4 组织的功能

组织具有多重功能，主要表现在以下 3 个方面：

(1) 能产生一种新的合力

当组织把许多孤立的个人集合成一个团体、将许多单个劳动者组织起来进行协作时，组织所产生的生产力必然大大超过同样数量单个劳动者个人生产力的“机械总和”，即产生“1＋1＞2”的效应。

(2) 能满足人们的心理需要

各种组织都有满足其成员某个方面的心理需要的功能。例如，人们在企业或组织中所获得生存的安全感，可以满足社会交往的需要，可以满足自尊的需要，增强个体的自信感与力量感。

(3) 能有效地提高工作效率

成功的组织必然是高效的组织。具体原因如下：有效的组织具有良好的沟通网络；高度的相互作用与影响力；内部分工合理、职责明确；组织成员民主协商、共同决策，有较大的自主权；成员乐意接受组织的安排，将组织目标当作自身目标；成员有良好的精神状态。这样，自然能有效地提高工作效率，尽快完成预定的目标。

1.1.5 组织力的内涵

一般来说，组织力被认为是现代管理学中的概念。对于组织力的概念，不同学者有不同的见解。本书认为，理解组织力应从组织的含义入手。组织的本意是“经纬相交，织作布帛”，《现代汉语词典》(第七版)中对组织做了多种解释，其中“安排分散的人或事物使具有一定的系统性或整体性”最具有参考价值。也就是说，组织必须是基于一定规则形成的完整系统或者整体。因此，组织力的概念可以理解为分散的人或事物在一定规则下形成的完整系统或整体所具有的力量，是各要素相互作用形成的合力，也是组织所具有的凝聚力、创新力、运营力、感召力等力量的集合。组织力源于组织内部，且受外部环境的影响，是组织动态运行的结果。

1.1.6 组织力的表现形式

（1）凝聚力

美国管理学家斯蒂芬·P. 罗宾斯认为，组织中的凝聚力是指“群体成员之间相互吸引并愿意留在组织中的程度”。组织是抽象的，组织成员是具体的。组织的凝聚力来源于成员与成员之间、成员与领导之间的相互吸引。一个家庭有没有凝聚力，取决于夫妻双方是否相互吸引以及父母与子女是否彼此爱戴和尊重。一个国家和民族也是如此，如果人们之间没有了相互认同和吸引，人民和政府之间失去了信任和依靠，这样的国家和民族就没有凝聚力。

但是，罗宾斯的概念无法对有些现象做出解释，如有些群体成员并不相互吸引，甚至是相互厌恶的，但整个组织仍然可能保持凝聚力。心理学家霍格认为，凝聚力是群体成员对群体观念、群体共识性原型意象、典型的成员特征和行为的喜爱。也就是说，若群体成员认同群体的主要特征（如血缘、文化、阶层、目标等）和抱负，那么该群体在某种程度上就是有凝聚力的。对组织共同特征的认同，使得组织成员心甘情愿地留在组织中，为组织贡献自己的聪明才智和毕生精力，且无怨无悔；更重要的是，还会吸引新鲜的血液源源不断补充到组织中。

（2）创新力

创新是指人类为了满足自身需要，不断拓展对客观世界及其自身的认知与行为的过程和结果的活动。现有研究对创新力的阐述可以划分为 3 种观点：第一种观点认为，创新力是个人利用现有知识创造新颖的有个人和社会价值产品的能力；第二种观点认为，创新力表现为已有知识的整合和运用及对新知识、新产品或新技术的研究和发明这二者的相互关联；第三种观点认为，创新能力应具备基础知识、方法论知识、专业知识以及综合性知识。

因此，创新是指人们为了一定的目的，遵循事物发展的规律，对事物的整体或其中的某些部分进行变革，从而使其得以更新与发展的活动。创新力是指组织背景下的行为以及行为的产物。创新力是现代企业快速发展的核心价值，也是企业体制、机制、管理和科技创新的能力。

（3）运营力

运营力是一种“实质性”的能力，目的是高效地利用现有资源以及促进效率的提升。运营力是一种零基础的能力，可以用来解释“我们如何得到现有的生存状态”。组织持续发展的最关键问题就是实现组织运营力和组织创新力的平衡。在组织的初创期，其关注的焦点是如何在激烈的竞争环境中生存下来。在组织进入稳定发展期后，其关注的焦点是如何可持续发展。进入稳定发展期的组织应该致力于有效的运营管理，提升组织的运营力，即实现效率、质量、成本的优化。组织运营是创新的互补，对中小型企业的组织发展来说尤为重要。

（4）感召力

组织感召力也可以理解为组织魅力，它是一种使人甘愿接受对方影响的心理因素，是“人们拥有发自内心的归属和服从感”。当组织具有很强的感召力时，这个组织的潜能将得到最大限度的发挥。在智力资本时代的背景下，人是组织成败的决定性因素。因此，推崇文化管理已成为一种时代的选择。文化管理是以人为本的管理，从尊重人、尊重人的个性、尊重人的主观意识、尊重人的创造精神入手，有效激发人的潜能，追求组织目标和个人目标的协调实现，其特征是强调发挥人的主观能动性。从本质上讲，人的主观能动性具有差异性，而组织有共同的目标，需要全体成员一致行动，由此自然产生了个人之间的差异性与组织要求的协调一致性之间的矛盾。实践证明，增强组织的感召力是解决这对矛盾的科学思路和有效方法之一。

【管理故事】 安第斯山脉空难幸存者

1972 年春，一架载有 45 人的客机飞越安第斯山脉，其中大部分乘客是乌拉圭业余橄榄球队成员，他们此行是去参加在智利举行的球赛。然而，飞机没能抵达目的地，它撞上了冰雪覆盖的山峰，机体分裂后滑入了陡峭的山谷。尽管不少人在撞机发生时或一天后死去，却有 28 位乘客幸存下来，但当时他们的处境非常糟糕，天气极度寒冷，食物匮乏，有些乘客在撞机中严重受伤。在接下来的几天里，有几位乘客精神错乱，还有几位受伤乘客陆续死去。在这种情况下，那些没有受伤或受伤较轻的乘客打算做些事情，以增加他们生还的概率。

一些人用飞机残骸抵御恶劣的天气，另一些人设法寻找水和食物，还有一些受过医学培训的人照顾伤者。幸存者坚信他们会被发现，但随着时间的推移，他们的希望在慢慢消失，取而代之的是绝望。几周过去了，仍看不到救援队的踪影，活下来的乘客打算派出几支探险队寻找逃生的最佳路线。由于山上空气稀薄，积雪较深，人员行动非常费力，身体最健康的人被挑选了出来，但远足的结果令人失望。探险队认为，他们所处的位置是在安第斯山脉的中央，走出去几乎是不可能的。这时，一场雪崩击中了飞机残骸，又有几个人死去了。

幸存者看到等待营救无望，认为生还的唯一希望还是要靠他们自己。于是，3 名身体最健康的乘客被挑选了出来，组成了最后的探险队，其余的人都致力于提高这次探险的成功概率，3 名探险队队员得到了最多的食物以及各种必需的供应品。在飞机失事两个月后，探险队出发了。他们在最崎岖的山上跋涉了 10 天之后，遇到了智利放牛的农民……最后，另外 14 名幸存者获救了。

这是一个伟大的奇迹！不同领域的专家和学者从不同的角度研究他们成功获救的原因。组织心理学家发现，在这次逃生过程中，有一位名叫帕拉多的男孩发挥了关键作用。他看上去笨拙、羞涩，此前在运动和社交方面都是“候补队员”。这位似乎不可能成为英雄的人这次所表现出来的勇气、乐观、公正和情感支持使他在所有幸存者中成为最受爱戴和尊敬的人，混乱时他给人们分工，绝望时他给人们以鼓舞，冲突时他能妥善处理人们不同的需要与个性，关键时刻他做出了正确的决策与选择。许多幸存者说：“没有他，我们要生还是不可能的。”

资料来源：HOGHESR L，GINNETT R C，CURPHY G J. Leadership：enhancing the lessons of experience[M]. 7th edition. [S. l.]：McGraw-Hill Education-Europe，2011.

这是一个关于勇气的故事，也是一个关于领导力的故事。对个人来说，也许安第斯山脉空难故事与日常生活经验相差甚远，并没有任何有关领导力的经验。但是，请考虑一下安第斯山脉空难幸存者所面临的一些基本问题：个人目标和团体目标之间的紧张关系，团体成员的不同需求和个性，如何在逆境中保持希望等。这些问题与许多组织所面临的问题没有太大区别,我们可以从安第斯山脉幸存者的经验中找到非正式领导群体出现的例子。帕拉多曾经既笨拙又羞涩,在运动和社交方面都是"二流"的。但是,这位看似不可能的英雄,他在困境中展现出的杰出领导力使其成为幸存者中最受爱戴和尊敬的人。

1.2 领导与领导力

1.2.1 领导的内涵

"什么是领导?""怎样才能做一个好的领导者?"这些问题已经困扰着人类数千年之久。科学管理之父泰勒认为,领导是影响人们为实现团体目标而主动努力的一种行为。斯托格第尔在对1904—1947年的124个领导特质相关研究进行综述后提出,领导是对组织内群体或个人施加影响的活动过程,在一种情境中的领导者可能并不必然成为另外一种情境中的领导者。戴维斯提出,领导是一种说服他人热心于一定目标的能力。罗伯特认为,领导是在某种条件下经由意见交流的过程所实施出来的一种为了达到目标的影响力。哈罗德·孔茨认为,领导是一种影响力,它是影响人们心甘情愿地和满怀热情地为实现群体目标努力的艺术或过程;他还认为,领导是一种影响过程,即领导者和被领导者个人的作用与特定环境相互作用的动态过程。通用电气公司前首席执行官韦尔奇认为,领导是一种能将其想做的事发展成计划,并能使其他人理解、采纳这种计划以推动这种计划成为现实的人。《中国企业管理百科全书》将领导定义为:率领和引导任何组织在一定条件下实现一定目标的行为过程。

以上的定义基本上都包含了"影响力""过程""达到目标"等核心内容,其中哈罗德·孔茨的定义最具代表性。从管理学意义上来讲,领导可以定义为:领导者依靠自身影响力,指挥、带领、引导和鼓励被领导者或追随者,实现组织目标的行为与活动。

1.2.2 领导的特征

(1) 领导的本质是影响力

领导者拥有影响被领导者的能力或力量,它们既包括由组织赋予的职位权力,也包括领导者个人所具有的影响力。一个领导者如果一味地行使职权而忽视社会和情绪因素的作用,就会使被领导者产生逃避和反抗的倾向。当一个领导者的职位权威不足以说服下属从事适当的活动时,他的领导就是无效的。领导者在组织或群体中应能够依靠其影响力实施领导行为、获取组织或群体成员的信任,并且将组织或群体中的人吸引到他的周围来。

(2) 领导是一项活动过程

领导是对人们施加影响的过程,是领导者带领、引导和鼓舞下属去完成工作、实现目标的过程。同时,领导过程中所面临的组织或群体的内、外部环境是千变万化的,被领导者也是不一样的,他们的身份、教育、文化和经历不同,进入组织或群体的目的和需求不同,因此领导过程是一种充满不确定因素的过程。越是高层次的领导行为,其不确定性就越高,领导行为的难度就越大。

(3) 领导包含领导者和被领导者两个方面

领导者是指能够影响他人并拥有管理的制度权力、承担领导职责、实施领导过程的人。领导是领导者与被领导者的一种关系，如果没有被领导者，领导者就成了“光杆司令”，其领导关系也就不复存在。

（4）领导的目的是实现组织的目标

领导是要让人们情愿地、热心地为实现组织或群体的目标而努力，而非无奈地、勉强地为组织或群体的目标而工作，这体现了领导工作的水平，也是领导者追求的完美目标。不能为了领导而领导，也不能为了体现领导的权威而领导，领导的根本目的在于引导下属为实现组织的目标而努力。

1.2.3 领导的作用

领导是一项有目的的活动过程。领导者是领导活动的主体，成功和有效的领导活动取决于有利的环境因素。领导者必须依据组织的内、外环境因素，因地、因时、因人制宜地开展领导活动。领导活动对组织绩效具有决定性影响，分别体现在指挥、激励、协调、沟通 4 个方面。

（1）指挥作用

在组织的集体活动中，需要头脑清醒、胸怀全局、高瞻远瞩、运筹帷幄的领导者，帮助组织成员认清所处的环境和形势，指明活动的目标和达到目标的途径。领导就是指挥和先导，领导者应该站在群体的前列，帮助组织成员最大限度地实现组织的目标，而不是站在群体的后面去推动群体中的人们。

（2）激励作用

组织由具有不同需求、欲望和态度的个人所组成，因而组织成员的个人目标与组织目标不可能完全一致。领导的目的就是将个人目标与组织目标结合起来，引导组织成员满腔热情地为实现组织目标做出贡献。因此，领导者需要学会激励和鼓舞下属的斗志，充分发掘下属积极进取的动力，使组织内的所有人都最大限度地发挥其才能。

（3）协调作用

在组织实现其既定目标过程中，人与人之间、部门与部门之间不可避免地会发生各种矛盾冲突以及在行动上出现偏离目标的情况。因此，领导者的任务之一就是协调各方面的关系和活动，保证各个方面都朝着既定的目标前进。

（4）沟通作用

领导者是组织的首脑和联络者，在信息传递方面发挥着重要作用，是信息的传播者、监听者、发言人和谈判者，在管理的各层次中起到上传下达、下情上达的作用，有效的沟通可以保证管理决策和管理活动的顺利进行。

1.2.4 领导力的内涵

领导力是指影响一个群体实现愿景或目标的能力，英文为“leadership”。这种影响的来源可能是正式的，如组织任命的管理职位。但是，仅仅依靠组织提供给管理者的正式权力，并不能保证他们可以实施有效的领导。那些影响力来自组织正式结构之外的领导者，他们的影响力常常与正式影响力同等重要，甚至更为重要。

要全面把握领导力的内涵，就要掌握以下几点特征：

（1）领导力在本质上界定为素质和能力

《朗文现代英汉双解词典》对“leadership”的第二条解释为：the qualities necessary in a leader(领导力是领导者必备的资格)。

《牛津高阶英汉双解词典》对“leadership”的第二条解释为：the ability to be a leader or the qualities a good leader should have(成为一个优秀的领导者应具备的才能或品质)。

(2) 领导力具有正面的引领作用

《现代汉语词典》(第七版)对“领导”一词的解释是：率领并引导朝一定方向前进。尽管中外大部分学者都认为领导力就是影响力，但是影响力有正面影响和负面影响之分。将一个组织由坏变好很难，然而将一个组织由好变坏却容易得多。因此，“一言兴邦”体现的是领导力，而“一言丧邦”则谈不上什么领导力。真正的影响力应当是领导者通过沟通、联络、激励等手段正面影响追随者，从而获取追随者忠诚并引领追随者走向成功的能力。

(3) 领导力寓于领导过程之中

领导力是领导者在具体的领导过程中表现出来的素质和能力。因此，研究领导力离不开领导工作的三要素：领导者、追随者和领导过程，如图 1-2 所示。

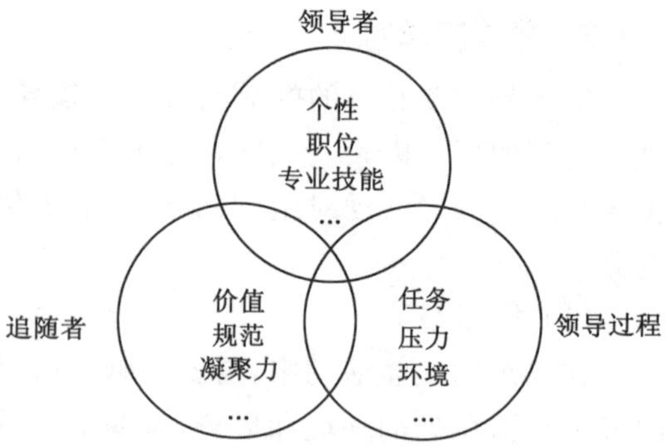

图 1-2　领导者、追随者、领导过程互动框架图

领导者和追随者之间复杂互动的一个例子是内部群体和外部群体。有时，领导者和少数下属之间存在着高度的相互影响和吸引，这些下属就是内部群体。反之，则为外部群体。一般来说，属于内部群体的下属对领导者有更高度的忠诚、承诺和信任。

(4) 领导力是胜任力

并非所有在领导岗位上的人所表现出来的素质和能力都能称为领导力。真正意义上的领导力是绩效卓越的领导者区别于绩效一般领导者的显著胜任特征。

(5) 领导力有别于管理能力

被誉为“领导大师第一人”的哈佛商学院教授约翰·科特告诫首席执行官(CEO)们：“取得成功的方法 75%～80%靠领导，其余 20%～25%靠管理，而不能反过来。”领导与管理是两个不同的概念，领导者不同于管理者，领导力也有别于管理力。如表 1-2 所列，领导者与管理者的主要区别在于：领导者解放人与能量，管理者强调控制；领导者立足长远，管理者着眼当前；领导者抓规划，管理者抓计划；领导者做正确的事，管理者负责把事做正确；领导者注重改革创新，管理者注重提高效率；领导者注重的是“知”，管理者注重的是“行”。

表 1-2　领导者与管理者特征差异

领导者特征	管理者特征	领导者特征	管理者特征
创新	管理	询问什么与为什么	询问如何与何时
发展	维持	首创	模仿
集中于人	集中于系统和结构	挑战地位	接受地位
激发信任	信赖控制	做正确的事	正确地做事
远视的	短视的		

（6）领导力是一种高超的资源整合能力

人类社会的一切生产和活动都离不开资源。领导力是组织的第一资源，从根本上讲，两个组织间的竞争和对抗是两个组织的领导者集中各种资源所进行的巅峰对决。《孙子兵法·地形篇》曰："夫地形者，兵之助也。料敌制胜，计险厄远近，上将之道也。知此而用战者必胜，不知此而用战者必败。"领导者如能准确地把握"天时"，借助"地利"，再加上"人和"，则大事必成。卓越的领导者如同企业资源计划（ERP，enterprise resource planning）系统，通过高超的整合能力，统筹人力资源、物质资源、关系资源、信息资源等各类资源为我所用，并确保沿着正确的方向前进，以求最大限度地利用现有资源，实现组织目标。

综上所述，领导力就是指绩效卓越的领导者在特定情境中，通过整合内外部资源，影响并引领追随者实现组织愿景和战略目标的综合能力，包括成就动机、道德品质、个性特质、思维能力、洞察能力、决策能力、执行力、创新能力、学习能力、沟通协调能力、管控能力、凝聚力、影响力等能力要素。

1.2.5 领导力的研究现状

张志学等人对2008—2011年度发表在英文和中文组织行为学领域重要学术期刊上的研究进行总结，依据文章所研究的主要内容（可以是自变量，也可以是因变量），概括出每篇文章的主题，发现文章数量排在前10位的研究内容依次是领导力（leadership）、团队（team）、公平（justice）、身份和认同（identity & identification）、组织公民行为（organizational citizenship behavior）、创造力（creativity）、工作-生活平衡（work-life balance）、多样性（diversity）、信任（trust）和绩效（performance）。这10类话题占全部研究的32%，其中领导力占比最大，为8%。组织行为学研究领域话题具体占比情况见表1-3。

表1-3 2008—2011年组织行为学研究领域内10大话题占比情况

话题	占比/%	话题	占比/%
信任	2	组织公民行为	3
多样性	2	身份和认同	3
工作-生活平衡	2	公平	3
创造力	3	团队	4
绩效	2	领导力	8

接着他们又进一步对领导力的研究进行了单独分析，总结出领导力领域中的研究话题。排在前10位的研究话题依次是变革型领导（transformational leadership）、领导成员交换（leader member exchange，LMX）、CEO、领导力发展（leadership development）、魅力型领导（charismatic leadership）、整合型领导（integrative leadership）、领导有效性（leadership effectiveness）、真诚领导（authentic leadership）、高层管理团队（top management team）以及政治领导（political leadership）。这些话题占全部领导力研究的50%，其中变革型领导占比最多，为10%。领导力研究领域话题具体占比情况见表1-4。

表 1-4 2008—2011 年领导力研究领域内的 10 大话题占比情况

话题	占比/%	话题	占比/%
政治领导	2	魅力型领导	6
高层管理组织	2	领导力发展	6
真诚领导	3	CEO	7
领导有效性	3	领导成员交换	8
整合型领导	3	变革型领导	10

在过去的几十年里，领导力的研究一直是组织行为领域中最重要的话题。其原因或许在于，领导者是推动企业发展和变革的最主要动因，而领导力则是保证组织成员适应变化、提高绩效的最重要的素质。由于领导力的本质在于应对变化，在当今复杂动态的环境中，领导力变得更为关键。为了更好地理解领导力，在之后的课程学习中，我们将会陆续讲到排在前 10 位的研究热点。

1.3 课程学习的意义

本课程旨在培养学生分析组织管理过程中关于组织与组织力、个体与组织的关系、领导能力与领导力的相关问题，形成对诸如人本身、人与人的关系、人与工作的关系、人与组织的关系、领导力与领导能力的关系以及组织的发展力、凝聚力、革新力、领导者的影响力、思维力、学习力等关键组织管理问题的系统认识。

另外，本课程可帮助学生初步掌握从宏观、中观和微观多层次视角分析组织与领导问题的认识论与方法论，培养科学严谨的学习态度以及创新改革精神，形成解决一般组织问题和领导问题的基本思考方式和实践能力，培养学生承担组织角色应具有的社会知识和技能，增强学生社会工作参与中的组织意识与领导意识，培育学生良好的组织能力和领导能力。

第 2 章 组织的缘起与发展

学习目标：

1. 了解组织的产生过程，掌握群体、组织、团队之间的区别；
2. 掌握组织的生命周期演进阶段；
3. 掌握组织结构的类型与功能；
4. 掌握高效组织、正式组织与非正式组织的特征；
5. 了解组织结构的发展趋势；
6. 熟悉组织理论的发展阶段；
7. 了解未来组织理论的趋势导向。

【开篇案例】 腾讯的组织变革

如同大多数处于创业期的企业一样，1998 年成立的腾讯在创业初期将企业的重点放在了产品研发和市场拓展方面。由于当时年幼的“企鹅”规模小、人心齐、管理简单，因此组织设置并不复杂，采用职能式组织架构。腾讯“五虎将”中的马化腾为 CEO，其他 4 位创始人根据自身所长各司其职。其中，技术天才张志东分管研发；性格开朗、能言善辩的曾李青分管市场和运营；陈一丹严谨稳重，分管行政、人力资源和内部审计；随和且有主见的许晨晔分管信息部、公共关系等职能部门。可以说，职能式的组织架构保证了腾讯在各专业职能领域的深入发展与经验积累，组织运作效率在当时的组织规模下也发挥极致，为腾讯的快速成长打下了坚实的基础。

管理学教授格瑞纳(Greiner)在《组织成长中的演变与变革》一文中指出：“组织在某一阶段的最佳管理实践将会带来另一阶段的管理危机。”职能式组织架构对腾讯早期的快速扩张发挥了至关重要的作用，至上市前，腾讯的业务部门已增至 30 多个，人员规模也达到两三千人。在这种规模下，当时的组织架构已经无法跟上组织发展的步伐，致使公司在管理上出现一系列问题。

与此同时，在外部市场环境方面，网络游戏、网络媒体、移动互联网等市场机会均已出现，在看到这些机会萌芽后，腾讯管理层果断进行了新业务布局，并制定了“打造一站式在线生活平台"的战略发展方向,以期将腾讯做成互联网上的"水"和"电"。

1. 由职能式向业务系统制调整

正是基于上述存在的管理问题以及新的战略与业务布局,腾讯在2005年以上市为分水岭,提出了"二次创业"的概念,并对组织架构进行了第一次大规模调整,将原来以职能分工为特征的职能式组织架构调整为以产品为导向的业务系统制组织架构。

如果将组织看作由横向业务分工与纵向决策分工构成的双重分工系统,那么从横向上看,腾讯调整后的组织架构共分为八大系统。其中,B1无线业务系统、B2互联网业务系统、B3互动娱乐业务系统和B4网络媒体业务系统作为生产线,主要承担一线营收;B0企业发展系统负责国际业务拓展与战略投资,其与S职能系统同直属于腾讯最高层管理机构——总经理办公室;另外两大系统分别为O运营平台系统和R平台研发系统。从纵向上看,腾讯的组织层级主要分为三层:系统→部→组,它们之间也存在"线"和"中心"两层选设机构的情况,但在设置上需要满足严格要求。腾讯这样划分组织层级的目的是希望尽量使组织扁平化,从而提高决策效率,快速响应环境变化。

这种以产品为基础的组织架构成为当时业务发展的重要助推器,帮助公司形成一套非常坚固的产品体系,使其超预期实现当初设定的战略目标,并且得到用户的广泛认可。然而随着业务的发展,这种组织架构也为腾讯带来了"大公司病"的困扰。

发表《时代周报》刊登的《失控的腾讯帝国》(作者不详)以及在《南方周末》发表的《腾讯组织架构变革——自己与自己的战争》(作者:陈新焱,周冯灿,冯叶)两篇文章分析了腾讯当时存在的管理问题:各部门产品依赖QQ软件作为资源导入,在激烈争夺资源的过程中,严重破坏了腾讯的品牌形象与用户体验,也导致部门矛盾和创新不足;移动互联网时代出现的很多新的产品与领域难以被清晰划归到某一业务系统,出现不同产品团队争夺某一产品的现象,致使很多新产品在研发初期严重内耗;庞杂的业务发布在4大BU(子公司),导致组织决策复杂、层级过多、业务关系混乱、部门设置重复;高层领导拉帮结派,部门官僚气氛严重,各自为政。

与此同时,腾讯的业务发展也遇到瓶颈,除游戏业务为"现金牛"持续贡献收入外,当时的腾讯在新业务上并没有太多亮点,这座孤傲的"冰山"已经开始出现融化的迹象,如果再不主动谋求变革,将注定失去未来。

2. 由业务系统制向事业群制调整

基于上述管理与业务问题,面对用户新需求、新技术、新业务模式层出不穷的市场环境,2012年5月18日,腾讯对自身组织架构进行了最大规模的调整,从原来的以产品为导向的业务系统制升级为事业群制,对原有业务进行了较为彻底的梳理与重构,重新划分成企业发展事业群(CDG)、互动娱乐事业群(IEG)、移动互联网事业群(MIG)、网络媒体事业群(OMG)、社交网络事业群(SNG),整合原有的研发和运营平台,成立新的技术工程事业群(TEG),并成立腾讯电商控股公司(ECC)。

根据各个业务的属性,这次组织架构调整对组织单元的边界划分更加清晰,减少了业务重叠而产生的部门矛盾,同时也使得组织单元更加专注和聚焦,从而更加深刻理解并快速响应用户需求,发挥了事业群内部的"小公司"精神。

此外,互动娱乐、移动互联、网络媒体、社交网络、电子商务5大业务在技术工程与企业发展2个事业群的技术支撑与资源供给下更加协同,充分发挥了"一个腾讯"大平台的整合优势。

同时，这次组织架构调整也推动腾讯核心业务从社交一个方向向社交、游戏、网媒、无线、电商和搜索六个方向突进。通过六块业务进一步打造开放平台，在各自专业领域纵深发展，通过扶持产业链上的合作伙伴，构建一个开放共赢的有机生态系统。正如马化腾所说："腾讯的立业之本是我们的 IM(即时通信)平台。过去的组织结构，都是从这个平台上长出来的，都是从这棵榕树衍生出来的枝杈。可是，虽然枝杈变得越来越多并且落地生根，这还只是一棵树。面向未来，我们必须要向互联网更高的境界迈进。我们需要去构建一个生态系统，与合作伙伴一起培育一片森林。"

3. 公司级组织的升级与分拆

继 2012 年 5 月组织架构调整之后，腾讯又分别在 2013 年 1 月、3 月和 9 月连续对旗下几大事业群的架构进行了一系列调整优化。其中，变化较大的是对 MIG 相关业务的分拆，使其聚焦于浏览器、安全、搜索、应用平台等平台型业务。

发生于 2014 年 5 月的组织架构调整则体现了腾讯再造一个企鹅帝国的决心。面对公司整体增长放缓的现状以及移动互联网社交产品微信迅速崛起的机会，2014 年 5 月 6 日，腾讯宣布成立微信事业群(WXG)，并且撤销腾讯电商控股公司，将其实物电商业务并至 2014 年 3 月刚刚入股的京东，O2O 业务并至微信事业群。此次调整使微信由一支产品升级为战略级的业务体系，并承担起腾讯在移动互联时代战略转型与业务持续增长的重任。

继 2014 年 5 月组织架构调整后的 5 个月内，腾讯同样持续了一系列组织架构微调，包括 7 月撤销 OMG 的腾讯微博事业部，10 月调整 IEG 自研游戏组织体系等。

资料来源：搜狐网，https://m.sohu.com/a/17116299_114965.

2.1 组织形态的历史变迁

2.1.1 组织的产生与演进

2.1.1.1 组织的产生

原始社会时期，人类为了共同抵御外界物种的侵害，猎捕足够的食物(由于生存与安全需要集聚在一起)，形成了多个个体为基本的目标联合起来的一种组织形式。随着社会的发展，人们需要人际交往中的同情互助和互相赞许，满足自身的友谊需求和群体的归属感，所以人类形成了群体。这一现象得到了社会认同理论的支撑。该理论认为，人们会对自己所属群体的成功或失败产生情绪，因为他们的自尊同群体的表现紧密挂钩。特别是具有相似性的个体，更容易产生社会认同心理。这种为实现特定目标而组合到一起并形成互动和相互依赖关系的两个或更多个体被称为群体。

工业社会时期，为了满足生产的需要，日常的生产任务往往需要多个个体共同协作完成，群体的性质发生了改变，被赋予了工作或生产的属性。因此，工作群体是企业组织产生的直接原因。具体来说，企业组织是由两个或两个以上的组织成员以一定的方式和手段把企业投入要素有效地转化为产品或服务，并最大化地实现企业利润目标而集合在一起的群体。组织的产生源于人类的生产和社会斗争。相对普通群体来说，工作群体具有明确的绩效目标，其中个体需要具备技能完成既定的岗位任务。在工作群体中，成员间会进行互动，主要是为了信息的共享以及决策的制定，从而帮助每个个体完成相应的工作职责。

早期的工作群体绩效水平主要是每个成员的个人贡献之和。但组织的工作远不止多个个体凑在一起完成任务这么简单，如何通过成员的共同努力产生积极的协同作用，从而促使工作群体绩效远大于个体绩效之和，被管理者们广泛关注，这也导致团队这一概念的产生。团队的广泛使用为组织创造了一种潜在可能性：在不增加投入的前提下，提高产出水平。因此，团队是一种特殊的高效组织。表 2-1 所列为群体、组织与高级组织的区别。

表 2-1　群体、组织与高效组织的区别

项目	群体	组织（工作群体）	高效组织（团队）
目的性	非确定	确定	确定
责任	无	个体责任	共同责任
工作技能	随机	随机或不同	相互补充
协同效应	无	一般	高
工作效率	低	一般	高

2.1.1.2　组织形态的变迁

组织形态是指由组织中纵向的等级关系及其沟通关系，横向的分工协作关系及其沟通关系而形成的一种无形的、相对稳定的企业构架。它能够反映组织成员之间分工协作关系，体现了一种分工和协作框架，是企业的组织形式、存在状态和运行机制。从传统的小农经济到工业经济，再到新经济时代，企业的组织形态发生了重大变化。根据企业的产生和发展及领导体制的演变，企业组织形态经历了直线制→直线-职能制→事业部制→新形态的演变（图 2-1）。

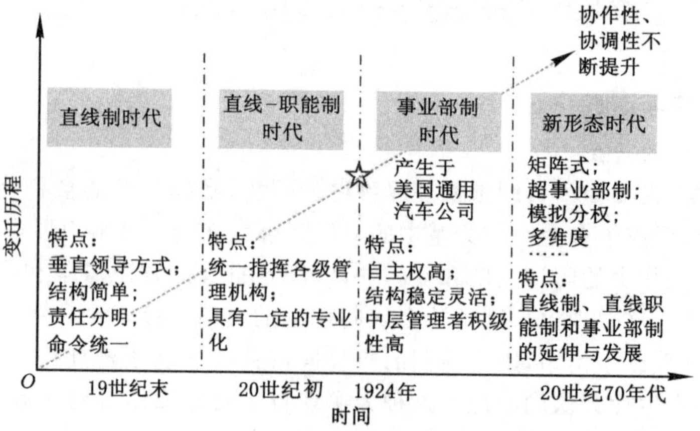

图 2-1　组织形态的变迁历程

（1）直线制时代

直线制产生于 19 世纪末，它与工业化、大规模生产方式相适应。直线制的特点是企业各级行政单位从上到下实行垂直领导，下属部门只接受一个上级的指令，各级主管负责人对所属单位的一切问题负责。直线制具有结构简单、责任分明、命令统一的优点。其缺点是：由于没有专业管理分工，要求行政负责人必须通晓多种知识，亲自处理许多业务问题。直线制只适用于企业职工人数不多，生产和管理工作都比较简单的企业。

（2）直线-职能制时代

直线-职能制产生于 20 世纪初，它顺应了大规模生产的要求，很快在各行各业推广开来，成为大规模生产的基本组织模式。直线-职能制的特点是将企业管理机构和人员分为两类：一类是直线领导机构和人员，按命令统一原则对各级组织行使指挥权；另一类是职能机构和人员，按专业化原则，从事组织的各项职能管理工作。直线-职能制的优点主要有：各级管理机构集中统一指挥；各级行政负责人有相应的参谋机构作为助手，可以充分发挥其专业管理的作用。然而，直线-职能制存在对外部环境变化反应较慢、部门间缺少横向协调、组织缺乏创新、对组织目标的认识有限等缺点。我国大多数企业，甚至机关、学校、医院等，一般都采用直线-职能制结构。

（3）事业部制时代

事业部制最早于 1924 年产生于美国通用汽车公司，是一种高度集权下的分权管理体制。事业部制的特点是总部和中层管理者之间的分权，企业的业务按产品、服务、客户或地区分为事业部，企业总部授予事业部高度的自主权，事业部可以作为独立核算、自负盈亏的主体进行独立经营和运作。事业部制的优点主要有：将不同经营业务的专门化管理与公司总部的集中统一领导结合起来；各事业部是以利润责任为核心的，既可以为公司带来稳定的收益，又充分调动起了中层管理人员的积极性；在培养综合性的高级管理人员方面有着突出的优势；其结构既有较高的稳定性，又有较高的灵活适应性，也扩大了有效控制的跨度，使上级领导直接控制下层单位的数目得以增加。其缺点是容易造成职能重复、管理费用和成本上升、对公司共有资源和共享市场的不良竞争等。事业部制适用于规模庞大、品种繁多、技术复杂的大型企业。

（4）新形态时代

在企业所面临的环境日益复杂且不确定性较高的情况下，一些新型的企业组织形态出现了，如矩阵式结构、超事业部制结构、模拟分权结构、多维结构等。但仔细分析可以看出，这些结构都是直线制、直线-职能制和事业部制的延伸与发展。换言之，这些新的组织形态的基本形态仍是直线-职能制和事业部制，它们都是直线-职能制和事业部制的变形。

2.1.2　组织的生命周期

生命周期这一概念为探讨组织的成长和变化提供了一条有益思路。所谓组织的生命周期，是指一个组织的诞生、成长直至最后消亡的过程。随着组织向生命周期下一阶段的演进，其结构、领导风格及管理系统都会演变为一种相对可预见的模式。生命周期的各阶段在本质上是顺序演进的，它遵循的是一种规律性的进程。

2.1.2.1　生命周期的演化阶段

关于组织生命周期的最新研究表明，其在组织发展中表现出 4 个阶段的不同特征。这些阶段以及各阶段面临的问题如图 2-2 所示。要解决每一阶段面临的问题，就要将组织转变为下一阶段的形态。成长并不是一件容易的事，组织每次进入生命周期的一个新的阶段，就等同于进入一场全新的球赛。组织面临的是一套全新的规则，它规范着组织如何在内部运行以及如何与外界的环境相联系。

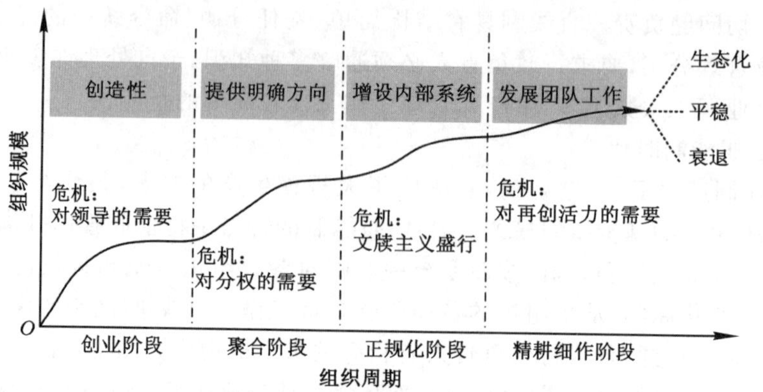

图 2-2　组织生命周期

（1）创业阶段

组织诞生之初的经营重点是创造出一种产品，并力求在市场竞争中生存下来。组织的创建者被称为企业家，他们将全部的精力投入到生产和营销的技术性活动中。组织是非正规的，不具有行政式机构的特征，组织中的工作时间往往很长，且依靠创业者的亲自监督来实施控制。在创造性地推出某种新的产品或服务过程中，组织获得了成长。

创业阶段的危机：对领导的需要。组织开始成长后，日益增多的员工会带来许多问题。富有创造力的、精于技术的创业者面临着强化管理的问题，然而他们可能更倾向于将精力投入到产品的生产和销售中，或者开发新的产品或服务。当危机出现时，创业者要么调整组织的结构以适应成长的需要，要么引入更能胜任管理工作的得力职业管理者。

（2）聚合阶段

如果领导危机得以解决，组织有了强有力的领导者，组织就开始提出明确的经营目标及方向。组织设置了职能部门，建立职权层级链，并且给各层次、部门分配明确的任务，从而有了初步的劳动分工。在聚合阶段，员工们对组织使命一致认同，竭力协助组织取得成功。他们感到自己是集体的一分子，组织中的沟通和控制大多是非正式的，尽管此时开始出现了一些正规的制度。

聚合阶段的危机：对分权的需要。如果新的管理层领导成功，低层级的员工逐渐会发现他们受制于自上而下的强有力的控制。下层管理人员开始在自己的工作领域中获得一种自信，从而要求有更多的自主权。而凭借强有力的领导和愿景来激励员工取得成功的高层管理者可能不愿放弃其职责，这样就产生了自主危机。高层管理者希望确保组织的各个部分都协调运作并齐心协力。这时，组织需要找到一些方法能协调和控制各部门的活动，而又不需要高层管理者进行直接监督。

（3）正规化阶段

正规化阶段涉及规则、程序和控制系统的建立以及使用。沟通不再频繁，而且更加正规化。组织中增加了工程人员、人力资源专家及其他职员。高层管理当局转而关心诸如战略和计划这样的问题，而将公司的日常经营管理问题交给中层管理人员。组织可能会设立产品群部或其他的分权单位，以增进协调。以利润为基础的激励制度得到采用，这样可以确保管理者朝着最有利于整个企业的方向努力工作。

正规化阶段的危机：文牍主义盛行。在组织发展的这一时点上，制度和规划的广泛使用可能开始困扰着中层管理人员。组织似乎过于行政机构化，中层管理者可能会对参谋人员的介入表现出极大不满，创新可能受到束缚。组织看起来过大、过于复杂，以至于难以通过正规的计划来加以管理。

(4) 精耕细作阶段

克服文牍主义危机的办法是通过培育一种新的意识促进协作和团队工作。在整个组织中，管理者要培养员工面对和解决问题及协同工作的能力，行政式机构可能已经达到了极限。社会控制和自我约束机制的引入可以减少管理者对过多的正规控制的需要。管理者应学着在行政式机构中工作而不再增加行政式机构。正规的制度在得到简化之后，取而代之的是管理者团队和任务小组。为了实现协作，公司内部常常会组建一些跨职能部门或跨事业部的团队。组织也可能会分解成若干事业部，以保持小企业经营的特色。

精耕细作阶段的危机：对再创活力的需要。当组织成熟后，可能会步入暂时衰退的时期。可能每隔一二十年就需要对组织进行一次重建，使之获得新的活力。这时的组织可能不再适应其环境，或者变得行动迟缓，过于行政化，因而必须经历一个重塑和创新的过程。在这一阶段，通常需要更换高层管理者。

2.1.2.2　组织生命周期各阶段的特征

随着组织在生命周期 4 个阶段中的演进，其结构、控制系统、创新、目标等方面也相应发生了变化。表 2-2 概括了每一阶段相关的组织特征。

表 2-2　组织生命周期各阶段的特征

演化阶段	创业阶段	聚合阶段	正规化阶段	精耕细作阶段
结构	非正规，一人指挥	基本非正规，存在一些程序	正规化程序，有智能分工	行政式机构内的团队工作
产品或服务	单一	有主导产品或服务和少许辅助产品或服务	一系列的产品或服务	多个产品或服务
目标	生存	成长	内部稳定与市场扩张	制度化的研究开发部门
管理风格	个人主义	超凡魅力、方向指引	控制下的授权	团队式

(1) 创业阶段的组织特征

新创办的组织往往是规模小、非行政机构化的，而且由一个人全权指挥。这位领导人决定了组织的结构和控制方法。整个组织的精力投入到求生存以及单一产品或服务的生产中。

(2) 聚合阶段的组织特征

在这一阶段，组织进入了青年期。成长非常迅速，员工情绪激昂，对组织的使命高度认同。尽管制定一些程序，但结构仍然基本上是非正规的。强权的具有超凡魅力的领导人指定了组织发展的方向和目标。这时期组织的主要目标是寻求持续的成长。

(3) 正规化阶段的组织特征

在这一时期，组织步入中年期，开始出现行政式机构特征。组织增设了参谋辅助人员，制定了大量的正规化程序，实施了高度的劳动分工，并建立了明确的层级制。创新多是通过独立设置的研究开发部门取得。组织的主要目标是保持内部的稳定和实现市场扩张。高层管理人员在向下授权的同时建立了正规的控制系统。

(4) 精耕细作阶段的组织特征

一般来说，步入成熟期的组织规模很大，而且呈行政式机构特征，设有大量的控制系统、规则和程序。组织的管理者会试图在行政式机构内发展某种团队工作思想，防止进一步行政机构化。高层管理者关注的是建立一个完善的组织。组织的地位和声望十分重要。创新通过研究开发部的活动得到制度化。管理当局可能对行政式机构进行一些改革，使之精简和流程化。

成长状态的组织会从生命周期的一个阶段演进到另一阶段。每一个阶段都有其特定的结构、控制系统、目标及创新方式。生命周期现象是一个极为有用的概念，它能促进人们正确地理解组织面临的问题，并帮助管理者采取积极有效的措施应对所面临的问题，从而使组织顺利地发展到生命周期的下一阶段。

【管理故事】 谷歌公司怎么了?

对于科技公司来说，企业生命周期正在变得越来越短。为了保持企业竞争力，诸如脸谱网、网飞公司、谷歌(Google)之类的科技型企业，它们必须在生命周期各个阶段都取得比其他企业更快的进步。或许人们很难相信，谷歌成立于 1998 年；然而，让人更难以置信的是，谷歌目前已经达到极度官僚化的状态。虽然从成立到现在只有 20 多年的时间，但在互联网领域，其企业历史已经算相当长了。公司联合创始人拉里·佩奇正在努力帮助谷歌度过“中年危机”，使其恢复到创业时的年轻状态。他重新组织了高层领导团队，为各个领域挑选了适合的人才，并且要求他们每天都去谷歌村(Googleplex)的 1900 大厦四楼的开放式办公室坐上一会儿。这一想法的灵感来源于纽约市前市长迈克尔·布隆伯格(Michael Bloomberg)。布隆伯格每天将大家聚在一起一段时间，从而加速了决策的制定进程。与此同时，佩奇砍掉了许多产品，并将公司组织结构重组为 7 个事业部，集中精力发展最有前途的产品，根据公司的整体绩效确定年终奖。过去，公司的决策需由佩奇、联合创始人谢尔盖·布林(Sergey Brin)以及行政总裁埃里克·施密特(Eric Schmidt)共同参与制定。现在，佩奇希望公司能够更加快速地做出决策，即使这个决策不完美也没有关系。他督促谷歌的管理者向小公司的领导学习，亲自解决各类争端，而不能像现在这样，只是通过邮件来解决各类问题。

资料来源：理查德·L. 达夫特. 组织理论与设计[M]. 2 版. 王凤彬，等译. 北京：清华大学出版社，2016.

2.1.3 组织形态的创新与变革

经济全球化的趋势进一步明显，任何一个企业，都离不开其他企业而独立存在，众多企业在相互依存中共处、共生、共进。生产性企业离不开供应商，服务性企业离不开消费者。一个企业的存在与发展，往往要以其他企业的兴旺为前提。同时，现代信息技术的广泛应用。首先,使得企业的资源,无论是物资原料、资金资本还是人力资源,都可以在全球范围内进行配置,企业可以将自己的优势资源用到企业的核心业务中去,而将企业非核心的业务通过业务外包的形式分离出去。其次,改变了企业经营所需的资源结构和人们之间劳动组合的关系,使信息资源的重要性得到提升,企业简单重复的工作急剧减少,一个规模很大的企业也许只有几十名员工,却经营着上亿元的业务。最后,在新经济时代,知识成为现代企业最重要的生产要素,而企业知识的创造与积累主要依赖于企业的员工。因此,人在新经济时代具有核心的地位并发挥着关键的作用。

在这样的背景下,企业所面对的外部环境更加复杂多变,从而要求企业提高管理效率;企业内部的管理重心、管理目标、管理手段和管理职能发生改变,从而要求企业改变资源配置和权力分配。这些要求归结到一点,就是要变革企业现行的集权、多层级组织结构,要对现行企业组织形态进行创新。

(1) 虚拟组织

虚拟组织是指两个以上的独立实体,为迅速向市场提供产品和服务而在一定的时间内结成的动态联盟。虚拟组织的主要特征有:具有较强的适应性,在内部组织结构、规章制度等方面具有灵活性;可以共享各成员的核心能力;信任是其最重要的特征和核心内容,也是其建立和运行的前提。

(2) 学习型组织

学习型组织是指培养整个组织的学习氛围,以充分发挥员工的创造性思维能力,从而建立起来的一种有机的、高柔性的、扁平的、符合人性的、能持续发展的组织。学习组织的主要特征有:组织成员拥有一个共同愿景;组织由多个创造性个体组成;善于不断学习;"地方为主"的扁平结构;员工自主管理;组织的边界将被重新界定;员工家庭与事业平衡;领导者充当设计师和教师的新角色。

(3) 创新型组织

创新型组织是在对企业信息、业务活动和管理职能的有意识重叠的基础上,通过激发员工之间的频繁对话和交流,从而实现员工之间的知识共享和企业的不断创新的组织。创新型组织的主要特征有:人人都是创新的责任人;员工的贡献大小由员工为整个知识创新系统提供的信息的重要程度来决定;在创新知识的过程中,同层级的人承担着不同的责任。

(4) 战略联盟

战略联盟是指两个或两个以上企业为了实现资源共享、风险或成本共担、优势互补等特定战略目标,在保持自身独立性的同时通过股权参与或契约方式建立较为稳固的合作伙伴关系,并在某些领域采取协作行动,从而取得"双赢"效果。战略联盟的特征主要有:组织的松散性;行为的战略性;合作的平等性;合作关系的长期性;整体利益的互补性;管理的复杂性。

2.1.4　组织形态变革的影响因素

21世纪以来,知识经济、网络经济的快速发展迅速改变了传统企业经营管理的外部环境因素,同时也对企业自身的组织结构提出了新的要求与挑战。

(1) 组织的环境变化

无论是宏观还是微观环境,对企业组织结构的影响都是很明显的。从宏观环境来看,如果企业所处环境稳定,组织结构就会是传统型的,并且具有专业化分工与科层性的特点;如果企业所处环境动荡不安,不确定性很高,组织就会不得不采取富有弹性的权变结构,组织内部的相互依赖程度增强,也更加需要复杂的沟通结构,并且需要不断地适应并整合。

(2) 组织发展阶段变化

企业的发展阶段要经历创业、职能发展、分权、参谋激增和再集权 5 个阶段。企业所处的发展阶段不同,需要有不同的组织结构与之对应。

创业阶段:组织面临诸多不确定性,一般采用非正规化的组织形式,组织结构形式比较简单。

职能发展阶段:组织内部开始形成一定的权力分配关系,组织结构开始变得复杂。

分权阶段:组织采取分权的方法来解决沟通协调问题,事业部制应运而生。

参谋激增阶段:组织内部增设了许多参谋和高级助手来加强对各部门的控制。

再集权阶段:为了解决分权和高度职能化所带来的问题,高层管理者往往青睐高度集中的决策权力。

(3) 组织规模变化

不同的企业规模,其组织结构存在很大的差异。一般而言,当企业规模扩大后,企业活动的内容趋于复杂,专业分工不断细化,部门和职务的数量以及相应的规章制度都在逐渐增加,需要协调与决策的事务也会不断增加,管理幅度和难度就会变大。但是,管理者的时间和精力是有限的,这一矛盾促使组织的层级结构、部门结构与职能结构发生相应的变化。

(4) 技术发展变化

一般来说,生产技术复杂的企业,专业化水平要求较高,重视互相协作,管理活动日趋复杂,组织结构也相对复杂;反之,组织结构就相对简单。目前,信息技术革命正席卷全球,整个社会都在经历着一场巨大的变革,现代科技进步使信息的及时传递与共享得以实现,这支持了并行工作方式,从而使企业组织结构的扁平化和网络化成为可能。

2.2 组织的类型与功能

2.2.1 组织结构类型与功能

企业内部组织结构是现代企业的“骨架”和“神经系统”,是指企业内部各要素相互作用的联系方式或形式,也是企业资源和权力分配的载体。设计组织结构的目的是更有效、合理地整合组织成员的力量形成组织合力,为实现组织的目标而协同努力。企业组织结构类型主要有:直线制、职能制、直线-职能制、矩阵制、事业部制、模拟分权制等。

(1) 直线制

直线制组织结构是工业发展初期的一种简单的组织结构形式(图 2-3)。直线制组织中的一切管理工作均由领导者直接指挥和管理,不设专门的职能机构。在这种组织中,上、下级的权责关系是直线制,上级在其职权范围内具有直接指挥权和决策权,下属必须

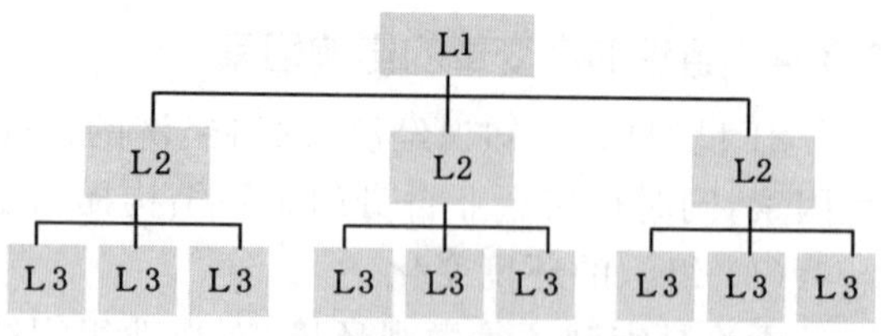

图 2-3 直线制组织结构

服从。它从上到下实行垂直领导、职能的专业化分工、权利和责任一贯性政策。

(2) 职能制

职能制组织结构又称为 U 形组织，起源于 20 世纪初法约尔在其经营的煤矿公司担任总经理时所建立的组织结构形式，故又称为法约尔模型。它是按职能来组织部门分工，即从企业高层到基层，将承担相同职能的管理业务及其人员组合在一起，设置相应的管理部门和管理职务。除了主管负责人，企业从上到下按相同职能将各活动组织起来设立一些职能机构，各职能机构在自己业务范围内向下级行政单位发号施令(图 2-4)。

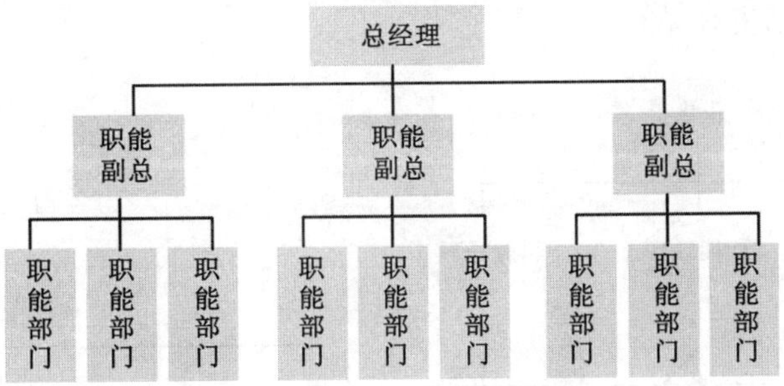

图 2-4　职能制组织结构

(3) 直线-职能制

直线-职能制组织结构是现代工业中最常见的一种结构形式，而且在大中型组织中尤为普遍。这种组织结构的特点是：以直线为基础，在各级行政主管之下设置相应的职能部门(如计划、销售、供应、财务等部门)从事专业管理，作为该级行政主管的参谋，实行主管统一指挥与职能部门参谋指导相结合。在直线-职能制结构下，下级机构既受上级部门的管理，又受同级职能管理部门的业务指导和监督(图 2-5)，各级行政领导人逐级负责，高度集权。这种组织结构形式把企业管理机构和人员分为两类：一类是直线领导机构和人员，按统一指挥原则对各级组织行使指挥权，并对自己部门的工作负全部责任；另一类是职能机构和人员，按专业化原则，从事各项职能管理工作。

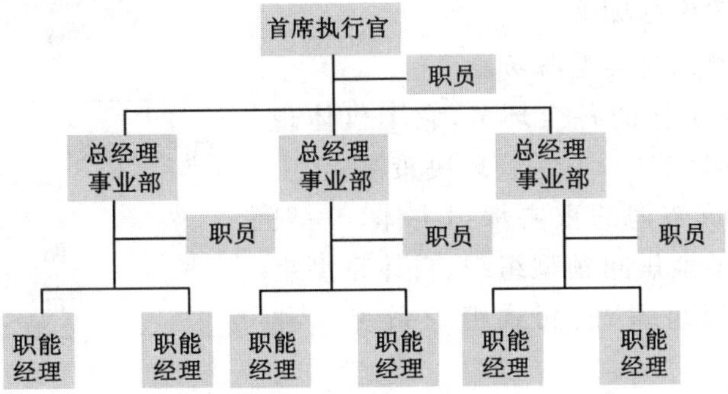

图 2-5　直线-职能制组织结构

(4) 矩阵制

如图 2-6 所示，矩阵制组织结构是为了改进直线-职能制横向联系差、缺乏弹性的缺点而形成的一种组织形式。它纵向是职能系统，横向是项目系统，项目系统无固定工作人员，随任务需要随时抽调组合，完成工作后回原部门。矩阵制组织结构是围绕某项专门任务成立跨职能部门的专门机构。例如，组成一个专门的产品(项目)小组从事新产品开发工作，在研究、设计、试验、制造各个不同阶段，由有关部门派人参加，力图做到条块结合，以协调有关部门的活动，保证任务的完成。

(5) 事业部制

事业部制最早是由美国通用汽车公司总裁斯隆于 1924 年提出的，故有“斯隆模型”之称，也叫作“联邦分权化”，是一种高度(层)集权下的分权管理体制(图 2-7)。它按地区、产品、市场或客户划分的二级经营单位，独立经营、独立核算、自负盈亏，既有利润生产和管理职能，又是产品或市场责任单位。

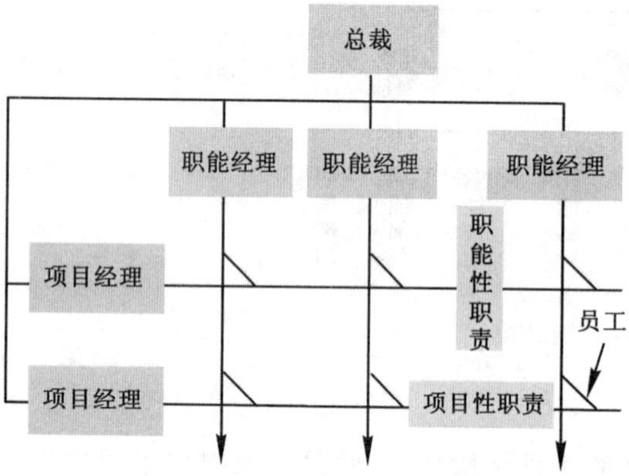

图 2-6　矩阵制组织结构

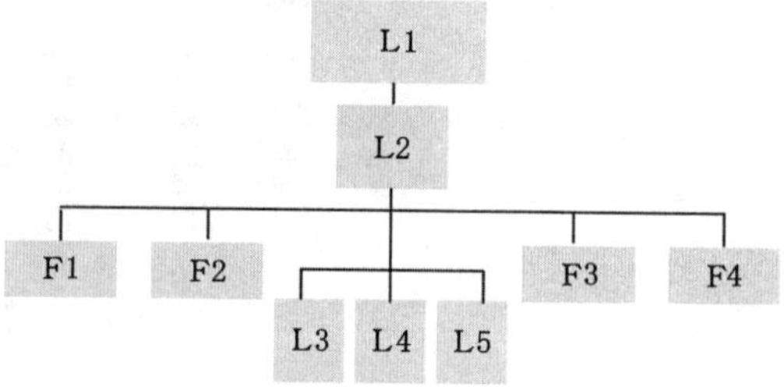

图 2-7　事业部制组织结构

(6) 模拟分权制

所谓模拟，就是要模拟事业部制的独立经营、单独核算，采用企业“内部价格”，其本质是一个“生产单位”。这些生产单位有自己的职能机构，享有尽可能大的自主权，负有“模拟性”的盈亏责任(图 2-8)。

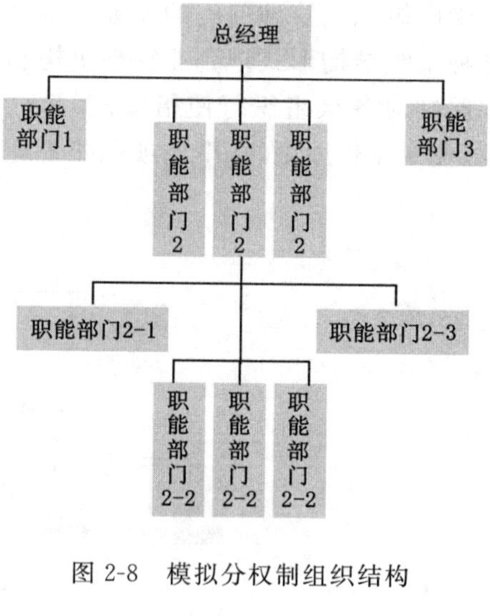

图 2-8　模拟分权制组织结构

2.2.2 典型组织的类型与功能

2.2.2.1 高效组织的类型与功能

高效组织渗透在工作的各个环节，它不仅体现在生产、营销、谈判等环节中，更是管理决策制定、工作项目协调、优质建议咨询的重要承担主体。一般来说，高效组织包含了聚焦问题型组织、自体系型组织、跨域型组织、虚拟组织、嵌套式组织系统 5 种类型。

聚焦问题型组织(图 2-9)一般是为了解决工作过程中产生的特定问题而形成的一种组织，这些问题包括产品质量问题、员工绩效问题、工作规划问题等。聚焦问题型组织中的成员会互相交换自己的观点及问题解决建议，但他们只负责提供解决方案或策略，不负责对具体方案的执行。聚焦问题型组织虽然能够快速识别工作问题，形成解决方案，但由于策略的制定与执行之间存在距离，可能会导致策略的响应度偏低，这就会导致其在调动员工积极参与决策和全身心投入工作方面尚显不足。

聚焦问题型组织的缺点导致企业开始尝试建立更为系统和自主的工作组织，从而提升员工的参与感，让他们不仅要解决问题，还要有实施解决问题的方案，并对工作结果承担全部责任。因此，自体系型组织应运而生。自体系型组织（图 2-10）的员工从事息息相关或相辅相成的工作，并且承担了很多以前由他们的主管承担的职责。一般来说，他们的职责范围包括计划和安排工作日程、给各成员分配工作任务、制定一线的工作决策、对出现的问题采取措施、与供应商和顾客沟通、自我绩效评估等。但自体系型组织也存在一定的缺陷，特别是出现不同意见时，由于过度的自我管理，成员们会停止合作，权力斗争会随之而来，从而导致团队绩效降低。当然，有时观点的冲突也是必要的，因为这会促进组织进步和创新。

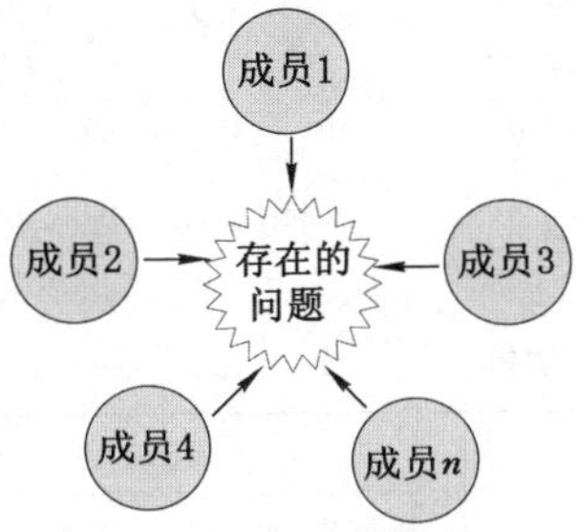

图 2-9　聚焦问题型组织

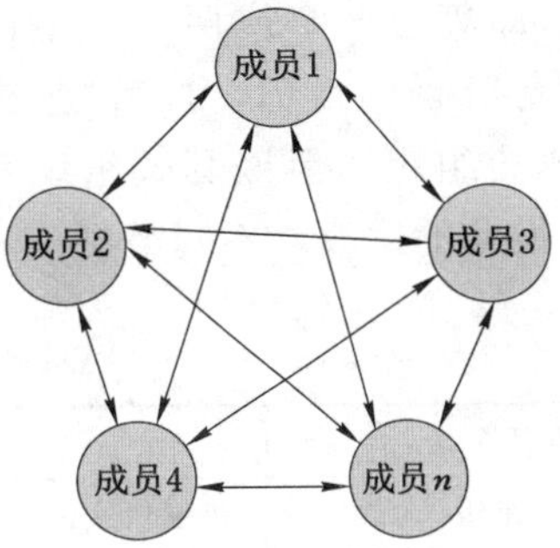

图 2-10　自体系型组织

跨域型组织（图 2-11）由组织层级相近但来自不同工作领域的员工组成，他们为了完成某项任务而共同工作。许多组织都采用了这种跨越部门界限的横向小组。跨域型组织促进了组织内部（甚至是不同的组织）不同领域的员工交流沟通，激发他们采用新办法解决问题，齐心协力完成复杂的项目。然而，跨域型组织在初期往往要耗费许多时间，因为团队成员需要学会应付复杂性和多样性。成员之间，尤其是那些背景、经历和观点不同的成员之间，需要一定时间才能建立起信任并真正地合作共事。

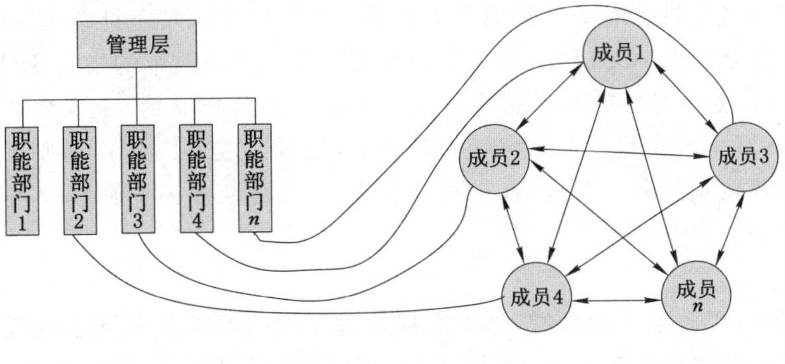

图 2-11　跨域型组织

随着互联网技术的发展，个体间合作工作不再受空间的限制，可视电话、社交网络平台、会议系统、电子邮件等为员工沟通和交流提供了重要支持。虚拟组织（图 2-12）就是利用计算机技术将分散在不同地方的成员联系起来以实现某个共同目标的工作组织。如今，所有的团队都会进行一些远程工作。尽管虚拟团队越来越普遍，但它们仍面临一些特殊的挑战。虚拟团队常常因为成员之间缺乏紧密的社会关系和直接交流而受到不利影响，有的成员会觉得受到孤立。有研究表明，团队中较低的虚拟性会带来更高水平的信息共享，而较高的虚拟性则会阻碍信息共享。团队领导需要通过与成员频繁、不间断的交流方式来减少被孤立感和陌生感。

以上几种类型的组织类型通常都是规模较小的独立团队。当工作任务变得越来越复杂时，组织规模就会变大。然而，组织规模增大后，随之而来的是更高的协调要求，由此产生了一个临界点，超过这个点，新成员的加入就会导致弊大于利。为了解决这个问题，嵌套式组织系统被开发和设计出来，即集合两个或两个以上的小规模组织来共同完成一个更高级别的目标。换言之，嵌套式组织系统是一个"组织组成的组织"，但嵌套式组织系统对组织间的协调要求提出了很大的挑战。不同类型高效组织的功能见表 2-3。

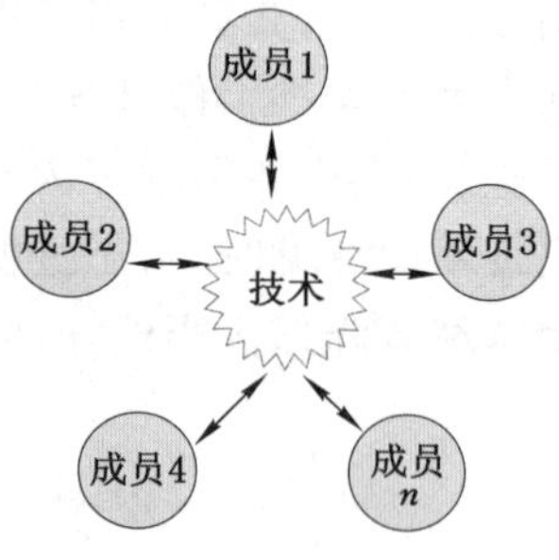

图 2-12　虚拟组织

表 2-3　不同类型高效组织的功能

组织类型	组织功能	缺点
聚焦问题型组织	能够快速识别工作问题，形成解决策略	执行者参与感低，策略响应度低
自体系型组织	自我管理，工作高效	争议难以解决，易滋生权力斗争
跨域型组织	技能互补性高	前期成员关系建立成本高
虚拟组织	突破了空间限制，丰富了成员间交流渠道	成员易产生孤立感和陌生感
嵌套式组织系统	完成高难度目标任务	不同组织间协调要求高

2.2.2.2　按照组织性质划分

社会组织按其性质不同划分为政府、营利组织和非营利组织，分别服务于政治活动领域、经济活动领域和社会活动领域，承担不同职责与分工，并且 3 个组织的管理功能彼此依赖互补，成为支撑整个社会有效运转的 3 大体系。为适应中国特色社会主义的国情，我国设立了事业单位，按照《中共中央国务院关于分类推进事业单位改革的指导意见》(中发〔2011〕5 号)规定：按照社会功能将现有事业单位划分为承担行政职能的、从事公益服务的和从事生产经营活动的三个大类别。对承担行政职能的，逐步将其行政职能划归行政机构或转为行政机构；对从事生产经营活动的，逐步将其转为企业；对从事公益服务的，继续将其保留在事业单位序列、强化其公益属性。

(1) 政府

政府主要服务于政治活动领域，是国家权力机关的执行机关和国家政权机构中的行政机关，管理的目标是保障国家安全、社会稳定和经济发展。政府作为公共权力的拥有者和行使者，其业务涉及的领域和影响的范围非常广泛，对社会的任何组织和个人都具有影响力和约束力。其业务范围主要区分为：

① 政治上，对外充分发挥军事保卫职能和外交职能，维护国家独立、领土和主权完整；对内要发挥民主政治建设职能和治安职能，维护国家内部社会秩序，保障人民生命财产安全

和政治权利公平。

② 经济上，通过制定各种财税、货币政策等，对国民经济进行宏观调控，实现经济增长、充分就业、物价稳定和国际收支平衡；综合运用经济的、计划的、法律的和必要的行政手段进行微观管制，培育、维护和监管市场，保护公平的市场竞争，制定、实施产业政策、行业规划，引导产业、产品结构的调整。

③ 文化上，政府要大力发展科学技术，引导文化、教育、卫生、体育、民族、宗教事务等的发展，满足人民日益增长的文化生活需要。

④ 社会公共服务上，提供社会福利、社会保障等基本的社会服务，确保社会分配公平；保护生态环境和动植物，实现国家健康可持续发展战略；对自然灾害等重大的危机和威胁，政府要大规模动员社会力量与资源，克服危机和消除威胁。

(2) 营利组织

营利组织指经工商行政管理机构核准登记注册的以营利为目的，自主经营、自负盈亏、独立核算的具有独立法人资格的单位。营利组织主要服务于经济活动领域，最基本的功能是各种商品和服务的生产功能，是社会财富的创造者，其管理目标是实现组织价值最大化。营利组织主要是指企业，公司和从事生产经营活动的事业单位均可看作企业。现代汉语中“企业”源自日语，它是日本在明治维新后引进西方企业文化和制度过程中的“舶来品”，“企业”一词在语源意义上指：主体为了谋求自身利益的最大化而从事生产、流通或服务活动的独立核算经济单位，借以获取营利的工具和手段。由此可见，营利组织是资源转换体，最基本的职能就是将有限的资源进行整合，并转换为有用的商品和服务，创造商品和服务的使用价值和价值，满足社会需要。营利组织根据组织内外部环境和市场需求变化并结合当前条件和长远战略的发展需要，运用劳动力、土地、技术和资本等各种生产要素，为社会提供商品或服务，不断地在资本循环中谋求自身价值增值，实现组织价值最大化的管理目标；通过计划管理、生产管理、采购管理、销售管理、质量管理、仓库管理，财务管理、项目管理等管理活动，合理地利用人力、物力和财力资源，实现投资人、客户、员工、社会大众的利益最大化。

(3) 非营利组织

非营利组织主要服务于社会活动领域，我国非营利组织主要履行社会服务、公共管理、行政监督和组织协调 4 大职能；其管理目标不是积累或创造财富，而是实现社会公益或成员互益。非营利组织提供社会公共物品，具有非政府性、非营利性、公益性、志愿性等特征，主要提供社会服务但以不营利的方式推进公益事业，履行政府无力独自承担的部分公共管理事务和必须由非营利组织承担的社会管理事务，担任着政府与民众之间沟通的桥梁。

2.2.2.3　正式组织与非正式组织

从古典管理理论的组织论开始，学者们热心于研究为实现目标而明确规定各成员相互关系和职责范围的正式组织。20 世纪 30 年代以后，随着行为科学的出现和人际关系理论的诞生，人们逐渐地意识到存在于企业中的非正式组织对组织活动、组织目标实现的影响。在管理理论发展的“人际关系-行为科学”阶段，理论层面与实践层面均普遍认可“企业中存在着非正式组织”，其代表人物梅奥在创立人际关系理论的著名的霍桑实验中，首次提出非正式组织的概念，并研究了其对生产效率的影响。作为一种典型且重要的组织类型，人们需要掌握非正式组织与正式组织的联系和区别。

（1）正式组织

正式组织是指人们按照一定的规则，为完成某一共同的目标，正式组织起来的人群集合体。正式组织的成员之间维持着形式上的协作关系，所以行动的出发点和宗旨都是为了组织目标的实现。按照美国组织管理学家切斯特·巴纳德的观点，正式组织有3个构成因素：协作意愿、共同目标和信息沟通，它们是正式组织存在的充分必要条件。

① 协作意愿。在实践中，先有人的存在，才有组织的诞生。然而，构成组织的应该是人的服务、行为或影响，而不是人。也就是说，人们贡献努力的意愿是协作体系所不可缺的。在日常生活中，个人的协作意愿和组织相连的词语有不少，比如“团队精神”“忠诚度”等。

协作意愿有两个鲜明的特点：一个特点是每个个体间的协作意愿的强度存在着极大的差异。如果按照贡献意愿的强度对一个组织的可能的贡献者加以排列的话，其等级为：从强烈的贡献意愿逐步下降到没有贡献意愿，再下降到强烈的不愿意、反对或憎恨。另一个特点是每个个体的贡献意愿的强度都不可能维持不变。在任何一个正式组织中，有积极贡献意愿的人数，以及中立的或没有贡献意愿的人数是经常变动的。

② 共同目标。要想让协作意愿发展起来，一方面，要有同别人联合的感觉或愿望；另一方面，必须有一个协作的共同目的。这样一种目的被称为一个组织的“目的”。当参加组织的每个个体都接受了这个目的时，才能激起众人的协作行为。因此，目的的被接受同协作意愿是同时发生的。

③ 信息沟通。信息沟通技术对任何一个组织来说都有着重要的意义，同时还是一个极为重要的问题。有了恰当的信息沟通技术，组织才能采用某些目的作为组织的基础。组织理论中，信息交流占据着中心地位，因为组织的结构、广度和范围几乎由信息沟通技术所决定。

正式组织是组织设计任务的结果，是经由管理者通过正式的筹划，并借助组织图和职务说明书等文件予以明确规定的。它具有严密的组织结构、共同的奋斗目标、明确的信息沟通系统，成员有固定的编制，并有明确的职责分工。正式组织具有3个基本特征：a. 目的性：为了实现共同的组织目标而有意识地建立正式组织，因此正式组织要采取什么样的组织结构形式，从根本上说应该服从于有利于实现组织目标、落实战略计划的需要，这种目的性决定了组织工作通常是在计划工作之后进行的。b. 正规性：在正式组织中，都会有书面文件对所有成员的职责范围和相互关系进行明确的、正式的规定，为的是确保每个成员行为的合法性和可靠性。c. 稳定性：正式组织一经建立，通常会维持一段时间相对不变，只有在组织的内外环境条件发生了较大变化，导致原有组织形式显露出与内外环境不适应时，才会对组织进行重组和变革。

（2）非正式组织

人际关系理论的创始人梅奥通过霍桑实验证实了非正式组织的存在。梅奥认为，在组织中除了有正式组织外，还有非正式组织。这种组织有着自己的规范和利益，对人们的行为起着控制和调节作用。切斯特·巴纳德也认为，非正式组织是“机关中由个人接触、交互影响而形成的自然结合的，不带特定目的，偶发的组织”。

① 非正式组织没有明确的组织名称和规章制度。与有意识形成的正式组织不同，非正式组织是由无意识的社会过程产生的，在非正式组织成立之初，就没有明确的组织名称和规

章制度；同时，由于它的存在主要靠成员之间共同的兴趣、爱好和情感来维持，并且成员之间不存在利益的冲突，所以在存在的过程中，根本没有订立组织名称和规范各个成员的规章制度的必要。

② 凝聚力强大。组织的管理者最重要的任务之一就是增强组织的凝聚力；然而，花了很多的人力、物力，组织的凝聚力还是不够强大。而非正式组织成员之间有着强大的凝聚力，使正式组织的管理者非常羡慕。这种现象的存在主要是由于非正式组织中的成员间有着共同的情感。共同的生活处境以及同学、亲戚关系，共同的爱好，曾经的互助经历等，都是形成共同情感的原因，自然凝聚力非同一般。

③ 组织结构松散化。非正式组织的组织结构形式松散是它的一个显著的特点。在这种组织中，个体的加入或离开行为完全凭个人的意愿，无须任何手续。然而，正是因为这种松散，使得非正式组织的成员保持了纯粹性和交流的畅通，也让他们感受到自由和放松。这种自由和放松能加强组织成员的精神愉悦感。

④ "灵魂"人物有极大的号召力。在非正式组织中，常常会有一个"灵魂"人物，这个人在组织内拥有很强的号召力，往往可以"一呼百应"，对其他成员有很强的影响力，常常扮演领导者的角色。这个"灵魂"人物号召力的形成完全依靠他自身的人格魅力，是自然而然形成的。一般来说，这个"灵魂"人物的参与将促进成员之间的互动，比如组织活动、协调矛盾等。

⑤ 广泛存在。在一个正式组织中，往往有一个或数个非正式组织，并且非正式组织的存在是必然且不可消灭的。在我们的社会中，有着不计其数的正式组织，当然也会有不计其数的非正式组织，所以非正式组织的存在是非常广泛的。

（3）非正式组织与正式组织的区别

正式组织是指管理人员经过策划，按照一定的规则为完成某一共同的目标正式组织起来的人群集合体。在正式组织中，有明确的组织目标、严密的组织结构、严格的规章制度，它们对成员有一定的约束力。而非正式组织正好和正式组织相反，它的形成过程是自然的、随机的，没有经过策划，也没有明确的组织目标，它主要依靠群体的舆论，以及弥漫于群体中的、并不成文的共同观念来约束其成员的行为，群体中所有成员的关系都是平等的。这两种组织的特点是截然相反的。

（4）非正式组织对正式组织的影响

非正式组织和正式组织是同时存在、同时运行的。一般来说，非正式组织对正式组织的影响有两种。

① 积极影响。组织成员的心理需要在非正式组织中被满足，其成员在本组织中可以获得"归属感""安全感""精神愉悦感"。正式组织成员的各种需要，有一些则是很难从正式组织中获得的。因为他们必须要遵守各种规章制度，并且要负担起各种职责，还要被约束于层级关系之中，致使他们的某些心理需要、感情需要难以得到满足。而在非正式组织中，成员之间的这种非工作关系、自发关系使他们在这方面的空白得以弥补，心理需要的满足极大地提高了员工的工作积极性，从而对组织目标的实现产生重要的影响，增强了组织的凝聚力。非正式组织的形成主要是因为成员间存在共同的情感，成员间的关系由组织自身特有的行为规范来调节，并且非正式组织一般都有自己的"灵魂"人物。"灵魂"人物在组织中拥有强大的凝聚力，这与正式组织中领导者的权力性影响力是不一样的。应该说，前者的凝聚力比

后者的权力性影响更具说服力，加强了成员间的沟通。非正式组织成员之间交往频率高，信息传递快，组织内部成员间的感情非常融洽，这是因为组织成员之间能够进行良好的沟通。在正式组织中，信息的传递途径有正式途径与非正式途径。正式途径是主要途径，但由于方式单一，还具有一定的强制色彩，不易被成员接受，甚至产生相反的效果。相对于正式途径的信息传递特点，非正式传递方式表现出的自然性特点使得信息的传递更为快捷、内容更丰富，易于被员工接受，从而使传递获得更好的效果，有利于组织目标的实现。辅助正式组织去完成工作是非正式组织的根本使命，引导得好，非正式组织可以加强正式组织的凝聚力，满足成员的心理需要，还能加强组织成员之间的沟通，而这些因素对于组织目标的实现能起到巨大的推进作用。

② 消极影响。“从众心理”现象可能会阻碍组织的正常运行。a. 在非正式组织中普遍存在着一种“从众心理”。非正式组织虽然没有明确的规章制度来约束组织成员，但自有一套非成文性的规矩来对其成员施加压力，有些意志不坚定的成员也就人云亦云、随大流了。所以，成员的行动往往有一致的倾向。然而，若此倾向与组织目标相冲突，则会阻碍整个组织功能的运行，从而导致严重的后果。b. 禁止“异类”出现。由于非正式组织的行动一致性倾向，它非常排斥“异类”的出现。该组织对于无法和他们保持步调一致的成员，将之视为“越轨者”，从而疏远并孤立这个成员，直至将之排斥出本组织，这种行为将影响到整个组织的运行。c. 容易抵制变革。因为非正式组织的成员在组织中可以获得“安全感”“满足感”“精神愉悦感”等，所以本能地不希望自己得到的这种感觉被改变。一旦组织因为某些原因需要改革时，容易受到非正式组织成员的抵制，从而阻碍组织改革的正常运行。d. 容易导致小团体主义的出现。由于非正式组织是基于成员之间的共同情感而形成的，他们之间的交往频繁，信息传递迅速，也容易使他们抱团，导致小团体主义，这种情况对于正式组织中信息传递等可能会产生阻碍作用。

2.2.2.4 按组织的社会职能划分

(1) 文化性组织

文化性组织是一种人们之间相互沟通思想、联络感情、传递知识和文化的社会组织，各类学校、研究机关、艺术团体、图书馆、艺术馆、博物馆、展览馆、纪念馆等都属于文化性组织。文化性组织一般不追求经济效益，属于非营利组织。

(2) 经济性组织

经济性组织是一种专门以追求社会物质财富为目的的社会组织，它存在于生产、交换、分配、消费等不同领域，工厂、工商企业、银行、财团、证券公司等社会组织都属于经济性组织。

(3) 政治性组织

政治性组织是一种为某个阶级的政治利益而服务的社会组织，立法机关、司法机关、行政机关、监狱、军队等都属于政治性组织。

2.2.3 组织形态的发展趋势

在知识经济时代，企业的内外部环境都发生了迅速的变化。传统企业组织结构所固有的弊端不断暴露出来，促使学术界与企业界不断探索着适合知识经济时代的组织结构形式。纵观国内外企业组织结构已经或即将发生的变化，其主要的趋势可概括为以下 4 个方面：

(1) 扁平化趋势

组织结构的扁平化是指通过减少管理层级和扩大管理幅度，使组织结构形态由标准的金字塔形向圆筒形转化。这是对层级制组织类型的进一步发展，使组织变得灵活、敏捷。扁平化组织结构具有以下优势：信息流通畅，决策周期短；创造性、灵活性强，员工工作积极性增强；有助于增强组织的反应能力和协调能力。

(2) 弹性化趋势

组织结构的弹性化是指企业为了实现某一目标而将在不同领域工作的、具有不同知识和技能的人集中于一个特定的动态团队中，共同完成某个项目，待项目完成后团队成员各回各处。这种动态团队组织结构灵活便捷，旨在取消或削弱组织壁垒、提高决策和行动效率，从而适应知识经济时代知识共享、人才共用的需要。

(3) 网络化趋势

随着时代的发展，信息技术范式得到确立，网络在组织发展历程中引进新参与者和新内容的能力不断增强，网络化组织形态已逐渐获得独立的地位。组织结构网络化主要是指企业将相互的联结关系纳入一定的组织结构框架下，拓宽组织模式的适应范围。为了提高环境适应性程度、获得整体效率的提高，企业往往注重整合组织结构和各种资源，重建价值链，各种企业集团和经济联合体以网络化形式将利益共同体紧密联结在一起，打破原来的组织界限，从而使组织成为网络上的节点，形成新的价值网。其开放性、交互性、平等性的优势使组织之间可以开展更深层次的交往，丰富组织内容。

(4) 虚拟化趋势

组织结构虚拟化是指将不同地区的资产迅速组合成一种没有围墙、超越空间约束的企业组织模式。随着经济全球化的进一步发展，大量的劳动力将流离于固定的企业系统之外，分散劳动、职能部门外包、通过网络扩大合作范围将会成为新的工作方式。虚拟组织结构有利于各企业各自发挥自己的核心优势，既有利于企业的发展，也有利于社会生产力的提高。

2.3　组织理论的发展

组织作为一种有目标的人群心理活动与技术系统有机结合并按照特定关系模式工作的统一体，自始就是人类最普遍的社会现象。组织活动与人类的活动同样古老，组织的范围与人类活动的范围同样宽广，但对组织进行系统研究进而建立一套完整的组织理论却是 20 世纪以后的事。人们对组织的科学认识是如何进行的以及组织理论又是如何演化的呢？这些问题不仅是我们了解组织理论发展所必需的，也有助于我们根据组织理论的过去和现在探讨组织理论的未来。组织理论共经历了传统(古典)组织理论阶段、科学组织理论阶段和现代组织理论阶段 3 个阶段(图 2-13)。

2.3.1　组织理论发展阶段

2.3.1.1　传统(古典)组织理论阶段

传统组织理论阶段也就是 19 世纪末至 20 世纪 30 年代所形成的古典组织理论阶段。传统组织理论的核心是组织结构的合理化，它着重研究组织结构的设计、组织运行的基本原则和组织中管理的基本职能。在这个阶段，组织理论研究者多用静态的、结构的和规范的观

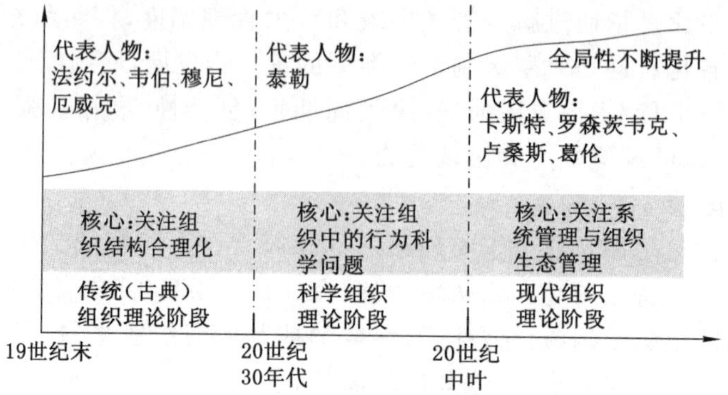

图 2-13　组织理论发展阶段

点分析研究组织的结构、分工、层次、责任、制度和职权等问题。这一阶段注重制度而轻视人员，强调结构分工而忽视人际关系，单纯地把组织视为一个经济-技术系统，从而认为组织的目标是如何用最小的代价获取最大的效益。概括来讲，传统组织理论的基本要点如下：

(1) 组织存在明确的分工。组织要依照任务性质、工作程序、作业地点和人员不同而分工。

(2) 组织是一种多层次结构，以便指挥统一，令行禁止。

(3) 组织内部要权责分明。组织中的每个岗位都有确定的职权范围，并要求每个人承担职务的同时能够明确自己应承担的任务。

(4) 组织是依据法规、制度而组成的。组织中的每个成员都受法规、制度的控制。

(5) 组织具有目标性。任何组织都有一定的目标，组织的基本任务是实现既定目标。

(6) 组织要有协调性。由于组织分工与层次关系，要求组织各部门具有良好的协调性，以保证组织功能的发挥，防止各自为政。

传统组织理论是以“静态—结构—法规”的观点来研究组织问题的。这正如要研究人体生理现象必先学习解剖学以了解各器官及其功能一样，研究组织理论也必须先进行组织的解剖学—组织结构及其功能的静态研究。以法约尔等为代表人物的传统组织理论不仅在当时起过重要作用，而且对以后组织理论的发展颇有深刻影响。但是，由于受时代和阶段利益的局限，传统组织理论研究也有明显不足之处，如对组织中人员的动机、人际关系、心理状态以及激励作用等就没有进行深入的探讨。再如组织人员的沟通问题，传统组织理论也尚未研究，这样就难以增强组织人员的团结意识，使组织缺乏活力和朝气。即使组织结构健全严密，若缺乏团结精神，组织也犹如一盘散沙，根本无法实现其目标。忽视组织外部环境而将组织作为一个封闭系统来研究，更是传统组织理论的一大缺憾。

2.3.1.2　科学组织理论阶段

始于 20 世纪 20 年代的行为科学理论，不仅清晰地映射出传统组织理论的不足，而且强烈地影响着组织理论的发展。组织理论研究引入行为科学的基本原理，使组织理论研究途径产生了如下变化：

① “人性的”代替“机械的”。组织构成的基本和主要要素是人，只要研究组织，就必须了解和研究人本身。

② “动态的”代替“静态的”。人是有思想、有感情、有意识的。在组织中，不仅人处于正

式的组织关系中，而且还经常处于非正式的接触中，这就是人际关系，它是组织的一种必然现象。

③“功能的”代替“结构的”。组织结构研究只能了解组织的职位、层次，却不能知晓组织人员的技能及能力如何，只有功能研究才能剖析组织运行的内部状态。

④“心理的”代替“生理的”。人的行为是其心理及动机的反映，人的需求与动机绝非只限于生理的满足，而是有更高层次的递增需求。因此，研究组织问题要十分注重组织心理学的研究。

⑤“描述的”代替“规范的”。行为科学着重于事实的描述，而不提及“好坏是非”等价值判断。对组织研究也应如此，只要指明组织“是什么”而不论断组织“应如何”。

⑥“客观的”代替“主观的”。由于行为科学不进行价值判断，而是采取数量方法进行归纳、分析，因而它的研究比较客观。

(2) 组织理论研究的方法及重点

在这一阶段，组织理论研究的方法及重点均发生了明显变化，对组织的看法和解释也就随之而不同，主要表现在以下几点：

① 组织的心理-社会性。组织不仅规范了各成员的职位和工作任务，而且也是人们为达到共同目标而构成的有机团体。人并非把金钱当作激发积极性唯一动力的“经济人”，而是在物质之外还有社会和心理因素的“社会人”。

② 组织是均衡的。人之所以参加到组织中，并努力做出自己的贡献，这是因为组织能给他必要的满足。组织的存在与发展在于其成员的内聚力，二者是相辅相成的。

③ 组织具有正式组织和非正式组织之分，而且非正式组织对正式组织可产生正面或负面的作用。

④ 组织的影响力。组织不仅是一种职责关系结构，而且由于成员的互相交往也存在一种无形的影响力，这种影响力不仅贯穿于上下级之间，也存在于同级之间。

⑤ 组织的沟通。人是组织中最活跃的因素，组织中人们的交往不仅要依据法规、制度规定的责任关系，而且要依据非正式的社会关系，这些都要用沟通的方式予以实现。

⑥ 组织的人格整合性。因人的出身、社会环境等不同，造成组织成员的性格也存在差异，即心理学中的所谓人格区别。不同人格的人对事物的认识、理解、看法、态度也不同，致使组织中人员交往总会产生这样或那样的冲突，这是必然现象。解决或调解冲突也是组织的基本功能，组织成员本身也愿意调解冲突，以达到其共同追求的目标。

用行为科学的基本原理研究组织问题固然使组织理论研究大大前进了一步，但它并非十分完备。行为科学仍然用封闭的观点来研究组织，并未涉及组织的外部环境。行为科学研究的对象是人，人有思想、有意识、变化多样，差异甚大，从而带来研究结果的可靠性、置信度等问题。

2.3.1.3　现代组织理论阶段

20 世纪中叶以来，由于科学技术的蓬勃发展、生产力水平的显著进步和生产社会化程度的日益提高，组织理论进入了以系统论方法为主的现代发展阶段。卡斯特和罗森茨韦克基于贝塔朗菲提出的一般系统论，并结合信息论、控制论，建立了一种系统管理组织理论，强调组织是一个开放系统。基于系统论观点的组织理论不仅特别强调组织中各个子系统及其相互关系，而且明确指出组织与外部环境的相互关系，即组织从外界接受资源、能源和信息，经过转换后又将生成物输送到外界。以美国学者卢桑斯为代表的权变理论，其主要观点是：否认存在有普遍适用于所有环境的永恒原则，从而强调组织的多变量性，并力图了解组织在变化的环境中运营的实际状态。权变理论还强调，应根据具体环境条件，采取灵活的组织结构、管理机制和领导模式。

总之，基于系统论的现代组织理论除从组织内部来分析组织各子系统的特征及其相互关系外，尤其着重研究组织与外部环境的相互作用。组织与其外部环境是一种相互影响的互动关系，这种能适应环境、顺应时代变化而不断调整自身结构与工作方式的组织就是生态组织。以系统论方法为基础的现代组织理论的基本思想如下：

① 组织是一个面向外部环境的开放系统。组织从外界输入资源、能源、信息，经过转换而向外界输出产品或服务。

② 组织是一个分工有序的子系统的统一体。组织包括结构子系统、技术子系统、心理社会子系统、目标与价值子系统和管理子系统。

③ 组织界限性。界限性作为一个抽象的概念是将组织与环境区别开来的标志。作为封闭系统，其界限是刚性的、不可渗透的，说明它是一个自我封闭的系统，与外界没有任何关系。作为开放系统，其界限是柔性的、可渗透的。这时，界限起着组织的过滤作用，即对环境的输入进行筛选，过滤掉组织不需要的东西；同时，界限还有确定组织活动范围的作用。

④ 组织是一个反馈系统。反馈使组织不断从外界输入信息而有助于组织的协调。

⑤ 组织是一个新陈代谢系统，即负熵系统。组织不断与外界交换能源、资源与信息，而输入负熵流，组织内部由于不可逆过程而新生内熵流，整个组织的熵变为二者之和。

⑥ 组织具有维持功能和适应功能。组织的维持功能在于保持组织各组成环节的协调均衡，组织的适应性使组织能快速适应外界环境的变化。组织的这两种功能的综合就是自组织性。

基于系统论方法的组织理论分析研究问题时常常推崇一种优化准则，即如何用最佳方式实现目标最优化。这时，研究对象被简化了，问题的边界清楚了，但由于简单化而不得不对问题进行抽象概括，从而研究结果可能与事物的本来面目相差甚远。另外，它不便考虑人的世界观、价值观的影响，从而不适应处理包括人的因素在内的劣结构问题。

组织理论发展各阶段研究的角度、方法、内容不尽相同，但研究的问题却大致相同，而且在 3 个阶段中，也有一些过渡性或交叉型的派别。有的理论提出较早而受人重视较晚，有的理论虽被代替，但有些内容至今仍有重要作用并为人们所运用。另外，通过对组织理论发展阶段和演进过程的回顾与分析，我们清楚地看出组织理论来源于实践、服务于实践的辩证过程也是认识与实践相统一的发展过程。随着时间的推移，组织理论发展的内在逻辑和规律也会不断延续与发展。

2.3.2 组织理论的发展趋势

随着科学技术的蓬勃发展和人类社会的不断进步，人类跨入信息时代，以信息技术为先导的新技术革命引发了人类社会前所未有的经济、社会、组织、环境、文化等诸方面的深刻变革。如果说第一次、第二次产业技术革命是使人的体力扩增的话，那么当前日益发展的这场新技术革命便是使人的脑力和智力得以扩展和延伸。可以说，人类社会进入知识经济时代将引起知识结构、生产方式、价值观念、伦理道德等方面的巨大变革。相应地，管理科学和组织理论必将会面临严峻的挑战和难得的发展机遇，组织理论将会呈现如下的发展趋势：

（1）组织现象复杂化趋势

组织作为管理的客体自来就是一种社会现象，它体现了组织现实状态与其理想状态（组织目标）的差异。这种有待消除的差异正是管理科学要解决的问题。由于组织目标与人的价值观、世界观密切相关，从而问题表现为多层次化和多元化。组织状态千姿百态、千变万化，从而造成差异的多样化，即组织现象的复杂化。从系统论观点来说，组织现象是一个系统，它既是人类社会系统的子系统，又是其本身包括许多部门或单位所构成的子系统，而且组织现象多数有意识思维和创新能力的人的参与，所以它是复杂的系统。从现象结构特点来说，组织现象属于不便观测、难以建模、目标模糊、边界不清的病定义、劣结构的“软”问题。组织现象的复杂化不仅引发了复杂性的哲学思考，而且催生了复杂性科学的诞生，使人们由简单思维转变为复杂思维，由还原思维转变为系统思维，进而进行多学科的交叉和集成研究。

（2）组织理论集成化趋势

组织的普遍性决定着组织理论实践基础的坚实性，组织理论的适用性决定着组织理论基础的广泛性。组织理论不仅来源于管理实践中所获得的经验，还植根于自然科学和社会科学的基础知识。组织活动的多样性、复杂性决定了组织理论内容的综合性。对于组织理论来说，特别有意义的内容是：目标和价值系统、组织中技术和知识的运用、组织结构、正式与非正式的关系、组织活动的差异性和一体化、组织成员的激励问题、组织中的群体作用、组织中的地位和作用系统、组织政治学、组织中的职权关系、组织的管理过程、组织的战略与战术、组织信息决策系统、组织的稳定与革新、组织的界限与活动范围、组织之间的界面接口、组织计划的变革与改进等。组织理论针对管理实践中所遇到的各种问题和所从事的各种具体活动，在人类知识宝库中广泛收集对自己有用的理论方法，并加以集成、创新、扩展，以便更好地指导人们的实践。组织理论集成化趋势不仅是自然科学和社会科学，即数学、系统科学、工程技术学、计算机科学、运筹学、生理学、统计学、心理学、人类学、经济学、社会学、政治学、伦理学、教育学、法学等有关理论知识的集成，而且是硬系统方法与软系统方法的集成、人与自然的集成、人脑与计算机的集成、右脑与左脑的集成、智商与情商的集成等。

（3）组织结构低熵化趋势

随着时代的进步，作为人类社会发展的三大支柱——资源、能源和信息的作用发生着根本性变化。信息的作用越来越大，信息形态越来越丰富，人们对信息的需求越来越强烈。作为事物联系、变化和差异表现形式的信息，因其具有共享性、转换性、传输性、识别性、再生性的独特特点和特异功能，最终表现为灵活性或柔性，称之为软化性。与信息科学、信息技术、信息经济、信息社会相对应称谓的软科学、软技术、软经济、软社会的研究与发展日益令人瞩目。软化的核心是信息，技术全球化、需求多样化、价值多元化、经济信息化必然使组织结构软化（柔性化）。

信息是组织机体的血液，通过它将组织机体各组成部分和管理对象（人、财、物）有效地组合起来，形成一个相互联系、分工有序的有机体。信息是组织活动的基本前提，没有一定量的信息，就谈不到活动有序的组织。只有通过信息传输把组织各个部分、各种因素联系起来，才能使组织按照预定目标活动；只有通过信息传输，才能消除组织各部分间的不确定性，明确各自的权利和义务，并使各自的行动与组织整个目标配合起来、协调起来；只有通过信息及其传输，才能使组织结构从无序到有序，从而形成耗散结构，这种耗散结构的组织是一个开放系统，总是不断与外界交换物质、能量和信息，从而形成负熵流，抵消组织内部产生的正熵流，最终使组织的总熵最小。从某种意义上来说，组织结构呈现低熵化趋势。根据熵的哲学含义，组织结构的低熵化趋势也就是组织结构的协调化、和谐化、有序化。美国麻省理工学院彼得·圣吉博士的《第五项修炼——学习型组织的艺术与实务》一书出版以来，学习型组织及五项修炼作为信息时代组织理论的新进展令世人瞩目。学习型组织及五项修炼理论基于系统思维，以系统动力学为理论基础，强调尊重个人意愿（愿望、理想、目标），共建公众意愿，强调群体创新，强调整体的互动原理，用系统动力学理论融合新概念修炼自我，从而激励人人成为学习人，公司组织成为学习型组织，社会成为学习型社会。究其内容，学习型组织及五项修炼是组织结构柔性化、低熵化趋势的典型代表。

（4）组织功能智能化趋势

近30年来，在政府、军事、教育、医疗、工业、商业等领域中，组织发展都已达到前所未有的境界。作为开放的社会子系统，组织的性质、目标、技术、结构、价值观及社会心理系统，对社会产生了深远的影响——个人自主意识、参与意识、个人利益、自我实现、社会责任、社会福利等，已成为管理科学所面临的基本问题，对组织的管理已不仅限于工业化社会中对经济增长和物质条件的追求，而是在新的社会价值观和人类共同目标下的经济增长、生态平衡及人类尊严的协调。而对复杂多变的客观环境，人们在管理中常采用扩展其组织活动的范围和将不定因素置于其内容控制下的方式去适应环境。另外，组织的目标多元化引起了组织活动空间的扩大和内涵的延伸，这些深刻变化要求组织结构具有机敏的灵活性和广泛的适应性，从而要求组织功能具有高超的智能性。组织功能智能化问题作为理论研究的前沿已受到人们的广泛关注，一些学者开展了组织智能工程的研究工作。

所谓组织智能工程，是指人的智慧和人工智能相互配合、相互作用而生成的智能集成体。其基础有两个：人工智能和组织成员的智慧。可以说，组织智能工程就是计算机与人脑的集成。对于计算机要考虑硬件与软件的配置与配合，对于人脑要考虑左脑和右脑的使用与联动。从某种意义上来说，组织智能化既要注重科学技术，又要注重人的因素以及二者的有机配合。因此，对于任何组织，为了提高组织的功能，不仅要依靠技术的进步，还要依靠组织成员素质的提高。

2.4 案例分析

2.4.1 美的方洪波时代，从事业部制走向了自运行

美的最初是做电风扇起家的，曾经取得了电风扇亚洲销量第一的战绩。但是，电风扇的利润极低，准入门槛也低，所以企业实际上赚不到什么钱。而在做电风扇的过程中，创始人何享健敏锐地感受到空调和小家电的发展趋势，这也成为美的组织转型的契机。

做空调跟组织转型有什么关系呢？原来空调的核心部件是微型电动机，它是一个新的产业链；同时，相对于电风扇，空调有着较高的技术要求——对机械化、自动化的要求，对员工素质和组装水平的要求都更高一筹。因此，在原有生产电风扇的组织体系下，在技术支持和人力资源不足的情况下，新的产业链是发育不出来的。这时，何享健不得不思考美的组织

管理机制的转型问题。

他在这个特定的阶段得到的建议方案是“事业部制”。所谓事业部制，就是将新业务独立出来，构建新的组织架构和新的机制，并进行独立核算。当时事业部制的最佳案例就是通用电气（GE），传奇 CEO 杰克・韦尔奇用这个模式支撑起了 GE 的多个利润中心，造就了通用电气的辉煌历史。

于是，1997 年，美的集团将方洪波等一批企业骨干独立出来，成立了空调事业部。此后，美的的电风扇业务开始萎缩直至消亡，但空调销量异军突起，做到了八九百亿元的规模。随后，小家电、小机电等新的事业部也纷纷崛起，每个新业务都能获得一定灵活性，不会受到成熟业务团队的挤压，美的实现了全面的发展。就在这时，事业部制的缺点也暴露得很明显：尽管美的各个事业内部是高度统一的，但大多各自为政，各有各的理念和方法，甚至工资待遇也存在着巨大的差异。这样，各事业部之间就产生了严重的冲突。

尤其当美的在面向国际化、开始技术创新和产品创新时，发现所有的资源都分散在各个事业部，总部无法及时调动资源给一线生产力团队，导致集团的整体步伐越来越笨重。

其实在美的试行事业部制的同一时期，华为也得到了同一套方案的建议，但很快被否决了。任正非认为，GE 面对的是完全不同的消费者和客户群体，而华为是单纯的通信设备供应商，客户只有一类，不可能照搬 GE 的机制。他还提出，华为要建事业部，就只能建模拟事业部。

他认为，“模拟事业部”指的是著名的“自运行机制”——铁三角模式：将企业变成平台，一线团队变成许多个作战单元，每个单元都包含了“方案专家、交付专家、客户经理”三方，形成自管理、自协同。

方洪波执掌美的后进行了一系列变革。他将分散在各个事业部的同种功能集聚到总部，设计了一套“789 工程”管理机制——7 个平台，8 项职能，9 大事业部，事业部下面是各个作战单元。

总部变革为对一线作战单元赋能的平台。7 个平台指的是物流平台、电商平台、售后平台、创新平台、金融平台、国际化平台和采购平台。过去这些职能都是分散在各个事业部的，现在形成了合力，拥有了对整个集团的资源配置和对一线业务单元赋能的能力。

整体而言，美的的“789 工程”管理机制和华为的铁三角模式是同一机制，都是基于一线生产力单元构建自管理体系。因此，“789 工程”管理机制和美的之前的“事业部制”根本区别在哪里呢？“798 工程”机制看似只是收回事业部的某些权力、划小经营单元，实际上整个组织架构都发生了天翻地覆的变化。原来的事业部都是自上而下的层级式管理，现在变成了自下而上的员工自管理。总部也从发号施令的“指挥中心”变成支持作战的赋能平台，一线生产力单元也能够及时与总部达成信息交换，发挥更大的创造余地。

那么，它的效率怎么样呢？方洪波推行这项机制的过程中确实遇到了种种阻力，很多人一开始就撂“挑子”，美的业绩一度也出现过大幅下滑的情况。但是，何享健始终鼎力支持，毫不松动，果然两年后美的的业绩开始逆势上扬。在未来，相信这套机制在美的将会发挥更大的威力。

讨论：

1. 美的公司经历了哪些组织形态的变化？
2. 美的自运行机制的主要特征是什么？其优缺点是什么？

2.4.2 罗氏工业公司(Rhodes Industries, RI)的组织结构变革

大卫·杰维尔(David Javier)正在阅读咨询公司为RI组织结构变革提交的报告。在阅读时,大卫怀疑这些顾问们的建议会弊大于利。大卫成为RI的总裁已经18个月了,他清楚地知道RI要想提高利润和增加自己的国际业务,那么首先要解决公司广泛存在的组织和协调问题。

(1) 公司背景

RI在20世纪50年代由罗伯特·罗得(Robert Rhodes)创建于加拿大的南安大略省。尽管罗伯特是一名工程师,但他却更像一位企业家。罗伯特是做管材和工业用玻璃起家的。随着生意的起步,他很快就涉足工业用密封剂、涂层和清洁剂的生产领域,甚至还制造消声器和货车零配件。RI的大部分扩展发生在20世纪60年代,公司兼并了加拿大和美国的许多小型制造企业。RI的组织结构就像一个大的联合企业,公司旗下各式各样的分支机构散布在北美各地,这些工厂都直接向总部报告;同时,每个工厂在当地都有自己的业务,并且被允许在能给RI带来利润的前提下独立运作。

20世纪70—80年代,RI的总裁克利福德·迈克尔(Clifford Michaels)采取有力措施将RI推向国际化,在全世界范围内并购小企业。他相信这些企业会形成一个有凝聚力的整体,而且通过低成本制造和服务全球市场,这些企业会给RI带来协同力和利润。有时,RI并购某个企业仅仅是因为价钱划算。最终,RI除了原来的主业外,还涉足许多不同的行业,比如消费类产品(纸制品和信封)、电子设备(配电板、灯泡和安全系统)。这些新并购进入的企业大多有自己的商标,并且为大型跨国公司(如通用电气或康宁玻璃)代工生产。

20世纪90年代,RI创始人罗伯特·罗得的孙子肖恩·罗得(Sean Rhodes)接手了公司的业务,并且采用了业务集中的战略。肖恩·罗得将RI的业务按产品种类分为3个部门:工业产品部门、消费产品部门和电子产品部门。肖恩·罗得在上述3个业务部门领域内进行了更多的并购,剥离了许多不相关的产业。3个部门在北美、欧洲和亚洲都有各自的工厂、营销和流通渠道。工业产品部的产品包括管材、玻璃、工业用密封剂、涂层、清洁设备和货车配件等;电子产品部生产特种灯泡、配电板、计算机芯片以及代工生产电阻器和电容器等;消费产品部的产品包括餐盘和玻璃制品、纸制品和信封、铅笔和钢笔等。

(2) 组织结构

2004年,大卫接替肖恩·罗得成为公司的新总裁。大卫非常关心RI是否需要一个新的组织结构的问题。RI目前的组织结构建立在北美、欧洲和亚洲3个主要的地理区域之上,并且每个区域的各种自治的业务单位向该区域的副总裁报告。当几个单元位于同一个国家时,其中一个单位的总裁会兼任该国各商业单位之间的协调人,但绝大部分的协调工作还是由区域副总裁来完成。各个业务单位非常独立,这赋予了各个单位经理们很大的灵活性和动力。

相对来说,总部的职能部门规模比较小,只有3个中心部门:公司关系和公共事务部、财务和并购部、法律事务和管理部。其他的职能部门如人力资源管理部、新产品开发部、营销和制造部在每个分公司都单独设立,而且各个地区之间的这些职能部门之间的联系非常少。每个分公司自行决定自己的研发和生产,并且负责在所在国家或地区销售自己的产品。

(3) 组织问题

大卫在 RI 发现的问题(这些问题在咨询公司的报告中也提到了)主要有三类：

① 各个子公司就像是独立的公司那样各自为政。它们有着自己的报告制度并只为本部门利益最大化而努力。各个分公司的这种过当的自治权使得 RI 合并全球各个分公司的财务报告越来越难，这样 RI 就无法获得统一有效的信息和报告。

② 许多主要的战略决策的制定是为了最大化单个业务单位或单个国家或地区的利益。与那些 RI 全球性的项目相比，各地的项目和利润中心获得越来越多的时间和资源。比如说，RI 在新加坡的一个电子设备制造厂拒绝增加销往美国的芯片和电容器的生产，因为这家工厂觉得这样做会损害自己的利润。但是，对于 RI 来说，新加坡工厂获得的规模经济性会大大地弥补产品运往美国的运费，这样 RI 就可以关闭欧洲那些运营成本高昂的工厂，从而提高整个公司的效率和利润率。

③ RI 内部没有能实现技术、新的产品设计理念或其他创新思想的传播。比如，公司在加拿大一家灯泡制造厂先进的节约成本技术就未能有效地传播到公司在亚洲和欧洲的同类型工厂。又如，欧洲分公司开发的使房屋主人能够利用手机控制家里的安全系统的技术创新也被北美分公司所忽视。咨询公司的报告强调指出，RI 未能将创新成果传播到全公司。咨询公司指出，这些被忽视的创新本来可以用来极大地促进全世界各个子公司的制造和营销。“在 RI 中，没有人从整个公司的角度来看待产品和子公司问题，这使得 RI 无法利用各个分公司的生产改进和新产品创新。”该报告指出，改进 RI 在世界各地的子公司之间的协调，每年将为公司节约 7%的成本并能挖掘出约 10%的市场潜力。

(4) 推荐的组织结构

咨询公司的报告中推荐 RI 可以采用两种方式来改进其组织结构：

① 在总部设立一个新的国际部来协调公司在世界范围内的技术转移、产品制造和全球营销。这个新设立的部门将在 3 个主要的产品事业部(工业产品部门、消费产品部门和电子产品部门)各安排一位产品主管，该主管将拥有在全世界范围内协调本产品事业部行动和创新的权力。每位产品主管同时将组建一个团队到各个工厂巡视，并且将某一地区的创新信息和产品改进的信息传播到公司的其他分厂。

② 推荐的结构为全球产品结构。公司所有的分支机构中生产同一产品的部门都向同一个产品线业务经理汇报，该业务经理和他手下的员工则负责制定本产品部的商业战略，并且负责提高其产品部的制造效率、协调世界范围内的产品研发。这样的全球产品结构对 RI 来说将是一个巨大的组织结构变动。大卫需要考虑许多问题：如果公司各地的分厂被迫同其他地区的分厂进行协调，那么这些分厂能不能继续保持它们在当地市场的竞争力和适应能力呢？新设立的商业经理职位能不能改变各个分公司经理的行为习惯，使他们采取更为全球化的行动呢？到底第一步是先设立产品主管协调员，还是直接就改为采用业务经理产品结构呢？大卫预感全球产品协调结构对公司会起作用，但他仍然想预先考虑改变公司结构可能会带来的问题以及如何实施这样的结构变革。

讨论：

1. RI 公司经历了哪些组织形态的变化？
2. RI 公司现在适合哪种组织结构？为什么？

本章小结

组织是由共同利益目标与共同导向个体组成的工作群体，在群体中的个体若是产生协同作用，就会使这一工作群体变得高效，成为团队。一般来说，企业组织会经历创业期、聚合期、正规化期和精耕细作期4个阶段。当然，组织的结果并不都是精耕细作或一直处于精耕细作阶段的。有的组织在精耕细作后期就没有了创新活力走向衰退，有的组织更是在中途就走向了衰退。因此，为了组织能够长期存续，需要不断地适应环境，进行形态调整与变革。

对于不同形态的组织，它们的功能具有显著的差异性。从不同的视角来看，组织是以多种形态存在的，形态之间并没有优劣之分。在特定情境下，对于特定的组织来说，合适的形态才是最优的。由于信息化社会的快速发展，经济、法律、社会、技术等都发生了改变，现阶段组织形态与以往存在较大差别，而且扁平化、弹性化、网络化、虚拟化的组织越来越能够适应环境，因此这对组织理论也产生了挑战。以往的传统（古典）组织理论阶段和科学组织理论阶段虽然能够为现代组织管理提供一定的参考，但许多实践问题已明显无法解释和解决。只有根据组织管理中存在的问题，不断发现、探索和总结现代组织理论，才能够更好地应对和指导当前组织管理中存在的问题。

思考题

1. 组织的产生经历了哪几个阶段？现阶段组织的特征是什么？
2. 组织生命周期是什么？不同生命周期组织的危机是什么？
3. 组织形态变革主要受到哪些组织因素的影响？
4. 高效组织的类型有哪些？各自的缺点是什么？如何克服？
5. 组织管理过程中如何看待非正式组织？
6. 现代组织理论的基本思想与关注点是什么？发生了哪些变化？

第3章
组 织 力

学习目标：

1. 了解各种组织力的概念及分类；
2. 掌握如何提升各种组织力；
3. 了解卓越组织力标签；
4. 能够运用本章所学知识分析现实中的管理问题。

【开篇案例】 “组织力”是这样炼成的

“夫为家计而辛劳，贤妻勤俭把家持”“认认真真做事，老老实实做人”“讲好话、办好事、做好人”……走进开化县杨林镇东坑口村，干净优美的村庄里，每家每户的门前墙上都悬挂着自己的家规家训，党员家庭户的家训牌上还镶刻着党徽，一目了然。在江山市清湖街道清泉村，党员家庭户除了将家规家训“上墙”外，还将“带头服从大局、带头创业致富、带头服务群众、带头尊老爱幼、带头美化庭院”的“五带头”承诺晒了出来。在常山县大桥头乡濛桥村，非党员户的家训牌上还标注了网格党员的姓名和电话。

家风家规，让组织更强

“一开始，村民对立家规活动都比较犹豫：一是觉得不好意思；二是觉得将家规挂在门口万一做不到很丢人。后来党员户结合党章和社会主义核心价值观，主动亮出身份、带头立起‘红色’家规，并根据就近、就亲的原则通过1名党员联系8户非党员家庭的‘1+8’模式进行发动，现在每家每户都将自己的家规挂在了门口。一方面督促自己，另一方面也教育子孙。‘亮身份、立家规、晒承诺’活动对村庄的治理起到了很大帮助。”东坑口村党支部书记徐樟顺介绍道。据徐书记介绍，为了使党员的身份更加公开、荣誉感更强、责任意识更突出、作用发挥更明显，近年来，衢州市结合“两学一做”学习教育常态化制度化，从党员的“生活圈”入手，积极探索将党风、家风、社风的“三风”建设纳入基层党建工作。通过挖掘儒家文化，编制具有地方特色的党员家风家规图书，在全市范围内推动党员亮身份、立家规，以“好党风”引领“好家风”，促进“好社风”，加快建设浙江“大花园”。如今，在广大党员的带领下，衢州市家风建设已“飞”入寻常百姓家。这些家规家训融入了党性教育、儒学文化和社会风尚，使得每个家庭都成为一面旗帜。据不完全统计，2017 年以来，衢州市已有 9 万余名党员制定了家规家训，并在窗口单位、企业中设立“党员先锋岗”3 600 余个、“党员示范岗”4 200 余个、“党员责任区”26 000 余个，在服务“最多跑一次”改革以及“剿灭劣Ⅴ类水”“治危拆违”“强富美乡村建设”等工作中，充分发挥了先锋表率作用。“党的十九大报告提出，加强基层组织建设要以提升组织力为重点，突出政治功能。党员的家风不是个人小事、家庭私事，而是连着党风政风，带着民风社风。‘万名党员立家规树家风’就是重在以好家风涵养党员干部好作风。党员带头亮出身份、立起家规、晒出承诺，为的就是让从严管党治党落细落小融入日常，引导广大党员干部更守纪律、讲规矩，无论是‘生活圈’还是‘工作圈’，都能出淤泥而不染。”衢州市委组织部副部长、市委两新工委书记许存真表示。

乡村振兴，让保障更足

“自从参选的那一天，面向党旗立下誓言；绿水青山是我坚守的方阵，支部村委是我领军的起点。自从当选的那一天，面对父老许下诺言；美丽乡村是我光荣的责任，幸福家园是我奉献的源泉……”这首江山市的村书记之歌，唱出了无数“领头雁”的心声，也唱出了父老乡亲们的期盼。××××年 1 月 31 日，刚刚参加完省两会的江山市大陈乡大陈村党支部书记汪衍君来不及休息，就匆匆飞往北京与国际广播电视网络台和北京行知堂的专家进行合作洽谈。满满的行程结束后，他倍感幸福地在朋友圈里写道：“2018 新思想指引，新规划新目标确定，新征程迎着朝阳前行。乡村振兴是我的承诺，2018 年做出绿水青山就是金山银山示范是大陈村全体干部群众协同作战与奋斗的目标……”衢州市是农业大市，80%是农村人口，乡村振兴任重道远。为此，衢州市把发展村级集体经济作为增强基层党组织战斗力的重要举措，按照“上山下乡、进城入镇”思路，以增强自身造血功能为着力点，积极探索“光伏强村”“乡村旅游”“电商产业”等多元化发展途径，启动“富民壮村”工程。三年来，全市村级集体经济收入 10 万元以上的行政村数由 757 个增加到 1 169 个，增加 54.4%，50 万元以上的行政村数由 299 个增加到 332 个，增加 11.1%，有效地解决了村级党组织保障力不足的难题。

智慧“三民”，让服务更好

“大冷天，真没想到这么快就上门把问题解决了，你们都是老百姓身边的好党员！”家住衢州市柯城区荷花街道松园社区的独居老人黄少青说道，一天晚上家中突然停电，他随即拨通了网格长徐铭华的电话。接到求助后，徐铭华立即联系了社区党委兼职委员、衢州电力工程有限公司党支部委员曹宏。不到一刻钟，曹宏就来到黄少青家里进行检修，发现是空气开关坏了。随后，他帮老人买来开关，很快就把问题解决了。据介绍，柯城区利用“三民工程”智慧版平台，将全区划分成 579 个网格，网格员中党员占了 85%，通过“一网格一党小组”的形式，社区党员积极下访、就地办理、及时服务，打通了基层治理的“最后一纳米”。服务是最好的治理，近年来，衢州市下大力气将“三民工程”提档升级，通过整合“三民工程”大数据库、“三民工程 E 掌通”App（手机软件）、浙江政务服务网等网络平台资源，推进“多网合一”，构建了一个集民情档案搜集、干群沟通交流、党员教育管理、便民惠民服务等功能于一体的大数据党建平台和市县乡村四级信息互通的全域化服务平台。“三民工程”的服务阵地实现了从农村向城市拓展，再结合 96345 党员志愿服务，又实现了党员网格联户从农村走向城市，党员志愿服务从城市走向农村，极大地完善了基层党组织的服务功能，提升了服务水平。

资料来源：逄润鹏.“组织力”是这样炼成的[J]. 共产党员，2018，3:40-41.

3.1 宏观组织力

3.1.1 宏观组织力的概念

宏观组织是指一个包容性极大的组织空间，具有先进性、原则性、适应性等特征，能够有效地解决国家和社会问题，在经济、政治、社会和环境建设等方面发挥着不可替代的作用。组织力是源于西方管理学的一个概念。从组织学或管理学的角度而言，组织力的提出丰富了组织学和管理学的研究，同时也对各类组织的发展产生了重要的影响。组织力是与管理学中"组织"密切相关的一个概念。按照西方管理学的一般理论来理解，组织力就是组织高效协作以实现目标的一种能力或力量。在英文词汇中，表示"能力""才能""潜能"的相近词汇有：ability，capability，competency。

3.1.2 宏观组织力的分类

(1) 传播力

传播力是良好形象塑造的核心要素。组织的传播力是指组织以自身为传播主体，为更好构建组织形象而借助多样化媒体，以实现效益最优的传播能力和传播效力两个方面。传播力不仅包括良好形象的塑造力，还包括对负面消息的控制力和危机处理能力。组织的对外形象是展示给公众的文化印象，是组织竞争力和综合实力的重要组成部分，直接影响到组织的认同度。因此，良好的形象能够极大地促进组织功能和目标的实现。

(2) 执行力

执行力是组织发展的重要因素。组织的执行力是一个既包括组织外部环境因素、又包括组织内部的机构、流程、人力资源、管理和文化等多种因素的复杂体系。

(3) 服务力

服务力是组织通过服务满足成员需求的能力，也是组织获取吸引力和提升竞争力的关键。

(4) 凝聚力

"凝聚力"一词原为物理学概念，1930 年科特·利文首先提出了组织凝聚力的概念。20 世纪 50 年代，费斯廷格(Festinger)等学者正式为组织凝聚力定义，认为组织凝聚力是由吸引组织成员并促使他们留在组织内部的作用力所形成的一个磁场。李海认为，组织凝聚力是组织在追求其目标过程中齐心协力并保持其一体性的一种状态。唐艺玲从研究公共组织凝聚力的角度出发，认为凝聚力是组织成员对组织的向心力、成员之间的吸引力以及组织对成员的吸引力；她还认为，对组织凝聚力的界定应从这一概念原意出发，凝聚力一词原意指一种物质内部分子间的相互吸引力，从物理学的角度分析，凝聚力是物质运动过程中克服离心力，保持向心力，使物体运动保持匀速和均衡的合力。研究表明，组织凝聚力是组织内部成员之间相互吸引、有共同理念、团结一致的状态，在组织运行和发展过程中表现为对组织高度认同，在领导的带领下始终保持向心力，稳定协调不断发展的一种状态和合力。

(5) 创新力

创新是一个组织不断发展的源泉，也是组织保持活力的重要因素。在瞬息万变的时代，要想跟上时代的步伐，必须具有敏锐的洞察力和预见力以及坚定的变革决心和“快、准、稳”的行动力。时代在变，大众的需求也在变，如果组织不能迅速改变陈旧的运行模式，不创新活动内容，那么迟早会陷入治理失灵的困境。社会组织要抓住机遇，迎接挑战，创新性地使用新媒体，打造社会组织自身独特的品牌，利用品牌效应扩大社会影响力，在建设强有力的团队制度体系的基础上，提高组织行动力，从而促进组织的可持续发展。

3.1.3 宏观组织力的影响因素

在中西方，宏观组织力都有其理论上存在的价值和依据。尽管当前并没有特定提出宏观组织力，但是任何国家和社会的良性运转都离不开宏观组织力。宏观组织力要发挥作用就离不开对宏观协同主体的培养发展和监督管理。在现阶段，有诸多要素影响到宏观组织的发育和成长，也影响到其组织力，既有外部的因素，也有其内部的因素。图 3-1为宏观组织力的分类。

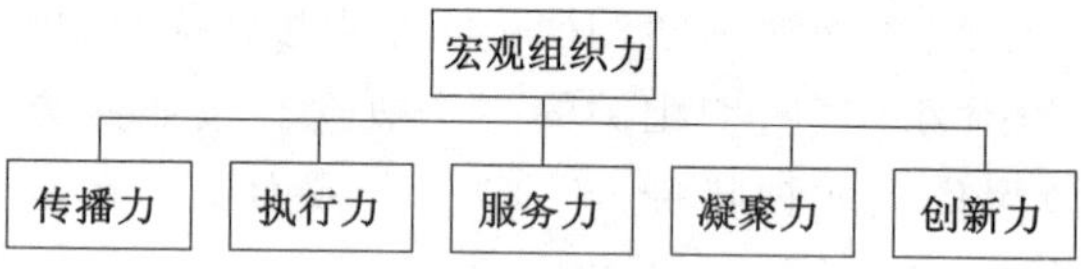

图 3-1　宏观组织力的分类

（1）外部因素

从组织力的本源意义上看，宏观组织力并不是纯粹的、完全内部演化的，它离不开基本的动力机制和与共同体间的交往。因为从宏观组织的立场看，系统进化的动力就是外界持续地输入物质—能量—信息流，它才是系统发生进化的动力源泉。从现代中国的政治生态来看，宏观组织力的提升要求政治系统从外部提供相关的制度安排，培育和规范各种组织及其运作，这是后发现代化国家宏观组织力提升的重要途径。

（2）内部因素

影响宏观组织力的除了以上的外部因素外，还有一些内部因素。第一，从组织的使命来看，宏观组织之所以缺乏感召力和动员力，一个非常重要的原因就是其象征性符号的使用有误，如目标不明确、定位错误，必须导致其动员资源的能力有限，不能维持正常运转。第二，从内部的治理结构上看，由于缺乏明确的制度规定，在体制中出现寡头统治的现象也会显现在组织内部，对需求的反应迟钝以及办事拖沓、成本居高不下等问题同样会出现。

3.1.4 宏观组织力的作用

（1）宏观组织力在各行各业健康发展的作用

行业性组织多是由政府经过不断地改革而逐渐形成的，多以协会的形式存在，且主要承担着行业协调等主要作用。随着中国政府机构的逐渐缩减，不少政府职能也逐渐转化为社会组织承担。相对于政府来说，朝着“小政府，大社会”的宏伟目标迈进了一大步，因此社会组织的健康发展是构建和谐社会的重要战略规划。若从思想观念上来看，这也是由传统的思想观念逐渐向民主化思想转变，符合当前社会的迫切需求。特别是政府要实现“抓大放小”的管理目标，就应该将更多的工作重心转移到法规、法律和政策上去，把握住依法监督各行业依法运营以及宏观调控现行目标和政策；与此同时，政府可通过成立社会自组织，并形成定期与行业社会自组织交流、对话和互动的机制，使社会自组织成为政府在基层作用的重要桥梁，为政府经济发展决策提供更多的信息依据。政府在宣传政策和方针时，也可通过组织力量来实现，这样不仅能够达到校验目的，还能够及时发现漏洞，并第一时间解决问题，使其更加符合社会发展的需要。就行业本身来说，也能够实现其自我转型，使“二政府”逐渐退出，进而为加强行业服务质量和实现构建新型行业体系提供途径。

(2) 宏观组织力在协调社会利益矛盾中的作用

社会组织对社会出现的各种矛盾有较好的平衡作用。例如，贫富差距、地区差距、劳动类型差别以及弱势群体权益保护等。随着社会的不断改革进步和经济的快速发展，出现了一批无法跟上时代需要的失业人群，使得社会面临着新的就业压力。为此，大力推进和倡导社会组织对社会稳定和发展有着极为重要的作用。一方面，可加大对社会组织的培育力度，达到解决就业压力的目的；另一方面，通过社会组织加大对社会各项活动以及经济事业的关注协助，并创造更多的就业机会。中国的弱势人群也是民间社会自组织工作的重点，如外来务工人员、农村妇女、失学儿童、残障人群、城市下岗女工、街头流浪汉以及少数民族地区的贫困人口，如何给予上述弱势人群相应的帮助，协助他们融入社会，这是单独依靠政府力量无法解决的实际难题，这些是一个政府单独发挥作用无效的实际难题。这时，社会组织的优越性就突显了出来，社会组织能够快速掌握基层的实际情况，并第一时间调配自身和相关资源给予弱势人群相应的帮助，使他们感受到来自社会的关爱，为构建精神文明社会、营造良好社会风气创造了基础条件。

(3) 宏观组织力在加强国际交往中的作用

宏观组织力对推进我国“走出去”的战略服务也有着积极作用，对实现我国向国际市场转型作用巨大。不少与国际事务有联系的组织，如海外的中国商会，在帮助我国树立国际形象、与国际商业模式接轨等方面发挥的作用不言而喻。类似这种的宏观组织还能够作为政府中介，协助中国政府对一些经济落后国家的经济援助行为，在适当的时候给予国人或项目海外援助。一方面，这种海外援助对一些经济落后国家的帮助非常大，同时这类组织还能够帮助这些国家在一定程度上缓解贫困；另一方面，组织内部人才的培养为将来打造一批从事国际经济合作和在国际组织从事外事工作的优秀人才做出了准备。总之，宏观组织是加强社会管理和促进经济社会有序发展的重要力量，应当引起足够的重视。

【管理故事】 高考展现出强大国家能力

在万众瞩目中，充满考验和波折的2020年中国高考顺利落下帷幕。能够在这样的时间节点组织超大规模的集体性活动，动员社会各界都参与进来，井然有序地应对工作量庞大的高考，中国人民面对困难展现的众志成城的凝聚力和迅速果决的行动力再次令世界惊叹。

2020年高考的特殊性无须多言，一方面全球新冠肺炎疫情的大背景使得组织如此大规模的考试困难重重，另一方面高考前爆出的“山东冒名顶替上大学事件”进一步强化了社会各界对于高考的关注和重视。同时，安徽省歙县暴雨造成的部分考生延期高考，贵阳市坠桥的公交，南方的洪涝灾害，云南昆明的地震，接踵而来的事件乃至灾难为2020年的高考组织工作增添了前所未有的难度。

这场报考人数创历史新高的选拔性考试，是中国发生新冠肺炎疫情以来最大规模的人群聚集。虽然国内的疫情防控基本趋于常态化，但是面对这场涉及所有的考生、工作人员以及千万个家庭的安全防疫大考，要想同时做好各个环节的保障工作、确保万无一失，则是一项具有极大挑战的组织工作。据德国新闻电视台报道，中国2020年参加高考的人数“相当于瑞典的全国人口”。

早在3月底，教育部就下发通知，要求全国各个考点消毒通风，做好隔离防护、降低密度和备用考场等措施，全力为2020年的高考做好各方面的规划。随后，国家卫生健康委员会又提出“高考防疫十条原则”的明确要求，从各个角度确保考试过程的严密性和安全性，除了提交核酸检测报告，考生还需要在现场经过有序的测温和安检才能进入考场，从各个方面保障高考的顺利进行。

此外，1 071万名考生走进考场的背后是1 071万个家庭的殷切期待，前方陪伴他们的是94.5万考务人员和更多为了疫情下的高考顺利奉献力量的“可爱的人”——不同社会群体自发提前部署，为高考考生保驾护航，消毒后接送考生的爱心车队、指挥考点交通又给考生比心加油的交警、暴雨地区为考生开路的冲锋舟和皮划艇，高考考点门口设立的“爱心加油站”……数以万计的各界人员投入疫情下的高考保障工作中，各种社会力量的凝结是2020年高考平稳有序进行不可或缺的“背后坚实的盾牌”。

在整个高考过程中，中国行之有效的治理方式，从容不迫的应对心态，科学有效的防护措施，是在世界疫情仍旧不容乐观的情况下交出的优秀答卷。

当然，被新冠肺炎疫情冲击高考的国家并不只是中国，各个国家选拔人才的“高考”面临同样的问题，而不同国家应对疫情下的高考时也有不同的做法。例如：法国在1968年“五月风暴”之后再一次宣布停止法国高中毕业会考，笔试部分全部取消，转而采用阶段测试成绩替代，只保留了法语口试；2020年3月18日，英国首相宣布取消英国2020年的公共考试，依据教师评估进行评分。俄、韩、德等国也相应地推迟了高考时间。在整个疫情期间，各个国家的高考制度都存在一定程度的调整和改革，比如俄罗斯的国家统一考试由6月份推迟到7月6日进行，大约有70万人参加，所有考生进场前接受体温检测，工作人员也要佩戴口罩，并采用对场所进行消毒等措施。

高考是经过不断磨合的“帕累托有效”的框架，也是能够兼顾大多数群体利益的选拔制度，是能够保障的最公平的最优选择。不管高考在哪一个国家、以什么样的形式出现，都始终牵动着千家万户，受到社会各界的高度关注。尽管新冠肺炎疫情带来的冲击是巨大的，但是困境之中的实力才更显真章。随着2020年高考的成功谢幕，我们在直面风风雨雨后收获了希望的彩虹；中国面对疫情的考验积累了更多的韧性，疫情防控经验也更为丰富。

文章来源：https://baijiahao.baidu.com/s?id=1672328311621367770&wfr=spider&for=pc.

3.2 中观组织力

3.2.1 中观组织力的概念

学界中常以城市或区域界定“中观”的范围。相较于宏观的国家视角和微观的局部视角，中观的城市、区域视角的研究更加适合地方政府的管理需要和跨国公司的区域战略需要。中观组织力是指城市或区域范围内的组织能力，包括发现组织环境中的能力，并设法获取或加以利用，通过组织内外的组织能力管理，配以组织环境、组织资源、组织机制、组织绩效管理达成组织目的和目标。

3.2.2 中观组织力的构成

基于不同角度,组织能力可分为不同类别,一般按照组织规模可将组织能力分为操作能力与动态能力。操作能力是指执行行动的能力,包括资源获取能力、决策能力和执行能力,常见于组织规模较小、活动范围较小、成员较少、结构较松散的社区型社会组织;动态能力是指组织根据外部环境更新自身的能力,常见于大型社会组织或集团化企业组织。此外,还有学者提出社会组织能力的三大能力维度:组织竞争能力、专业服务能力、自我学习能力。三大能力维度相互联系与促进,构成了一个完整的相辅相成的能力体系。

3.2.3 中观组织力的影响因素

(1) 外部环境

在公平、公正的法律和道德社会环境与公平、讲信用的行业环境下,组织通过公平、公正的契约,获得各种资源的使用权,然后根据组织运行机制对组织的资源和能力优化配置,形成组织化的资源和能力,从而放大组织能力,形成组织生存和发展所从事的生产或提供服务所必需的条件。基于外部环境的资源、能力和机制,通过诸如战略联盟、外包、并购、合资等方式获得外部资源和能力的配合使用,实现对资源和能力的充分利用。如果在这一过程中能够得到政府政策的扶持与帮助,比如提供大额的低息贷款,实施低税费甚至减免税费等优惠政策,提供公平公正的贸易政策环境,就能促进组织的资源和能力的获得和形成更强大的组织生产和服务的能力。如果社会缺乏公平公正的法律和道德环境,行业就会缺乏公平与信用,个人和组织的生存与发展就会依赖于缺乏约束的暴力和通过钱权交易的权力(人们的权利就得不到保障,没有公平的交易,就没有正义的维护。如果组织难以公平公正地交易,企业就难以获得组织需要的资源和能力。

(2) 组织资源

组织资源是组织能力施加的对象,如果没有作用对象,组织能力就不具有意义。事实上,没有作用对象,人们感觉不到能力的存在。即使有能力,如果组织没有使用能力加工处理的对象,能力也就不会创造出任何财富。“巧妇难为无米之炊。”如果组织资源有限,比如没有足够的原材料,组织的生产能力就无法充分有效地利用。生产设备被人们直接或间接指导或操作时,即成为生产能力。然而,如果缺乏生产加工或服务的资源,现实的能力也只能转为潜在的能力。

财力资源是维持组织能力的基础,如果组织缺少财力资源,可能非常难以获得人力资源,从而难以有效形成和发挥强劲的组织能力。如果组织拥有足够的财力资源,由于财力资源的特殊性,几乎可以转换为任何资源和能力,组织资源和能力就将得到充分放大和使用。

社会关系资源是组织能力得到有效的安排和使用的保证。如果缺乏社会关系资源,组织能力的使用会因枯竭的社会关系而无所作为,组织“新陈代谢”的生命循环将难以维持,并且致使组织化的能力解体。如果组织拥有充分的社会关系资源,就容易获得组织需要的任何资源和能力的使用,并且通过生产和销售的良性循环实现组织能力的放大。

信息资源能够有效地放大组织资源和能力。如果组织拥有充分的信息资源,组织的资源和能力就能够得到科学、合理、充分、有效的配置,放大组织能力,并且转化为现实的能力,创造财富。

(3) 组织机制

组织把各种资源和能力集中调配使用,能否得到正确、有效的使用还取决于组织机制的正确设计。

信息机制影响组织能力的形成和对外部资源的利用。一切组织决策都需要建立在信息的基础上,只有基于信息机制,才会依靠可靠的信息了解组织现有资源和能力的情况,才能了解和确定组织的当前目标和长期目标的正确关系,从而了解组织获取资源和能力的配置方式,科学、合理、充分、有效地配置资源和能力,形成强大的组织能力,并在组织运作过程中发挥效率。契约机制是组织获取和使用组织外部资源和能力的重要机制。没有契约机制,组织就得不到需要的资源和能力。如果组织的契约机制有问题,组织就可能难以稳定且可靠地获取组织需要的资源和能力。另外,契约机制的权利和义务条款也促进优化配置资源和能力进行生产或服务,从而更加有效地使用能力。具有适当的组织价值理念,组织成员才会形成有价值和意义的行动动力,组织外的利益相关者才会形成一个准确和适当的期待,形成组织外部社会对组织应有的推力,也使组织尽可能避免盲目获取资源和能力以及盲目使用资源和能力,减少组织投资运作的不良资产、沉没成本,从而有助于组织资源和能力的获取及使用。权威机制是以法权为基础建立企业组织权威等级和分工,让那些拥有组织需要的不同专用知识和能力的人员在不同职能部门和不同职责的职位上任职,承担不同的任务,履行不同的职责,并配以相应的履行职责、完成任务所必需的调配资源和能力的权力;在对资源和能力集中的基础上,使组织实现有效的分工与合作,从而有效地配置资源和能力。差异互补机制使组织内外各种能力和资源发挥比较优势,在组织内部实现基于分工的合作效率和基于合作的分工效率的结合;在组织外部,组织通过与组织外的利益相关者差异互补,使得产业链的各企业组织能够在价值链中具有价值创造的比较优势点提供生产和服务,增进价值链各环节的效益和社会福利,有利于充分发挥组织内外的资源和能力的作用,有助于充分、有效地获取组织资源和能力,有助于组织内外协同配置资源和能力,充分发挥组织能力的作用。配置优化机制使组织不断优化组织流程,改进组织流程,优化资源和能力的配置,使组织经营者和组织成员力求充分有效地使用组织资源和能力。组织生存环境的变化,给组织带来商业机会或风险,这要求组织尽可能地从组织环境中发现机会,充分、有效地利用机会,找出风险并化解风险,化风险为机会。在化不利为有利的过程中,应充分、有效地获取资源和能力,充分、有效地使用组织资源和能力,避免组织资源和能力的浪费。

【管理故事】 疫情防控下,广东彰显强大基层组织力

2020 年,突如其来的新冠肺炎疫情对我国的经济社会发展产生前所未有的冲击。在党中央坚强领导下,全国人民众志成城、顽强拼搏,在常态化疫情防控中经济社会运行逐步趋于正常,生产生活秩序加快恢复。

疫情防控成绩值得肯定,经验也值得总结。《南方》杂志记者调研发现,在疫情防控最关键的时候,在复工复产有序推进的关头,广东省的广大基层党组织焕发出强大的组织力,彰显出党的政治领导力、思想引领力、群众组织力、社会号召力,为取得疫情防控阶段性成效作出重要贡献。

发挥政治领导力,坚定战"疫"信心

"疫情刚开始的时候,很多群众心里都是有点慌的,也不知道怎么办。这个时候,就需要党组织、党员站出来,吹响战'疫'的号角。"回忆起几个月来的疫情防控工作,十三届全国人大代表、江门鹤山市古劳镇下六村党总支书记、村委会主任温艳嫦说。

疫情发生时,温艳嫦就全面发动全村党员、各村民小组组长、村民、片区内各级人大代表以及志愿者等,组成联防工作队,由她带头上门入户,走耕地、过鱼塘、穿乡道、跨工业区,开展排查宣传、消毒、卡口值班监测工作。

据广东省委组织部相关负责人介绍,疫情防控工作开展以来,不仅是下六村,广大城乡社区普遍成立了由党组织书记任组长、社区党员干部为主要成员的疫情防控工作领导小组,统筹制定防控工作方案,充分调动辖区党建资源和力量,有力落实疫情防控和复工复产各项任务,确保疫情防控工作组织严密、指挥有序。

打赢疫情防控阻击战是当前的重大政治任务,这是广东省基层党组织、党员们的共识。

深圳市罗湖区东湖街道大望社区是一个外来人口占95%、湖北籍居民约有2 000人的开放式社区,面对复杂的形势,防疫工作怎么做?

从大年三十起,大望社区党委书记高桂秀就精细规划部署了疫情防控工作,成立由社区工作人员、民警和社康医生组成的"三位一体"小组,会同社区股份公司、网格员等力量,共同打造联防联控工作模式,起到很好的效果。

"在基层,党组织就是各类组织的主心骨,发挥基层党组织的政治领导力,凝聚大家的力量,再难也可以打赢这场仗。"温艳嫦说。

发挥思想引领力,筑牢战"疫"堡垒

在密布8万多名市民、近3 000个商铺食肆、39处名胜古迹的广州市北京街道,疫情防控阻击战一打响,便面临着人手不足的问题。

北京街道党工委书记麦碧环说:"当时北京街道有机关人员、各类辅助人员以及环卫站工人、消毒站工人约600人,人手远远不足。但是很快,网格党支部的党员、广州街坊的平安志愿者和社区楼组长约400人就主动站了出来,参与防疫工作。"

越是关键时刻越要冲锋在前,这是广东省基层党员的初心和使命。

一直以来,广东省以县处级以上领导干部为重点、自上而下分两批,组织29万多个党组织、530多万名党员深入开展"不忘初心、牢记使命"主题教育,取得了扎扎实实的成效。

突如其来的新冠肺炎疫情是对国家治理体系和治理能力现代化的一次大考。大考来临,广东省的广大基层党组织发挥思想引领力、筑牢战"疫"堡垒,党员们纷纷把疫情防控任务当作考验,勇于担当、敢于作为,在疫情防控战斗中锤炼党性。

揭阳市93岁老党员林合坤每日坚守防疫一线,他说:"在国家的危难时刻,群众可以退,党员不能退。"潮州市湘桥区开元社区党支部书记朱桂曼带着"两委"干部,仅一周时间就完成了对辖区600多户居民、206户商户的全覆盖排摸走访,手机App每天显示的步数都在3万步左右。清远连州市各社区党员、干部纷纷带头当起"代购员"、居民"知心人",为特殊群体、困难家庭和居家隔离人员配送生活物资,疏导和安抚好独居老人们的情绪……

"为了群众的生命安全,一切都值得,这就是我们的初心和使命。"朱桂曼说道。

发挥群众组织力,形成战"疫"合力

江门鹤山市沙坪城区有12个社区,管理下辖区近12万人口,110名社区工作人员显得力量单薄。而且,其中一些社区负责居家隔离的对象多达40多户,但社区只有7个工作人员。

为了更好地完善防疫体系,鹤山市沙坪城区已组建的28个小区党支部纷纷将防控疫情的关口前移,把小区建成了防控疫情的有效防线。没有党组织的小区也纷纷跟进,组建实体或功能型党支部,加入小区防疫战。

小区党支部更靠近群众,利用小区党支部,把小区里的党员群众发动起来,才能形成战“疫”合力。沙坪城区的小区党支部发出倡议书之后,短短两日内,1 400多名小区党员便响应号召加入小区的网格化疫情防控,部分热心群众也积极参与其中。

依靠群众、发动群众、组织群众是我们党取得一个又一个胜利、攻克一个又一个堡垒、战胜一个又一个困难的法宝。在疫情防控工作中,广东省的广大基层党组织依靠群众组织力,把广大人民群众紧紧团结在党的周围,形成防控工作的整体合力。

“我是群众选出来的,我必须对群众负责!”疫情防控阻击战打响以来,云浮郁南县第十三届党代表、东坝镇虎岩村党总支书记刘来希与其他党员干部每天守在虎岩村出入口处,对来往人员和车辆进行检查。看到村党总支党员干部的辛苦和操劳,村里60多户本打算举办红白喜事的人家主动取消了操办,还有6名村民自发到村口参与值守工作。

在广州市,多个区街成立了群防共治志愿队,不少保洁员、快递员、社区群众在镇街社区干部、党员志愿者、基层执法人员的带领下,穿上红马甲、佩戴红袖章,发挥人熟、地熟、情况熟的优势,针对本辖区的实际情况,采取各有特色的做法,筑起了疫情防控的“第一道防线”。

在拥有全市最多外来人口的广州市白云区,在三元里街党工委的带领下,20多名湖北籍“广州街坊”成立了首支“湖北籍来穗人员抗击疫情志愿服务队”,为老乡送上疫情期间的温暖和祝福。

发挥社会号召力,整合战“疫”资源

“芦书记,社区有什么需要务必告诉我们”“很感谢芦书记的付出,我们一定全力支持”……疫情防控期间,佛山市禅城区祖庙街道铁军社区党委书记芦丽萍收到许多来自辖区企业负责人的电话,他们都愿意出钱出力出物资,成为铁军社区战“疫”的坚实后盾。

原来,这是与铁军社区党委对社区的管理、对企业的帮助、对街坊们的关心分不开的。据了解,如今,铁军社区发展起40多个共建单位,芦丽萍书记只要一个电话,各单位就会立即来支持。

在疫情面前,疫情防控工作不能有丝毫漏洞,必须统一号令、统一行动、同舟共济、一致抗疫。疫情防控阻击战中,广东省的广大基层党组织发挥出强大的社会号召力,将“共建共治共享”基层治理优势转化为“联动联防联控”的防控工作优势,组织起各界力量,有力整合各种资源,强化协同应对,形成联防联控和社会协同机制,有力保障疫情防控系统的高效运转。

在深圳市龙华区民治街道,快速整合战“疫”资源是街道党工委将疫情防控各项工作运转得更加高效、顺畅的原因之一。

据介绍,在疫情发生后,民治街道党工委第一时间组织机关企事业单位党组织加强与社区党组织协同配合,在人力、物力、设施、信息等方面提供有力支持。同时,通过建立疫情防控一线临时党支部,将区机关和街道支援人员统一编制队伍,确保作用发挥。此外,民治街道辖区内广大非公企业和社会组织党组织还充分发挥行业优势,通过捐款捐物、科普防疫知识等，共同战“疫”。

讨论：

根据案例，你认为取得抗疫阶段性胜利的背后，基层组织力是如何体现的？

文章来源：http://news.southcn.com/nfzz/content/2020-05/21/content_190930690.htm.

3.3 微观组织力

3.3.1 微观组织力的概念

管理学大师詹姆斯·穆尼认为，组织是特定人群为了共同目标而联合起来、一起努力实现目标的形式；而组织力，就是实现共同目标的能力。

一般来说，组织能力是指组织的资源、技能和功能，使其能够有效地实现其目标和使命。从非营利的角度来看，组织能力可以看作一个组织为企业服务所需的一系列结构和功能。

对微观组织力的定义各不相同。Sun 等人认为，微观组织力就是企业有效地将其使命传达给下属员工，具体地说就是企业能够调动企业内的要素或属性实施计划、实现目标和完成使命。还有学者认为，微观组织力主要针对企业，是指企业开展组织工作的能力，是企业在与竞争对手投入相同的情况下，具有以更好的生产效率或更高质量将其各种要素投入并转化为产品或服务的能力。微观组织力包括企业所拥有的一切反映效率和效果的能力，这些能力可以体现在企业从产品开发到营销生产的任何活动当中。精心培养的组织力可以成为竞争优势的一个重要来源。

组织力内涵丰富，既包括组织设计的科学性、制度的完备程度等方面，也包括共同价值观、组织目标的吸引能力以及组织满足成员心理、生理、社会需要、成就需要和精神需要的程度等软指标。从大的方面看，组织力主要包括政治组织力和管理组织力。

政治组织力是组织力建设的关键，体现了核心价值体系的感召力、民族精神的凝聚力和驾驭全局的领导力，提高政治组织力对于实现中华民族伟大复兴、全面推进中国特色社会主义伟大事业起着至关重要的作用。核心价值体系是政治组织力的内核和灵魂，科学的组织体系是政治组织力的前提，创新是政治组织力可持续提升的重要手段，高效的动员能力是政治组织力的重要环节。

管理组织力体现了管理活动的科学性，使资源配置更有效率，以此促进社会的进步、提高社会文明程度，也反映了时代的进取精神。伦理是提升管理组织力的重要基础，变革是提升管理组织力的重要抓手，以人为本理念是当今管理组织力的重要共识。

对于任何一个企业来说，企业有无微观组织力是关系其生存与发展的大问题，它关系到企业的生产效率、经济效益和生死存亡。

3.3.2 微观组织力构成

微观组织力系统有三个要素：

① 组织结构力：企业形态、结构与运作机制的合力。

② 组织传播力：包括企业的内外沟通与宣传能力。

③ 建构或改造企业的组织能力。

组织传播力由于和企业科技力、知识力的关系十分紧密，是二者发展必须依托的力量，它作为一种独立的经营力要素在企业经营中释放出巨大能量。从现实来说，微观组织力的实际构成已形成多元结构：组织结构力＋组织传播力＋组织科技力＋组织知识力＋组织执行力＋组织学习力＋组织文化力＋……如图 3-2 所示。良好合理的组织结构和组织机制是组织效率的前提保障，组织力已经成为组织成功的核心原动力。

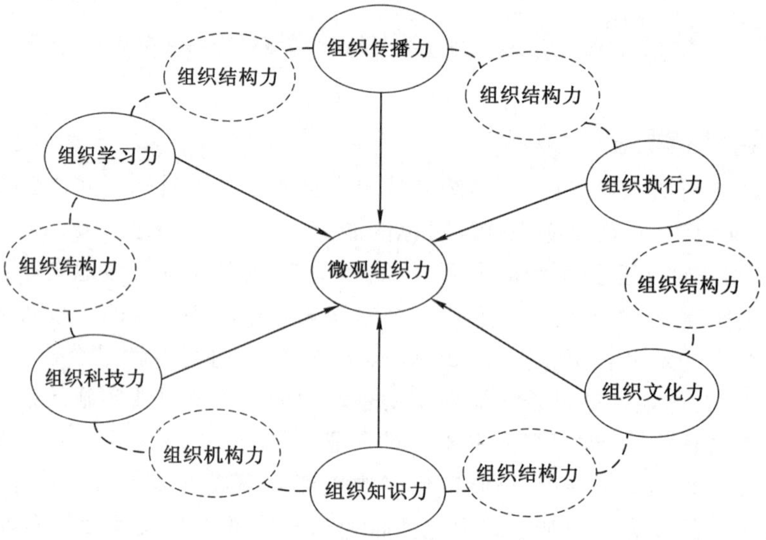

图 3-2　微观组织力的构成要素

这些要素之间具有一定的内在联系，如组织传播力的提高有助于组织学习力的改善和提高，组织学习力的提高又进一步影响组织的知识力和科技力等。组织结构力在组织力形成的过程中起到桥梁作用，是一个不可或缺的沟通平台。各个构成元素在组织结构力这一平台上相互作用和影响，最佳的组织结构力有助于这些力量之间的有效融合，最终形成微观组织力。

3.3.3 微观组织力模型

根据组织结构和组织力的有关研究和对其他知识的了解，在基于流程的组织结构设计基础上得出微观组织力模型，基于流程的组织结构设计，该模型包括 6 个方面的因素，即战略目标、制度建设、人员素质、部门管理、激励方式和企业文化，如图 3-3 所示。

(1) 战略目标——构建组织力模型的前提

企业战略是企业以未来为基点，为寻求和维持持久竞争优势而做出的全局性重大策划和谋略。好的战略必须以企业的胜任力和执行力为基础，这是保证领导者制定战略并成功实施的前提。

(2) 制度建设——组织力模型有效实施的保证

任何一个企业要想保证战略的有力实施，必须建立一套科学完善并行之有效的规章制度；同时，要保证这些规章制度的贯彻执行，并根据市场及企业内部情况的变化对规章制度进行及时修正和完善。科学完善的制度是企业目标顺利实现的基础，也是企业组织力模型

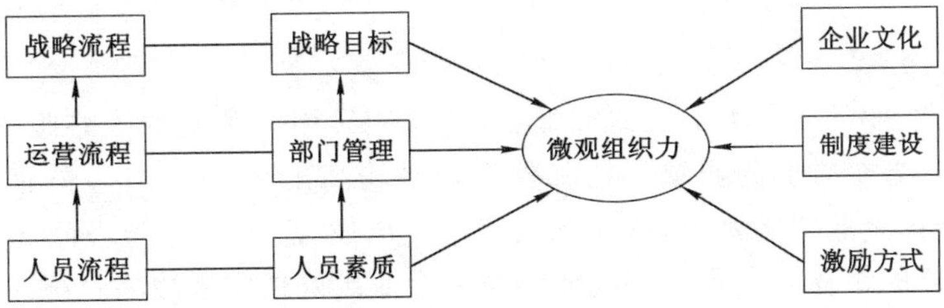

图 3-3 微观组织力模型

顺利实施的保证。

(3) 人员素质——组织力模型的核心因素

人员包括高层决策者、中层管理者、基层员工。企业战略的实施最终要落实到具体的人员身上,人员的素质在组织力模型中起关键作用。

(4) 部门管理——实施组织力模型的关键

模型中的部门管理主要是指如何有效地将个人的能力整合成为企业组织力。在组织实践中,员工个人能力必须在团体层次上凝聚成组织的组织力,才能形成竞争对手不可复制的核心能力,个人能力经过中层管理者的整合,在运营流程中以战术的方式体现在工作中,最终以战略定向的形式表现为企业组织力。

(5) 激励方式——组织力模型的物质保障

激励方式包括物质奖励和精神奖励。研究能够激励个人的因素,对员工采取恰当的激励方式。如果员工的差异得到认可,以为自己受到重视,并且有机会从事适合自己的工作,发挥自己的优势和特点,他们就会有动力发挥出自己最好的水平,有助于提高员工的生产率、对工作目标的承诺和工作满意度。

(6) 企业文化——组织力模型的精神保障

基于企业微观组织力模型,要在企业内部形成能力的投资乘数效应,必须具备能力复制的环境,这种环境要求建立一种执行力文化,使之成为企业员工的一种守则、信念和精神力量,从而使员工以高度负责的态度做好每一项工作,提高企业的微观组织力。

3.3.4 微观组织力的特点

① 微观组织力是独特的,不同企业有不同的组织力。例如:戴尔公司采用的商业模式是直销模式,所需的组织力就是速度和定制;联想公司采用的是分销模式,所需的组织力是效率和低成本;丽嘉酒店面对的是高端客户,所需的组织力是卓越服务。

② 不同的微观组织力,也将局限或强化企业在不同层面的表现。企业中不同部门团队间会有不同的组织力,会局限或强化各自的行为。

③ 微观组织力源于企业的内部。微观组织力是针对企业而言的,不仅来自企业整体的组织目标,而且来自企业中个人的能力。

3.3.5 微观组织力的提升

很多企业发展到一定规模后,业务增长的速度明显放缓、停滞不前或滑坡,行业增长慢、竞争越来越激烈等外部环境因素固然是造成业务发展受阻的重要原因,但根本原因是企业的组织成长不足,导致组织成长滞后于业务增长,支撑业务发展的组织能力不足。提升微观组织力可从以下几个方面展开：

（1）塑造宏伟愿景

人才永远是企业的核心力量。研究显示，高层领导用一种长期战略眼光去看待人才管理问题的企业，在各个方面的业绩要比其他企业平均高出20%。一些企业之所以成功，关键在于领导会根据企业战略要求，从业务战略角度出发，思考人才管理问题：未来需要什么样的人才，什么样的领导力素质和技能能够帮助企业更好地实现战略目标。

（2）人才细分

区分有价值人才与关键人才。顾名思义，有价值人才是指能够为企业带来价值的人才；关键人才是指业绩的小幅度提升能为企业商业价值带来较大提升的人才。比如，在全球航空领域，飞行员对航空公司来说是有价值的人才，但是他们的重要性与某些职位相比可能要低一些。对企业来说，这两种人才缺一不可。

（3）领导者人才管理技能和素质

在人才管理方面具有很高素质和技能的领导者，不仅对企业营业利润率方面有突出贡献，而且在人员流失和人员方面也做得非常好。也就是说，一个非常有效的、人才管理方面见长的管理者，他最终带来的商业价值可能相差上百万元，甚至更多。领导者是否具备全面统筹的思维模式由几个因素决定：一是知识和技能，他是否具备这方面的深度和广度，是否了解一个企业在不同区域市场所要解决的不同问题；二是心智方面，一位心智成熟的领导者，面临的一个重要问题是他是否能够在看似比较混乱、相差各异的业务运作方式里找到一些关联性，进而思索一些普遍性问题；三是心理因素，具备全面统筹思维模式的管理者，有很强的求知欲，看待问题不带有偏见，冷静坦然面对企业面临的一切问题，所以领导者人才管理技能和素质往往会对企业的发展产生深远的影响。

（4）凝聚所有人的力量

凝聚人心，让组织团队思维、步调一致，打造一支思想统一的团队。

（5）将管理贯穿于企业

将组织管理智慧贯穿到企业基层，将组织管理的思想贯穿到整个企业，从而健全完善的管理制度。

（6）组织习惯达成目标

好习惯带动组织力的有效执行，企业组织力的实施与全体员工的良好工作习惯密切相关。企业精神的渗透促进好习惯的养成，用奖惩措施促成良好的工作习惯。

（7）高效的资源整合方略

一方面，从战略思维上说，资源整合是一种系统的思维方式。在企业内部，它要求企业的管理者能够通过组织和协调，将彼此相关又彼此分离的部门职能整合到一起；在企业外部，它要求企业的管理者将既拥有共同利益又相互独立的经济个体整合成一个共同的客户系统，最终实现资源“1+1>2”的效果。另一方面，从战术层面上讲，资源整合是一种优化配置的决策。在企业内部，企业的管理者根据企业未来的发展战略以及市场需求，对相关的企业资源进行重新配置，进而达到凸显企业核心竞争力的目的；在企业外部，它要求企业管理者寻求企业资源与客户需求的最佳契合点。总的来说，通过组织管理来协调运作，从而增强企业在市场中的竞争优势。

（8）强大的资源配置能力

拥有强大的资源配置能力，对组织的发展尤为重要。如何增强企业的资源配置能力？培养管理者的组织能力，寻求企业的核心竞争力，合理调整人员结构，公平、公正、公开地实施人才竞争机制。

（9）完善的沟通模式

企业不是一个人的，它是一个社会性的组织，沟通模式必不可少。如果企业中缺少了沟通，那么上下级之间就会缺少最基本的了解。那时，一个人再怎么强，也不能独自撑起一个企业。如何加强企业内部的沟通？如基层走访，建立有效的沟通机制和平台，面对面沟通，书面沟通。企业内部建立完善的沟通机制对企业的发展有极大的帮助，如果企业的管理者再利用一些有效的方式与员工沟通，就会使企业上下一心，共同为实现企业战略目标而努力奋斗。

（10）干部训练模式

将领导干部训练运用到企业管理中：对中高层管理者进行培训时，必须将企业精神灌输到他们的脑海中，并让他们以企业精神为指导思想去处理工作中遇到的问题。第一，教学模式灵活多样：丰富多样的教学模式能够将空洞、枯燥的理论知识与工作实践结合起来，寓教于情、寓教于景、寓教于乐，所取得的教学成果也是显著的。第二，发扬艰苦奋斗的作风：对于面临激烈市场竞争的企业来说，中高层管理者需要有艰苦奋斗的作风，只有这样才能在企业遇到问题时沉着应对，为基层员工起好带头作用。企业的发展与领导者的能力密切相关，领导者的能力又与训练模式相关。因此，要想培养出优秀的企业管理者，就必须引进合适的训练模式。

在如今的商业环境中，持续和适应变化的能力是一种基本的组织能力。持续的准备状态和适应，持续的准备状态和通过计划的变化周期性地启动准备的方法，是组织生存能力的基础。

3.3.6 处理组织成员遇到的冲突

（1）企业中的冲突

企业中的冲突很常见，包括人与人的冲突和人与组织的冲突。

① 企业中人与人的冲突：各种个人间摩擦和组织间摩擦是这种冲突导致的常见结果，竞争、拆台、争吵乃至对抗是其常见形式。

② 企业中人与组织的冲突：任何组织为了实现自己的目标，为了维持自身的运行秩序，必须对个人行为提出种种要求与限制。而个人作为有独立思想情感的行为主体，必然有自己的利益、意愿与个性。因此，当组织对个人的要求与限制和个人的利益、意愿与个性之间不一致时，便会产生各种形态的冲突现象。哪里有组织，哪里就会出现这种冲突现象。

产生冲突的原因：一是要求和目标的因素。当各方怀有不同的要求及目标而这些要求和目标不能被同时满足时，彼此之间就会产生相互冲突的力量，除非他们本身被修正，或者满足这些要求和目标的新途径被开辟。这些不相容的要求和目标，首要的和最基本的就是物质利益：人们在争取有限资源时，不能同时满足的那些要求和目标，包括物质财富、领地、配偶、地位和名誉等。二是组织体制和结构方面的因素。组织体制主要是指职权的划分，即组织的纵向层次和横向部门设计，在组织体制上经常会因为集权和分权的张力而发生冲突，在组织结构上则会经常由于不同层次之间、部门之间、条块之间的职能、权限交叉或边界模糊而发生冲突。三是信息的沟通不顺畅。冲突的双方得到信息的途径不一致，信息的内容不同，双方又没有及时有效的沟通，因而造成误会，导致公开冲突。四是宗派意识的存在。

宗派意识是封建小生产者的历史遗留产物。造成宗派的主要原因是利益联系、情趣相投、认识偏见等。我国的一些组织中存在不同的宗派利益群体，为了保护宗派利益，往往会产生排他行为，导致公开冲突。这些冲突既有正功能，又有负功能。

（2）冲突的正功能与负功能

① 正功能。第一，群体内部的分歧和抗争，能够造成一个各社会部门相互支持的社会体系。第二，让冲突表露出来犹如提供一个出气口，使对抗的成员采取合适的方式发泄他们的不满；否则，让怨气压抑反而会酿成极端的反应。第三，群体间的冲突增加了各群体内部的内聚力，如战争时期，一个国家往往表现出团结一致，这时国内的争吵会相应地下降，齐心协力去战胜敌人。第四，两大集团的冲突可表现出它们的实力，并最后达到权力平衡，以防止无休止的斗争。由此可见，一定程度的冲突反而可以减少冲突，并求得长期稳定。第五，冲突可以促使联合，以求生存。例如，为了对付共同的和更加强大的敌人，两个不同的国家可以彼此团结起来；企业也可以为了共同的利益而结成业务联合体。由此可见，组织内部冲突的建设性应包含两层意思：第一，组织的某些内部冲突能够促使组织成员之间形成相互竞争，从而增强组织的活力；第二，如果组织的领导者能够及时发现组织的内部冲突并采取积极的应对措施，组织的内部冲突就可以成为不断地改善组织各方面状况的动力和向导。

② 负功能。一是内耗。那些非法规化的冲突，使冲突各方公开或暗地里互相拆台、互相损伤这种内耗是组织的大敌，事业的大敌。它不仅极大地浪费人力资源，而且严重地挫伤人们的积极性。二是分裂吵闹，无法达成正确的统一意见。领导集团内部对某一问题有不同意见是正常的，应当通过民主集中制的程序达成统一。然而，在闹分裂的领导集团中，不同意见并非出于事件本身，而是借讨论问题之名行争权夺利之实。这种意见不统一使组织处于吵闹分裂之中，危害极大。三是非正义暴力对社会的破坏。非正义战争以及其他非正义暴力活动，破坏了人类物质文明和精神文明的成果，残害进步人士和人民群众的生命；大规模的社会冲突造成社会动乱，人民的生命财产安全得不到保障，正常的生产、学习和工作不能进行。

（3）减少冲突、加强组织成员之间的合作

① 培养企业领导的组织管理意识。高层领导是整个企业的“龙头”，他们的决策影响整个企业未来的走势，他们的个人魅力也会影响整个企业的所有员工。因此，要想让整个企业充满团结力，企业领导的组织能力必不可少，能够让企业员工紧密团结在自己的周围，为企业的发展贡献出最大的力量。有人会说组织力不是说有就能有的。当然，组织力不是凭空而来的，它是通过长期训练得到的。但是，在训练的过程中有一点是非常重要的，那就是必须抱着这种意识去磨炼、去学习。如果缺乏学习组织能力的意识，那么即使经历再多，也无法得到想要的结果。

② 加强对企业员工组织合作意识的渗透。要想让企业的所有员工都有组织合作的意识，就要不断向他们灌输与渗透这种思想。整个渗透过程是一个潜移默化的过程，是漫长的，不能操之过急。为了达到期望的效果，可以多组织一些需要员工相互配合的活动，让他们从中学习协作的智慧。在这样的熏陶和刻意培养下，时间长了自然就有了合作的意识，尤其是当尝到合作带来的甜头后，会更加重视这一点。个人的能力再强也是有限的，如果想让这种能力无限扩大下去，就需要更多的人互相帮助、互相配合，而连接所有人的桥梁正是组织管理的智慧。只有掌握了这种能力，才能将员工们凝聚在一起，使他们发挥更多的潜力，

为企业的发展贡献更多的力量。

要让企业的各个部门既能分工明确又能相互协作，就要提高高层领导的组织能力和中层领导的协作意识，并且设立相应的协调部门。

a. 提高高层领导的组织能力。每个企业的高层领导都是总“设计师”，企业的整体运转由他们负责。因此，在为企业划分各部门以及为部门分配工作时，高层领导要考虑各部门之间的配合、协作问题。

一位高超的建筑大师，总能利用简单的结构建造出一座令人叹为观止的建筑；而一个有着极强组织能力的高层领导，也同样能够让分工明确的各部门有效运作、相互配合，用最简单的部门结构去应对最复杂的市场变化。因此，提高企业高层领导的组织能力，能够有效提升各部门之间的协调运作。

b. 提升中层领导的协作意识。俗话说：“将在外，君命有所不受。”如果高层领导下达的命令没有被有效执行，那么再好的决策也只是一纸空谈。要想让企业部门之间进行有效的合作，提升那些中层领导的协作意识也是非常必要的。如果说高层领导是指挥官的话，那么中层领导就是那些基层的执行者了。在企业中，负责部门之间进行相互合作的“实权人物”正是那些各个部门的主管等中层领导。因此，如果中层领导有协作的意识，那么他们就能够将上级的组织观念充分地运用到部门合作中；如果他们缺乏互相合作的意识，那么对于上级领导传达的协作思想就会置若罔闻，即使企业的高层领导绘制了美好的蓝图，也无法达到预期的效果。

③ 设立强有力的协调部门。除了提升企业中高层领导者的组织管理能力和执行能力之外，企业还应该设立一个能够协调各部门工作的“联络员”，即协调部门。虽然企业的中高层领导负责各部门之间的协调工作，但是他们还负责其他工作，难免会出现疏忽，致使部门之间的合作出现停滞。这时，如果一个企业设有协调部门，那么它的优势就会体现出来。

企业的协调部门是专门为协调各部门之间的合作设立的，成员的工作就是在各部门之间传达合作内容。他们就像是通信员，把需要合作的工作内容准确无误地传达到各部门，并监督各部门是否完成了相关工作。

当然，协调部门的设立只是一个辅助措施，真正起作用还是要靠中高层领导，他们的组织管理和合作意识才是重中之重。企业领导的组织能力就像是一条纽带，将各部门连接在一起，构成一个整体。在最初划分部门时，他们的心中就应该为各部门分配好工作，并在各部门执行时给予监督和指导。

【管理故事】 团队制胜——百世腾

据国外一家研究机构对100家成长最快的小公司所做的调查显示，其中有一半的创业管理团队无法在公司创立后的头5年内顺利存活。钱德勒(Chandler)和汉克斯(Hanks)在他们所考察的12个团队个案中发现，只有两个团队在公司创立5年后能够完整如初地存活下来。团队创业较之于个人创业具有许多不可比拟的优势，然而团队成员的高流失率已经成为制约这一优势发挥的普遍性问题。百世腾集团的创业管理团队，自形成之初，历经十年风雨洗礼，不但没有分崩离析，反而愈加稳固，上下一心协作之高效、配合之默契有如一人。是什么造就了百世腾团队这种独特的优势呢？让我们一睹百世腾团队的风采吧！

说到团队，首先要提到团队的核心人物。核心人物凭借着其统御权和专长权，对团队的形成和绩效的取得具有重要的影响。百世腾创业团队的核心人物是总裁熊俊宏，他1971年出生，出身于赣州市的一个书香门第。由于父母是教师，熊俊宏从小就特别尊师重道，待人礼貌，学习刻苦。在江西农业大学动物科学学院求学的4年中，熊俊宏曾多次荣获学校奖学金，担任系团总支委员、体育部长，参加并协助学校组织各项活动，屡次获得大奖，赢得了同学们的信任和拥护。在此期间，他结识了日后成为创业管理团队的主要成员，凭借着自己公正无私，胆略过人，勇于创新，知人善任，富于同情心，具有感召力的人格魅力和领导能力，成为朋友圈的核心人物。熊俊宏求学时成绩优异，学识渊博，精通本行业务，具有饲料行业的专门知识与技能为他赢得了后来团队成员的尊敬和信赖。

他的工作经历也为日后的创业提供了深厚的积淀。1992年，熊俊宏毕业后，被分配到上海前进农场从事技术服务员工作。1992年，邓小平同志的“南方谈话”给上海这个国际大都市带来了新的发展契机，头脑灵活的熊俊宏把握住了这个机会，跳槽到一家外企公司从事饲料销售工作，从基层做起，经过一段时间的努力摸索，凭借自己的专业知识和对工作的热忱及自己良好的待人接物的处事方式，多次荣获公司的“销售状元”。在外资企业的这段时间里，熊俊宏灵活运用专业知识，帮客户解决了许多问题，很快就以他出类拔萃的表现被公司提拔为企业销售主管。1995年，一次偶然的机会，他在和大学同学周峰、熊正儒、郑云林一起探讨中国饲料工业的发展前景时，萌发了合伙创建公司的想法。对于创业地点的选择，凭借着大学时代形成的默契，几个年轻人同时想到了他们的家乡——江西。1995年初，这几个志同道合的年轻人满怀激情地回到了江西省南昌市，在这里，百世腾的四兄弟团队将开始漫长而又艰难的创业历程。1995年5月17日，在军旗升起的地方，一个崭新的民营饲料企业、百世腾牧业集团的前身——南昌天地人科技饲料有限公司诞生了。公司成立伊始只有7个人，分别是焦俊宏、周峰、熊正儒、郑云林、杨素静(出纳)、陈如勇、周健(生产员工)，同年7月招聘了第一批业务员，年底又招募了一名生产员工，企业轮廓初步形成。从这时起，百世腾的创业团队开始向管理团队转变。百世腾管理团队的不同之处在于：① 尊重核心人物与打造均势团队并行。从最初的四兄弟管理团队，到如今的五人领导核心，百世腾管理团队始终如一地坚持以均分股权的方式来构建一种人人平等的特殊团队结构，共担风险，共享权利，着力打造一支分工明确，强化情感维系的核心管理团队。这种股权结构实际上将“每股一票”变成了“每人一票”，形成了类似于股份合作制企业的集体决议机制，在创业过程中增强了团队的凝聚力，激发了团队成员的奋斗热情。他们也给予广大中层管理人员和优秀员工相当大的入股、分红机会，每一名员工都被视作合作伙伴，而非雇员，为此不惜牺牲管理者的部分利益。在管理团队内部，百世腾力求利益而不强调权利与股份的一致，以团队内生的目标引领每一个人。同时，百世腾的领导者们也清醒地意识到，由于中国社会背景的特殊性和市场化的不充分性，治理结构和治理机制暂时还无法像西方那样显现和完善，要想在对外事务中保持高度的一致性，就必须凸显核心人物的作用。熊俊宏总裁的人格特质深刻地影响着整个团队文化的形成，甚至百世腾管理团队就是“放大了的”熊俊宏总裁。② 强调成员均势的同时肯定核心人物的作用，造就了今天百世腾高效、分工明确、低冲突性的管理团队。在同一个目标下，利用同学关系的特殊性，注重细化分工发挥每个人的资源优势。百世腾的领导团队成员大都来自江西农业大学以江西本地人为主，思想较为统一，生活习惯和文化背景趋同，这样的团队易于协调，战略选择较为顺利，而且“输出管理”的风险成本较小。同时，百世腾的领导者也认识到高层管理团队的差异性会对技术战略和公司战略的匹配产生积极影响。李松岩董事长恢宏大度，学识渊博，行业经验非富；熊俊宏总裁待人如己，礼贤下士，长于凝聚人心，善于巧妙运用领导艺术；周峰副总裁待人细致耐心，思维缜密而不行于色，善于以刚柔并济手段处理事务；熊正儒副总裁处世精明果敢，坚定不移，单兵突破能力卓著，与周峰副总裁配合相得益彰。多年的磨合使百世腾管理团队变成了一个精密而高效运转的组织，一切事务、角色均有专人负责承担，既减少了内部冲突，又在一定程度上弥补了成员性格和背景单一的不足。③ 管理团队年轻有为，重视自身素质的提高，眼界宽广。团队核心皆为年轻人，处于人生的上升阶段，不乏创意，富有活力。团队成员不断参加商务课程培训，以弥补技术人员出身的不足，在对自身的教育投入上可谓“不计成本”，虽花费巨大但成果显著：一是有利于增强团队的管理能力，为日后“输出管理”打下基础；二是能够避免引进职业经理人所带来的委托—代理问题；三是可以降低团队成员流动风险。为解决观念单一问题，团队曾尝试过从其他企业引进新成员，但最终选择了引进“外脑”的方法，既避免了信任危机，又获得了横向行业经验。④ 管理团队具有很强的亲和力，构建了人性化的管理模式，与员工关系十分融洽。如果让百世腾的员工用几句话来描述他们的老板们，十有八九会是“具有亲和力”“他们之间关系很好”“心肠好”。这不只是对某一位管理者的评价，而是对整个管理团队的描述。“亲和”成为百世腾管理团队的最大特色。管理团队“集体亲和”给百世腾带来的是员工的高度忠诚，从而使公司以不高于甚至低于其他公司的工资支付，赢得了行业中罕见的低员工流动率和避免了人员流动带来的成本上升。高层领导热爱生活、热爱家人、积极活跃的风貌给广大员工带来了良好的示范作用。“像个家庭”是百世腾企业氛围的真实写照。“和睦”是百世腾上下同心、目标一致，对未来充满信心的基础。

单从建设技巧来看，百世腾的团队建设似乎并没有什么神秘可言。造就今日百世腾管理团队高和谐奇迹的并非管理方法与技术，而是百世腾领导人的品质与性格，这些在一定程度上不可复制。正因为他们有这样的品性，才有了今日的权益均势，才有了团队内部不成文且准确、实际的角色定位，才有了亲如兄弟的成员关系。百世腾的团队也并非难以模仿，只要仔细去追寻她的足迹，我们可以从欣赏的角度来看待她，并对她的未来留一份期许。

讨论：

1. 百世腾团队是如何制胜的？
2. 我们能从百世腾团队的管理经验中学到什么？

资料来源：张利库. 大赢家：中国饲料-大品牌企业案例研究[M]. 北京：经济管理出版社，2010.

3.4 个体组织能力

3.4.1 个体组织能力的概念

组织能力这一概念由经济学家理查德森在《工业组织》一书中首次提出，他使用“能力”(capabilities)概念来描述企业的知识、经验和技能。组织能力主要包括市场潜力、组织学习和变革能力以及战略能力。塞尔兹尼克(Selznick)提出，组织能力是组织在发展过程中所特有的能力，它是衡量组织将资源转化为目标的效率的标准。钱德勒认为，组织能力是企业成长的内在动力，是企业内部组织起来的物质设备和人的技能的结合体，包括设备和在生产、销售、管理等方面的技能。王勇等人认为，组织能力是企业培养、发展、整合和配置企业各种资源，贯彻落实战略，实现战略目标所表现出的能力。可以看出，以往关于组织能力的研究都是从企业出发，探讨企业组织能力的概念。然而，组织能力最终要通过组织中个体的行为来行使，对个体组织能力有一个清晰的认识十分必要。

个体组织能力的形成是个体应对社会和组织的宏观和微观环境的产物，既有因实现个体需要和价值目标而产生的个人主动表现，又有因为要适应组织和环境而产生的相对被动的反应。个体组织能力作为一种个体特有的、难以被模仿的个人力，是个体获得竞争优势的来源，也是衡量个体在组织中将所获资源转化为组织目标的效率。结合对企业组织能力与个人核心竞争力的理解，个体组织能力是服务于组织能力的，同组织目标具有内在联系的个体特征和品质，这些特征和品质包括个体所具有的知识、技能、价值观、动机、认知和行为技能等，是个体为实现组织目标表现出来的难以被模仿的个人能力。

3.4.2 个体组织能力的特点

① 个体组织能力与组织密切相关。在组织中，一方面实现组织战略和培育特定的组织能力，是离不开特定的个体组织能力作为支撑的；另一方面，组织中现有的个体组织能力基础又在一定程度上决定了组织的战略选择和组织能力的类型。二者是相辅相成的，必须在同一框架下考虑。

② 个体组织能力既包括外显的知识和具体技能，又包括内隐的个人特质，个体特有的这种能力是其在群体中获得竞争优势的来源。

③ 突出与利用资源、实现组织目标相关的能力。也就是说，个体组织能力是个体在组织发展过程中，通过合理利用各种组织资源，实现组织目标的个人能力。

3.4.3 个体组织能力的分类

研究企业知识管理、人力资源管理、战略管理的学者们往往在组织能力的维度划分上存在着不同的看法，这就带来了组织能力分类上的多重性。个体组织能力作为一个全新的概念，目前还尚未有关于个体组织能力的权威分类，我们尝试借鉴组织能力分类的依据，对个体组织能力的类型进行划分，见表 3-1。

黄培伦等人提出，企业的组织能力是静态能力与动态能力的统一，企业的静态能力集中体现为企业实力，企业的动态能力集中表现为企业活力。按照资源基础理论的静态观与动态观的观点，我们将个体组织能力分为个体静态能力和个体动态能力，以个体静态能力为基础，以个体动态能力为主导。个体静态能力是指个体的实力，包括个体所拥有的认知、行为技能、知识等；个体动态能力是指个体的活力，是能够让个体更加迅速、灵活适应外界变化的一种组织能力，主要包括个体适应能力、个体吸收能力和个体创新能力。其中，个体适应能力是指个体应对外界环境的变化，个体吸收能力是学习新知识的能力，个体创新能力是指个体按照某种目的能动地思考和实施开创性活动进而产生价值成果的一种能力。

齐中英等人认为，组织能力可分为外在的组织能力和内在的组织能力。其中，外在的组织能力包括支撑组织能力的技术手段，可以明示的规章制度等，内在的组织能力包括组织积累的知识、行为惯例、认同感、默契等。借鉴此种分类方法，按照能力是否可物化，我们将个体组织能力分为外在个体组织能力和内在个体组织能力。外在个体组织能力是可物化的，并易于传播的、复制的，包括支持个体发展的行为技能、学习方法等；内在个体组织能力是指不可物化的能力，包括个体积累的知识、行为习惯、认知、价值观等，如表3-1所列。

表3-1 个体组织能力分类

分类依据	分类	含义
静态观与动态观	个体静态能力	指个体的实力，包括个体所拥有的认知、行为技能、知识等
	个体动态能力	指个体的活力，是能够让个体更加迅速、灵活适应外界变化的一种组织能力
能力是否可物化	外在个体组织能力	可物化的，并易于传播的、复制的，包括支持个体发展的行为技能、学习方法等
	内在个体组织能力	不可物化的能力，包括个体积累的知识、行为习惯、认知、价值观等
个体优势的形成要素	个体创新能力	个体开发利用资源的能力
	个体协调能力	个体对资源进行优化配置的能力

黄汉民提出，组织能力的核心是创新能力和协调能力，组织整体优势的形成主要取决于组织的创新能力与协调能力的复合作用。根据这一思路，可以将个体组织能力分为个体创新能力和个体协调能力两类。个体创新能力指的是个体开发利用资源的能力，具有创新能力是个体形成竞争优势的核心。个体协调能力是个体对资源进行优化配置的能力，协调能力则是个体形成竞争优势的客观基础。

个体的行为是靠个体组织能力实现的，个体不同的组织能力会使个体之间产生不同的绩效，是个体形成竞争优势的基础。清楚认识个体组织能力的类型，对个体如何形成自身竞争优势具有重大意义。

3.4.4 个体组织能力的作用

个体组织能力的存在是为了个体的组织目标实现，同时个体的组织目标对组织的整体目标追求有着巨大的反作用力。反作用力意味着个体组织能力对组织目标的实现是一把双刃剑，与组织目标相匹配的个体组织能力能够最大限度地促进组织目标的实现，与组织目标相背离的个体组织能力不仅会影响组织目标的实现，甚至使得组织目标的实现成为空谈。

优秀的个体组织能力能够促使组织凝聚力的形成。组织中优秀的个体组织能力会产生榜样的影响和力量。作为榜样的个体组织能力会推动个体尽量与组织中的其他个体融为一体,促使个体不只是狭隘地、自私地考虑个人利益,而是在考虑范围内增加组织中其他个体的状况。作为榜样的个体组织能力用自身的实际输出传达了一种“肯定能够做到而且应该做到”的正面信息,从而激发组织中的其他个体形成一种“责任观”和“价值观”。这种“责任观”和“价值观”的影响不仅能够坚定组织中成员实现组织目标的信心,而且能够增强组织的整体力量。

优秀的个体组织能力对组织的变革有着巨大的能动作用。变革最终需要落实到制度和个体身上,然而变革最终需要组织中个体的心理接受与行为支持,否则变革将会成为一场空谈。组织变革经常会因为个体的反作用要么取得巨大的成功,要么接受沉痛的失败,这样的案例大量存在。在信息时代,组织的变革需要技术和知识的支撑,而这些软件的获取都基于组织中具体的个体。如果个体走向了变革的对立面,那么变革的基础将不复存在,最终导致组织因变革能力的缺失而走向衰败。由此可见,个体对组织的变革力存在巨大的反作用。

优秀的个体组织能力对组织在外部环境中的竞争力有着巨大的能动作用。现代组织在环境中的竞争是全方位立体化的竞争,组织中的个人的地位在不断提高。组织中对人的管理认识走过了人事管理阶段、人力资源管理阶段,走到了如今的人力资本管理阶段,组织中个体逐步成为组织中最宝贵的资源。当今社会,拥有知识的组织成员将成为组织竞争中的核心环节。在未来的组织中,人必然成为左右组织竞争力的最核心因素。由此可见,个体组织能力对组织在环境中的竞争力有着巨大的反作用。

优秀的个体组织能力在很大程度上决定着组织能力的实现程度。组织能力能够有效支撑企业目标的实现,是企业战略达成的依靠,而个体组织能力能够有效地促进组织效能、组织公平的实现。因此,个体组织能力对组织有着全方位的能动作用。

【管理故事】 不相信弯道超车,只相信脚踏实地

——马化腾

其实我们被命运眷顾,走到今天,应该归功于这个时代以及为之奋斗的每一个人。

在大学学的是计算机专业,其实1993年毕业的时候就想过去创业,当时的想法是给客户组装计算机。从8086、286、386到486,这些早期计算机我都动手组装过,但是很快我发现在这种拼体力的工作上很难竞争过别人,于是后来就去了深圳一家寻呼通信系统(BP机)的公司工作。

1998年,我辞职和几个同学、朋友一起创办了腾讯,因为我们当时看到在国内如火如荼的寻呼系统与还在萌芽的互联网服务之间存在着跨界融合的可能性与新机遇,于是决定自己创业,去开发一个即时通信工具。

实事求是地说,我们当时没有想过会把腾讯做到今天这样的规模。创业初期其实是非常艰难的。当时一边是用户数量暴涨,一边是尚未找到商业模式,融资也很艰难,甚至没钱买服务器,一度公司账上只剩寥寥无几的现金。幸运的是,我们通过打造自己的造血模式和盈利方法,克服了初创时期的各种困难,慢慢发展起来了。

从时代背景来说,我们身处改革开放的最前沿阵地——深圳,蛇口街头竖立着“时间就是金钱,效率就是生命”的标语牌,你似乎从每个人的身上都能感受到一种敢试敢闯、不言放

弃的闯劲和拼劲。我觉得,我们当时之所以有创业的动力与这种时代浪潮和深圳"拓荒牛"精神的感召是密不可分的。"拓荒牛"代表着深圳的开拓、勤勉精神,这种精神一直激励着我们。

从个人意愿来讲,创业也和我的兴趣有很大关系。我和同伴们当时在传统的通信系统与互联网之间看到了一种跨界融合的可能,促使我们想去用互联网的方法努力优化人们的通信方式。回过头来看,我和当时创业的同伴们都对互联网怀有一种狂热的态度。

那时,我们创业可以说没有任何规律和经验可循,靠的是对技术、对产品的兴趣和热爱,流淌在每个人血液里的那种拼劲和闯劲。

时代赋予我们一种谋求新变化、新发展的紧迫感。我在深圳上中学时,校园里就流行一个词叫"时不我待",老师用无比急切的口吻告诉我们:"如今是百年一遇的大时代,机会就像河流里的泥鳅,处处可见,但都无法轻易抓获。"

那个时代的精神感召对我们这些创业的年轻人产生了巨大的吸引力和推动力。当时的创业环境也没有像今天这样有丰富的资源支持,在公司最艰难的时候,我们几个创始人都把自己的薪水减半,收入只够填饱肚子。

今天,我们当年在赛格科技创业园的办公室还保留着,尽管已经空无一人,但它见证了那个时代的年轻人敢为人先、艰苦奋斗的勇气和毅力,凝聚着我们在那个时代的精神与激情。

除了早期创业阶段,有几次面临比较大的挑战让我印象深刻。一次是我们和MSN的竞争。那时,MSN很强势,但我们的产品每天及时迭代,做得比国外产品更适合中国人。我们针对中国特殊的网络结构做了大量优化,让用户的使用感受最好、传文件最快,还做了聊天室和个性化的创新,小步快跑,锲而不舍,帮助我们最终赢得了竞争。

2010年左右,随着智能手机的普及,互联网开始从PC端向移动端转移,我们面临着其他产品的严峻挑战,迫切需要全新的方向和移动端产品来实现转型,而微信正是在这个背景下诞生的。那一次快速的转型为我们赢得了一张宝贵的移动互联网"船票"。

我不太相信弯道超车,更欣赏仰望星空与脚踏实地。我深信企业的发展是以其价值观为根本基础的。在我心中,一个好的企业应该成为受尊敬的企业,公司的驱动力应当是提升人们的生活品质。如果进一步阐述的话,一是和时代、国家的利益更加方向一致,二是和民众生活的方方面面更加融合,三是和业界的合作伙伴共同发展。只有在这三个层次体现出企业的价值,才能成为一个受人尊敬的企业。

对于一个创业者,需要的能力有以下三点:

首先是价值观。内心不渴望的东西,你永远不可能靠近;成功的基础是强烈的激情和愿望。这些听起来很虚,却是最高的要求。技术和代码是死的,但使用技术和撰写代码的用户和人才是活的,真正的灵魂其实是产品背后技术的价值观与洞察力。

其次是应变力与行动力。在切入一个全新的领域之前,创业者应该先问清楚自己:为什么要进入这个领域?这个领域用户的核心价值和体验是什么?研究清楚这些问题,才能着手制定战略。做任何一个战略决策,都要对公司、行业以及人进行通盘考虑,谋定而后动,一旦谋定,坚决执行。

最后是因时而变。特别是在节奏很快的互联网行业,我们的计划可能会在落实过程中不断迭代和调整。在这个过程中,我认为坚持两点是最重要的:用户价值与保持初心。任何时候，都不要忘了创业的初心。

很长一段时间，腾讯也是在模仿别人的。曾经有人说：腾讯“一直在模仿，从未被超越”。然而，腾讯也逐渐通过自己的创新成了被别人模仿的对象。

的确，从公司的发展经历来看，跨越难关的关键就在于坚持不懈地创新求变。比如，从PC互联网到移动互联网，这么一个看似简单的、只是终端的改变，却造成一个产业界的重大转型。而我们之所以能够拿到移动互联网的“船票”，核心就是以微信为代表的一大批产品技术创新。

当然，创新往往意味着巨大的不确定性，但不创造各种可能性就难以获得真正的创新。有时候为了创新而创新，反而会让创新动作变形。很多创新往往是自下而上的，总是在不经意的边缘地方出现。如果企业完全自上而下，给创新定好方向，这样往往没有活力，很僵化。

所以从机制上讲，在公司内部往往需要一些冗余度，容忍失败，鼓励试错。比如，可以自我革命，在公司内部进行自下而上的小团队创新，逐渐形成创新的传统。

互联网给予人无穷的想象力，对年轻人来说永远都存在好的机会，关键在于能不能敏锐地发现并做到最好。互联网精神其实是制造效率，我们每做一件事，都要想是否采用了最有效率的方式。对于现在创业的年轻人，不妨先想得小一点、细一点，专注高效解决一个痛点问题。

我们现在看到互联网进入下半场，也就是产业互联网阶段，各行各业都开始进入数字化转型升级的快车道，这个过程里会产生大量跨界的新商机。

如何应时而变？调整公司战略是关键。管理者首先要有破局的能力，要有很好的支撑体系；其次，要选择“神一样的队友”。

“破局”首先要有从0到1的创业精神，第一步是从0到0.1，找到用户痛点，不断尝试、思考、前进，最后从0.1成长为1。要鼓励小团队不断试错，挖掘从0到1的能力和机会。而从1到N也很重要，要有“All in”的魄力，面临艰难选择时，要痛下决心做一些舍弃或变革。无论是从0到1，还是从1到N，在长期投入的道路上，要耐得住寂寞，一点一滴地精工细作。

最后，要确保团队执行力，保持组织活力。这是一种目标、计划、愿景达到结果的能力。

文章来源：https://m.zhilangbang.com/zixunpost-11-582-1.html.

3.5 卓越组织力标签

如今，标签的应用已经非常广泛，如新闻分类、论坛专题化、网络微信、网站的标签化等各个领域。但关于标签的确切定义，却是众说纷纭。国内学者给出这样的定义：标签作为一种自由而有序的信息资源分类技术，对传统的信息资源分类和传播方法进行了颠覆，它以用户为信息资源传递和交换的核心，实现了由“机器到人”的传播方式到“人到人”的传播方式的改变，开创了互联网信息传播的新阶段。该定义对标签的评价很高：首先，标签已经超越其作为标志的简单功能，具有了信息分类的新功能。然而，标签书面的意思就是标签，本没有信息分类的含义，标签实质是关键词的标记，只是这种标记是平行的，没有层级，没有主次之分，显示在一个页面上，利于搜索和查找。其次，标签的作用不仅在于信息的分类，更在于它可以体现出每位用户的思想、工作、生活和感情。每位用户为了自己方便可以直接选用反映显性信息的词汇，如标题、关键词、摘要或正文中出现的词汇；也可选用不在上述范围中出现的词汇，而是对相关信息资料的分析、加工、提炼，如资料中的隐含知识，是作者或用户对有关资料进行了一次隐含语义分析以后的结果。

在学校，学生会被贴各种各样的标签，如好学生、优秀干部等；在公司，员工会被贴各种各样的标签，如学习能力强的、有潜力的、不可替代的、关键岗位的。同理，卓越组织力也会被贴各种各样的标签。

什么是卓越组织？一个组织必须对其活动所产生的影响负责任，才称得上卓越。组织是不断进步、发展的，组织由各种各样的人组成，组织在发展过程中，其决策也有可能存在错误，导致对社会、环境、人员产生不良影响。这时，卓越的组织应该自觉承担责任，而不是逃避、推脱、隐瞒责任。正如一个人犯了错误要勇于承担责任一样，承担责任是卓越组织的基本要求，一个不愿意对其活动影响担责的组织不可能是卓越的。

结合前文的宏观组织力、中观组织力、微观组织力及个体组织能力，卓越组织力有以下几种标签：卓越组织文化、卓越领导力、卓越执行力。

3.5.1 卓越组织文化

从宏观的角度说，卓越组织文化可以是我们的社会主义核心价值观，可以是习近平新时代中国特色社会主义思想，可以是荣辱观，可以是我们的信仰等；从中观的角度说，可以是我们民族的信念、民族的传统等；从微观的角度说，可以是我们的组织文化、团队精神；从个人层面来说可以说是我们的价值观、信仰等。

卓越组织文化的各项特征，在不同的组织中其表现程度不同。卓越组织文化应是适应组织内外部环境变化的、不断调整内容和表现特征的、永远处于变化之中的特色文化。卓越组织文化对组织战略管理及转型不仅产生影响和推进，而且对组织实施战略转型有引导功能。卓越的组织文化包括：优秀组织不会坚持死守规章，而是要将工作做好；它们找出顾客需求并设法满足；组织鼓励员工发挥创新思维和创造性并为其承担创新风险；将员工看作关键性资源，并鼓励其保持良好关系；管理人员与员工密切接触；组织坚持自身最善于做的事。

从沃特曼的语言描述出发，不难发现卓越文化有以下标准或特征：

① 组织从不循规蹈矩。

② 贴近客户，不仅为其服务，而且向其学习。

③ 创业精神和自由度相结合。

④ 通过员工提高生产率。

⑤ 行动由正确的价值观驱使。

⑥ 只做自己擅长的事情。

评价一个组织是否卓越，当然也有一些公认的标准。一个组织成熟、有觉悟是卓越的基本要求。

3.5.2 卓越领导力

通过组织实践来看，卓著的组织领导力至少包括以下几个因素：首先，组织的核心人才都具备良好的个人领导力，领导群体目光长远，并认同共同愿景，从决策层到执行层都清楚自己为实现愿景应采取哪些行动。其次,组织架构具备局部或全部的敏捷性,业务单元无边界化设计以促成高效的内部沟通机制顺畅落地。最后,组织内部文化融合度较高,同时容易理解组织资源整合的目标去向与趋势。

组织领导力就是个人领导力的总和。从一些组织的实践以及经验来看,若能抓住以下三点关键要素,组织领导力建设就有了好的开始:首先,认识到组织领导力建设本身就是一个动态变化的过程。以 IBM 等历经多次变革还保持良好盈利能力的企业为例,从决策层到执行层,在企业发展的各个关键阶段,都要全面审视自己的战略、文化、愿景、价值观体系、决策体系、商业价值、流程等内部因素,同时也要对市场趋势、社会变迁、经济格局等外部因素进行系统性判断。国内这方面比较成功的有联想集团的"复盘"机制。"联想复盘方法论"的本质是基于核心价值观中的求实,即强调"开放心态、开诚布公、实事求是、反思自我、集思广益"。"联想复盘方法论"在 2012 年正式成为"联想之星"领导力项目的一门课程,旨在以此为切入点,提升初创组织领导者的学习能力,帮助创业者更有效率地提升战略水平,促进其形成适合自身的方法论。正是"复盘"机制的保障,使得联想前几次涉及组织生死存亡但并不完美的关键决策在执行过程中得到完善。"复盘"机制也使联想的决策者深刻地认识到,组织也有学习成长曲线,不是靠埋头赶路,有了战略、愿景和价值,企业就能一蹴而就。其次,使组织愿景行为化,形成与战略配套的文化,并且文化不脱离商业环境。组织领导力建设卓越的组织成员,往往认为领导力发展是创新应变的最佳路径,而且使这种良性的认识进入组织的信念体系,即文化和价值观。国内某金融组织在面对移动互联网对金融行业的冲击时,较早提出"建设创新性互联网金融商业模式"的战略愿景,但在领导力培养项目中进行产品创新实践时,却不断被高层质疑和否定:"这个产品不完美""能覆盖市场需求吗"……待所谓"成熟"的产品研发出来时,已落后同业一大截。在互联网时代,迭代开发、速度制胜已成为必然的商业环境,必须想到就做、做好就用、用好就推、步步为营、循序优化。

领导力是一种强效、核心的生产力和组织力,是群体组织或社会所拥有的综合实力中最主要的部分,与群体组织或社会的存在和运作直接相关,在组织生活中具有极为特殊而重要的地位和作用。新的更强大的领导力将带来新的更强大的动力,去实现新的更大的发展。领导力的开发是帮助被开发者挑战自我、突破极限、成为基于公司价值观的卓越领导者的行为。

要成为值得信赖的领导者,自身必须具有坚定的信念及行为标准;在工作中,能够保持言行一致、以身作则,为团队树立榜样,并带领大家确立一套共同坚守的目标价值观。明确价值观是一个人行动的"底线",它反映了人们做事的优先顺序以及决策的产生过程。在建立价值观的过程中,领导者需要不断探索自己的内心、审视过去的经历,找到真正指导自己做出决策的底层逻辑。领导者明确自身的价值观很重要;同时,理解他人的价值观并建立共同认可的价值观也很重要。这需要领导者在团队中建立沟通交流的桥梁,让大家无阻碍地对话与讨论,并就如何实践这些价值观发表各自的见解,最后形成统一明确的、具有指导意义的共同价值观。树立榜样、明确团队共同的价值观后,领导者接下来要兑现承诺,践行价值观内容,利用各种途径给周围的同事树立好榜样。

首先,时间的安排是显示工作重要性的有效指标。大家会用这个指标去衡量领导者是否信守承诺、践行价值观。比如,目前产品和销售业绩提升很重要,领导者应该时常出现在销售会议的现场;组织创新是关键,领导者应该经常参观实验室或参加创新设计讨论。因此，领导者在工作中要十分注意时间和精力的安排，确保所有行程都可以体现出目前工作的重要性。其次，有目的地提问也是领导者提升自身影响力、在他人心中树立榜样的良好机会。每天有目的地征询他人的意见，再进行决策，可以提高大家对决策的支持，更能表现出共同价值观的重要性。没有学习就没有成长，反馈是了解自己是否接近目标的唯一方法。有时，大家即使知道反馈是自我认识和成长的必要组成部分，但因为负面评价等方面的原因，仍然不愿意敞开心扉，所以这就需要领导者向大家解释为什么要进行反馈。以这种模式给予反馈，能够有效地将反馈转化为人们的行动。因此，这意味着领导者要对团队中每个成员提出高目标要求，定期与成员清晰地沟通期望目标，创造一种让大家可以欣然接受反馈、提供反馈的环境。领导者的一言一行都会影响到团队中的每一个人，并成为他们效仿的榜样。领导者不仅要以身作则，还要以“老师”或“教练”的角色教导他人，将这种习惯传递下去；同时，组织中突然发生的重要事件，是领导者教育他人的绝好机会，将成为价值观教育最有力的工具。

【管理故事】 成功，从培养领导力开始

通用电气(GE)已经有多年历史，业务遍及全球100多个国家。而今年，GE第一次超过50%的收入来自美国以外的国家和市场。GE的业务覆盖6个行业，这些都在中国有所涉及。

在过去的15年，GE在中国取得了非常好的业绩，这让我们非常自豪。同时，GE也获得了良好的声誉，我们把名声看得比什么都重要，不论在哪里，GE都要成为一个良好的企业公民。

GE在中国制胜的因素是什么呢？具体有以下3个方面：首先，GE以人为本。其次，GE在中国的制造业规模也越来越大，目前有30多个工厂、20多个合资企业，而且这些工厂和企业已经被高度本土化。最后，与政府保持良好的关系，GE也下了很大功夫。

如果说目前有什么挑战的话，那就是如何维持良好发展的趋势。应对这个挑战，GE认为，重中之重的还是“以人为本”；另外，GE要逐步深入到中国东北地区和中西部地区。需要强调的是，GE非常关心环境，通用电气能够采用有利于环境的技术。为此，GE跟清华大学、国家发展和改革委员会共享一些技术，目的是使中国经济发展增加更多的“绿色”因素。

以人为本，科学管理

GE的“以人为本”涉及人力资源管理的话题。人力资源管理是大家都非常感兴趣的，GE在此方面有非常清晰的目的：我们要不断开发人才和卓越的领导，以确保通用的可持续发展。

20世纪50年代，GE在美国建立了第一所企业大学通用电气公司劳顿学院，就是杰克，韦尔奇领导力开发中心。现在，GE在上海也有一个培训中心，每年培训4 000人。这些企业大学承担了重要的责任，比如引入战略、传播公司文化、帮助客户理解、培养实际技能等。

GE是一个学习型的组织，这也是GE的与众不同之处。有强烈的学习意愿，从自己的经验教训当中学习，不断创新；也从别人身上学习，扬长补短。GE创造了很多新的学习方法和学习流程，让领导不断提升自身的才能。

GE的学习由两个部分组成，一是在公司战略层次上的，二是在业务部门战术层次上的。那么，GE是如何培养接班人的呢？那些CEO是怎样从崭露头角的新领导走向最高层的呢？GE在此方面有一整套的流程。领导的选拔并非根据学位的高低，GE对待所有人都一视同仁。此外，GE有一系列的工具，比如吸引最优秀的人才到GE来，培养他们，更重要的是留住他们。

GE有一套发展人才、测量人才的流程。这个流程会时常更新，而非一次性活动。通过这个流程，公司听取员工意见，并让他们知道在哪个方面需要改进。GE还有一个内部系统，每个员工都通过这个系统提交自己的工作目标以及自己的业绩情况和参加培训的情况。

GE会对员工的绩效进行不断的评价，以确保能够找到那些最优秀的，而且是现在最优秀的员工，把他们派到最重要的工作岗位上去。GE尽量花时间和员工进行交流，跟员工探讨他们需要在哪些方面改善，他们提升之后有多大的机会，或者他们的报酬会有多大的提高空间。

领导力开发，永不停歇的工程

领导力的开发是永不停歇的工程，其中有以下几个要点：

首先，GE相信每个人都要知道他需要具备什么样的技能才能够成功，因此GE首先要求一个人要有高度的正直感，同时有所专长，掌握专业领域的技能。此外，他还要了解商业流程，知道这个流程怎么改善、测量，如何与GE的价值观结合起来。也就是说，一个领导者要创造一种商业文化，而这种文化在企业的繁荣时期和衰退时期都能够百应不变。

其次，GE的领导者要有很好的想象力和勇气，在他所专注的领域是一位专家。他能充分了解产品和技术，了解机会所在。另外，GE的领导人还应该有清晰的头脑，因为有时环境很混乱且不断变化，这就要求领导人能在万变的环境中总结出规律，同时还要关注外部，以客户为本。

最后，GE为员工提供很多职业机会，一名员工想要有进一步的职业发展，并不需要离开公司，这是因为公司的多样性为他们提供了不同业务下的不同职位。在GE通用公司，有很多员工以前就职于GE的制造业，现在却在金融业效力，这都归功于GE是个多元化的公司。

文章来源：http://mip.oh100.com/peixun/lingdaolipeixun/284599.html.

3.5.3 卓越执行力

卓越执行力的基本特征可以用“快、准、狠”3个关键词来概括。“快”，即执行速度。商场如战场，商机稍纵即逝。企业竞争，速度是前提；同时，在执行过程中，时间进度也是执行力的核心标杆，因为在很多情况下，推迟完成就相当于没有完成。“准”，即执行的尺度。强有力的执行力要求执行要密切贴合组织的战略目标、部门的重点方向、组织的流程制度等，所有的行动都要强调与组织战略目标具有显著的相关性，也是卓越执行力的一个重要特征。“狠”，即执行的力度。强调在执行过程中，要有将工作内容做精、做细、做实的理念，明确工作任务节点完成标准，并细化量化工作内容。

就拿新冠肺炎疫情来说，针对凶猛的疫情，中华大地掀起了万众一心的抗击浪潮，从中央政府的紧急动员到普通民众的齐心协力，众多可歌可泣的故事无不彰显着共克时艰的信心和决心。从信息公开到应急响应，从紧急救援到群防群控，从政府协调到社会参与，诸多应对疫情的机制正在不断完善，向着越来越好的方向发展。这让我们有理由相信，中华民族终将战胜疫情，同时也提醒我们，无论是政府还是民众，都不能有丝毫的松懈，更不能重蹈教训的覆辙。

3.6 案例分析

3.6.1 中国首次无新增本土确诊病例：组织力才是这个时代的核心竞争力

据国家卫生健康委员会(以下简称国家卫健委)有关消息，2020 年 3 月 18 日 0—24 时，31 个省(自治区、直辖市)和新疆生产建设兵团报告新增新冠肺炎确诊病例 34 例，全部为境外输入确诊病例，湖北省新增新冠肺炎确诊病例为零。这是国家卫健委自 1 月 21 日起通报每日疫情以来，本土新增确诊病例首次为零。就在中国抗疫接近尾声时，新冠肺炎疫情正在世界上中国以外的许多国家(地区)迅速蔓延，其中欧洲的累计确诊病例已超过 10 万例，成为新冠肺炎确诊人数最多的地区。同样是灾难，为何国与国之间的疫情防控会呈现如此巨大的反差？有人说这是中西方文化差异所致。从组织的角度来看，其实是组织力的差别。组织力是打赢战"疫"的核心力量。

可以说，2020 年伊始爆发的新冠肺炎疫情是中华人民共和国成立以来传播速度最快、感染范围最广、防控难度最大的一次公共危机事件。拥有 14 亿人口、又正值春节人员流动最频繁的时期，为什么中国能够在短短两个月内基本控制住疫情？这归功于高水平的国家组织力。

疫情阻击战打响之后，国家一声令下，武汉封城、湖北几乎封省，更不用说全国一直下沉到各基层乡镇滴水不漏地自我封锁，十几亿人就老老实实宅在家中，城乡社会秩序井然。此外，三军援鄂医疗队除夕夜逆行武汉，各地 330 多支医疗救援队、4 万多名医务人员先后奔赴湖北；火神山医院、雷神山医院分别仅用十天时间"神速"完工，十几个方舱医院在短时间内完成改造；全国各行业制造工厂迅速上马口罩生产线，19 个省份对口支援湖北各地市……这些让世界叹为观止的"中国速度"正是一种强大组织力的体现。

从武汉封城开始，中国为世界争取了两个月的宝贵时间。而反观一些西方国家，面对疫情却是一副隔岸观火的态度，没有做好相应的动员工作，也没有准备足够的医疗资源，直到病毒在本国肆虐才慌了手脚。《中国新闻周刊》发布过的一则消息：美国一家位于西雅图的养老院，已经有 13 人因为疫情死亡，但最遗憾的是他们到死都没有等到新冠病毒的检测。而美国一名男子，只是隔离和检测就收到了"天价账单"，还有不少有新冠肺炎症状的感染者不敢去医院确诊，因为他们治不起。但在中国，疫情之初政府就宣布让老百姓享受免费检测、免费治疗等一条龙服务。政府还组织防疫工作者对如此庞大的人口基数进行摸排走访，确保统计不遗漏。

孔子说："生死有命，富贵在天。"这场突如其来的新冠肺炎疫情是大自然强制世界各国参加的一次大考，考的就是这个国家的组织力。历史已经反复证明，地球上每个人的宏观生存率正是由其所在国家的组织化程度决定的。

危机就等于"危险＋机遇"，每个伟大的组织，都是经过一次次的艰难历练，最终浴火重生的。病毒无国界，只有世界各国团结协作、强化组织效能、展现人类智慧，才能携手战胜疫情，每个组织、每个人才会变得更好。

讨论：

1. 通过了解中国的防疫工作，你对宏观组织力有了哪些新的认识？

2. 你认为应该如何提升宏观组织力？

3.6.2 山东省烟台市：全域提升社区组织力，以高质量党建引领高效能治理

近年来，山东省烟台市实施全域提升社区组织力行动，着力根植组织体系、强化组织功能、集成组织优势，有效推动提升了党建引领城市治理水平。

(1) 全域根植组织体系，推动党的覆盖一沉到底

突出抓好"一网两区"，确保组织体系有效覆盖城市全域。"一网"，即依托网格对居民群众和各类组织统管。以300～400户划分基础网格，将商圈、楼宇划为专属网格，每个网格至少配备1名党员网格长、1名专职网格员，同步加强网格党支部建设，将党员编入1.1万个网格，以红色细胞激活城市末梢；建设市级智慧网格管理系统，开发"有呼必应一码通"App，强化接诉即办、联动处置，做到千家万户网中管、大事小情格中办。"两区"，即抓好城市居民小区和新兴领域集聚区两个重点区域。推进支部建到小区，推广党员楼长制，以楼长为中心户设立党员活动点、楼栋议事点，实现"组织进楼、党员联户，居民随叫、楼长随到"。在新兴领域集聚区全部成立综合党委，至少配备1名专职副书记；建立亿元楼宇、上市公司等16个党建联盟，对小微"两新"组织兜底管理，把党建嵌入到经济发展最活跃的经络上。

(2) 全域强化组织功能，确保组织动员一呼百应

坚持市县街联动，合力推进社区提能增效，强化社区领导治理能力。一是抓实堡垒赋能。结合街道管理体制改革，加强"社呼街应、街呼区应"平台建设，推动县街执法力量、服务资源沉入社区；聚焦书记队伍整体提升，依托大海阳社区建立市级实训基地，已组织12批117名书记跟班轮训，并为每个社区高门槛优选书记助理，培育一批冷晓燕式书记团队。二是激活队伍释能。落实总量配备要求，近两年招录社区工作者685人，平均每个社区增加2人。深化3岗18级薪酬体系绩效化改革，制定招考、退出、考核等一整套办法，统筹5 200万元足额落实待遇，人均每月增资1 630元，真正打通职业发展通道。三是建强平台聚能。推进党群服务中心标准化建设，发布全省首个地方标准，开发业务代办等4个信息系统，把阵地延伸到小区、楼宇等，打造10分钟党群服务圈。

(3) 全域集成组织优势，实现融合共治一体联动

以社区党组织为纽带，将各方资源统筹整合、攥指成拳。一是把行政资源联合起来。深化"双报到"项目认领、组团服务，建立报到党员参与社区重大任务机制，近两年1.6万个项目落地社区，2 328支党员先锋队到社区参与防疫、创城等。二是把社会资源整合起来。在党组织领导下，建立1 700余支、19多万人的社区志愿队伍等，让群众带动群众、群众服务群众。依托38处社会组织党建基地，精准培育300余家服务类、慈善类社会组织，每年投入2 100余万元开展社区治理项目创投。三是把物业资源调动起来。在街道社区分别成立物业党建联盟、联席会议，联动开展无物业小区清零、化解物业投诉等3项整治行动；建立"红黑榜"，首批公布30个最美物业团队和17家物业黑名单；深化党组织领建业委会，将不少于60%纳入党员备案要求，办好群众关键小事。

(4) 认真贯彻会议精神，重点抓好3个方面的工作

一是聚焦重点求突破。做实城市基层党建联席会议、市区党组织"直通车"等机制，每年梳理一批难点问题纳入书记突破项目、部长攻坚项目，开展百点示范联创行动，打造特色品

牌矩阵。二是建优平台促提升。抓好5 000 m^2 市级党群服务中心建设，优化党群服务阵地联盟体系；深化提升烟台城市党建学院，加强名师、名课、名教材、名基地建设，为城市党建全域提升提供支撑。三是激发活力强落实。筹备召开全市党建引领城市基层治理现场会，分领域开展专项观摩，完善抓街促社机制，推动任务全面落地，以高质量党建引领提升城市发展能级和治理水平。

讨论：

1. 烟台市是如何提升社区组织力的？
2. 你对中观组织力有哪些新的认识？

3.6.3 万科集团组织能力的形成

万科集团（简称万科）创立于1984年，1988年开始进入房地产行业，1991年成为深圳证券交易所第二家上市公司，也是首家房地产上市公司。截至2018年12月，万科已进入我国90多个大中城市，主要分布在珠三角洲地区、长三角洲地区和环渤海区域以及中西部中心城市，并且进入旧金山、纽约、伦敦等海外城市。2018年，权益销售金额4 248.4亿元，全国排名第三，仅次于恒大和碧桂园。尽管在销售金额和土地储备上，万科已经被恒大和碧桂园等公司超越，但就组织能力来说，万科仍然是房地产行业翘楚。显然，万科取得的成功与其强大的组织能力有关。万科无论是静态能力还是动态能力，在房地产行业都名列前茅。从静态能力来看，主要表现为强大的财务运作能力、市场营销能力、客户管理能力等操作性能力（功能性能力）以及极强的计划控制能力、流程管理能力和资源整合能力等综合性能力（整合性能力）。凭借以上组织能力，万科成为一家优秀的房地产公司。但万科30多年来能一直处于行业领先地位，成为一家让人称道的公司，显然还与其动态能力密切相关。万科通过提高感知适应能力、学习吸收能力和变革创新能力，不断提高企业动态能力，从而保持着极强的竞争优势，在财务表现上也非常稳健。感知适应能力主要表现为战略高层对环境变化的预判和适应能力，学习吸收能力主要表现为组织成员学习速度和吸收质量，变革创新能力主要表现为组织变革、文化变革、技术产品创新和管理创新等。万科的感知适应能力，一方面与战略高层的认知能力和判断能力有关，这是一种独特的能力，是难以替代的组织资源；另一方面，与万科强大的组织学习能力有关。万科的组织学习能力包括专业学习、标杆学习、跨界学习、知识分享、在干中学等使员工快速地获得先进的专业知识与技能，并在实践中不断尝试。万科通过组织学习，与原有的经验结合，消化吸收后成为万科的知识体系，形成了新的知识经验。另外，万科根据市场环境的变化不断调整企业经验战略和竞争策略，在此基础上不断进行技术创新、管理创新和服务创新，并对组织结构和管理制度进行主动变革，从而形成更加适应环境发展需要的动态组织能力。由于组织能力是一种比较抽象的理论描述，对于企业来说，必须找到形成组织能力的根本来源才能高效地打造组织能力。万科集团在人力资源、组织结构（组织治理）、企业文化、信息技术4个方面下足了功夫，从而无论是静态能力还是动态能力，都不断得到改进和提升。万科在人力招聘方面，对不同层次的人才确定了不同的能力素质模型，并按照这些模型选拔员工。一般员工的能力素质包括沟通能力、分析能力、学习主动性、自我认知能力、时间管理能力、资料管理能力和创新意识。职业经理的能力素质要求分为3个方面：管理自己、管理他人和团队、管理任务。万科坚持使用能力素质模型对员工进行选拔，使高学历员工在具备专业能力的同时，拥有了企业需要的核心素质。万科在按照素质能力模型进行人才选拔的同时，还极大地强化了人才培训，形成了一个完善的员工培训体系。该体系包括多层次、多类型的培训，既包括新动力、新员工文化认知与专业技能的培训，也包括员工发展的培训。其中，员工发展培训既含专业技能培训，也含管理技能培训，而且有最低学时要求，每年普通员工培训学时不低于 24 小时，经理不低于 40 小时，培训学时作为员工晋升的依据之一。

万科人力资源管理虽然为企业的发展奠定了良好基础，但是个人能力的简单累加不等于组织能力。万科在组织治理方面下足了功夫，主要表现在制度流程、权利分配、互动网络等方面。在制度流程方面，员工的工作落实于制度和流程之中，员工可以不按照上级的要求而按照流程去做。权力分配则体现在组织架构上面，总部在人事、财务和风险 3 个方面拥有最高的权威，对战略、品牌、研发也进行统一管理。具体运营方面则授权给区域公司和城市公司，以保证区域公司与城市公司的灵活性，从而保持了集权与分权的边缘平衡。在互动网络方面，万科设立了非常丰富的内外部沟通渠道，让问题暴露在阳光之下，旨在同时打破垂直边界、水平边界以及外部边界。通过各种渠道保证了员工在企业内部的沟通，使任何不公正、不合理的活动都无法瞒天过海和“暗箱操作”。万科对客户也同样做到了透明和公开，客户投诉信息不仅万科工作人员可以查看，外部任何人也都可以查看。通过这种制度安排使相关部门及时解决问题，而不会“拖拉扯皮”。

万科的管理文化最重要的两条就是对人永远尊重和阳光透明。万科提出必须尊重人，并倡导健康丰富的人生，重视工作与生活的平衡。尊重人不是一句口号，而是要用平等、信任、公平的回报和较好的发展空间来尊重人。万科尊重员工的个性、意愿和选择权利。所有的员工在人格上人人平等，在发展机会面前人人平等。在工作之外，万科鼓励员工追求健康的生活方式以及家庭的和睦相处，使工作不仅成为谋生的一种手段，也能带来快乐和成就感。万科“阳光透明的体制”不仅是对外的，也是对内的。什么事情都公开，包括财务、市场、客户投诉、员工不满意等各种问题都通过网站、论坛、电话等途径讨论并解决。万科认为，阳光是“消毒剂”，只有做到开放与透明，企业才能永葆健康与活力。

万科强大的信息管理技术系统支撑了企业高质量发展。1997 年，万科成立了 IT 信息技术中心，同年使用金蝶财务软件。1999 年，明源销售软件正式运用。2000 年，万科 5 个主要城市的 DDN 互联。2001 年，推出 A-Housing 采购系统。2002 年，成本管理系统正式应用。2004 年，上线客户关系管理系统。2006 年，建设规划一体化信息平台，并与明源软件合作，采购地产 ERP 软件，使系统得以集成，客服、员工、售楼三大系统得以融合。2008 年，签约用友物业管理软件。至此，万科实现了从办公自动化到成本管理、资金管理、销售管理、客户管理的全面集成。2015 年，“互联网＋”被万科正式提上日程，同年 9 月，围绕不动产的产业集群的”万科云”在深圳发布。2016 年 1 月，万科启动了“沃土计划”，即集团信息化战略。2017 年，万科“匠心”App 上线，这是第一个对整个工程建造周期进行业务管理的信息平台。万科信息化的实施，不仅提高了办公效率，而且提高了决策效率和经营效率。万科依托财务集中管理，集团总部与 400 多家下属公司完成了跨区域、跨地域、多机构、多项目需求的财务集中核算。通过成本管理软件，目标成本管理获得了巨大成功。售楼信息系统的运行，大大提高了工作效率和准确度，也规范了销售管理。通过引进明源 ERP 集成软件，无论集团管理、区城管理还是项目管理数据都一目了然，高层能及时掌握公司的动态信息，进行科学的战略决策。IT 技术不会直接帮助企业建立竞争优势，但是当 IT 技术与制度、流程和文化紧密结合时，万科信息化技术的优势就凸显出来了。万科的信息技术不仅推动了组织静态能力的提升，而且为动态能力建设提供了条件。总之，万科的人力资源管理，从选拔开始就注重员工的胜任力，根据不同层次的员工设计不同的胜任力模型，并通过制度化的培训机制和学习机制，确保员工能力始终处于与企业战略相匹配的状态。高素质的员工奠定了万科良好组织能力的基础。但是，人力资源只是一种资源，不一定能形成强大的组织能力。因此，万科进一步通过组织结构的变革，对地区公司适度分权(营销策划权、价格制定权、工程建设权等)，构建有效的沟通网络，解决员工“可不可以干”的问题。进一步通过建设“平等、尊重、信任、公平、透明”的企业文化让员工获得心理和精神的满足，从而解决员工“愿不愿意干”的问题。当这些问题都得到圆满解决时，万科就具备了强大的竞争优势。资金密集型、人才密集型的大型房地产开发企业，由于跨地域多项目运作，且不能标准化生产，企业管理难度非一般制造业所能比。因此，深嵌于万科业务流程和行为惯例开发特定的信息管理软件，对于组织能力建设起到十分重要的作用，它使人才与流程的作用最大化。房地产行业的信息管理软件虽然不是什么高科技，但是根据万科的业务特点改造后的特定信息管理软件却有极高的价值，且难以复制和不可替代。

讨论：

1. 组织能力主要包括哪些形态?
2. 万科集团组织能力的根本来源是什么?
3. 万科集团组织能力建设给你带来哪些启示?

本章小结

组织力是组织高效协作以实现目标的一种能力或力量，可以分为宏观组织力、中观组织力、微观组织力和个体组织能力。不同类型的组织力又可以细分为不同的类型，有各自的特点。

宏观组织力是指一个包容性极大的组织空间，具有先进性、原则性、适应性等特征，能够有效解决国家和社会问题，在经济、政治、社会和环境建设等方面发挥着不可替代的作用。宏观组织力的影响因素分为内部因素和外部因素。宏观组织力在各行各业健康发展、协调社会利益矛盾、加强国际交往中有重要作用。提升宏观组织力的途径包括以下几点：一是要严格按照标准选拔组织领导班子成员；二是要经常开展对领导班子成员的政治教育；三是要不断加强对领导班子开展工作的指导、检查和监督。

中观组织力是指城市或区域范围内的组织能力，包括发现组织环境中的能力，并设法获取或加以利用，通过组织内外的组织能力管理，配以组织环境、组织资源、组织机制、组织绩效管理达成组织目的和目标。中观组织力的影响因素包括：外部环境、组织资源和组织机制。

微观组织力是针对企业来说的，是指企业开展组织工作的能力，使公司在与竞争对手投入相同的情况下具有以更好的生产效率或更高质量，将其各种要素投入并转化为产品或服务的能力。微观组织力包括企业所拥有的一组反映效率和效果的能力。这些能力可以体现在公司从产品开发到营销再到生产的任何活动当中。微观组织力具有以下特点：一是微观组织力是独特的，不同企业都有不同的组织力；二是不同的微观组织力，也将局限或强化企业在不同层面的表现；三是微观组织力源于企业的内部。企业可以通过以下举措提升其微观组织力：塑造宏伟愿景；人才细分；领导者人才管理技能的技能和素质；凝聚所有人的力量；将管理贯穿于企业，将组织管理智慧贯穿到企业基层；组织习惯达成目标，好习惯带动组织力的有效执行；高效的资源整合方略；强大的资源配置能力；完善的沟通模式和干部训练模式，将领导干部训练运用到企业管理中。

个体组织能力的形成是个体应对组织和社会的宏观和微观环境的产物，既有因实现个体需要和价值目标而产生的个人主动表现，又有因为要适应组织和环境而产生的相对被动的反应。个体组织能力的特点包括以下几个方面：一是个体组织能力与组织密切相关；二是个体组织能力既包括外显的知识和具体技能，还包括内隐的个人特质；三是突出与利用资源、实现组织目标相关的能力。个体组织能力按照不同的标准有不同的分类，同时个体组织能力能够促使组织凝聚力的形成；优秀的个体组织能力对组织的变革有着巨大的能动作用、对组织在外部环境中的竞争力有着巨大的能动作用、同时在很大程度上决定着组织能力的实现程度。

一个组织必须对其活动所产生的影响负责任，才称得上卓越。组织是不断进步、发展的，组织由各种各样的人组成，组织在发展过程中，其决策也有可能存在错误，导致对社会或环境或其人员产生不良影响。这时，卓越的组织应该自觉承担责任，而不是逃避、推脱、隐瞒责任。卓越组织力标签包括卓越组织文化、卓越领导力和卓越执行力。卓越组织文化应是适应组织内外部环境变化的、不断调整内容和表现特征的、永远处于变化之中的特色文化。组织领导力就是个人领导力的总和。领导力是一种强效、核心的生产力和组织力，是群体组织或社会所拥有的综合实力中最主要的部分，与群体组织或社会的存在和运作直接相关，在组织生活中具有极为特殊而重要的地位和作用。要成为值得信赖的领导者，自身必须具有坚定的信念及行为标准，在工作当中，能够保持言行一致、以身作则，为团队树立榜样，并带领大家确立一套共同坚守的目标价值观。卓越执行力的基本特征可以用“快、准、狠”3 个关键词来概括。

思考题

1. 组织力是怎么分类的？
2. 如何提升组织力？
3. 卓越组织力标签包括哪些？
4. 结合实践经验，讨论你是如何提升个人组织能力的。
5. 结合时代背景，讨论组织力的未来发展方向。

第 4 章

在组织中工作

学习目标：

1. 掌握组织战略、组织文化的内涵、主要类型及其与组织力的关系；
2. 掌握组织运行效能中的核心要素；
3. 熟悉组织中的核心态度(类型、内涵、启示)；
4. 了解组织中的社会化及其影响因素；
5. 了解组织中的权力与政治；
6. 能够运用所学的理论思考和分析现实中的管理问题。

【开篇案例】 理查德·布兰森:让员工感觉是在为自己工作

国内企业在管理时往往都会碰到一个显著的难题,那就是员工的“打工”心态。持有这种心态的员工,工作不积极、不主动,而且不会把企业和部门的利益放在心里,只会考虑自己。这样的员工其工作业绩可想而知,他不给企业造成损失就已经是“烧高香”了,更别提作出什么突出的贡献。

其实这个难题不仅仅国内企业有,国外企业也有。那么,国外的管理者是如何解决这样的问题的呢?我们今天跟大家介绍一个人物——理查德·布兰森(Richard Branson),英国维珍集团(Virgin Group)创始人,拥有 200 多家公司,业务领域涉及婚纱、化妆品、航空、铁路、唱片等,个人财富约 41 亿美元。他在对待员工方面有着自己独特的方式。

布兰森深信人的力量,“关照好自己的员工,他们就将会关照好你的事业。”他曾经这样说过。

基于这样的认识,布兰森让员工充分感觉是在为自己工作,而不是在替老板打工。下面介绍有关布兰森的 5 个事例。

1. 在维珍公司早期,布兰森把自己的电话号码告诉每一名员工,并鼓励他们只要有什么新点子或者有什么不满,就马上给他打电话。

2. 当维珍公司在纽约的超级连锁店开张的时候,布兰森把在纽约的维珍大西洋航空公司的职员全部请去当嘉宾。

3. 在维珍公司与英国航空公司的诽谤案中获胜后，布兰森把获得的61万英镑的赔偿金向公司所有员工进行了平均分配，每人得到了166英镑。布兰森还将这笔钱戏称为“英国航空公司津贴”，他以这样的方式来宣示企业和员工是一体的，我们共同赢得了这次官司的胜利。

4. 布兰森一直提倡在内部实现员工的岗位晋升，而不想看到外来的一个空降兵突然担任了公司的高级职位。维珍庄园唱片公司曾经的一名清洁女工，如今已经晋升到维珍集团旗下一家唱片公司的总经理职位。而维珍大西洋航空公司的一位女按摩师，后来成为维珍集团在摩洛哥阿斯尼市的卡斯巴酒店的经理。

5. 尽可能地让员工感觉到自己就是公司的主人，工作是在为自己打拼。现在，越来越多的维珍员工拥有公司的股份或期权。虽然维珍采用雇员制，但员工都认为，自己在某些方面就是公司的主人，这种主人翁的感觉比薪酬要重要。

讨论：

(1) 管理者该如何做能使员工更好地在组织中工作？

(2) 从布兰森的成功案例中，我们能看出领导者在组织中承担着什么角色？

资料来源：http://www.hree.com/? id=1465.

4.1 组织战略与文化

4.1.1 组织战略概述

在管理学中，组织战略是指组织对与其相关的全局、长远、纲领性目标的计划和决策。也就是说，组织在规划和决策时要适应未来环境的变化，包括生产经营的持续性，稳定发展的全局性、长远性、纲领性的目标。

组织战略是确定组织的目标和方向，并为实现这些目标而采取行动，是提出详细行动计划的起点，但它又凌驾于任何特定计划的各种细节之上。战略反映了管理者对于行动、环境和业绩之间关键联系的理解，从而确保完成既定的任务、愿景和价值。

为了支持并完成组织的使命和运作目标，管理者需要选择具体的组织战略和设计，以帮助组织在竞争环境中实现其目标。策略是指组织在与竞争环境的互动中，以达到预定目标的计划。一些管理人员认为，目标和战略是可以相互转换的；还有一些学者认为，目标是确定组织要达到的目标，而战略是决定组织如何达到目标，战略可以包含任何有助于实现目标的方法。

发展战略的实质，是组织能够在进行不同于竞争者的活动和进行同样的活动但比竞争者做得更好这二者之间做出选择。

组织战略具有以下特性：

(1) 全局性

组织战略是组织发展的蓝图，它以组织全局为研究对象，用来确定组织的战略目标、并制约组织经营管理的一切活动。

(2) 长远性

组织战略的着眼点是组织的未来，它从组织的长远利益出发，通过判断和选择，对未来发展做出正确的决策。

(3) 指导性

组织战略规定了组织在一定时期内基本的发展目标，并为实现战略目标规定了路线和途径，引导并激励员工为此努力工作。

(4) 竞争性

组织战略制定的目的是在竞争中取胜，通过适合企业的、正确的战略决策与执行来赢得市场，提高经营业绩。

(5) 风险性

组织的战略是通过分析当前信息来预测未来的决策。因为环境的变异性和复杂性以及组织自身条件的变化，所以组织战略存在着不确定性因素和风险。

组织战略作为一种思维方式，立足于当前，着眼于未来，通过战略制定过程扩大组织视野，提高组织总揽全局，把握未来的能力，为组织经营绩效持续增长、实现其使命提供了有力的保证。

4.1.2　组织战略类型

(1) 按照组织本身类型

① 组织的总体战略。发展型战略是指企业在已有的战略基础水平上，向更高层次发展的战略。发展型战略因其战略定位不同，有多种可供选择的增长方案，企业可以根据实际情况进行选择。

稳定型战略是指企业受经营环境和内部条件的限制，在一定的战略起点上，企业的经营业绩在一定的范围和水平上达到预期的战略目标。采用这种策略的企业对过去的经营业绩和经营方式都很满意，因此将继续向客户提供基本相同的产品和服务。这种策略的风险相对较低。

紧缩型战略是指企业从现有的战略经营领域和基础层次上收缩或退缩，并偏离起点战略较大的一种经营战略。相对于发展战略和稳定战略而言，紧缩型战略属于消极发展战略，通常是短期过渡战略。

复合型战略是稳定战略、增长战略和收缩战略的组合，实际上，很多规模较大的企业所实施的战略并不只是一种，它们而是多种策略的综合运用。

美国DEC公司总裁简·霍普兰德(Hopland)和管理学家罗杰·奈格尔(Nigel)首先提出了战略联盟的概念。他们认为，战略联盟是指两个或更多具有共同战略利益和对等经营能力的企业，为了实现战略目标，如共同拥有市场和共同利用资源，通过各种协议、合同而形成的优势互补或优势相长、风险共担、生产要素双向或多向流动的一种松散的合作模式。

② 波特的三种竞争战略。成本领先战略要求坚决地建立规模化、高效率的生产设施，全力以赴地降低产品、供应、营销、销售及服务等各方面的成本与费用。要实现这些目标，就必须在管理上对成本问题予以高度重视。虽然质量、服务和其他方面也不能被忽视，但是在整个战略中要使成本低于竞争者。该公司成本较低，意味着当别的公司在竞争过程中已失去利润时，这个公司依然可以获得利润。为了获得最低的总成本优势，企业通常需要拥有较

高的市场份额或其他优势(与原材料供应商建立良好关系),还要求产品的设计要易于制造,易于维持较宽的相关产品线,以分散固定成本。

成本领先战略是很有吸引力的。一个企业取得成本领先优势后,它所获得的较高利润又能使企业重新投资于新设备,以维持成本领先。这种再投资是企业长期保持成本优势的重要条件。

差异化战略主要是保证企业提供的产品或服务具有差异化,在消费者心中建立起与竞争对手与众不同的认知。实施差异化战略的方法有很多种,如建立高端品牌形象,或者保持技术、业绩、渠道布局、客户服务等差异化。企业能够在几个主要方面实现差异化是最理想的。

差异化战略若能成功实施,企业就有可能成为赢利能力更强的厂商。由于有了差异化,企业才能建立应对五大竞争力量挑战的防御地位。尽管它的防御形式不同于成本领先战略,但波特认为,推行差异化战略有时会与企业争夺更大市场份额的行为相互矛盾。实施差异化战略通常需要企业为该战略的独占性做好思想准备,这种策略和提高市场占有率二者不可兼得。创建公司的差异化战略活动总要付出高昂的成本,即使整个行业的客户都知道公司的独特优势,但并非所有客户都会愿意或能够支付公司所要求的高价。

集中化战略是企业聚焦某个特殊的客户群体、某个细分产品线或某一细分区域,为其提供产品与服务。无论采用低成本还是差异化策略,企业都要在更广阔的全行业范围内竞争。集权战略则是围绕着"怎样才能更好地服务于特定的目标客户"而建立的,企业所制定和执行的每一个核心策略都紧紧围绕着这个核心思想。

采用集中策略就是基于这样的思想前提,集中可以使企业服务于特定的细分客户群,取得更高的效率和效果,从而超越范围更广的竞争者。采用集中策略可以使企业实现差异化,既要满足特定客户的需求,又要在服务细分中做到低成本,或者将差异化和低成本二者兼顾。

波特认为,这样做的结果是企业或通过满足特定对象的需求而实现差异化,或者在服务该对象时实现低成本,或者二者兼而有之,如图 4-1 所示。这种公司能够使其盈利潜力超过行业的一般水平,其优势能够保护公司免受各种竞争力量的威胁。

但是,集中的策略往往意味着限制可获得的总体市场份额,并且会在利润和销售之间建立一种相互"牺牲"的关系。

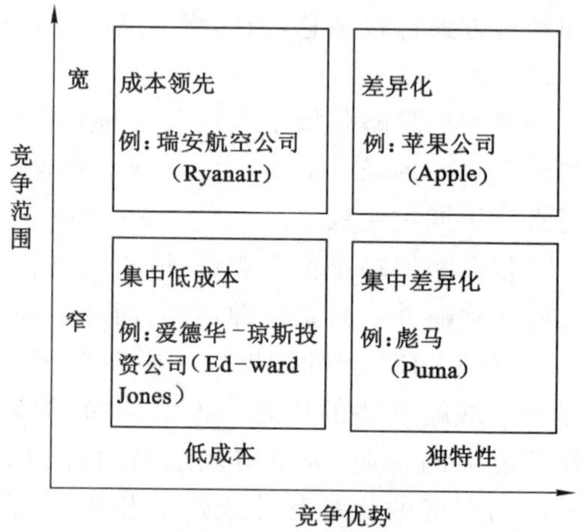

图 4-1　波特的竞争战略模型

③ 迈尔实和斯诺的战略分类。雷蒙德·迈尔斯(Raymond Miles)和查尔斯·斯诺(Charles Snow)在企业战略研究中对战略做了另一角度的分类。他们的分类模型是建立在"管理者都试图制定与外部环境相匹配的企业战略"认知基础上的。组织要设法保持内部组织特征、战略和外部环境的适应。组织可采用的 4 种战略为:探索型战略、防御型战略、分析型战略和反应型战略。

探索型战略着眼于创新、冒险、寻求新的机会以及成长。该战略适合于动态、成长中的环境，因为此时创造比效率更加重要。在产品和内部流程都实现了创新的耐克公司是实施探索型战略的例子。例如，耐克的运动鞋——空中飞人 XX3(Air Jordan XX3)，是第一款使用可循环材料和有限的有毒化学品胶水制作而成的运动鞋。耐克 CEO 马克·帕克(Mark Parker)说道："耐克的战略是在外部扩张和内部操作流程重新设计的双重基础上实施的。"许多网络公司，如脸谱网、谷歌和聚友网，也采取了这类战略。

防御型战略几乎与探索型战略相反。防御型战略的采用者更关注稳定，而不是冒风险和寻求新的机会。它力求保持现有的顾客，而不寻求创新或成长。防御者主要关心内部的效率和控制，以便为稳定的顾客群提供可靠的、高质量的产品。处于衰退的行业或稳定的环境中的组织，采用防御型战略能取得成功。派拉蒙电影公司(Paramount Pictures)就曾经采用过几年的防御型战略。当时，派拉蒙电影公司并没有遭受到致命打击，但却有许多问题不断涌现。公司管理者开始尽量避免风险，有时甚至拒绝一些可能走红的电影以保证成本。这些举措使得派拉蒙公司得以保持很高的利润率，而其他电影公司的回报率则很低，甚至是负值。

分析型战略的采用者试图维持一个稳定的企业，同时在周边领域创新。这种战略介于探索型战略与防御型战略之间。企业中有些产品面向的是一种稳定的环境，因而对之采取追求效率的战略，以便保持住现有的顾客。其他产品则处于新的、动态的，但具有成长性的环境中。因此，分析型战略采用者就试图在现有产品线的高效率生产和新产品线的创造性开发之间取得平衡。亚马逊公司(Amazon)是一个采取分析型战略的例子。亚马逊公司现行战略是保护它的核心业务——通过互联网销售图书和其他物品，同时开辟数字媒体新业务，包括原创作品，如电子图书服务和在线 DVD 出租业务，同时还包括一个数字音乐商店，这项业务将与苹果开发的 iTunes 相竞争。

反应型战略实际上并不能被称作是战略，因为反应者只是以一种随机的方式对环境的威胁和机会做出被动的反应。采取这一战略时，高层管理者既没有制订长期计划，也没有明确地指出组织的使命和目标，因而组织所采取的行动都似乎是为了满足眼前的需要。许多曾经辉煌的大公司就是因为管理者没有采取与市场消费变化趋势相一致的战略，从而挣扎于困境中。近年来，作为个人电脑市场上最成功的公司之一，戴尔公司的管理者一直在探索合适的战略，随着公司"让个人电脑更便宜和按需求定做"的战略空间已达到极限，戴尔的季度利润开始变得让人失望，同时，随着竞争者的紧跟其上，戴尔开始无法识别能够创造新利润的战略方向。

迈尔斯和斯诺的战略分类应用很广，研究者们也已经在许多不同类型的组织(如医院、大学、银行、制造企业和保险公司)中检验了它的效度。他们发现，对现实中的组织管理者而言，迈尔斯和斯诺的战略分类非常有效。

④ 黑海战略、红海战略与蓝海战略。

黑海战略就是简单的两个字：生存。在黑海中，完全没有方向(战略)和阳光(社会主流文化)，只有流星划过和浮光掠影，真真假假，敌我难辨。黑海的游戏规则是没有规则。

红海战略是相对于蓝海战略而言的，即竞争战略之一，是在已知市场空间中进行竞争的战略。在已知市场空间中，竞争规则已经制定，竞争激烈，你死我活，因充满血腥，犹如红海，故称为红海战略。

生存不再是红海的唯一目标，更重要的是战胜对手。体格发育本身并不重要，但一定不要让对手长大成人，像小鱼一样，块头不大，但牙齿一定要锋利。在红海中，每天都充满着斗志，每撑一天，就要向成功迈进一步；同时，连睡觉都不安稳，因为你的敌人会在你最弱的时候袭击你。按照“破窗理论”，在一个有序的环境中，如果有一小部分人打破秩序并从中获益，那么其他的人就会随之而来。由于受益者的反面榜样力量是无限的，所以社会对红海规则的约束必须严格立法，对违规者重罚。要是没有这样的规定，这个社会就不是红海，而是黑海了。

因此，红海中的强者就是那些懂得利用规则，甚至能够制定规则的一群人。公司做大了，要想办法成为行业的领导者，就必须建立行业标准。红海中虽然凶残，但见人不杀。从无到有，从小到大，从黑海到红海，公司取得了巨大的进步。

蓝海战略是由欧洲工商管理学院的 W. 钱·金(W. Chan Kim)和莫博涅(Mauborgne)提出的。这是一种企业通过开创新的、未被竞争对手重视的市场领域以达到扩张目的的战略。

将重点放在红海战略上就等于接受了商业战争的限制性因素，也就是在有限的土地上取胜，否定了商界开拓新市场的可能性。利用蓝海战略，关注点从超越竞争者转移到买方需求上，跨越现有的竞争边界，筛选和重新排序不同市场的买方价值要素，从给定结构的定位选择转移到市场结构本身的变化上，见表 4-1。

表 4-1　红海战略和蓝海战略的比较

角度	红海战略	蓝海战略
竞争市场	在已经存在的市场竞争	拓展非竞争性市场空间
竞争态度	参与竞争	规避竞争
需求	争夺现有需求	创造并攫取新需求
价值与成本互替定律	遵循价值与成本互替定律	打破价值与成本互替定律
差异化与低成本战略	根据差异化或低成本的战略选择，将企业行为整合为一个体系	同时追求差异化和低成本，将企业行为整合为一个体系

根据对 30 多个行业 150 次战略行动的研究，蓝海战略行动包括了一系列开发市场的主要商业项目的管理措施和决策，并指出价值创新是蓝海战略的基石。价值创新对基于竞争的传统教条，即价值和成本之间的权衡关系提出了挑战，使企业能够将创新与效用、价格和成本结合在一起。不是比照现有行业最佳实践来追赶对手，而是改变行业状况以重新制定游戏规则；不是针对现有市场中的“高端”或“低端”消费者，而是面向大量潜在需求的购买者；不是一味细分市场满足消费者偏好，而是将细分市场中的整合需求结合起来。

(2) 按照组织内职能分类

① 人力资源管理战略。人力资源战略是组织战略将人与组织连接起来的一个很有说服力的例证，要求其重视管理，在所需资源之间建立承诺。

目前根据关注点不同，西方人力资源战略可以归为四大类；利用战略、聚集战略、促进战略和投资战略，如表 4-2 所列。

表 4-2　西方的四类人力资源战略

人力资源战略	重点关注
利用战略	怎样利用如每一个人,更多的是从挖掘现有人才的角度去思考问题
聚集战略	对现有人员进行人才的积累
促进战略	企业对个人投资,促进其成长
投资战略	企业在员工身上大量地投入,同时对员工的期望和要求也非常高,即相互投资

② 市场营销战略。市场营销战略是企业市场营销部门根据战略规划,在综合考虑外部市场机会及内部资源状况等因素的基础上,确定目标市场,选择相应的市场营销策略组合,并予以有效实施和控制的过程。

根据知识经济时代的基本特征,市场营销的基本战略可归结如下:

a. 创新战略:创新是知识经济时代的灵魂。知识经济时代为企业创新提供了极好的外部环境。创新作为企业营销的基本战略,主要包括以下几个方面:

一是观念创新。知识经济对人类旧的传统观念是一种挑战,也对现代营销观念进行着挑战。在经济时代,创新战略要取得实效,就必须树立新观念,即以观念创新为先导,带动其他各项创新齐头并进。首先要正确认识和理解知识的价值。知识既是企业不可或缺的资源,又是企业发展的动力源泉。在市场经济条件下,知识既是商品,又是价值。其次要增强创新意识。自觉增强创新能力,如果没有创新,只能走山穷水尽的路子;同时,创新是提升企业营销竞争力最根本、最有效的手段。市场创新不是企业个体的个体行为,而是一项涉及企业所有员工的有组织的整体活动。

二是组织创新。它包含了企业的组织形式、管理制度、机构设置、规章制度等多方面的内容,是企业营销创新战略的保障。比如,很多企业的组织形式还没有完成现代企业制度的改造,旧的组织形式在一定程度上成为企业创新的羁绊,这就需要做大量的工作。组织结构不合理,分工过细,将不利于创新。

三是技术创新。伴随着科学技术的快速发展,新技术不断涌现,技术生命期不断缩短,技术创新成为企业营销创新的核心。一般来说,大中型企业都应该有自己的研发机构。对于传统产品,要不断开发新技术,满足客户新需求,增加其技术含量。

四是产品创新。科技创新最终要体现在产品创新上,因此产品创新是关键。新产品的市场生命周期也在缩短,因为技术创新的频率在增加。

五是市场创新。市场是非常复杂并且变化多端的,消费需求得不到满足是客观存在的。营销人员要善于抓住市场机遇,发现消费者的新需求,寻找目标市场的最佳组合。目前,我国有很多企业不重视市场细分,忽视消费者需求的差异性,将全国各地的市场视为自己的市场,从而在市场创新上缺乏针对性,导致营销效果和竞争力下降。对于市场创新来说,以科学的市场细分为基础,从消费者不同需求的差异中找出创新之处是至关重要的。

b. 人才战略:知识经济时代的灵魂和核心是创新。众所周知,创新需要高素质的人才来支撑。在知识经济时代,竞争的本质是人与人、人的群体与个人的高科技知识、智力和智力的竞争,是人的创新能力、应变能力、管理能力和综合素质的竞争。人才观主要包括以下内容:

一是人本之源观念。营销人员应牢固树立人才至上的理念。在知识经济时代,知识和能力是主要的资源。人是知识与能力的生命载体。例如,北大方正集团就是一个很好的例子。方正集团的资产 10 年增长 7 000 倍,方正集团总裁王选表示,他们靠的只是解决人才与财富之间的关系。通过增加知识,他们重新获得财富,并获得更多的财富。他们集合了学者的学术抱负和理论追求,形成了真正的知识产业、高科技产业、人才与财富的良性循环。

二是终身学习的观念。因为知识更新的速度越来越快,一名大专毕业生工作 5 年后,将有 50%～60%的知识得到更新。就个体而言,应树立终身学习的理念。对于企业来说,必须树立全员培训的理念。

c. 文化战略:企业文化包括经营理念、企业精神、价值观、行为准则、道德规范、企业形象和全体员工的责任感、荣誉感等内容。这些既是增强企业凝聚力的重要手段,又是以企业精神为核心。将企业成员的思想和行为引导到企业确定的发展目标中去,通过企业形成的价值观念、行为准则、道德规范等文字或社会心理手段,对企业成员的思想、行为进行影响、控制。企业文化的基石是价值观,很多公司的成功往往归功于所有人都能接受和实现组织的价值。

企业文化战略在知识经济时代的特殊意义主要在于:它有别于传统经济时代企业所依靠的土地、劳动力、资本等资源,更多的是埋藏在人们心中。分享知识与智慧是一种不可捉摸的活动,上级不能监督,也不能强迫,只有员工自觉地采取合作态度,才能贡献智慧与知识。

d. 形象战略:知识经济时代,产品广告、销售信息等难以吸引消费者的注意力,给人留下的印象更少。在这种情况下,企业之间的竞争必然集中于形象的竞争。目前,企业已开始采用形象竞争,但许多企业对此并不重视。随着知识经济时代的到来,广告也随之进入了"印象时代",企业利用各种广告宣传和促销手段,不断提高企业的知名度,创建名牌产品,使消费者根据企业的"名望"和"印象"来选择产品。就像广告专家大卫·奥格威(David Ogwey)所说:"广告是对品牌印象的长期投资。"

4.1.3 组织战略与组织力的关系

我国新一代企业虽然得天独厚,可以享受天时地利的优势,但在日益激烈的竞争、快速变化的市场环境和日益严格的客户要求的经营环境下,要想获得持续的成功,实属不易。杨国安通过研究并观察许多企业在不同行业的兴衰,认为面对当今不断提升的竞争环境,企业要想获得持续的成功,就必须把握两个关键的成功因素:正确的战略和恰当的组织能力。企业持续成功的等式可表述为:

$$成功=战略\times 组织能力$$

这两个因素之间是相乘关系,其中一项不到位,企业就无法获得成功。如果企业空有正确的战略,却没有合适的组织能力,即使商机出现,也无法把握。例如,虽然采取并购战略可以为某类企业带来很多协同效应,但是如果企业没有并购整合的能力,只会赔了夫人又折兵;反之,即使企业拥有很强的组织能力,却没有能够根据外部环境的改变及时调整战略,原有的组织能力反而会成为企业取得成功的羁绊。

(1) 正确的战略

公司要取得成功,就要坚持正确的战略方向。在我国,许多企业没有明确的战略,采取的是机遇导向或有战略但不能坚持最初的选择,在短期利益的诱惑下走上了多元化的道路,盲目的扩张会使企业陷入不归路。格力电器股份有限公司(以下简称格力电器)则有明确的战略,不急躁,不浮躁,几十年来一如既往地专注于空调行业,一心一意地投入,最终成为中国空调行业唯一的世界名牌。迈瑞医疗致力于为客户创造价值,在进军医疗器械市场时,领导根据迈瑞医疗的资源优势切入中端市场,并注意到国外企业在产品和服务方面的弱点,有针对性地开发适合中国环境、满足不同细分市场需求的高性价比产品,建立 24 小时内售后服务响应机制,为迈瑞医疗赢得中国市场奠定了基础。需要指出的是,企业的经营环境总是在不断变化的,企业的战略也要适时地根据内外环境的变化进行调整。如果不这样做,企业将会面临失败的风险。

(2) 合适的组织能力

仅仅拥有正确的战略方向是不够的,企业还必须依赖强大的团队和组织,以确保自己比竞争对手更快、更好地实施战略。策略是容易模仿的,但组织能力在短期内很难模仿。格力电器的优良品质是建立在不断加大研发投入的基础上,企业从来不设定研发费用指标,只要有需求、有能力,就一定要投入。具有丰富经验和专业技能的格力电器研发团队往往具有卓越的产品研发能力,这些是经过多年不断地投入和积累形成的,任何竞争者都无法一蹴而就。

不论是制定正确的战略,还是建立适当的组织能力,关键在于高层领导者和领导团队的能力、判断和坚持。成功的企业背后都有远大的眼光、明确的方向和有毅力的领导者。他们不受外界浮躁风气的干扰,抓住战略方向,专注于主业,脚踏实地,逐步做强。没有正确的战略或者与之相匹配的组织能力,企业只能是昙花一般,尽管有开放时的辉煌,却难以长久。像秦池集团、爱多电器这样的企业,曾经是中央电视台的“标王”,但单靠广告换来的营销成功可以让企业赢得一时的胜利,却无法赢得一生的胜利。德隆集团凭借不规范的资本运作而一时荣光,却因领导们急功近利、贪多求快的心态,使企业走向了绝路。

4.1.4 组织战略的制定、实施与调整

(1) 组织战略的制定

战略制定是指确定企业任务,认清企业的外部机会与威胁以及企业的内部优势与弱点,建立长期目标,制定可供选择的战略,选择特定的实施战略。战略制定是战略计划的形成过程,也是企业基础管理的一个组成部分,还是科学化加艺术化的产物,需要不断完善。

① 战略制定的内容。战略制定包含若干子项:愿景、目标、路线、项目选择、业务策略等。战略的制定不是一劳永逸,到一个阶段要随需调整。组织架构要跟多元化的目标相匹配。

② 战略制定过程应考虑的因素。在战略制定过程中必须考虑技术因素所带来的机会与威胁。技术的进步可以极大地影响着企业的产品、服务、市场、供应商、竞争者和竞争地位。

在技术开发活动中,专利信息分析能帮助企业充分了解相关技术领域中专利技术的现状、重点技术、技术生命周期,监测本领域的技术发展趋势、核心专利分布等。

在技术跟踪方面,企业在完成研发之后进行专利信息分析,可跟踪相关技术发展动态,进行技术预测,并尽早了解其专利技术是否被侵权、侵权程度及侵权对象,及早做好应对策略。同时,通过跟踪相关技术领域的主要竞争对手和潜在对手,可以规划公司的整体专利布局,提升市场竞争力,或者为侵权诉讼累积谈判筹码。

此外,及时了解本领域最新技术发展趋势,可以激发企业员工的创新意识。

(2) 组织战略的实施

战略实施是一个自上而下的动态管理过程。所谓“自上而下”是指，战略目标在公司高层达成一致后，再向中下层传达，并在各项工作中得以分解、落实。所谓“动态”是指，在战略实施的过程中，常常需要在“分析→决策→执行→反馈→再分析→再决策→再执行”的不断循环中达成战略目标。

经营战略在尚未实施之前只是纸面上的或人们头脑中的东西，而企业战略的实施是战略管理过程的行动阶段，它比战略的制定更加重要。在将企业战略转化到战略的实施过程中，有以下 4 个相互联系的阶段：

① 战略发动阶段。在这一阶段，企业的领导人要研究如何将企业战略的理想变为企业大多数员工的实际行动，调动起大多数员工实现新战略的积极性和主动性，这就要求对企业管理人员和员工进行培训，向他们灌输新的思想、新的观念，提出新的口号和新的概念，消除一些不利于战略实施的旧观念和旧思想，使大多数人逐步接受一种新的战略。

对于一个新的战略，一开始就会有相当一部分人产生各种各样的怀疑，而且一项新的战略往往将人带到一个全新的领域，如果没有使员工充分地了解和理解，就不会得到大多数员工的支持和拥护。因此，战略的实施是一个发动全体员工的过程，要让全体员工清楚地了解企业内外环境的变化对企业带来的机遇与挑战，了解旧战略的种种弊端以及新战略的好处与风险，这样才能更好地认识实施新战略的必要性与紧迫性，树立信心，消除疑虑，为新战略的美好前景而奋斗。在动员员工时，要争取战略关键执行者的理解与支持，企业领导要考虑机构与人员的认识与调整，清除战略实施的障碍。

② 战略计划阶段。将运营战略分解成不同的战略执行阶段，每一个战略执行阶段都有阶段性目标，每一个阶段都有政策措施、部门性战略和相应的方针等。确定阶段目标的时间表，应综合考虑各阶段的目标，综合安排各阶段目标，并注意各阶段目标之间的衔接，远期阶段的目标方针可略加概括，而阶段目标方针应尽量细化。实施战略的第一阶段更应是新战略与旧战略的良好衔接，以减少阻力和摩擦，第一阶段的分目标和计划应更为明确和可操作，应制定年度目标、部门战略、方针和沟通等措施，使战略最大化地具体化，成为企业各部门可具体操作的业务。

③ 战略运作阶段。企业战略的实施运作主要与以下因素有关：各级领导人员的素质和价值观念；企业的组织机构；企业文化；资源结构与分配；信息沟通；控制及激励制度。通过这六项因素使战略真正进入到企业的日常生产经营活动中去，成为制度化的工作内容。

④ 控制与评估阶段。战略是在变化的环境中实践的，企业只有加强对战略执行过程的控制与评价，才能适应环境的变化、完成战略任务。这一阶段的重点是建立控制系统、监控绩效和评估偏差、控制及纠正偏差。

(3) 组织战略的调整

① 组织战略调整的原则。公司战略的一个重要特征就是其适应性。企业组织应充分利用已有和可能拥有的资源，以适应不断变化的外部环境和内部条件。这是一个极其复杂的动态调整过程，要求企业一方面要加强内部管理，另一方面要不断推出具有适应性的有效组织结构。这一适应过程的特殊性决定了其并非简单的线性运动，而是一个循环往复的过程，企业组织理论界称之为“适应循环”。适应性循环原则是组织战略调整的基本原则。

② 组织战略调整的内容。与企业组织战略相适应的组织结构工作如下：对企业当前组

织的优缺点进行正确的分析，设计和开发适合战略需要的组织结构模式；通过对企业内部管理层次的划分，确定相应的责、权、利匹配以及适当的管理方法和手段，建立确保战略实施的能力；为企业组织结构中的关键战略岗位选择合适的人才，保证战略的实施力度。

为了帮助上述组织结构调整工作有效展开，需要做好以下几方面的前期准备工作：

a. 保证执行策略的关键活动。要从错综复杂的活动中找出对战略实施具有重要作用的活动，如制度建设、人才培养、市场开发等。

b. 将策略推广活动分成若干单位。将公司的总体战略划分为几个战略实施活动单元，它们实际上构成了组织结构调整的基本框架，从而在客观上保证公司战略的优先地位。

c. 明确战略执行活动单元的权责。企业经营者应全面衡量集权与分权的优缺点，从而做出恰当的选择，给予每一个战略实施单元适度的决策权，使其制定符合企业战略的单元战略，并负责落实。

d. 在战略执行活动各部门之间协调战略关系。这一协调包括：通过整个组织权力层级的方式实现目标；在实施企业整体战略的过程中，使战略活动单元能够相互理解，相互交流，充分发挥协调各方的作用。

e. 组织结构的调整是企业进行组织战略调整的必然选择。每种组织结构都有其自身的优缺点，在企业的组织调整中，企业应综合考虑各种组织结构的特点，而不应局限于某一基本组织形式。作为使企业战略化的手段，组织结构本身并不重要，关键是如何与战略相适应。为此，企业应从实际出发，对组织结构进行有效调整，使之既能满足战略要求，又能简单易行，不能盲目追求结构的膨胀和形式的完善。

③ 组织战略调整的人员选择。企业战略实施的成败，在很大程度上取决于关键岗位上的关键人物的选择。选择合适的关键人物是进行企业组织战略调整的重要内容之一。在选择关键人物的过程中，要特别注意以下几点：

a. 关键角色的能力要适应战略要求。在企业战略实施的过程中，关键人物指的是战略项目经理人员的集合，包括主管经理和经理班子中的人员。战略项目经理的选择应适应具体的战略需求，需要具备与企业战略相匹配的能力，能够在具体的战略领域中对某些关键因素做出独立判断并做出有效把握，在战略实施中起到中坚骨干作用。具有较强的责任心和事业心，即具有较高的专业水平，能够形成相应的管理风格，并能够不断创新。与此同时，要从提高关键人物的整体素质和相辅相成入手，进行合理的搭配。

b. 利用现任管理者贯彻新战略。企业实施一项新战略的关键人物，往往是由现任管理者来贯彻落实。现任人员对许多关键因素已经了解，对企业战略，经营方式已经熟悉，所需培训时间短；现任管理者的个人资质优越，并在员工中有崇高的威信；现任管理者能够综合协调各方面的利益，增强战略实施的向心力。需要注意的是，现任管理者由于工作的连续性，有时会对机会与威胁反应迟钝。因此，通过引进人才来实施企业新战略，选择对新战略已经有信心的外来的人才，可克服现任管理者的惰性。这些容易激动人心，焕发活力，但同时也应该注意，受聘者来自外部，需要花费较多的时间来建立威望，这样有可能会耽误战机。

c. 执行重要人物的激励措施。那些高度负责并下定决心实现公司战略目标的管理者也同样需要激励，有了正确的激励，这些关键人物才能在激烈的市场环境中顺利完成战略任务。但是，正确的动机和效果却不容易实现：一方面，策略是长期的，它的结果不会立即显现出来；另一方面，策略本身有风险，可能会被中途放弃，为了达到目标而采取的行动也会有所不同。因此,很难将战略成果与个人业绩联系起来进行激励。在此情况下,可采用下列方法:将为战略目标取得的进展同已经取得的成果区别衡量;设置股权奖励办法,以鼓励关键人物;针对已经取得的成果,进行及时、适度的激励。

4.1.5 组织文化定义

(1) 文化

文化是一个组织所有成员所共享的并且作为标准传承给新成员的一系列价值观、信念、看法和思维方式的总和。它不被诉诸文字,但却是人们能感觉到的组织的重要部分。每个人都受到文化的影响,但这种影响往往不为人所知觉。只有当组织试图推行一些与组织基本行为规范和价值观相悖的新的战略或方案时,文化的力量才会被人们真切地感受到。

(2) 组织文化

组织文化是指企业在建设和发展中形成的物质文明和精神文明的总和,包括两个部分:一是组织管理中硬件和软件;二是外显文化和内隐文化。

① 狭义:组织在长期的生存和发展中所形成的为组织所特有的,且为组织多数成员共同遵循的最高目标价值标准、基本信念和行为规范等的总和及其在组织中的反映。

② 广义:组织全体成员共同接受的价值观念、行为准则、团队意识、思维方式、工作作风、心理预期和团体归属感等群体意识的总称。

(3) 组织文化的冰山模型

组织文化存在于两个层面,如图 4-2 所示。在冰山露出水面的部分是人们可以看到的表征性的东西和可以观察到的行为,如人们的衣着和行动方式以及组织成员共享的仪式、典故和象征物等。文化中的这些因素可能反映了存在于组织成员思想深处的价值观。深藏于水下的因素包括价值取向、假设、信念、思维方式等,这些才是文化最根本的内涵。

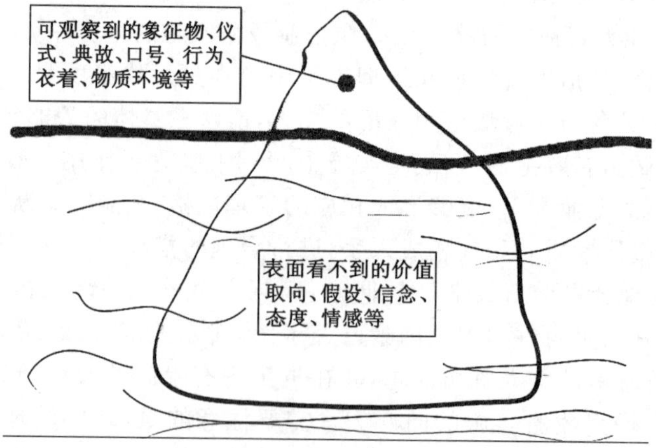

图 4-2 组织文化的分层

4.1.6 组织文化的特征

(1) 组织文化的意识性

在大多数情况下,组织文化是一种抽象的意识范畴,它作为组织内部的一种资源,应属于组织的无形资产之列。组织文化是组织内一种群体的意识现象,是一种意念性的行为取向和精神观念,但这种文化的意识性特征是可以被概括的。

(2) 组织文化的系统性

组织文化是由共享价值观、团队精神、行为规范等一系列内容构成的一个系统,各要素之间相互依存、相互联系。因此,组织文化具有系统性。另外,组织文化是以一定的社会环境为基础的,也是社会文化影响渗透的结果,并随社会文化的进步和发展而不断地调整。

(3) 组织文化的凝聚性

组织文化总可以向人们展示某种信仰与态度,它影响着组织成员的处世哲学和世界观,而且也影响着人们的思维方式。因此,在某一特定的组织内,人们总是为自己所信奉的哲学所驱使,它起到"黏合剂"的作用。良好的组织文化同时意味着良好的组织气氛,它能够激发组织成员的士气,有助于增强群体凝聚力。

(4) 组织文化的导向性

组织文化规定了人们行为的准则与价值取向,对人们行为的产生有着最持久、最深刻的影响力。因此,组织文化具有导向性。英雄人物往往是组织价值观人格化和组织力量的集中表现,它可以昭示组织内提倡什么样的行为、反对什么样的行为,使员工的行为与组织目标的要求相互匹配。

(5) 组织文化的可塑性

组织的文化并不是生来具有的,而是通过组织生存和发展过程中逐渐总结、培育和积累而形成的。组织文化是可以通过人为的努力加以培育和塑造的,而对于已形成的组织文化也并非一成不变,是可以随着组织内外环境的变化而加以调整的。

(6) 组织文化的长期性

长期性指组织文化的塑造和重塑的过程需要相当长的时间是一个极其复杂的过程。组织的共享价值观、共同精神取向和群体意识的形成不可能在短期内完成,在这一创造过程中,涉及调节组织与其外界环境相适应的问题,也需要在组织内部的各个成员之间达成共识。

4.1.7 组织文化的内容与结构

(1) 组织文化的内容划分

组织文化的内容可以分为显性和隐性两大类。

① 显性组织文化。显性组织文化是指人们通过直观的视听器官所能感觉到的与组织文化的本质相一致的、以物质产品和精神行为为表现形式的组织文化,主要包括组织标识、工作环境、规章制度和经营管理行为等内容。

a. 组织标识是指一种具有象征意义的外化形式,用来表达组织的文化特征,并与其他组织有明显区别的内容,如厂牌、服装、徽章、旗、歌、标、牌等。

b. 办公环境是指员工从事办公、生产和休息活动的场所,包括办公楼、厂房、俱乐部、图书馆等。

c. 规章并不是所有的规章制度都是组织文化的内容,只有那些能够激发员工积极性和自觉性的规章制度才是组织文化的内容,其中最主要的是民主管理制度。

d. 对于运营管理行为,如果组织哲学或价值观没有得到有效实施,那么它就不会被员工所接受,也不会成为组织文化。以"质量第一"为核心的组织生产活动,以"顾客至上"为宗旨的组织营销活动,以"建立良好的人际关系"为目标的组织内部公共关系活动等,这些行为都是组织哲学、价值观、道德准则的具体实施，是它们的直接体现，也是这些精神活动的有效桥梁。

② 隐性组织文化。隐性组织文化是组织文化的基础，也是组织文化的核心，主要包括以下几个方面：

a. 组织哲学指组织中所有工作人员对世界事物的普遍看法。组织哲学是组织最高层次的文化，它主导、制约着组织文化其他内容的发展方向。从组织管理史角度看，组织哲学已经经历了“以物为中心”到“以人为中心”的转变。

b. 价值观念是人们在思想中对客观事物和个人进行评价活动的反映，是对客观事物和人是否具有价值及其大小的总体认识和基本观点，包括组织存在的意义和目的、组织规则的价值和作用、组织中人的各种行为与组织利益的关系等。

c. 道德规范是组织在长期的生产经营活动中形成的，人们自觉遵守的道德风尚和风俗习惯，包括是非界限、善恶标准和荣辱观念等。

d. 组织精神是指组织群体共同的心理状态和价值取向。这是组织哲学、价值观、道德观在组织中的综合体现和高度概括，体现了全体员工的共同追求和共同认识。在组织哲学、价值观和道德规范的影响下，组织精神是组织员工在长期的生产经营活动中形成的。

③ 名义文化与隐真文化。随着对价值观研究的不断深入，有学者提出价值观可分为宣称价值观和执行价值观。在理论上，组织文化是组织成员共享的价值观，两类价值观的提出意味着组织存在以两类价值观为核心层的两类文化，分别定义为名义文化和隐真文化。其中，名义文化以组织宣称价值观作为结构的核心层，并以此为基础反映在组织显性制度层和组织对内对外宣称的，诸如口号及行为准则等物质层所构成的文化体系；而隐真文化则对应于组织执行价值观，并以此为基础反映在基于“隐规则”的组织隐性制度层和体现组织员工实际行为准则等的物质层所称的文化体系。它们可以称为组织文化的“二元”结构。

为了更好地理解组织文化结构的二元特征，可以将其分解为横向结构与纵向结构。在横向结构上，组织价值观的“宣称-执行”二元错位形态以及组织文化各个层间的递进和对应关系，产生了横向作用力，决定了组织文化横向结构的存在。“组织宣称价值观-组织正式制度-制度遵从行为”“一致型执行价值观/被动型执行价值观-组织正式制度-制度遵从行为”和“自我型执行价值观-隐规则-隐规则遵从行为”三类逻辑模式分别表达了“名义”型和“隐真”型两类组织文化模式，并在结构内部呈现的错位形态。

组织文化纵向结构主要是感知视角的“名义”和“隐真”两类组织文化表达模式。“显性”特征错位意味着组织外人员以及其他组织对该组织的感知与组织内人员的感知存在一定程度的差异，组织外人员以及其他组织对该组织感知到的是“名义”组织文化，组织内人员感知到的才是“真实”的组织文化，只是这部分的“真实”组织不希望外人感知到，不得不加以“粉饰”以“隐藏真实”而已。同理，“显性-隐性”错位则是行为层、制度层、价值观层之间的错位，价值观层的核心是组织宣称价值观，是组织“期望”组织内和组织外人员或组织感知到的“名义”组织文化，制度层和行为层是组织内成员感知的“真实”组织文化。

对于企业而言，理想状态的组织文化建设是力求“名义”型组织文化和“隐真”型组织文化的完全一致，此时就可以理解成“组织诉求和员工诉求完全一致的理想状态”。然而，实践中组织文化结构存在横向错位和纵向错位，组织和员工作为劳资双方在诉求中必然存在不一致的地方。因此，组织文化在实践中不必强求“名义”型与“隐真”型组织文化的完全一致，只需要强调二者的“可纳错位”关系即可。

(2) 组织文化的结构划分

① 物质层是组织文化的表层，是由组织所创造的组织的物质文化，是以物质形态为主要研究对象的表层组织文化，是形成组织文化的精神层和制度层的条件。卓越的组织文化是通过注重产品开发、服务质量、产品信誉以及组织生产、生活环境、文化设施等物质现象体现出来的。

② 行为层即组织行为文化，是由组织员工在生产经营、学习娱乐等活动中所形成的文化，包括组织经营活动、公共关系活动、人际关系活动、娱乐和体育活动所产生的文化现象。企业行为文化是企业管理作风、精神风貌和人际关系的动态体现，是企业精神和核心价值的折射。

③ 制度层是组织文化的中间层，它将组织的物质文化与组织的精神文化融为一体，形成一个整体，主要是指对组织及其成员的行为产生规范、约束作用的部分，是具有组织特征的各种规章制度、道德规范和行为准则的总和。组织文化的物质层面和精神层面都集中体现了组织成员和组织行为的要求。制度层面，规定了组织成员在共同生产经营活动中应遵循的行为规范，主要包括组织领导体系、组织机构、组织管理体系3个层面。

④ 精神层(组织的精神文化)是组织在长期实践中形成的员工群体的心理状态和价值取向，是组织道德观、价值观即组织哲学的集中体现和高度概括，反映了全体员工的共同追求和共同认识。企业精神文化是企业价值的核心，是企业优良传统的结晶，是维系企业生存和发展的精神支柱。它主要是指组织的领导和成员共同遵守的基本信念、价值标准、职业道德和精神风貌。灵性层面是组织文化的核心和灵魂。

(3) 理论界目前对组织文化的不同划分方法

根据不同的标准和不同的用途，理论界目前对组织文化有着不同的划分方法。常见的划分方法如下：

① 按照组织文化的内在特征分。艾莫瑞大学的杰弗里·桑南菲尔德提出了一套标签理论，这有助于我们认识组织文化之间的差异以及个体与文化合理匹配的重要性。通过对组织文化的研究，他确认了4种文化类型：

a. 学院型组织文化。对于那些希望充分掌握每一项新工作的人来说，学院型组织是一个好的选择，他们在这里能够不断成长和进步。这类机构喜欢雇用年轻的大学毕业生，并向他们提供大量的专业培训，然后指导他们在特定的职能领域中从事各种专业工作。桑南菲尔德认为，学院型组织的例子包括IBM公司、可口可乐公司、宝洁公司等。

b. 俱乐部型组织文化。这类组织非常注重适应能力，忠诚度和责任感。资质是俱乐部组织中的一个重要因素，年龄和经验都很重要。与学院式组织不同的是，他们将管理者培养为通才。俱乐部型组织的例子包括联合包裹服务公司、德尔塔航空公司、贝尔公司、政府机构和军队等。

c. 棒球队型组织文化。这种组织鼓励冒险和创新，招募时要从各种年龄和经验水平的人中挑选有才能的人，工资体系以员工的工作表现为标准。这样的公司给工作出色的员工以丰厚的报酬和更大的自由，员工通常都非常努力地工作。这类组织广泛存在于会计、法律、投资银行、咨询公司、广告机构、软件开发、生物研究等领域。

d. 堡垒型组织文化。棒球队型企业注重创新，而堡垒型企业注重企业生存。以前，这些公司大多是学院型、俱乐部型或棒球队型，但在艰难时期已经衰落，现在它们都尽力为企业保驾护航。这样的公司工作不够安全,但是对那些喜欢流动、有挑战性的人来说有一些吸引力。堡垒型组织包括大型零售店、林业产品公司、天然气探测公司等。

② 按照组织文化对其成员影响力的大小分。哈佛大学商学院的两位著名教授约翰·科特(John P. Kotter)和詹姆斯·赫斯科特(James L. Heskett)于 1987 年 8 月至 1991 年 1 月先后进行了 4 个项目的研究,依据组织文化与组织长期经营之间的关系,将组织文化分为 3 类:

a. 强力型组织文化。拥有强健组织文化的公司员工方向明确,步调一致,组织成员有共同的价值观和行为方式。因此,员工自愿为企业工作或奉献,并且这种心态又使员工更加努力。强有力的组织文化提供了必要的企业组织机构和管理机制,从而避免了组织对那些普遍存在的官僚的依赖,阻碍了组织活力和改革思想,这样有助于组织业绩的提高。

b. 策略合理型组织文化。拥有这样一种组织文化的企业是没有抽象的、好的组织文化内涵的,也没有任何一种可以适合所有企业的"克敌制胜"的组织文化。组织文化只有在与企业环境"适应"的情况下,才能成为良好和有效的文化。企业要想发展,就必须有不同的组织文化,文化与组织相适应,才能充分发挥其作用,提高企业的经营管理水平。

c. 灵活适应型组织文化。具有高度适应性的市场组织文化必须同时在公司员工的个人生活和公司的企业生活中倡导信心与信任,不畏风险,注重行为方式,员工之间相互支持,勇于发现问题,解决问题。员工具有很高的工作热情,愿意为公司作出牺牲。

③ 按照组织文化所涵盖的范围分。组织作为一个系统,是由各种子系统组成的,而各个子系统又是由具有文化创造性的个体组成的。对于一个组织,除了作为一个整体的整个组织之外,各种正式的、有严格划分的子系统,或者是非正式的团体,相对于组织而言也可以作为一个小的整体。在这一点上,组织文化可以分为两类:

主文化体现的是组织中大多数成员所认同的核心价值。所谓组织文化,一般指的是组织的主体文化,这是一种大视角的文化,使组织具有独特的个性。

在一个社会的主流文化中,亚文化是一个较小的组成部分。尽管组织中的大多数成员都接受主文化,但它不可能包括组织中的所有文化。在对组织主文化认同的前提下,组织中存在着各式各样的小群体,他们也有自己独特的亚文化。亚文化可以是组织主文化的一种更好的补充,或者是与其相抵触的文化,或者尽管与主文化不同,但对组织无害,并且在一定条件下,可以取代组织的主文化。

④ 按照组织的有效性分。组织文化的范畴非常广泛,包罗万象。其内涵是复杂的、相互联系的、宽泛的、没有明确联系的。需要一个理论框架来确定如何确定最重要的因素,如图 4-3 所示。

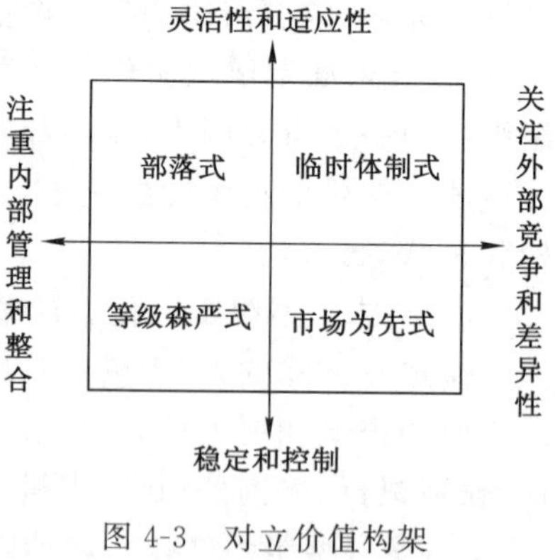

图 4-3 对立价值构架

在图 4-3 中,4 种象限最显著的特征是它们代表了完全相反或相互竞争的关系,并且每一种坐标的两端都代表一个极端,并且是一条对角线完全对立的四象限。部落式组织表现出对内部管理的重视和灵活性,但也表现出活力。在这种组织中,人们可以相互分享,可以简单地看作一个友好的工作场所。临时体制式组织表现为重视外部竞争,同时又希望进行有机管理,其特征是具有活力、企业家精神和富有创造性的工作场所。等级森严式组织重视内部管理，也重视所有的控制，这是一个高度制度化和体制性的工作场所。以市场为导向的组织比较注重外在的东西，喜欢控制一切，这种组织的核心价值是竞争力和生产力，是一种注重绩效的文化。对于他们来说，超越对手、主导市场是一个重要指标。

⑤ 按照权力的集中或分散分。卡特赖特(Cartwright)和库伯(Cooper)于 1992 年提出 4 种文化类型。其区别在于权力是集中的还是分散的，政治过程是以关键人物还是以要完成的职能或人物为中心的。

a. 权力型组织文化也叫作独裁文化，这是由个人或小团体领导组织的文化。企业通常以企业家为中心，在组织中不太重视正规结构和工作程序。当企业规模逐渐扩大时，权力文化会感到难以适应，并开始分裂。

b. 作用型组织文化也叫作角色型组织文化。在这种组织中，你是谁并不重要，你有多大能力也不重要，重要的是你处于什么位置，你与哪个位置比较近，做任何事都有固定的程序和规则，人们喜欢的是稳定、长久和忠诚。这一文化似乎是安全和稳定的，但当组织需要改变时，它将受到更大的冲击。

c. 使命型组织文化也叫任务文化。团队的目标就是在这种文化中完成既定的任务。会员之间地位平等，没有任何领导，只有任务或任务本身的老板。这被视为最理想的组织模式之一，但是这种文化要求公平竞争，并且当不同团体争夺重要资源或特别有利的项目时，很容易造成恶性政治混乱。

d. 个性型组织文化，这是一种强调平等、注重以人为本的组织文化。这一文化富有创造性，孕育了新的视角，允许每个人根据自己的兴趣爱好来工作，同时保持相互有利的关系。这种组织中的组织实际上服从于个人的意愿，却很容易受个人的支配。

⑥ 按照流程标准分。也有人以流程为标准，将组织文化分为 4 种类型(图 4-4)：

a. 功能型组织文化。在 20 世纪，组织的结构基本上属于单一的功能型结构。其核心是制度化，强调稳定性和可靠性。许多传统的产业，如钢铁企业、汽车制造业都具有较强的功能性组织文化特征。

b. 流程型组织文化。近年来，许多大中型企业，为了消除部门间的壁垒，能以最快的速度为客户提供优质服务和产品，开始强调部门间的合作和团队合作，于是就出现了以客户为导向的强调团队精神的流程型文化。这种文化最大特点是使客户满意度最大化，强调客户满意和稳定的回报。

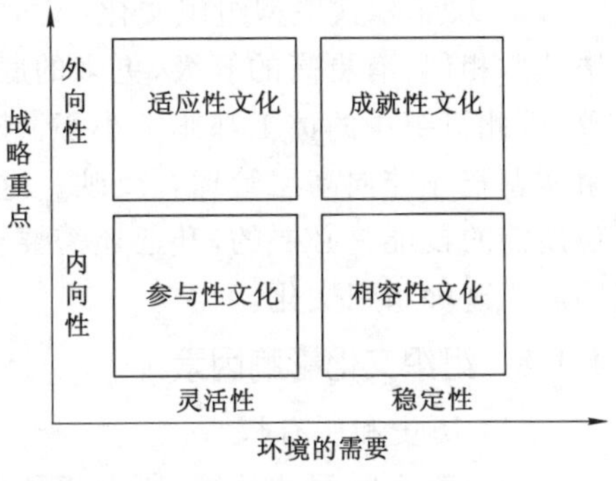

图 4-4　企业文化的 4 种类型

c. 时间型组织文化。20 世纪 90 年代以来，出现了一批基于时间型文化的企业，他们不只是满足于产品质量和客户满意，还要想办法以最快的速度将新产品和服务推向市场。因此，对于组织来讲，速度是第一位的，其次才是产品和服务。其主要特点是强调高增长和新市场进入。

d. 网络型组织文化。这种类型的组织内部没有严密的层级关系，它承认个人特殊性贡献，强调以合伙方式为共同目标服务。其主要特点是以合伙人方式分配权力，核心是敢冒风险，捕捉机会，关注市场的开拓与渗透。

⑦ 按照文化、战略与环境的配置分。在思考哪些是组织重要的文化价值观时，管理者不但要考虑到公司的战略与目标，而且还要考虑到外部环境的变化。研究发现，文化、战略以及环境之间的匹配与 4 种类型的文化不可分割地联系在一起。这些文化的类型基于 2 个维度划分：外部环境要求组织具有灵活性或者稳定性的程度；公司的战略重点表现为内向性或者外向性的程度。与之相联系的 4 种文化类型分别是适应性文化、成就性文化、参与性文化和相容性文化。

⑧ 按照组织实践和价值分。弗恩斯·特朗皮纳斯(Fonts Trompenaars)根据他的组织文化纬度将组织文化分为 4 种类型：家族型文化、保育器型文化、导弹型文化、埃菲尔铁塔型文化。

a. 家族型组织文化：历史最悠久的一种，它是一种与人相关的文化，而非任务导向文化。组织中的领导者就像这个组织的"父亲"，拥有更高的权威和权力。与理性学习相比，组织更加注重直觉学习，注重组织成员的发展而非更好地利用员工。在企业发生危机时，通常不会公开，因此，尽管企业内部充满了温暖、亲密和友好，但这种内部整合却牺牲了外部适应能力较差的企业。具有这种组织文化的国家包括：日本、巴西、土耳其、巴基斯坦、西班牙、意大利和菲律宾。

b. 保育器型组织文化：一种以人为本、注重平等的文化，典型的代表是硅谷。这一文化具有创造性，并产生了新的观念。因为对平等的重视，这种文化的组织结构是最精简的，级别是最少的。组织成员在这种文化中共同承担责任，寻求解决办法。

c. 导弹型组织文化，是一种平等的、以任务为导向的文化。一般情况下，任务由团队或项目团队来完成，但这样的团队是临时的，一旦任务完成了，团队就会解散。会员做的事没有一件是预先安排好的，一旦有任务要完成，就必须去做。具有这种组织文化的国家包括：美国、英国、挪威和爱尔兰。

d. 埃菲尔铁塔型组织文化：又称为埃菲尔铁塔文化，这种文化的组织结构与埃菲尔铁塔非常相似，有更高的等级，更多的底层员工，更少的高层人员，每个层次都有明确的职责划分，因此组织中的员工都非常小心。对于一个组织的任何不满意，都必须通过一定的章程和事实调查才能向高层管理者反映。这一文化的组织中，所有的组织成员都认为，保持现在职位所需的技能是必要的，升迁还需要更多的技能。德国、法国、苏格兰、澳大利亚、加拿大等国属于这种组织文化。

4.1.8 组织文化影响因素

(1) 历史和所有权

公司存在时间的长短，所有权和历史情况，会以以下方式对它的文化产生影响：

所有权高度集中的组织，一般会形成权力文化，强调对资源的控制。所有权分散的组织，其权力的来源也很分散，因而影响力也很分散。家族企业或创始人控制的组织，往往趋于权力文化。

新成立的组织往往很有闯劲，很独立(趋于权力文化)或者很灵活，具有很强的适应能力和市场敏感度(趋向于任务文化)。因此，新组织的文化往往兼具权力文化和任务文化的特点。对于角色文化，以及角色文化所强调的系统、程序和术语，新组织会明确地表示反对的态度：

① 公司合并经常意味着从一个进取型的组织转变成一个稳定的组织。

② 新的管理层上任时经常会带来一个组织文化的转变。当他们提出"用系统代替政

治”时，就意味着“角色文化代替权力文化”；学他们提出“要效率，不要官僚主义”时，就意味着“任务文化代替角色文化”。

(2) 规模

事实证明，组织规模是影响组织文化或结构选择的最重要的一个变量，从整体上来说：

① 大型组织往往更为正式。

② 大型组织趋于发展专业团队，因此需要更加系统化的协调。通常情况下，组织的规模会导致组织选择角色文化。

③ 大型组织被他们的成员看作一个能提供更多可能性和机会的地方，是一个更友好的场所。

④ 大型组织被看作更有效率，但也更为官僚化的地方。

(3) 技术

自从塔维斯托克学院的理论家创造了“社会技术系统”这一短语，艾塞克斯(Essex)的琼·伍德沃德(Joan Woodward)已经证明，生产技术是企业效率的主要决定因素，所以技术类型对企业文化和组织结构有影响。

伦敦塔维斯托克学院的社会心理学家埃里克·特里斯特(Eric Trist)和班福斯(Bamforth)提出，当一种技术从由一个小队承担转变为三班工作制时，就会对员工之间的关系和生产力造成分裂。所以在设计组织时，必须考虑到工作的性质和雇员的类型等。

琼·伍德沃德曾将艾塞克斯地区的制造型企业分为：小批量的单一产品生产企业、大批量的生产企业和连续的生产企业。随着技术从小批量单一产品生产国向连续生产国转移，她发现指令传递的长度，总裁的控制范围，工资和薪金占营业额的百分比，管理人员的比例，大学生的比例，间接劳动对直接劳动的比例等，都会增加。然而，与其他两种生产模式相比，批量生产模式更加规范，机械化程度更高。在组织中，她发现了最适合的结构和技术。

佩罗(Perrow)认为，科技的持续性已经从传统向非传统转变。对于技术的影响力，他希望理解技术对于协调和控制系统、相互依存、个人影响力和力量、目标和动机的影响，并提出了将这些因素与技术相结合的复杂方案。

这些研究以及其他一些研究，都表明技术是重要的。技术会影响组织对文化类型的选择：

① 常规的、可编程的操作更适合于角色文化，而不是其他文化。

② 高成本的昂贵的技术，昂贵的故障维修的技术，往往会导致紧密的监控，会需要较高的专业知识。对于这种技术，角色文化是最合适的。

③ 大投资的大批量生产所使用的技术会带来大规模经济效益，往往促使企业规模变得很大并且采用角色文化。

④ 非连续性的分散操作、一次性工作、单一产品生产，这些技术适合于权力文化或任务文化。

⑤ 迅速变化的技术需要任务文化或权力文化，以便提高效率

⑥ 需要系统化协调的、高度相互依赖的任务，则倾向于角色文化。在协调性和一致性比适应性更重要的职场中，角色文化更重要。

然而，技术上的考虑有时并不能使组织的文化类型清晰。例如，快速而昂贵的技术变革，可能需要在责任与任务之间建立一种文化。类似地，这类技术也需要组织具有快速反应

和高度协调的能力。总之，技术越自动化，投资就越多，就越需要角色文化。

（4）目标

企业的目标并不一直都是明确的，一个贸易公司仅仅追求盈利会过于简单化。赚到多少？赢利要花多久时间？风险是什么呢？要实现赢利，还会有什么困难（比如道德、债务等）？很多时候将赢利作为企业实现其他目标的一个必要因素的想法过于简单。公司的其他目标还包括：生存、成长率、市场份额、信誉、股价增长、优秀的标准、工作环境、就业岗位、战略决策、国家尊严等。这些目标对企业的盈利能力会有不同的要求。例如，为了保证战略目标，企业只要求产生很低的利润即可，但是为了实现股价增长，就必须提高利润率。

在有限的资源条件下，医院、学校、地方政府等机构要达到服务社会和维持自身服务水平的双重目标，这类目标对这些单位的文化和结构有如下影响：

① 在角色文化中，比较容易监控产品的质量目标。

② 在权力文化或任务文化中，比较容易实现成长目标。

③ 工作环境、就业岗位、战略这些目标则比较容易在角色文化中实现。

④ 目标不仅会影响文化，也会被文化影响。当组织文化改变后，经过一段时期，组织目标也会相应改变。

尽管如此，上述这些趋势也只是趋势而已。成长目标也可以通过角色文化实现，权力文化也有战略目标。标志只是众多影响因素之一。在实践中，企业一般并没有真正的目标，甚至对于管理层来说也是如此。一位著名的银行家曾经说过："在英国，只有少数人对赚钱感兴趣，剩下的人则感兴趣的是为钱做事。"大多数组织都会关注自己的技术、产品或产业，他们的成功被定义在这些约束条件内。在这种情况下，角色文化是最合适的。角色文化不是那种匆忙仓促的文化，它所关注的是过程，而权力文化关注的则是结果。

（5）环境

环境包括：经济环境、市场、竞争状况、地理环境和社会环境。组织所处环境的性质常常被组织内部的工作人员忽视，但实际上环境对文化可能会有决定性的影响。主要表现如下：

① 不同国家或民族倾向不同的组织文化。

② 环境的改变要求一种敏感的、适应性强的、反应速度快的文化。任务文化是最适合应付市场或产品变化的。伯恩斯（Burns）和斯托克（Stalker）发现，具有"有机"结构的公司比具有"机械"结构的公司能更好地应对技术上的变化。"有机的"和"机械的"分别对应着任务文化和角色文化。

③ 环境越复杂，组织结构就越复杂。比较适合于复杂的环境和结构。在组织结构上，角色文化更适合于标准化组织。所以，如果一家公司面对的市场环境不很复杂，生产的产品生命周期很长，那么这种公司通常是纯粹功能型组织，比如只有一个销售部门。这类企业的文化通常是角色文化。

若差异主要体现在产品上，则需要一个面向产品的组织，只有这样不同的产品才能得到不同的关注。若差异在地理区域内，则更适合进行区域化组织。若按分布类型或客户类别来区分，则组织结构也需要相应调整，以适应这些区别。当四个、三个或两个差异同时存在时，组织也要做出相应的调整，以适应它们。然而，随着时间而改变，最合适的组织结构也会改变，比如现在区域差异趋于模糊，而产品差异则变得更加重要。

权力文化是适合在环境中抵御（防范）危险和威胁的组织文化。企业面对的合并与收购问题、国有化以及经济灾难等，都是潜在的威胁与危险。拥有强大核心人物的带有蛛网结构的组织，在面对这些危险和威胁时往往会取得成功。在并购战争中，最终起决定性作用的是企业领导者的个性和意志。力量文化更适合处理这些，因为它能迅速果断地做出反应，激进而强硬，不会向环境妥协。

(6) 人员

强调不同的文化需要不同的“心理契约”，不同的人适合不同的文化，在一种文化中感到快乐并获得成功的人，在另一种组织文化中可能感到沮丧并遭遇失败。个人只有在与组织、文化和个人的“心理契约”相适应时才会感到满足。众所周知，虽然满足并不意味着生产率的提高，但它是更高生产率形成的开端。因为研究工作满足感并不能区分不同文化或不同个人期望之间的差异，所以我们无法确认上面所说的是正确的，但这些至少代表了一个假设。在此基础上，我们还可进一步假设：

① 不喜欢含混不清的个体，会更喜欢角色文化对工作的严格描述。

② 角色文化可以更好地满足对安全感有较高要求的个人。

③ 在权力文化或任务文化中，个人希望明确自己在工作中身份的要求可以更好地得到满足。但在角色文化中，这种要求会被看作一种以个人为中心的要求，是具有破坏性的。

④ 和在角色文化中相比，在权力文化或任务文化中，个人的技巧和才能的作用可以更好地得到突显。因此，在这些文化中，需要对人员的筛选和评估给予更大的关注。

⑤ 从智力和人际关系技巧的角度来看，较为有限的人力资源会促使组织形成角色文化。在这种组织文化中，可以根据可用的人力资源将工作明确下来。

总体而言，只有当组织中有合适的人时，才有可能形成某种特定的文化。也就是说，组织成员的个人取向，是确定一种文化的必要因素，尤其是组织中关键人员的个人取向，无论该组织倾向于哪种文化，都将起到决定性作用。当组织决定雇佣什么样的员工时，实际上反应了想要什么样的公司文化。

4.1.9 组织文化的功能

组织文化的功能是指组织文化发生作用的能力，也就是组织这一系统在组织文化导向下进行生产、经营、管理中的作用。但是任何事物都有两面性，组织文化也不例外，它对于组织的功能可以分为正功能和负功能。组织文化的正功能在于提高组织承诺，影响组织成员，有利于提高组织效能。同时，不能忽视的是潜在的负效应，它对于组织是有害无益的，这也可以看作组织文化的负功能。

(1) 组织文化的正功能

① 组织文化的导向功能。组织文化的导向功能是指组织文化能对组织整体和组织每个成员的价值取向及行为取向起引导作用，使之符合组织所确定的目标。组织文化只是一种软性的约束，通过组织的共同价值观不断地向个人价值观渗透和内化，使组织自动生成一套自我调控机制，以一种适应性文化引导着组织的行为和活动。

② 组织文化的约束功能。组织文化的约束功能是指组织文化对每个组织员工的思想、心理和行为具有约束和规范的作用。组织文化的约束不是制度式的硬约束，而是一种软约束，这种软约束等于组织中弥漫的组织文化氛围、群体行为准则和道德规范。

③ 组织文化的凝聚功能。组织文化的凝聚功能是指当一种价值观被该组织员工共同认可之后，它就会成为一种“黏合剂”，从各个方面将成员团结起来，从而产生一种巨大的向

心力和凝聚力。而这正是组织获得成功的主要原因,“人心齐,泰山移”,凝聚在一起的员工有共同的目标和愿景,推动组织不断前进和发展。

④ 组织文化的激励功能。组织文化的激励功能是指组织文化具有使组织成员从内心产生一种高昂情绪和发奋进取精神的效应,它能够最大限度地激发员工的积极性和首创精神。组织文化强调以人为中心的管理方法。它对人的激励不是一种外在的推动而是一种内在引导,它不是被动且消极地满足人们对实现自身价值的心理需求,而是通过组织文化的塑造,使每个组织员工从内心深处产生为组织拼搏的献身精神。

⑤ 组织文化的辐射功能。组织文化的辐射功能是指组织文化一旦形成较为固定的模式,它不仅会在组织内发挥作用,对本组织员工产生影响,而且也会通过各种渠道对社会产生影响。组织文化向社会辐射的渠道很多,但主要可分为利用各种宣传手段和个人交往两大类。一方面,组织文化的传播对树立组织在公众中的形象有帮助;另一方面,组织文化对社会文化的发展有很大的影响。

⑥ 组织文化的调适功能。组织文化的调适功能是指组织文化可以帮助新近成员尽快适应组织,使自己的价值观和组织相匹配。在组织变革的时候,组织文化也可以帮助组织成员尽快适应变革后的局面,减少因为变革带来的压力和不适应。

(2) 组织文化的负功能

尽管组织文化存在上述种种正功能,组织文化对组织潜在的负面作用。

① 变革的障碍。当共同的价值观念与进一步提高组织效率的要求不一致时,组织文化就成为一种束缚;当组织环境处于动态变化中时,最有可能发生这种情况。在组织环境发生快速变化的情况下,根深蒂固的组织文化可能会变得不合适。在一个稳定的环境下,行为的一致性对于一个组织是非常有价值的。但是,组织文化作为一种相对于制度的软约束,深入理解更容易形成思维定式,这样组织就会很难应对不确定的环境。一旦问题积聚到一定程度,这些障碍就会对组织造成致命打击。

② 多样化的障碍。因为不同的种族、性别、道德观念,这些因素使企业大多数新员工有所不同,这就产生了矛盾。管理者想让新成员接受组织的核心价值,否则这些新成员很难适应组织或被组织接受。但组织决策需要成员思想和方案的多样化,有强大文化的组织需要成员与组织的价值观的一致性,这必然导致单一的决策协调,抹杀多样化所带来的优势,组织文化在这方面成为组织多样化和成员一致性的障碍。

③ 兼并和收购的障碍。在以往的并购决策中,管理层考虑的关键因素是融资优势或产品协同效应。近年来,除了在产品系列中考虑合作与资金方面的因素外,更多的是考虑与文化方面的兼容。若两个组织不能成功融合,则会产生大量的冲突、矛盾,甚至对抗。因此,在决定合并和收购时,许多管理者都倾向于分析双方文化的兼容性,如果差异很大,会为了减少风险宁愿放弃合并和收购行动。

4.1.10 组织文化的意义

(1) 组织文化的意义

由于组织文化涉及分享期望、价值观念和态度,它对个体、群体及组织都有影响。组织文化除了提供组织的身份感之外,还有稳定感。具体有以下几个方面:

① 整合作用。常规科学管理法或科学管理职能限制了员工的行为,却无法赢得员工的信任。强大的组织文化可以成为激励员工的动力,让员工全身心投入工作。在具有凝聚力

的组织文化中，组织价值观深入人心，员工视组织为家，愿意为组织目标共同努力，贡献自己的力量，使员工与组织融为一体。

组织文化可以从根本上改变员工旧的价值观，建立新的价值观，使之与企业正常的实践活动相适应。当组织文化所倡导的价值观和行为准则被接受和认同时，成员们就会根据组织的要求做出行为选择；如果违反了组织的准则，就会有负罪感、不安或自责，从而自动修正自己的行为。从这种意义讲，组织文化具有强大的整合效应。

② 提升绩效作用。管理学大师彼得·德鲁克(Peter F. Drucker)说过："决定企业本质的最重要原则就是经济绩效。"假如组织文化对企业绩效没有影响，那么它的重要性也就突显不出来。我们知道，组织文化在组织内的整合中的确起到了积极的作用，但它能否提高企业的经济效益呢？回答是肯定的。

瑞士洛桑国际管理学院的企业国际竞争力研究发现，组织文化与企业管理竞争力之间的相关性最高，为 0.946。科特和赫斯科特认为，组织文化对企业的长期经营业绩具有重大影响；组织文化很可能在未来成为决定企业兴衰的关键因素；对企业长期良好经营业绩具有消极影响的组织文化，即使在聚集了许多通情达理、知识丰富的人才的企业中，也并不少见；组织文化尽管很难改变，但它们完全可以转化成有利于企业经营业绩增长的组织文化。

③ 完善组织作用。经过无数次的辐射、反馈和强化，组织在不断发展过程中形成的文化积淀，会随着实践的发展不断更新和优化，促使组织文化从一个高度走向另一个高度。即使组织文化的不断深化与完善，一旦形成良性循环，就会推动组织自身的提升与发展；反之，组织的进步与提高也会促进组织文化的丰富、完善与升华。国内外组织和企业的成功经验表明，组织文化的自我完善永远离不开组织的繁荣。

④ 塑造产品作用。组织文化作为一种人类的创造物，它最好的表现形态是企业的产品。如果一个企业的产品全部浸润在组织文化中，其产品的生命力将与其他任何企业的产品不可相比。在企业产品塑造过程中，组织文化起着至关重要的作用，企业根据组织文化来设计、生产和销售产品，只有符合企业文化的产品才能在市场中立于不败之地。企业产品的畅销反过来又能使消费者更深入地了解企业的组织文化，这是一种相互促进、共同发展的关系。

(2) 对组织设计的意义

企业的主导文化将逐渐改变。大部分企业都是从权力文化开始的，创建者将企业视为自己的延伸，只是因为他自己不能完成所有的事情。此后，随着时间的推移以及不断取得的成功，组织将逐步发展，各项活动将更加专业化和规范化。这个信号表明，一个组织正逐渐成熟。角色文化也具有这种特征。当组织文化开始改变时，组织结构、工作计划和工作控制的方式以及决策制定的方法都会改变。在这一阶段，对于创建者和创始团队来说通常是困难的，因为他们必须相应地调整他们的权力结构，并且必须下放许多直接的决策权。

随着角色文化对灵活性的需求日益增长，组织文化的下一个转变也将来临。股市也许会变得更快，或者转向其他方向。随着科技的发展，一系列全新的工作程序、人员配备水平和新技能已经出现。组织的发展通常不是单边的，它常常具有复杂性。在这种情况下，专业化和正规化已不足以应对多样化，组织必须面对一个事实，即需要多种文化。领导也许只需要保持原来企业的一些基本价值(比如追求卓越的理念，艰苦奋斗的精神)，而允许文化的其他方面改变，以适应企业各部门的不同需要。

要想为组织找到合适的多样化的文化组合，就要通过分析组织各个部门主导活动的特点来寻找。具体包括以下 4 种主要活动类型：

① 稳定状态。这意味着所有的活动都可以按照一定的程序进行，它们是常规的。企业 80％的员工通常都处于稳定状态，其中包含了组织的基本结构，比如会计部、文秘部、办公室事务部以及生产部门。除营销活动外，大多数销售活动应该处于稳定状态。

② 创新。创新包含一切旨在改变组织活动或活动方式的行为。研究开发中心属于这一类，此外市场营销部、产品开发部、企业企划部门的部分活动也属于创新活动，有时还包括金融部门。

③ 危机。所有组织都必须处理意外事件。虽然有更多的机会让组织与外部环境直接相关的部门遭遇意外事件，但是没有哪个组织会独自面对危机或崩溃。营销部、生产部和中层经理是最有可能遭遇危机的部门和个人。

④ 政策。对组织行为的全面指导不能忽视，制定的优先次序、制定的标准、分配的资源、采取的行动虽然存在重叠之处，但都属于同一类活动。

在企业内部，有些部门可以很清楚地归入上述几个类别之一，如研究与发展部或办公室。与其他一些部门（如营销部门）不同的是，它们混合了多种特征。不管怎样，每个部门都有它的主要特点，而且它的大部分活动都属于某一类，这些活动将决定其重点和适合的文化类型（图 4-5）。

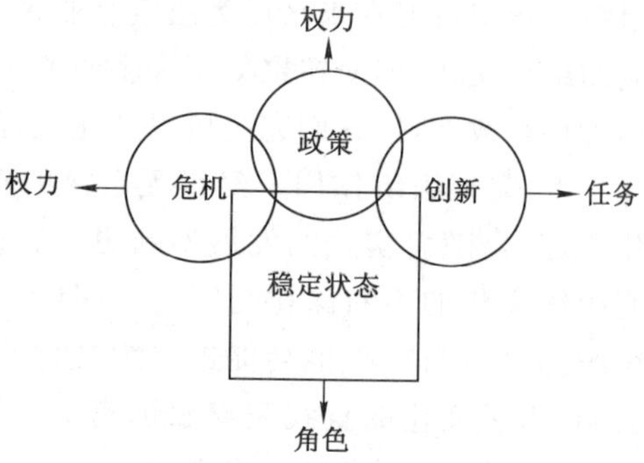

图 4-5　活动类型与其适合的文化类型

若组织中某一部分的主导文化与其主导活动相适应，则这一部分往往更有效率。企业应当根据自身各部门、分支机构或部门主导活动的特点，有区别地选择不同的文化和结构，如研发部门的文化和结构就应当不同于会计部门。然而，在市场营销部门，它负责创新的团队应该比装配团队稍微不那么正式一点，并且更注重任务导向。当处理危机时，不必考虑诸如委员会、规则和程序等限制，而是更多地依靠主动的政策支持。但是，在组织稳定的情况下，管理则需要考虑法规、程序、规则以及正式的控制等。

4.2 组织运行与效能

4.2.1 组织运行

组织运作是组织实现其目标、发挥其作用的过程。组织结构是一个静态的过程，组织运作使其结构动态化，主要目的是提高组织效率，促进组织发展。其运作方式包括建立组织体系、平衡组织职权、协调组织关系、健全运行机制等。

（1）建立组织制度

组织制度是指组织中所有成员都必须遵守的行为规范，包括各种章程、规章、规则、程序、标准等。完善的制度体系是企业健康运行的基本保障，是保证集体劳动有效开展的重要管理手段。任何制度在组织系统中都必须具有以下特征：科学性、合法性、系统性、权威性、强制性、稳定性，而现代企业制度是组织制度的具体表现形式之一。

在美国经济学家钱德勒看来，由一支高薪的中高级经理人员所管理的多单位企业即可适当地称为现代企业。这位著名的经济学家指出，现代企业起源于 19 世纪 80 年代开始的大规模生产和大规模销售的结合。随着现代工商业的发展，企业规模扩大，经营日趋复杂；与此同时，股东人数增加，股权日益分散，原来大股东亲自担任企业高层管理者的方式越来越不能适应新的形势。因此，企业的经营管理就只能交给专业的经营人员来负责，从而慢慢地强化了专职经理的作用。企业由过去的“企业家企业”逐步演变成了现代的“经理人企业”。

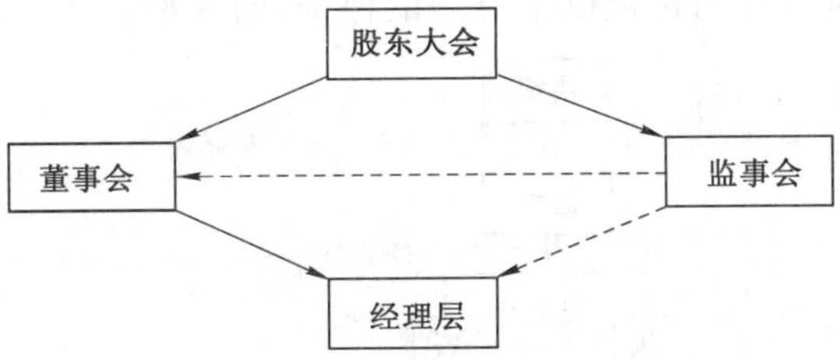

图 4-6　现代企业的治理结构

现代企业的治理结构包括股东大会、董事会、监事会和经理层，也就是人们常说的“三会四权”，这是一种权力制衡的关系。股东大会是最高层，下面是董事会、监事会，它们是由股东大会产生。董事会、监事会下面有经理层，经理层负责企业的日常运作（图 4-6）。

股东大会是企业的最高决策和权力机关，对企业的财产进行控制。股东大会对企业的利润分配、融资、资产处置以及其他重大事项做出决议。董事受股东委托，代表股东意志，执行企业事务的决策机构。股东选出的董事会决定企业的经营计划和投资方案；制定企业年度财务预决算方案、利润分配方案、变更、重组等重大事项的方案；董事会是企业的监督机构，依法对企业章程行使监督权力。企业不仅要检查其经营情况，并且要向股东大会报告，还要对管理层进行管理。如果违法违规操作，监事会将监督企业经营活动。管理者是企业日常经营管理的实施者，行使股东会和董事会的职权，主持企业日常生产经营管理。

“三会四权”是一种制衡机制，概括如下：

① “三会四权”制衡机制是企业治理活动在企业法人治理结构中的体现。这一治理结构就产权关系而言，股东会是董事会的委托经营关系，董事会是总经理的授权经营关系。

② 从职权关系上看，它们具有不同的职权范围，谁也不应越权行事，从而形成相互制衡的互补关系，企业治理的科学性就在于此。

③ 这一组织结构的本质是两权分离，即所有权和经营权。

从产权关系来看，股东对董事会是委托经营，董事会对总经理是授权经营，监事会是监督（对企业和个人），这种关系就是“三会四权”。可以说，现代企业治理结构是一种科学合理的长期制度。

（2）平衡组织职权

职权是指管理职位所固有的发布命令和希望命令得到执行的一种权力。职权平衡是指工作人员在企业中处于与权力相匹配的地位，不存在越权、滥用权力、渎职、失职等行为，最大限度地发挥权力作用的平衡管理。在管理活动中，可以通过 4 种方式实现职权均衡，即分权、组织授权、对组织权力运行的约束和监督以及组织权力执行机构的专业化。

在现代组织中想要合理平衡职权，需要对组织权力的运行进行约束与监督，人们将决策者或决策部门、执行者或执行部门视为“受控系统”，将咨询者或咨询部门、监督者或监督部门看作“反馈系统”。所有这些系统又组成一个更大的系统（图 4-7）。

如图 4-7 所示，咨询系统的出现标志着以决策内部重新分工为特征的软专家集团制的产生，使咨询与决策成为两个相互独立的系统。对于一个领导者或一个领导集团而言，能否充分利用咨询系统是其决策能否科学化的关键，而决策是否科学又会直接关系到他们的决策目标能否实现。

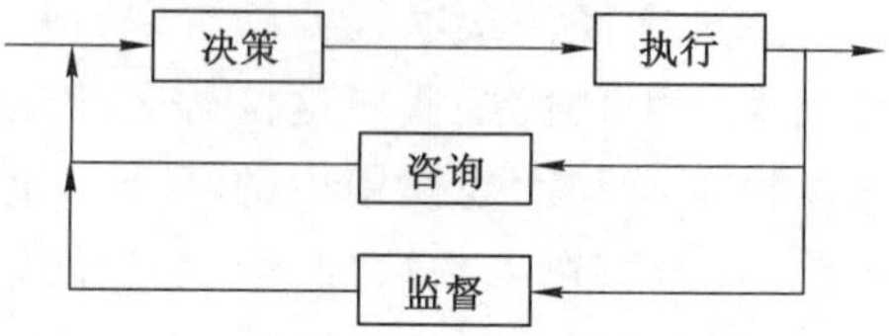

图 4-7　现代组织运行系统

如果说咨询系统的出现为决策科学化提供了可能，那么监督系统的独立则为决策科学化和执行专门化提供了有力的保证(图 4-8)。

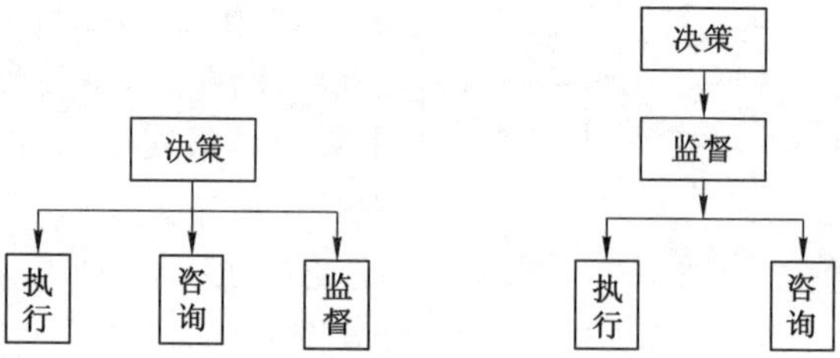

图 4-8　独立的监督系统

(3) 协调组织关系

组织内部协调是指一个组织中的上下级、各部门的人员为了实现整个组织的目标而朝着有利于实现的方向共同努力，又称为组织整合。当前组织整合主要有以下 5 种方式：通过组织层级链进行直接监督；按程序规则对工作流程进行标准化；按计划对工作成果进行标准化；通过教育培训使员工技能标准化；通过直接联系进行相互调整。当组织不断发展时，标准化协调方式由于缺乏灵活性，很难应对可能出现的复杂多变的情况。因此，组织整合的手段和协调方式是由简单到复杂不断演化和发展的(图 4-9)。

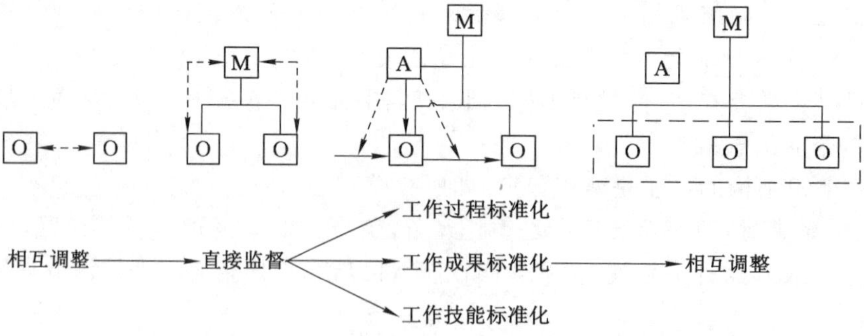

图 4-9　组织内部协调流程

在组织发展的初期，简单的协作可以通过工作者之间的直接接触和相互协调来取得。随着组织人员的增加分工和工作协调变得越来越复杂，仅靠个人之间的相互调整已无法满足需要，即必须有一个或多个管理人员统一指挥和监督所有工作人员的行动。

随着企业规模的进一步扩大，管理层级明显增加，通过逐级的直接监督来协调下层人员的活动就很容易使等级链上的管理人员负荷超重。为了减轻直线管理人员的负担，组织管理队伍中逐渐分化出专门从事标准操作方法研究、产出计划和控制、人员招聘和培训等辅助管理工作的职能人员，由他们帮助推进工作过程、成果和技能的标准化。

标准协调方式由于缺乏灵活性，很难应对可能出现的复杂多变的情况。此时，具有较高应变能力的相互协调机制又可重新成为组织协调的重要机制。不同于最初通过相互调整（主要是依赖简单的直接联系）实现协调，现代组织已经建立了结构上的横向协调机制，其中包括联络职位、任务组、项目组，甚至矩阵组织。而协作网络也是其中的一种表现形式。

协作网络：网络是各种行为主体在资源流动、配置过程中发生联系而建立的各种关系的总和，形成网络资本，其目的是探寻、利用、整合分散化的各类资源。对企业网络的研究表明，协作网络对企业获得和整合内外资源、为顾客提供更大价值具有重要意义。因此，组织内部的协调可以通过减少边界和增加合作来实现组织的目标。类似地，一些企业自身资源和能力不足或缺乏整合外部资源和能力的途径以及方法的制约，也可以通过缩小组织和组织之间的界限加强合作，在剧烈动荡的环境中谋求生存。

在新的经济环境下，协作网络的观点逐渐取代了资源依赖论，企业将自己看作一个共同创造价值的团队，而非一个与其他企业处于竞争状态的自主企业。在这种不确定的国际环境下，将企业联合起来会变得更有竞争力，同时也更能有效地共享稀缺资源。

目前，合作和团队工作正在取代供应商、顾客和竞争者中曾经有过的痛苦敌对情形，见表 4-3。

表 4-3　协作网络的关系变化

项目	传统的倾向：对手	新的倾向：伙伴
关系	怀疑，竞争，互不信任	信任，双方增值，高度承诺
利益目标	价格，效率，只是为自己	平等，公平交易，所有人获益
信息分享	有限的信息交流和反馈	以电子联盟分享关键信息、问题反馈和讨论
冲突的管理	以法律手段解决冲突	通过紧密协调，相关人员到现场解决冲突
参与	最小量的参与和先行投资	广泛地参与伙伴的产品设计和生产
合同期	短期合同	长期合同
合同的详细说明	业务关系的界线	超出合同的业务援助

个人网络测试：与人交往时，你是否很自然地与人交往？在其他组织中，拥有多种信息来源是开展合作的基础。根据表 4-4，了解人们的学习或工作状况。

表 4-4　私人关系网

题项	符合	不符合
1. 我很早就知道组织正在发生的变化，并且对我或我的工作产生影响		
2. 个人网络是用来帮助他人解决问题的，也是来帮助我自己的		
3. 我加入了专业小组和协会，来扩展我的接触面，增加我的知识		
4. 我认识其他组织中的人，并且与他们有交流		
5. 在我的工作组和其他工作组之间，我起到了桥梁的作用		

表 4-4(续)

题项	符合	不符合
6. 我经常利用吃午饭的机会来认识和联系新的朋友		
7. 我经常参与慈善事业		
8. 对一些朋友和同事我会送圣诞卡片给他们		
9. 我和以前的组织及学校小组的人保持着联系		
10. 我主动向我的下属、同事和老板传递信息		

计分:选择基本符合得 1 分,总分在 7 分及以上说明你有一个非常活跃的个人网络;如果总分在 3 分及其以下,对你来说接触他人不是一件很自然的事情,而是需要很多努力。

分析:在一个组织间存在对抗关系的世界里,跨越组织边界的网络并不重要。但在一个组织间存在协作性关系的世界里,活跃的网络可以带来很多益处,而构建网络则有助于组织或个人事情做好。如果想管理与其他组织的关系,构建关系网络是你工作的关键部分。网络构建有利于各方的社会、工作和职业关系。有着大的、活跃的个人网络的人们更可能从网络中获益,并为网络中的伙伴作出贡献,因而对组织间关系的影响力更大。

(4) 健全运行机制

任何组织都会在一定的环境中按照特定的方式运作。保持组织在混乱环境中有序运作的良好运作机制,为我们透视组织运行的内在规律和功能提供方法。许多调查和实证研究表明,现代企业由于其独特的制衡治理结构而表现出良好的运行机制,是企业组织在激烈的市场竞争中立于不败之地的重要原因。其中,现代企业的运行机制是重要的组成部分。

① 现代企业的运行机制。现代企业的运行机制主要包括产权机制、决策机制、信息机制、激励机制、约束机制和社会责任 6 个方面。企业产权制度是企业内部其他运行机制顺利运行的保障。作为现代市场经济的主体,产权清晰是现代企业生存和发展的首要条件,是企业能够自主决策、自我约束、自我承担风险的前提,也是经营效率得以提高的基础。企业的决策机制是指企业自主作出决策的可能性,其目的是实现其主要目标或目标系统。西蒙(Simon)将决策过程划分为 4 个主要阶段:第一,找出制定决策的理由——信息活动;第二,找到可能的行动方案——设计活动;第三,在诸行动方案中进行选择——选择活动;第四,对已进行的选择进行评价——评价活动。企业信息机制是企业收集、传递、处理、存储、提取和分析与其决策相关的各种信息的机制和渠道。灵活的信息机制是保证现代企业高质量决策的基础,能保证内部信息传递路径简短、反馈灵活、减少信息失真和信息隐藏等行为。激励机制可以使决策者尽其所能做出好的决策,保证企业的良好运行;使劳动者尽其所能去工作,减少懒惰和"搭便车"行为,从而形成企业凝聚力和进取精神。约束机制是指企业内部的动力机制、竞争机制等,可以使企业形成自我约束的机制。具体包括:利益约束机制、预算约束机制和财产约束机制。此外,企业运行机制也包括了风险机制,现代企业的产生在一定意义上是回避市场风险的产物。但由于现代企业的诞生并未完全取代市场,因此其风险自然也不会被市场完全消除。现代企业要想在市场竞争中成功转嫁风险、获取收益,就必须有风险意识,并且建立完善的风险管理机制。

② 组织运行与组织管理区别。组织运行与组织管理是两个性质不同却容易混淆的概念。组织运行是引起组织自身的运动过程,它是一个输入、输出或投入、产出的过程。组织

运行的过程实际上是组织实现自己的目标和发挥自己功能的过程，是组织与环境之间物质、能量、信息的交换过程。

组织管理是对组织运行的操控过程，目的在于提高组织的效率，以最小的成本实现组织目标。组织管理过程实际上是围绕组织目标，调动各种资源，运用各种手段操控组织的运行以确保组织目标得以实现的过程。它包括 3 个环节：一是决策，即确定的组织目标以及选择实现组织目标的方法和途径；二是实施，即按照预定的方案根据内外部环境的变化，对人与物等要素进行科学搭配与组合，确保组织决策得以实现；三是监督，即对组织活动和组织的内外部环境进行有效监控，防止各种意外事件影响组织活动的进程和组织目标的实现。

4.2.3　组织冲突

(1) 组织冲突概念。

在组织运行过程中，冲突不可避免。罗宾斯将冲突定义为："一种过程，这种过程起始于一方感觉到另一方对自己关心的事情产生消极影响或将要产生消极影响。"冲突核心重点在于"矛盾"，其存在具有普遍性，在管理学中组织冲突既包括群体内部的个人冲突，也包括群体之间的冲突。组织冲突的产生不仅使个人感受到过度紧张，还会影响正常的群体活动和组织秩序，对管理工作也会产生重大影响。

① 根据冲突主体划分。冲突研究首先应该弄清楚冲突的主体是谁，即冲突的主人公或当事人是谁。研究表明，冲突可以分为 5 个不同的层次：第一，自我冲突，即发生于个人本身的冲突；第二，人际冲突；第三，群际冲突，即群体与群体之间的冲突；第四，组织之间的冲突；第五，国家或民族之间的冲突。组织冲突重点研究发生在组织内部、对组织产生影响的冲突问题，主要涉及前三个层次的冲突，也就是群体内个人内在冲突、个人与个人之间的冲突以及组织内不同群体之间的冲突；而后两个层次的冲突更多的是社会学、政治学、历史学抑或是经济学感兴趣的内容。

② 根据空间来划分。组织里的冲突由于冲突主体的多样性，冲突主体之间相互作用关系的错综复杂，可将冲突主体划分为不同的维度。在一个组织内，集团之间的冲突可能是横向的，如跨部门的冲突；也可能是纵向的，如一个组织的不同层次之间的冲突。举例来说，在一家制造企业中，生产部门可能会因新推行的质量工作程序降低了生产效率而与质量控制部门发生争执。团队成员可能对完成任务和实现目标的最佳方法持有异议。工人可能会在新的工作方式、报酬制度或者工作分配等问题上与老板发生抵触。组织中的纵向冲突和横向冲突(图 4-10)。

(2) 组织冲突管理的基本方法

冲突管理的方式又称作冲突管理的策略，它是研究在微观层次上冲突双方在面对不同冲突时采取的行为倾向。总体来说，对冲突管理方式的研究可以分为两类。其中，第一类是冲突主体间的冲突管理方式，即冲突各方可自行解决冲突，通过不同的冲突管理策略来化解矛盾与分歧，无须第三方的介入和调停。学者布雷克和穆顿在《管理方格》一书中提出冲突管理方格理论，他们第一次把冲突管理方法的研究从一维模型引入二维模型。他们将横坐标定义为"关心人"，纵坐标定义为"关心生产"，从而区分了冲突管理的 5 种方式：竞争、合作、妥协、逃避和宽容(图 4-11)。

在此基础上，人们对二维模型进行了不同程度的修改，但其含义大同小异，见表 4-4。

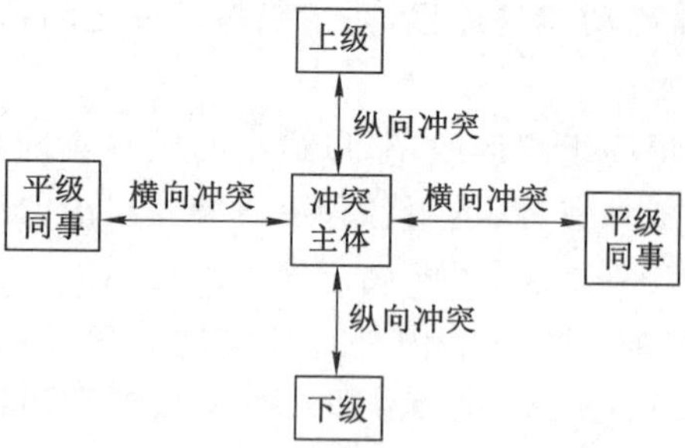

图 4-10　组织内的冲突维度示意图

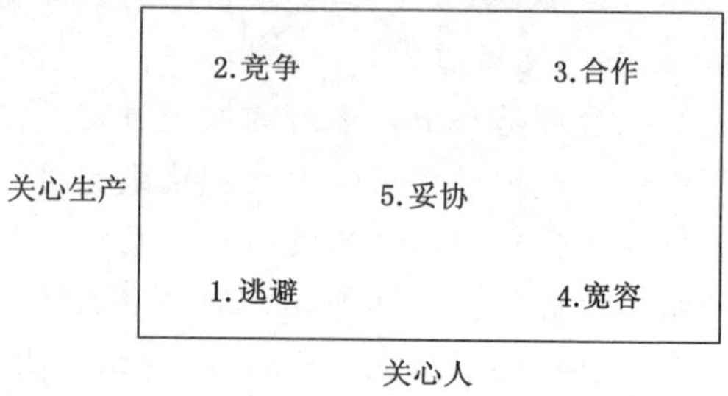

图 4-11　冲突管理二维模型

表 4-4　冲突管理方式二维模型的总结

代表学者	Blake 和 Mouton(1964)	Thomas(1977)	Renwick(1975)	Rahim(1983)
横坐标	关心人 concern for people	满足自己 satisfy own concern	关心个人的目标 concern for personal goals	关心自己 concern for self
纵坐标	关心生产 concern for production	满足他人 satisfy other's concern	关心人际关系 concern for relationships	关心他人 concern for others
冲突管理方式	强制 forcing 问题解决 problem-solving 迁就 smoothing 逃避 withdrawing 妥协 compromising	竞争 competing 合作 collaborating 忍让 accommodating 回避 avoiding 妥协 compromising	强制 forcing 对抗 confronting 迁就 smoothing 逃避 withdrawing 妥协 compromising	控制 dominating 整合 integrating 顺从 obliging 回避 avoiding 妥协 compromising

通过进一步的实证研究，人们发现有很多因素影响着人们对冲突管理方式的选择，如性别、级别、文化等。男人更愿意用竞争的方式来解决冲突，而女人则更愿意用逃避或妥协的方式。如果上下级之间发生冲突，上级更倾向于采用强制手段来解决冲突，而下级往往选择回避或妥协的方式。通过对比中国和美国管理者的冲突管理方式，发现美国管理者在面对冲突时喜欢采取直接积极的解决方法，而中国管理者则喜欢采取消极、回避的方法。

上述学者研究冲突处理方式的核心是冲突的主体和客体。如果冲突双方不能自行解决冲突问题，则采用第二类冲突管理模式，即通过调解和仲裁，由第三方解决冲突。调解就是通过第三方帮助冲突主体寻找双方都能接受的解决冲突的方案。冲突各方将矛盾和分歧提交给双方均可接受的第三方，由该第三方作出对双方具有法律效力的裁决。第三人可为个人或组织，可根据法定程序或根据冲突主体的要求进行诉讼。管理人员通常是组织冲突管理中的第三方，如生产部和供应部之间的冲突，生产部副经理通常会参与调解或仲裁。第三方在冲突过程中的战略作用就是能营造一种坦率的气氛，促进双方进行良好的沟通。正如德弛(Deutsch)指出的，为了有效地解决冲突，第三方的目的不应只是迅速解决冲突，而是应帮助双方充分沟通，并且慢慢地向他们灌输一种合作与解决问题的态度，最理想的效果就是在组织内建立协作网络。这样，通过第三方的介入来解决冲突问题，冲突双方就能更好地沟通，并感受到解决冲突的过程是公平、公正的，从而有利于冲突主体实现双赢。另外，冲突主体也会感到这一结果是他们自己所为，而非他人所强加，会增加冲突各方的满意度。因此，在冲突双方无法自行解决冲突问题的情况下，第三方介入是必要的和有效的。

4.2.2　组织效能

（1）组织效能定义

效能在《现代汉字词典》中解释为"效力、效率和功效，事物所蕴藏的有利作用"；在《汉英词典》中的解释为"effectiveness"。效能是一个多维复杂的概念，通常与组织有关。效能是指提高组织运行效率，真正实现组织正确目标的能力。可将组织效能定义为组织围绕其使命运作并最终形成影响和影响的复合体。

现代管理学认为，组织效能是评价组织多重目标的实现程度。在界定组织效能内涵时，应注意以下核心要点：

① 组织的总体表现。尽管企业由许多不同的部门组成，各部门有各自的目标和评价标准，但各部门的标准及表现不能代替总体。组织效能应从更宏观及全面的角度来诠释企业总体的状况及表现。

② 组织的既定目标。在外部环境、组织结构、组织规模、技术水平和经营策略方面，不同的组织有不同的选择，因此，评价组织的经营活动时，必须考虑多种指标的多层次和相互关系。

③ 社会的普遍期望。一个成功的企业不仅要注重内部运作，还要有效地满足不同群体的需求和期望。这类组织包括客户、雇员、政府部门、投资者、供应商、债权人等。当企业确定效能标准时，必须考虑到这些群体的相对重要性，以使判断和决策的标准能够成为社会公认的价值、期望和行为准则。

此外，组织效能还具备3个重要的特征：一是潜在性，效能蕴藏在组织之中，提高效能应与组织自身状况相联系；二是依赖性，组织效能与组织的要素、组织结构和整体等方面有关；三是有效性，效能主要指办事的效率和工作的能力，也是衡量工作结果的尺度，效率、效果、效益是衡量效能的依据。效能围绕着目标而运动，并以实现目标为最终归宿。

（2）组织效能、效率与绩效的关系与区别

① 组织效能与组织效率。在许多情形下，效能与效率经常混为一谈，这源于"效能"一词的复杂性。本书中用"效能"而不用"效率"，这是因为组织效率比组织效能范围小，二者是包含关系。效率从经济角度而言体现组织完成目标资源的投入与产出之间的关系，而效能则体现使命或目标达成的程度。

效率常常会产生效能。巴纳德(Barnard)指出，组织达成特定的目标就称之为有效能，而只要组织行为的结果能够满足个人动机就可以称之为有效率。由此可知，效率看重组织内人力、财力、物力等资源合理分配，而效能关注的是完成目标的程度，即资源运用后的结果。

现代组织理论认为，一个组织可能具有较高的效率，但不一定能够实现其目标，因为它生产的产品可能是社会不需要的；同时，一个组织可能实现了其利润指标，但可能缺乏效率。二者之间的关系为：效能＝效率×目标。也就是说，效能需要做到目标与效率的结合，组织不能片面地追求效率，而应综合考量效率与目标达成，在高效率的同时也实现高效能。

② 组织效能与组织绩效。就组织效能和组织绩效而言，尽管有学者将组织效能与绩效等同起来，但更多的学者侧重于区分二者。组织绩效是指组织经营的效果，它包含行为表现和工作结果（产出）两个方面。通常是指个人层面的，具体是指员工的绩效，而绩效管理就是对员工绩效表现的评定。而组织效能通常属于组织层次，指组织达成目标的情况以及在各方面的表现等。因此，组织效能的范围更广，通常是指组织的总体表现；而绩效通常是指经营效果，是组织效能的部分内容。此外，组织绩效强调组织目标完成程度，属于静态观点，而组织效能不仅包括组织经营的效果，还包含组织的能力，不仅强调从整体、动态的角度认识企业发展问题，还强调组织的总体表现，是组织整个生命周期的能力集合，也是组织竞争能力、创新能力和发展能力的集合。

综上所述，组织效能是基于组织绩效之上的，相对于组织绩效而言，组织效能可以更全面地衡量一个组织的经营效果和能力，但二者又不是完全分割的，组织效能的衡量在很多方面也需要运用组织绩效的指标。

（3）衡量组织效能的标准

① 确定组织效能的标准。组织效能的度量首先要确定其度量指标，但在管理实践中难以对其进行全面的度量。由于组织从事生产、销售、技术创新、人力资源管理等多方面的活动，很难有统一的组织效能衡量标准，而追求多重标准就会产生多重效果。因此，在制定组织效能标准之前，应该先考虑以下几个问题：

第一，组织效能标准的数量。一个组织的目标包含了各个方面，用多少标准来衡量目标的实现程度和能力？显然，单一标准难以评价组织的效能状况，应采用多重标准。但多到何种程度才能比较准确地衡量组织的效能，从而对多数组织公平呢？这是确定组织效能标准首先需要明确的。罗珉认为，无论是采用单项标准还是综合性标准，一定要重视公平和准确问题。

第二，不同利益群体的出发点。每个企业都有很多利益群体，如员工、客户、投资人等等。不同群体的出发点不同，对企业的期望也不同，他们对组织效能评价的标准更不同。效能的评价标准不管是以某个利益群体为主，还是兼顾每个群体的利益，这些都是确定组织效能需要考虑的第二个问题。

第三，组织属性。是否考虑了组织属性的因素？同一准则是否适用于不同的组织？由于每个企业的经营环境不同，技术水平不同，规模不同，企业的历史也不同，因而同样的标准不一定适用于其他企业。要确定效能标准，还应考虑组织属性的因素。按照我国学者罗珉的观点，要确定组织效能的标准，一个常用的方法就是找寻若干标准，再依据这些标准度量企业在不同方面的表现及效能大小。

② 关于组织效能标准的几种观点。

a. 德鲁克的观点。德鲁克是最早提出衡量组织效能水平标准的管理学家。他从 8 个方面来确定组织效能的标准：市场情况、创新能力、生产率、物质和财力、利润率、管理人员的工作和责任、工人的工作和士气、公共责任。德鲁克组织效能的 8 个标准没有重要和非重要的区别，它们只是简单地指出了这些标准必须考虑的所有方面，并且每一项标准的次序将根据企业面临的特定情况而定。

b. 西肖尔的观点。西肖尔是最早系统研究组织效能评估标准的国外学者。他在《组织效能评价标准》一文中指出，要评估各种衡量标准的相关性和相依性，就应对不同标准及其使用情况进行区分。他根据不同标准的性质、特点以及所涉及的时间范围，将组织效能标准分为 5 类。第一，目的与手段：一些指标代表经营活动的成果或目标，可以根据其本身的成就来评价，另一些指标则是一个组织达到主要目的所必需的手段或条件。第二，时间范围：有的标准研究过去，有的标准研究现在的情况，有的标准研究将来的情况。第三，长期与短期：有些标准归属于一个比较短的时期，而另一些标准则归属于一个较长的时期。第四，硬指标与软指标：有些衡量标准（硬指标）是以实物和事件的特征、数量或发生频率为依据，而另一些标准（软指标）则以对行为进行定性观察或进行民意测验的结果为依据。第五，价值判断：有些变量呈线性变化趋势（越多越好），而另一些变量则呈曲线变化趋势（期望某种最优解）。西肖尔金字塔模型如图 4-12 所示。

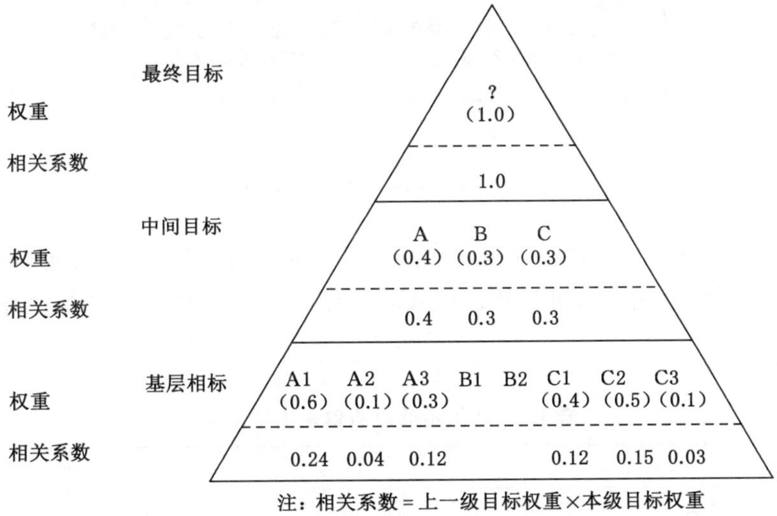

图 4-12　西肖尔金字塔模型

西肖尔认为，用来衡量组织运作效能的一系列标准，可以构成一个金字塔形的分层体系。塔顶端的是“最终标准”，它反映了为实现长期和正式目标而有效利用环境资源和机会的程度。一般而言，最终的标准不能被衡量，因为这需要被置于历史中检验。但是，最终标准确实是评估组织运作绩效的较次要标准的基础。位于金字塔中间的是中间标准，它们是影响企业短期资产的因素或参数。这类衡量标准本身正是企业所要追求的结果，包括诸如销售、利润等硬性指标以及员工满意度等软性指标。塔底则是评估组织当前活动的一些标准。这两个标准都是通过理论分析或实践经验确定的，它们一般都是实现中间标准的必要前提。这个层级的标准多而复杂，既有短期利润、生产进度、产品合格率等硬性指标，也有软性指标，如员工士气、内部沟通状况、员工对组织的忠诚度等，有些标准是无法被衡量的。

西肖尔还认为，在这一指标体系中，行为学标准尤为重要，因为与其他标准相比，行为学标准具有某种更稳定的关系，并且能够改进那些硬性标准，以预测未来可能发生的变化。也就是说，行为学的标准可以预示即将出现的问题和即将到来的机遇。但是，西肖尔的模型并没有将组织置于社会等各种环境因素之中进行考察，也没有看到环境对组织效能的影响。

c. 昆恩和罗哈博夫的观点。昆恩和罗哈博夫在1983年对为数众多的各项指标统计分析的基础上，发现了支撑组织效能的两个主要维度。第一个维度（直角坐标系横轴）与组织重视方向有关，左方组织重视内部性，即员工福利及发展，右方组织重视外部性，即组织自身的福利和发展。第二个维度（直角坐标系纵轴）与组织结构偏好有关，下方组织强调稳定与控制，上方组织强调变革与弹性。这两个维度就组成了4个象限和4种组织模型（图4-13）。

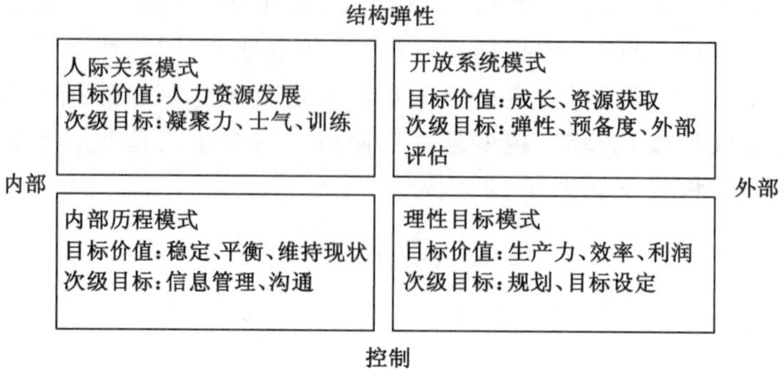

图4-13 组织效能竞争架构

d. 坎贝尔的观点。坎贝尔是在组织效能标准方面最有名的研究者，他构建的组织效能指标体系为人们最常使用。坎贝尔的组织效能指标体系中包含30个衡量企业表现的标准，见表4-5。

表4-5 坎贝尔的组织效能指标体系

序号	指标	序号	指标
1	总体效能	16	规划和目标设定
2	生产率	17	目标一致性
3	效率	18	组织目标的内化
4	利润	19	角色与规范融合
5	质量	20	人际关系的技巧
6	事故率	21	管理任务的技巧
7	增长	22	信息的管理与沟通
8	旷工率	23	准备状态
9	员工流失率	24	环境的运用
10	工作满意感	25	外部实体的评价
11	动机	26	稳定性
12	士气	27	人力资源价值
13	控制	28	参与及影响力分享
14	冲突/融合	29	强调培训与发展
15	弹性/适应性	30	重视成就

如表 4-5 所列，这些标准既包括企业在个体层面的表现（如员工的士气、工作满意感、人际关系等），也包括企业在组织层面更为宏观和抽象的标准（如准备状态、环境的运用、角色与规范融合等）；这些标准有些是人们熟悉而又容易量度的指标（如生产率、利润等），有些则是很细小的指标（如事故率、员工流失率等）。

不同的利益团体利益起点不同，对组织的期望也不同，因此评价组织表现的标准也就不同。此外，企业所处的外部环境、行业性质、组织规模和组织生命周期等各方面都有差异，30 个标准无法涵盖这些差异，因此坎贝尔提出的 30 个组织效能指标体系并非万能药。

（4）组织效能的评估方法

组织效能包含了组织各个方面的表现，其评估方法也根据衡量标准的不同而有所区别。具体有以下 5 种基本的评估方法：

① 目标实现法。目标实现法是以组织目标为主要评价指标，对组织表现进行评价和分析。普莱斯指出，组织效能的目标实现方法包括确认组织的产出目标和计划如何更好地达到目标，这是一种逻辑方法。目标实现法主要适用于组织产出目标易于测量的商业组织，其评价指标一般包括利润、增长、市场份额、投资回报等。一般而言，我国企业总是把总体目标分为 4 个方面：贡献目标、市场目标、发展目标和效益目标。罗珉还认为，以贡献为主要目的是我国社会本质的体现。

组织既有多重目标，有时又有不同目标的冲突，通常不能用单一指标来衡量组织的效能，往往需要考虑多重目标。该方法的难点之一是如何确定组织的目标，以及如何衡量目标实现的程度。另外，目标管理（MBO）可以通过不同级别的员工参与制定目标，并定期检查目标是否达到，从而将目标具体化。瀑布式目标如图 4-14 所示，它是目标管理的演示。

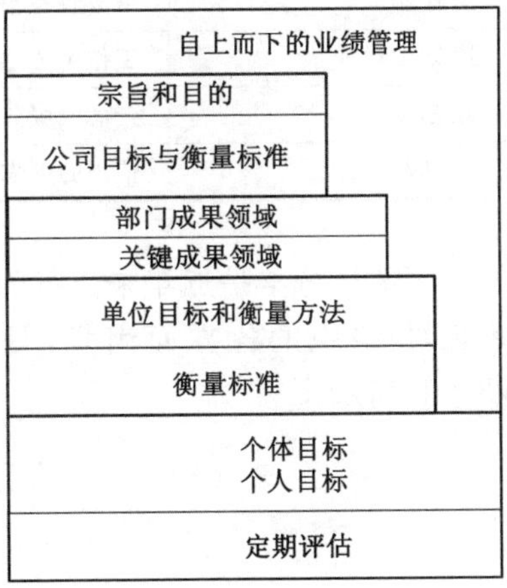

图 4-14　瀑布式目标

这种瀑布状程序通常被看作将个体目的和目标同组织目标结合起来的一个方式。这种思想符合组织效能多重指标的观点。

② 系统资源法。系统资源法主要适用于产出目标和内部效率难以衡量的组织，如非营利或社会服务组织。但是，这一方法只注重组织资源的获取忽视了组织对所获取资源的管理与利用。该方法的前提是，组织想要有效地运作，就必须成功地获取外部资源（如原材料、资本、劳动力、技术等）。该方法认为，能利用环境获取资源，特别是稀有资源的组织才是有效组织。

系统资源法用系统资源方法评价组织效能，以是否获得资源为标准，具体可分为：第一，组织从环境中获取稀有、珍贵资源的能力；第二，有系统的决策者能够意识到和准确解释外部环境的实际特征；第三，在组织内保持日常活动的能力，也就是在组织内部整合的能力；第四，组织对环境变化做出反应的能力。

③ 内部过程法。内部过程法强调了合理高效的内部安排和管理的重要性，并将有效利用资源和协调顺畅的内部运作作为衡量组织效能的手段。在有效能的组织中，各部门之间相互配合，员工满意度较高，各生产过程相互制约，保证了高生产率。其缺点是忽略了组织

的外部环境评价，很多内部过程都不能被量化。

④ 利益相关者法。此方法是将组织行为中的利益相关者加以整合的一种评估方法。利益相关者是指在组织内外与组织有利益关系的群体或个人，并以其对组织的满意程度为衡量标准。这一方法在关注组织内外因素的同时，考虑了组织效能，甚至包括传统方法无法衡量的社会责任。企业在制订组织计划和组织目标时，应该将员工的福利和股东的利益作为重要目标。

最初基于利益相关者的效能评估是通过对得克萨斯 97 家小型企业的调查得出的。调查人员分析了 7 个与这些企业有关的利益群体指标，并根据它们各自的观点确定组织是如何行动的，以提供一项全面的效能评估(表 4-6)。

表 4-6　利益相关者的效能指标

利益相关者	效能标准	利益相关者	效能标准
所有者	财务收益率	社区	对社区事务的贡献
雇员	工作满意感、薪酬	供应者	满意的交易
顾客	产品或服务的质量	政府	法律、规章的遵循
债权人	信用的可靠性		

平衡计分卡是近年来流行的一种绩效考核方法，这种方法从组织各方面来评价组织的表现，使组织的各方面满意，是一种利益相关者方法。平衡计分法的效能指标体系如图 4-15所示。

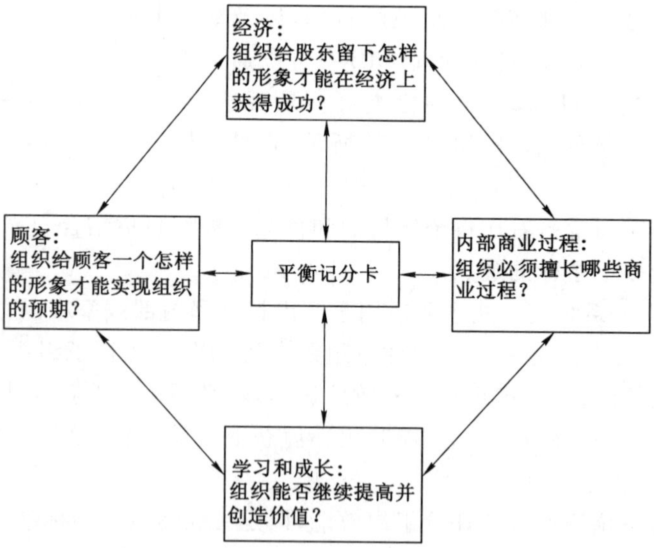

图 4-15　平衡计分卡

⑤ 竞争价值途径法。这种方法将影响组织效能的相关变数整合为整体架构。罗伯特·奎因(Robert Quinn)认为，不同的人对组织的看法大致可以分为两个价值维度：一个强调外部关注或内部关注，另一个强调在体系结构中的控制或弹性。外在关注是指个人重视

组织运作状况，特别是与外部环境的相互作用；内在关注是指个人重视工作状况和效率；控制关注是指个人重视组织的稳定性和从上到下的管理工作；弹性关注是指个人重视组织自身的应变能力。通过组织组合，采用竞争价值路径方法将组织效能整合成 4 种组织模式。具体模式分析如下：

第一，理性目标模式。评价组织效能的基础是组织目标完成的程度。较高的目标完成度意味着较高的组织效能；该模型中的组织效能指标包括目标设定和工作绩效。

第二，开放系统模式。在该模式中，组织效能是指组织成功地获得稀缺、重要资源，集中于组织与外部环境的沟通和互动。开放式系统模型也非常关注组织的产出，即组织对资源的利用程度。该模型的组织效能指标包括创新适应和支持成长。

第三，内部过程模式。该模式所定义的组织效能，是指组织内部的正常运转，组织内部运行规章制度化，组织内部的高层次交流，组织成员的自我监控能力。绩效指标包括信息管理和稳健性控制。

第四，人际关系模式。在该模式中，人被作为是组织的主体，强调组织成员的士气、工作满意度以及与他人的和谐关系。这一模型特别关注组织中的非正式群体、工作规范、领导和其他组织中的社会关系。它的效能指标包括开放的参与和团结的士气。

(5) 组织效能的意义

伴随着经济全球化的蓬勃发展，科技的飞速发展，顾客需求的多样化发展，组织所处的生存与发展环境发生了根本性变化，企业所面临的市场竞争日益激烈多变。各种复杂多变的环境对企业的组织效能提出了前所未有的挑战，要求组织适应不断增长的竞争需求，如反应速度、产品或服务质量、创新和全球化。所以，能在多变的环境下反映组织应变能力、创新能力、运作能力和增值能力等的组织效能，无疑具有重要意义。

① 组织效能有助于提高外界对组织的认同。外界对组织的认同对组织而言至关重要，直接关系到资源的获取与更新。组织能够通过组织效能评估传播组织文化来寻求认同，并与价值观相匹配，从而获得更多的外部支持或参与组织建设。通过对组织内部和外部利益相关者的评价，组织可以从两个方面为其公信力建设提供保障：一是引导内部和外部利益相关者重新审视组织文化；二是通过效能评估向社会提供公开、透明和合理的监督方式。评价组织效能的主体是多方面的，评价方式包括内外评价，评价范围包括组织发展过程中的各种情况。评价并非目的，而是一种方法，一种使外界对组织有更深层次了解的方法。但是，它的不足是不可避免的，在组织建设、资源管理等方面都需要不断改进。通过组织效能评估，理顺组织体系中的各个环节，将组织的运作、流程等清楚地呈现给内部管理者，从而及时发现问题、解决问题，从而最终提高外界对组织的认同。

② 组织效能使组织能够自我提高，自我改善。结构影响功能的发挥，关系组织的稳定性。系统理论强调系统的整体功能，其整体功能取决于各子系统在运行过程中的功能发挥和协调互补，具有“1＋1＞2”的功效。制度具有整体性、关联性、层次性、动态平衡性、开放性等特征，要求组织对制度外信息资源进行调整和决策。效能的测量范围包括组织结构、任务、人员培训、组织沟通等，在一定程度上能检验组织结构是否合理，从而促使组织做出调整。研究发现，组织效能是影响组织从无序到有序、从混乱到合理、由量变引起质变的制约因素。效能评估结果往往呈现出各种弊端、冲突、矛盾等，从而引起领导对组织的关注和反思，进而促使组织努力寻求变革。效能评估为组织提供了一个自我反思的机会，具有自我提

升、自我完善的功能。

4.3 组织中的社会化

对于任何一个组织而言，选择合适的员工并帮助员工从“组织外部人”变成“组织内部人”，培养员工的工作能力，提高其对组织的认同感和忠诚度，对于降低组织管理成本、提高组织管理效能至关重要，是人力资源管理者必须面对的课题。员工从“组织外部人”变成“组织内部人”这一过程，在组织行为和人力资源管理领域被称为员工的组织社会化过程。近年来，关于员工组织社会化问题的研究逐渐引起了学界的广泛关注和重视。

4.3.1 组织社会化的概念

“社会化”一词来源于社会学，是社会科学研究的重要领域之一。它主要指个体从自然人转变成为社会人的过程。社会化既是个体接受社会文化因素的影响并进入有组织的社会生活的过程，也是个体获得自我的过程。社会化伴随着人的一生，但在不同的发展阶段，个体社会化的内容不尽相同，其中组织社会化是个体社会化过程中相当重要的阶段。

组织社会化是指员工为了适应所在组织和角色的要求而不断调适自己的认知、技能、态度和行为的一种学习过程。员工跨越组织边界、适应新的环境和角色要求的过程包括从组织外部人向组织内部人的转换，以及组织内部不同岗位、部门和职务之间的变换。员工组织社会化的范围十分广泛，不仅包括组织的新员工，也包括员工在组织中的轮岗、员工的职位升迁、组织变革中的员工以及被外派的员工等。在组织社会化的过程中，员工不只是被动地适应组织，在被组织所塑造的过程中，员工还会通过主动学习和了解组织的相关情况，主动适应组织的要求。

4.3.2 组织社会化的内容

关于组织社会化的内容，不同学者持有不同观点。2002 年，莫里森（Morison）认为，组织社会化内容包括胜任工作、明确角色、认同文化、融入团队 4 个方面。胜任工作是指员工掌握岗位所需要的技能，达到组织的工作要求，以及顺利完成组织安排的任务；明确角色是指了解工作环境中的角色定位、要求和期望；认同文化是指对于组织价值理念的了解与认可程度；融入团队是指能够与团队其他成员融洽相处。因此，新员工首先要学习掌握工作技能，其次要清楚自己的角色，接着要了解并适应组织文化，最后要建立相应的社会关系以便真正融入组织。此外，较有代表性的模型如下：

（1）Chao 等人的六维模型

Chao 等人以美国大学毕业生为研究对象，通过因素分析得出组织社会化包括工作绩效标准化、人际关系、组织政治、组织语言、组织目标、价值观和组织发展历史 6 个维度。

① 工作绩效标准化，是指员工是否掌握了与工作相关的知识、技能与能力。

② 人际关系指的是新进组织的员工如何与组织内其他员工建立良好的人际关系。

③ 组织政治是指员工是能够在组织内获得有效的正式或非正式的权力架构和工作关系。

④ 组织语言是指员工能够有效地理解组织中的专业用语或者说组织的行话，能够清楚

地了解组织中的相关名词的简写或俚语。

⑤ 组织目标是指员工理解和认可组织目标、组织价值观的重要意义，包括对组织中非语言规范的了解程度。

⑥ 组织发展历史是指新进组织的员工对组织的历史、习俗、传统、仪式、组织发展故事等信息的了解。

(2) 陶尔米纳(Taormina)的四维模型

Taormina 通过调查研究，总结归纳出组织社会化内容如下：

① 接受培训度是指组织对员工进行工作方面的系统培训，如工作技能、工作习惯等方面的培养。这种培训能够提高员工的工作能力，帮助员工完成必要的工作任务，提高员工的自信心并减轻他们的心理压力。

② 组织理解度。员工对自己在组织中的角色有清晰的认识，知道自己在组织中的地位，了解自己该如何在组织中发挥作用，以及与本职工作、组织运作方面相关的知识。

③ 同事支持。员工在组织中能否与同事们建立良好的人际关系，这种非正式的工作关系能够影响员工的工作态度，与同事们建立良好的人际关系能够显著提高员工的工作热情。

④ 未来期望。员工对于组织未来的发展以及自己在该组织中的职业生涯发展规划的期望。当员工对自己在组织中的未来及在组织中的职业生涯发展持有积极的态度时，员工就会更加努力工作以实现自我价值。

4.3.3 组织社会化的过程

组织社会化过程是指员工从组织外部人员转变为内部人员的渐进学习过程。关于组织社会化的过程，较有代表性的主要有：

(1) 三阶段观点

1975 年，波特(Porter)等人根据职业发展，将组织社会化的过程划分为职前期、遭遇期、蜕变期 3 个阶段。

① 职前期。职前期指新进组织的员工在进入组织之前所学到的与组织社会化相关的知识，如相关的工作技能、工作价值、工作态度、工作期望等以及任何与组织相关的全面信息。员工在进入组织之前通过非正式渠道了解了这一阶段的组织社会化，但对组织的文化、价值观念和相关的技能要求的了解还不够全面和正式。它只是组织社会化的准备工作。雇员真正的“组织外的人”发展为“组织内的人”主要是在雇员进入企业之后，这个阶段也就是雇员正式进入组织社会化的遭遇期。

② 遭遇期。正式进入组织后，新员工将经历一个接触期，即组织社会化过程，此时新员工才开始真正意识到自己所在组织的实际特点。没有进入组织前对组织的想象可能会非常美好，这很可能会导致员工在进入组织后，由于个人期望和组织现实之间的差距而产生心理失衡。在新员工进入组织之前，如果他们的期望与组织的实际情况基本一致，那么将会加强之前对组织的期望。但是，如果新员工对企业的期望与组织的实际情况有明显差距，他们就必须经历新的组织社会化过程，改变他们的态度和价值观以适应组织的需要。若员工难以保持二者间的平衡，这种心理不平衡就容易导致离职倾向。所以，个人在刚进入组织时所接触到的组织信息是决定个人能否留在组织的关键因素。

③ 蜕变期。当进入组织后，期望与现实之间的不平衡得以成功解决，新员工开始逐渐适应组织，并开始被组织内化，适应工作团队的规范，并与团队成员建立良好的人际关系，这

将对新员工的态度和行为产生持久的影响。逐步掌握工作中所需的各种技能，能够完成团队分配的任务，履行自己的组织角色，有良好的组织适应能力，从而愿意留在组织中。

（2）权变理论

1976 年，费尔德曼（Feldman）提出组织社会化权变理论，认为组织社会化包括预期社会化阶段、适应阶段和角色管理阶段 3 个阶段（图 4-16）。这 3 个阶段是依序发展的，前一阶段的发展会直接影响下一阶段社会化的效果，但每个阶段又分别可以单独评判员工的组织社会化是否成功。

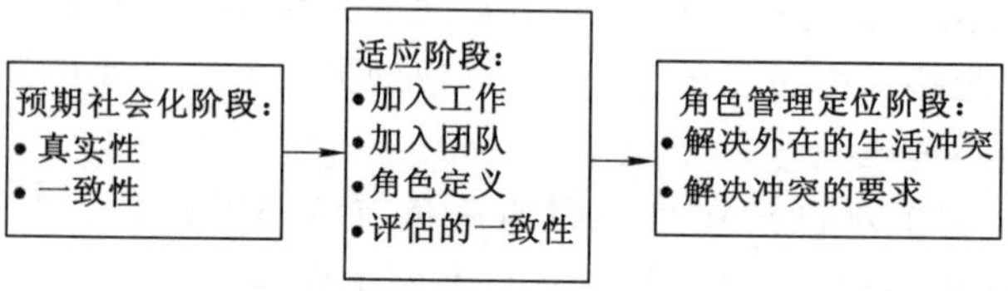

图 4-16　Feldman 组织社会化的 3 个阶段

① 预期社会化阶段。社会期望值出现在入职之前，个人会在入职之前了解组织和职业的相关情况，并获得一些与组织实际情况相符的信息。与此同时，如果组织为其提供的资源恰好符合个人的需求，则新员工的组织社会化程度则相对较高，主要表现为组织承诺高、工作参与多、工作动力大和工作满足度高，从而从“组织外人”迅速发展为“组织内人”。

② 适应阶段。适应性阶段对于员工的职业发展非常重要。在该阶段，新进入组织的员工需要学习新的工作技能，完成新的工作任务，需要与团队中的成员建立良好的关系；同时，也需要清楚地认识到自己在组织中的角色定位，以确保自我评价与领导和同事对自己的评价基本一致。

③ 角色管理定位阶段。在前两个阶段的磨合之后，新进入组织的员工逐渐清楚自己在组织中的角色定位；同时，也可以将组织对自己的期望与组织的自我管理结合起来，准确地定位组织对自己的期望。因此，进入这一阶段的员工已初步完成组织社会化进程。

（3）新员工的组织社会化

企业日益认识到新员工顺利融入企业的重要性，并成立了专门机构，负责新员工的培训和组织社会化。例如，腾讯公司就建立了完善的新员工社会保障制度。对于新进员工，特别是大学新生，腾讯公司将进行一段时间的封闭训练，让员工理解、吸收企业文化，培养“腾讯思维”。国航与中国中车、南方航空均将新员工入职的第一年作为融入期，为新员工制定完整的培训计划，并投入大量资源，对新员工进行企业文化和技能培训，使其全面融入企业。但从实践来看，我国企业新员工组织社会化的效果并不理想。前程无忧发布的《2017 离职与调薪调研报告》显示，近年来我国高校应届毕业生的离职率呈现持续走高的趋势，并明显高出平均离职率。

早期学者认为，新员工社会化是信息获取的学习过程，主要从组织社会化策略、员工主动社会化策略、新员工社会化策略如何帮助新员工快速获得有价值的信息，从而达到社会化效果等方面进行了大量的研究。近年来，随着研究的深入，一些学者对新员工与内部关系人在社会化过程中建立人际关系的心理机制给予了更多的关注，强调新员工的心理层面在企业内部得到认同和接受。有研究表明，与组织不明确相比，新员工的社交更多地发生在团队情景中，而且上级和同事作为与新员工最直接接触的内部人，其对新员工的社会化影响更直接。

在持续不断的人际交往与互动中，新员工需要了解自我概念在工作角色与所在团队中的意义，以便更好地引导自己的社交行为。同事在新员工组织社会化过程中扮演的角色。新员工组织社会化的过程是与周围环境以及环境中相关者的相互渗透、相互作用的过程。对于新员工来说，团队领导对他们的社交和互动活动所产生的影响不言而喻。当新员工与团队领导之间的社会互动越来越频繁时，新员工的组织社会化程度会越来越高。例如，分享型领导对组织社会化的影响是一个动态的互动过程，强调团队成员间的互动性，促进了新员工在社会交往活动中形成对其所承担的工作角色和所属团队的认同。

针对员工自身，一些最新的研究表明，新员工主动型人格对其主动社会化有正向影响。2016 年，德洛比（Delobbe）等人指出，社会化实际上鼓励员工主动地适应组织群体，员工稳定的特质倾向就成为影响其社会化的重要变量。与低主动性人格的个体相比，高主动性人格的个体能够主动识别机遇和采取行动。因此，主动性人格对于组织社会化具有非同寻常的意义。员工在实现由“外部人”向“内部人”转变的过程中，就是一个组织提供环境，个性特质将个体再塑造的过程。具有高度主动性人格的个人具有积极进取、坚忍不拔的品质，更愿意与组织接触，更容易实现社会化，从而加快了组织社会化的进程；反之，没有主动性人格或被动地接受社会化的人，由于不具有与组织相同的兴趣、信仰等共同的品质而容易与组织群体区别开来，从而与组织目标相背离。

4.3.4　组织社会化策略

组织社会化策略是指企业通过采取一种特定的策略或方法，促进员工的组织社会化过程，让员工尽快从“组织外部的人”转变成“组织内部的人”，成为组织所期望的某种既定角色。

如何使个体和组织在组织社会化过程中采取何种措施以提高组织社会化的效果，是当前组织社会化研究的热点。组织社会化策略可分为以组织为主导的组织社会化策略和以个人为主导的社会化策略。

(1) 以组织为主导的组织社会策略

① 范曼奈（Van Mannen）等人最早提出组织主导型组织社会化策略，他们将组织主导型组织社会化策略划分为以下几种：

a. 集体与个体策略。集体性战略是指组织集中新进员工，通过集体学习和经验分享，传递组织信息，实现组织社会化的过程。当集体学习同样的经验和价值时，标准化的行为反应就产生了。个人战略通常是分散地或独立地学习组织经验，这种战略下员工往往会产生不同的行为反应。

b. 正式及非正式策略。通过进行有计划、有针对性的培训，使新员工集中学习相关技能和工作职责，从而在培训结束后才开始正式工作的策略。非正式战略是直接为正式工作安排员工。形式策略的组织社会化通常在相对独立的非工作环境中进行，而非正式策略的组织社会化场所则选择了正常的工作环境。

c. 连续及随机策略。连续性策略是指组织采用明确、连续、固定的程序和内容来组织新进员工，而随机策略中的组织社会化工作没有固定的模式和顺序可循，因此员工的角色认知是模糊的、随机的。

d. 固定及变动策略。固定策略指组织采用固定且明确的时间表来进行组织社会化，而变动策略则没有固定的时间表，员工无法明确知道每个阶段的学习程序。

e. 陪伴及分离策略。陪伴策略是在新进员工组织社会化的过程中，组织安排有经验的员工全程陪伴，他们实际上起到了角色榜样的作用；分离策略则是让新进员工自行摸索和发展，没有固定的学习或模仿榜样，也没有任何的帮助和支持。

f. 赋予及剥夺策略。赋予策略指肯定和尊重个人特征和先前的某些观念和经验；而剥夺策略则旨在重建组织需要的个人特征、观念或经验。

② 琼斯(Jones)对 Van Mannen 等人的研究结果进行了整合，将组织社会化策略分为制度化策略和个体化策略两类。当一个组织采取集体的、正式的、固定的、持续的、相伴的和授权的六种社会策略时，其目标是通过鼓励员工接受组织预定的角色来让他们被动地工作来维持组织的现状。通常人们把这些社会策略称为制度化策略。但组织若采用个体的、非正式的、变化的、随机的、分离的、剥夺的 6 种社会化策略，其目的就是鼓励员工保持个人的独特个性，主动地去诠释自我在组织中的角色。通常人们将这些社会化策略称为个性化策略。本书认为，这 6 种策略之间存在着 3 个相关因素：情景因素、内容因素和社会因素，见表 4-7。

表 4-7 组织主导型组织社会化策略

因素概念	组织社会化策略	
	制度性组织社会化	个体性组织社会化
情境因素	集体	个体
	正式	非正式
内容因素	连续	随机
	固定	变动
社会因素	陪伴	分离
	赋予	剥夺

a. 情景因素。情景因素是指在组织社会化过程中，组织给新进员工提供的背景内容中存在的差异，包括集体的与个别的社会化策略、正式的与非正式的社会化策略。

• 集体的与个别的社会化策略。集体的社会化策略是指组织将员工团结在一起，为员工提供一套共同的经验和技能，使员工熟悉所负责的岗位，并提高他们对组织的认同和忠诚。它具有成本低、经济有效、执行方便、能很好地保持组织传统工作模式等优点。个体社会化战略则恰恰相反，它是指组织对员工进行个别的教育，为新员工提供一套独特的学习经验，使他们对所负责的工作岗位做出不同的反应。

集体的社会化策略的缺点是容易使员工将自己的角色定位固化，导致新员工被动适应组织，接受组织对自己职位和角色的要求，对组织当前的状况束手无策；个别社会化策略则是通过提供一些主动改变现状的机会，让新员工通过提出新思想、改进现有组织中旧的角色定位和期望来激发员工的创造力。

• 正式的与非正式的社会化策略。正式的社会化策略是指对员工进行有计划、集中、专门的培训，使他们更好地了解自己的工作环境和角色。组织社会化策略越正式，就越能促使新员工获得正式的规范。非正式社交战略是让员工与其他员工一起工作，让他们在真正的工作环境中，通过自己摸索和尝试来改进工作方法，从而提高工作能力。这一策略可以保持员工的个别差异，从而促使员工在未来组织中就有关政策、工作方法和组织问题提出新的观点和观点。

正式的社会化策略能够促进新员工接受组织要求的工作角色，使员工理解和认同组织的价值、行为规范和态度等。这种作用在正式策略与集体策略一起使用时最明显。相反，非正式的和个别的战略鼓励员工积极地确定他们在组织中的角色和应该采取的行动。

b. 内容因素。内容因素主要探讨在组织社会化过程中给员工提供的相关信息内容，包括连续的与随机的社会化策略、固定的与变动的社会化策略。

· 连续的与随机的社会化策略。连续的社会化策略是为员工提供有关其角色期望的信息，使员工通过努力达到组织的要求。这一策略使新员工明白，成为某个角色是一个渐进的过程，必须依次经历不同的阶段。例如，如果你想成为一名医生，你需要通过医学院证书考试并成为一名实习生。通过前几个阶段的不断积累和学习，可以培养医生必须具备的工作能力。相反，随机社会化策略并没有为员工提供这样的信息，而是允许员工根据自己的理解来解释相关的角色，设定自己在组织中的发展计划。这种策略更容易促进员工的角色创新。

虽然采取随机社会策略的组织一般也会通过一些措施来引导员工熟悉其担任的组织角色，但是这种措施没有一定的先后顺序，容易促进员工的角色创新。由于持续社会化策略过于明确地指出了员工在职业发展的各个阶段应承担的角色和任务，这可能导致员工的角色循序渐进、循规蹈矩、缺乏创新性。

· 固定的与变动的社会化策略。固定的社会化策略是为员工提供一个清晰的时间表，使他们能够清楚地了解在组织社会化过程的每个阶段需要学习的技能、需要具备的能力和需要花费的时间。然而，不断变化的社会化策略并不能为员工提供达到一定阶段的特定能力信息。一般来说，固定的社会化策略可以给员工带来更多的安全感；提高员工的角色遵从感，而改变社会化策略更有利于促进角色创新。

c. 社会因素。社会因素主要探讨组织社会化过程中与人有关的方面，如人际关系和社会关系，包括伴随的与分离的社会化策略、赋予的与剥夺的社会化策略。

· 伴随的与分离的社会化策略。伴随社会化策略是指在新员工首次进入组织期间，安排有经验的员工(如班主任或主管)对新员工进行辅导，使新员工能够向有经验的员工学习。这种策略强调新老员工之间的互动。希望员工能相互信任，建立良好的关系。基于这种关系，新员工可以向经验丰富的同事学习，以保持组织的传统。分离式社会化策略并没有让经验丰富的同事为新员工树立榜样，而是让新员工探索自己在组织中的角色。

伴随的社会化策略对新员工学习相关工作技能和程序有较大帮助，新员工遇到不能解决的问题时，有经验的老员工马上就能给予帮助。其缺点是如果所谓的榜样并没有做出典范，会对新员工产生不良的影响。因此，当组织采取伴随的社会化策略时，难以产生创新倾向；分离的社会化策略则因为没有学习的榜样而比较容易产生创新倾向。

· 赋予的与剥夺的社会化策略。赋予的社会化策略是指组织在进入组织之前，对新员工的某些个人特征和想法进行肯定，特别是对组织发展有利的个人特征和想法。剥夺社会化策略是指组织否认新员工原有的个人特征、观念、知识和行为，试图通过组织的社会化过程重塑组织所需的相关知识、态度、能力和经验。一般来说，组织通常采用赋予的社会化策略，如任命高级管理人员和选择新员工，这表明他们的知识、经验和一些个人特征符合组织的需要。

员工在组织社会化过程中并不是消极被动的，往往会主动通过信息寻找行为来弥补组织所提供信息的不足。Miller 等人认为，员工主动寻求信息的策略主要有以下几种：

公开询问：以直接询问的方式获得信息。该策略有助于全面高效地获取相关组织信息，澄清所获得的不确定信息，发展人际关系以便更容易接近信息源。

间接询问：用非询问的方式获得所想得到的信息，如间接询问、暗示等。这种策略有助于维护双方的自尊心避免尴尬和难堪。

第三者：新员工从其他人而非主要信息源那里寻找信息。当上司不在场或新员工感到直接问上司不合适时，通常会采用这种策略。

测试限度：新员工创造情景或条件进行试探，然后根据对方反应做出判断而获取信息。

伪装性交谈：新员工通过假装不经意的交谈来获得信息。例如，通过开玩笑来掩盖信息寻找行为，使信息目标源在不经意的情况下透露相关信息。

观察：新员工通过观察他人的言行举止来获取如何执行任务的信息。

监视：新员工对目标源私下进行密切关注，以获取自我社会化过程中所需的信息。

在信息寻求来源方面，直接主管、高级同事、其他新同事、非直接主管、下属、组织外人员都是新员工寻求信息的来源。由于信息选择的主要决定因素是熟悉度和可接近性，因此主管和同事是员工社会化过程中最重要的信息来源，但他们在从不同组织获取信息方面也扮演着不同的角色。

（2）以个人为主导的社会化策略

个人主导型组织社会化策略主要有以下几方面：

① 反馈与信息搜集。新员工可以主动收集和寻求反馈，获取自己想要的信息，从而加快组织社会化的进程。

② 建立关系。新进员工通过与各方面建立良好的关系，有利于获得组织社会化所必需的各种资源。这些关系包括同事关系、上下级关系和师徒关系等。新进员工建立各种关系的情况会直接影响组织社会化的成效。

③ 非正式的师徒关系。新进人员的正式师徒关系由组织确定，但是新成员也会和其他内部人形成一种非正式的师徒关系，通过这种非正式的师徒关系，新成员可获得一些额外资源。在某些时候，这种非正式的师徒关系对组织社会化成效会产生显著的影响。

④ 工作变动的协商。工作变动协商也是个体常用的组织社会化策略。通过对自身情况的分析和评估，新进人员与上级协商，重新界定工作或改变工作职责和内容，使自己更有能力或获得更多的发展机会。

⑤ 积极进取。积极进取是一种自我认知管理，有助于决定个体对不确定压力环境的认知和应对措施。积极进取可以增强个体的自信心与自我效能感，提高个体行为的效率，加快组织社会化的进程。阿什福德（Ashford）等人的研究表明，积极进取会直接影响工作绩效和工作满意感。

⑥ 参加与工作有关的活动。与工作有关的活动主要包括非正式或非强迫的讨论、协商、研讨会和重要的社会活动。通过参与这些活动，新员工可以从侧面了解到组织、部门、工作以及相关人员的相关信息，有利于提高组织社会化的有效性。

⑦ 自我行为管理。自我行为管理包括自我观察、目标设定、自我奖励、自我惩罚以及演

练等内容，通过这些活动，个体的学习成效与工作绩效都会有显著的提高。

⑧ 观察和模仿。许多研究者认为，观察与模仿是个体社会化期间最重要的学习方法。奥斯特罗夫(Ostroff)等人的研究表明，观察与模仿是新进员工最常用的组织社会化方法。

4.4 组织中的权力与政治

4.4.1 权力的定义

在组织中，权力是一种无形的力量，虽然看不见，却可以感觉到。权力被定义为一个人(部门)影响另一个人(部门)执行命令，或者是组织中拥有权力者影响别人以达到自己想要结果的一种潜力，强调了权力拥有者想要达成某种目标或结果的能力。在组织行为学中将权力定义为：权力指的是A对B的行为产生影响从而使B按照A的意愿行事的能力。

一个人可以拥有权力，但不能运用权力，它是一种能力或潜力。例如，拥有权力的管理者能为自己的部门争取更多预算，更有利的产品计划以及对组织日程的控制。但权力只是存在于两个或更多的人的关系之中，它可以从横向和纵向两个方面发挥影响。权力的来源在于一种交换关系，在这种关系中一个岗位或部门可以为其他部门提供稀缺的或有价值的资源。当一个人依赖于另一个人时，就会产生权力关系，在这种关系中拥有资源的人将拥有更多的权力。

权力最重要的方面也表现为它是关于依赖性的函数。B对A的依赖性越大，那么在他们的关系中，A权力就越大。此外，依赖性取决于B认为总共有多少备选方案以及A控制的备选方案的重要性。只有当某个人控制了你渴望获得的事物时，他才对你拥有权力。如果你想获得一张大学文凭，而且必须通过某门特定课程才能获得它，而你目前的授课教师是全校唯一讲授这门课的老师，那么他就对你拥有权力。你的选择方案非常有限，而且你对通过这门课程极为重视。

4.4.2 领导、权力、职权概念辨析

(1) 领导与权力

什么是领导？领导就是影响一个群体实现愿景或目标的能力。例如，在组织中拥有管理职位，但并非所有的领导者都是管理者，也不是所有的管理者都是领导者。因为组织提供给管理者某些正式权力，并不能保证他们可以实施有效的领导。那些非正式任命的领导者，即那些影响力来自组织正式结构之外的领导者，他们的影响力常常与正式影响力同等重要，甚至更为重要。群体的领导者可以通过外部的正式任命产生，也可以从群体内部自发产生。领导也可以被形容为一系列行为的组合，这些行为将会激励人们跟随领导去要去的地方，它不是简单的服从，但可以理解为一种影响力。影响力是指不用权力就可以使下属做事的一种能力，权力则是组织中权力拥有者影响别人以达到自己想要的结果的潜力。可以说，权力是引起他人或团体采取与原来不同的行为的力量。

将领导和权力的定义比较发现，这两个概念是紧密交织在一起的。领导者将权力作为实现群体目标的一种手段，二者之间的差异在于：第一，权力不要求目标的兼容性，只需要依赖性，而领导则要求领导者和被领导者双方的目标存在某种程度的一致性。第二，影响的方

向不同，领导侧重于对下属的影响，它尽可能忽略横向影响和自下而上的影响，而权力的影响既有横向也有纵向的。第三，在大多数情况下，对领导的研究强调领导风格，主要是一位领导者应该为下属提供多大支持，他应当与下属分享多少决策权，而对权力的研究聚焦于人们为获得服从而使用的权术。权力的实施者并不局限于个体，因为群体和个体都可以使用权力来控制其他个体或群体。

（2）职权与权力

职权是指管理职位所固有的发布命令和希望命令得到执行的一种权力。职权被视为将组织紧密结合起来的黏结剂。每一个管理职位都具有某种特定的、内在的权力，任职者可以从该职位的等级或头衔中获得这种权力。因此，职权与组织内的一定职位相关，是一种职位的权力，而与担任该职位管理者的个人特性无关，它与任职者没有任何直接的关系。某人被辞退掉有权的职位，离职者就不再享有该职位的任何权力，职权仍保留在该职位中，并给予新的任职者。

权力与职权的区别在于：第一，职权是赋予某个正式职位的权力，它与企业组织的结构和管理联系在一起。虽然正式职权概念与权力有关，但是其涵盖范围要比权力窄。第二，组织职权存在于上下级之间，而权力可以存在两个人或更多人之间，可以在纵向和横向上使用，并不仅仅局限于企业的所有者或管理者。第三，职权存在于组织职位中。人们拥有某种职权是因为他们处于这一职位上，而不是因为他拥有的个人特质或资源。第四，职权根植于下属的接受。下属认为，居于该职位的人拥有运用职权的合法性，所以才依从该领导人。在大多数的北美的企业中，雇员都认为雇主们有权力告诉他们什么时间上班、完成什么任务以及什么时间可以回家。第五，职权是顺着纵向层级向下递减的。职权存在于正式的命令链中，因此高层的职位比低层的职位拥有更大的正式职权。

一般而言，企业中的管理者凭借他们的职权或权力，为企业中的员工制定并推行规则。正式职权作为权力的一种，经常同组织结构与管理层次联系在一起，但职权和权力这两个名词常常彼此相互交织。管理者如何能够有效地运用他的职权取决于他的理解力，而权力的实质内容就是向他人施加影响的能力。从接受论的角度出发，现代企业组织中，一个拥有正式职权的人有可能没有真正的权力，其原因就在于他的下属没有接受或理解他的指令。

4.4.3 权力基础

权力基础可以理解成组织中权力的来源，在这个社会或组织大背景下，对权力有不同的分类，分为一般来源和人际关系来源。

（1）一般权力来源

根据权力的一般分类，可将权力分为正式的权力和非正式的权力。

① 正式的权力来源。从正式职位上产生相应权力，也可理解为一种法定的权力，组织中的员工一般会认可这一权力。主要是以工作职位为基础的，约翰·佛伦奇和柏崔姆·瑞文将组织中正式的权力类型划分为：强制权、奖赏权、法定权和信息权。

强制性的权力：人们由于惧怕因不服从他人招致各种处罚和威胁等不利后果而被迫服从的权力。

奖赏性权力：人们由于考虑到通过服从他人能得到各种奖赏而主动服从的权力。

法定性权力：由于在一定的职位组织允许某些人对人们进行影响的权力。

信息性权力：由于拥有人们所需要的各种信息（如情报资料、内部消息等）而对他们产生影响的权力，这一权力在当前信息越来越重要的时代有进一步扩大的趋势。

② 非正式的权力来源。非正式的权力来源又可以理解为个人权力来源，个人的特质常被理解为人格魅力，并由人格魅力产生出积极的感召力和影响力。一个人或一个团体都具有这个权力。例如，受欢迎且负责任的管理者可能因为员工被鼓励去模仿他的工作习惯而具有了影响力，实际就是一种潜在的权力。来源主要以个人自身为基础，具体包括：

a. 专家性权力：某个人因为其拥有专业知识和技能，从而拥有的权力。拥有专业技能的人员或部门具有较大的权力，一方面在于其他的人员或部门对其产生的依赖性，另一方面还在于这些专业人员或部门有能力处理不确定的问题。

b. 参照性权力：某个人拥有权力是因为具备人们需要的个人特质或理想资源而获得他们的肯定、欢迎和追随。对各种资源的控制，是组织中权力的一个重要来源。

c. 魅力性权力：某个人拥有权力得益于自己的个人性格特点和人际交往能力。那些具备相当社会影响力，并能够驾驭其运用的企业内部的部门或人员，无形中会形成一个权力区域。

(2) 权力的人际关系来源

许多关于组织中权力的研究集中在领导与下属或经理人员间的人际关系上。马克思·韦伯(Max Weber)根据权力的主要来源，将其分为以下 3 种类型：

① 传统型权威是由习俗和已接受的行为所授予的，即所谓的“君权神授”。

② 魅力型权威是指由领袖人物所具有的与其追随者建立特殊关系的能力而导致的权力，一定程度上来自于精英人士的个人魅力，即“举臂一挥、八方响应”的力量。

③ 法理型权威即以合法性原则建立起来的理性权威。选举或任命的领导者及一个正式组织的领导者都拥有这种类型的权力。

4.4.4　职场小贴士：理解职场中的权术

(1) 权术的分类

权术是统治阶级倚仗权势而玩弄的计谋和手段，是剥削阶级御用的政治工具。权术是人类社会发展到一定阶段，社会的公共权力被极少数统治者掌握时的产物。组织中主要是人们使用权术把权力的基础转化为具体的行动，用这些权术来影响自己老板、同事或者员工。现在的研究主要有以下几种权术：

① 合法性：依靠你的职权，或者强调你的要求符合组织的规章制度。

② 理性说服：提出符合逻辑的观点和事实依据来证明某个请求的合理性。

③ 鼓舞式诉求：通过呼吁某个目标的价值观、需求、希望和渴望来引起情感认同。

④ 商议：通过让他人参与决定如何实施你的计划来增加他人对你的支持。

⑤ 交换：通过给他人提供某些利益或好处来换取其对某项要求的遵循。

⑥ 个人式诉求：利用友谊或忠诚来获得他人的同意。

⑦ 逢迎：在提出请求之前先采取吹捧、赞扬或友善行为。

⑧ 施压：使用警告、威胁和反复要求等手段。

⑨ 联盟：通过寻求他人的帮助或支持来说服目标对象同意。

按照前面的定义，权力是为达到所期望的结果而可用的或潜在的力量，即运用权力来影响决策，以取得所期望的结果。在权力和影响力施用过程中产生了两种不同的权术定义：一是作为一种自利的行为；二是作为一种自然的组织决策过程。

第一种观点强调权术的自利性，涉及一些不为组织所准允的活动，包括为谋取个人的私利而进行的欺骗和其他不诚实的做法，导致工作环境中的冲突与不和谐。在企业工作中感受到这种权术活动的员工，通常与焦虑感和工作不满意感有关，而且还会导致员工士气低落、组织绩效差和决策不良。虽然权术可能得到消极、自利的运用，但对权术行为的恰当使用也能服务于组织的目标。

第二种观点是将权术看作解决组织各利益群体间分歧的一种自然的组织活动过程，用来解决意见分歧和冲突。从组织理论的观点看，权术被认为是上述的第二种定义，即一种正常的决策制定过程。权术不过是指在解决冲突和不确定性中运用权力的活动。

权术是中性的，未必有害于组织。组织权术是指在存在不确定性或选择争议的情况下，为取得所希望的结果而获取、开发和运用权力及其他资源的活动。

(2) 影响权术选择的因素

并不是所有的领导者都会正确地运用这些权术来进行工作，或者说不同的人自己影响力的运用方面是不一样的。影响权术选择的因素主要有以下几点：

① 领导者相对权力的大小。相对权力大的领导者与相对权力小的领导者相比，在运用相同的权术时，相对权力大的领导者运用起来可能会更有效。

② 领导者自身的目的。如果你的目的是希望从你的上司那儿得到好处，那么你可能就要动用友情这种权术；如果你想希望说服你的领导者接受你的建议，那么你要运用一种合理化的策略，你要说明其合情合理性，用“数据”事实说话。

③ 任务的成功概率。如果你面对一个成功率非常高的任务，此时简单要求就行了；如果这个任务的不确定性很大，此时往往要动用你的职位权力。

④ 企业文化。有些企业常用积极的文化，即用友情、用合理化的原则来工作；有些企业则强调强制性的文化，动用这种强制性的权力和奖赏性的权力来工作。

4.4.5 权力如何影响人们

关于权力如何影响人们，主要就是分析权力是否会使人们腐败。研究显示，权力会导致人们将利益凌驾于他人之上，关注自身利益；权力还是会使人向内聚焦，释放自己的欲望，从而更加注重自己的目标和利益；有时，权力大的人会用消极的方式对任何威胁到他们能力的行为做出反应。所以，权力会对人们有一些重要的影响，而且对每个人都是不同的，有消极的影响也有积极的影响。具体分析如下：

第一，权力的毒性取决于个体的人格。研究表明，如果我们容易焦虑的话，权力就不会腐蚀我们，因为焦虑的人不太会认为权力能够给自己带来好处。

第二，组织体系可以对权力的腐蚀性起到限制作用。例如，一项研究发现，虽然权力会让人们变得自私，但如果受到责问，自私的行为就会停止。

第三，我们有能力弱化权力的消极影响。一项研究表明，仅仅是对有权力的人表达感激，就足以让他们减少一些攻击和敌意。

第四，越是权力小的人，越容易滥用仅有的那一点权力。因为地位低下的人在获得权力后，最有可能滥用手中的权力。地位低下似乎也是一种威胁，在获得权力后，人们会以消极的方式利用这种恐惧。

综上所述，只有那些对道德认定感高的人，权力会导致自私自利的消极行为，对于道德认定感低的人，权力可以提高他们的道德意识，产生积极影响。

4.4.6 组织政治的定义

组织政治是组织中普遍存在的现象。在实践中，组织中由于非正式权力的不同，会出现制度执行边界不清、资源隐匿分配、文化取向等问题。这种非权力的存在与运用，就表现为组织政治行为。

当人们形成群体并希望找到一个合适的位置来施加影响、获得奖励和发展事业时，就会将权力付诸实践，我们把权力付诸实践的过程视为参与了政治，并且政治技能高超的人能够有效运用自己的权力基础。组织政治的研究源于对组织权力的研究，关于组织政治的概念，从它的提出到现在，有许多学者组织对政治进行研究并定义，但目前还没有一个学术界所普遍接受的概念，研究者存在着许多分歧，几乎每个研究者都对它有着自己的定义。

1961 年，伯恩斯首次将“组织政治”定义为员工为在激烈的竞争中获胜而从事有其特殊利益的活动和行为。随后，凯克马尔提出了一种全面的定义，这是目前能被广泛接受的组织政治的定义，即个人为了增进其个人利益而不顾组织和他人利益的影响力行为。就组织政治行为而言，组织政治行为主要有 3 个特征：它是一种利用社会影响力影响他人活动或组织利益的行为；它是一种用来增进和保护个人利益的行为；它至少包含两个群体，而这两个群体在许多方面显然或隐含着分歧。

许多人在理解组织政治行为时误以为它是一种绝对的损人利己或有害的行为，强调政治行为是利己主义行为，将个人利益置于组织利益之上。但就像硬币有两面一样，组织政治活动实际上是一把双刃剑。罗宾斯将组织政治行为划分为“合法”与“非法”两类。正常的政治行为是指正常的政治行为。比如，通过正常程序抱怨上司、避开命令链、结成联盟、通过消极怠工或对原则的坚持阻碍了组织的政策或决策、通过个人的专业活动与外部联系等。但也有一些暗含违反游戏规则的非法政治行为，如秘密破坏、告密、象征性的抵制行为以及一组雇员同时请病假等。合理化地使用组织政治行为可以使个人获得自身的正当利益或职业发展、认同和地位，政治活动中的失败者将面临很多风险，如降级或失业等。不管是合法的政治行为，还是非法的政治行为，都直接或间接地与个人利益有关。

实质上，组织政治行为应集中于运用权力对组织决策施加影响，集中于成员在组织允许范围内追求自身利益的行为。它被定义为：组织政治可以影响或试图影响组织内的利益分配，但并非组织成员正式角色必须执行的行为。这一定义涵盖的范围广泛，并非具体的工作要求，而是要求人们设法行使权力的依据，包括影响人们为实现目标、标准、决策程序所作的努力。比如，隐瞒决策者需要的重要信息、结盟、告密、散播谣言、将机密信息泄露给媒体等。

4.4.7 组织政治行为的前因后果

(1) 引发组织政治行为的因素

在我国现阶段，组织政治行为具有多种形式，并非所有群体或组织都具有相同的政治行为，其表现形式也是多种多样的，如图 4-17 所示。这些影响因素包括组织成员自身因素和组织自身因素两个方面。下面从个人因素和组织因素两个方面对组织政治行为的触发因素进行分析：

① 个人因素。员工在感知到组织政治后，会下意识地调整自己的行为方式。例如，员工自身的相关利益被侵害或被剥夺，会寻求相关途径来弥补自身利益被剥落和受损。受此动机的驱使，员工有两种行为选择：参与组织的政治行为，进而获取相关利益；远离和回避组

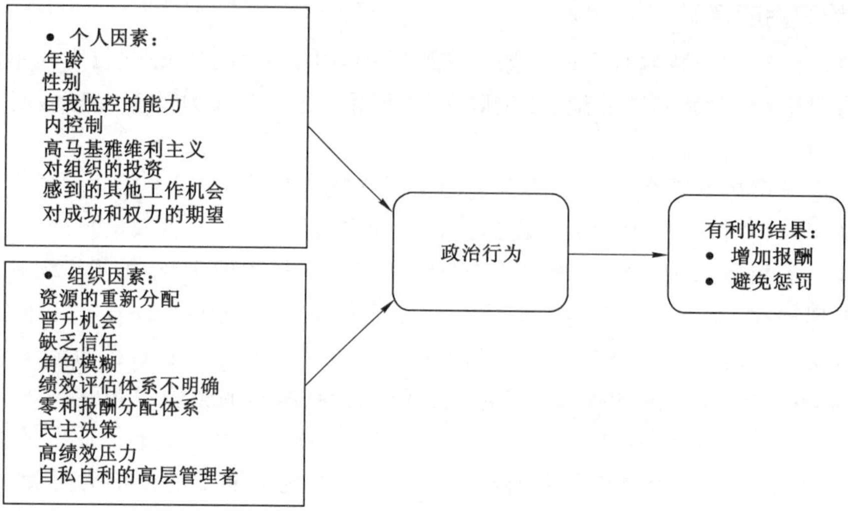

图 4-17　引发政治行为的因素

织的政治行为,减少自身的组织公民行为等对组织有利的行为。对员工个人而言,个人进行组织政治活动的目的通常是为了达到自己的目的。但是,员工对组织政治不同的个人特征感知是有区别的,在组织中产生组织政治行为的主体是个人,因此组织政治行为的产生因人而异。个体因素包括年龄、性别、自我监控能力、内部控制、高度马基雅维利主义、在组织中的投资、感觉到的其他工作机会、对成功和权力的期望等。

一般而言,年长的组织成员比其他成员阅历丰富,了解组织所经历的风风雨雨和长期在激烈竞争环境中的组织行为,更容易做出组织政治行为。宋丽君等人发现,男性和女性在实现职业地位方面存在显著差异,男性渴望大展雄心,更多的人会选择采取某种方式来实现他们的目标;尽管女性在性别上处于不利地位,但是她们对组织政治比男性更加敏感。丁妮的研究表明,不同神经质的人在表达情绪时表现不同,如神经质的敏感程度、情绪是否容易受到外部因素的影响而波动、是否有抵抗和抵御外部变化的心理、自身能否能够有效地进行调借等,都与组织政治有关。费里斯(Ferris)通过研究外倾性和内倾性员工发现,外部控制倾向与组织政治行为之间存在显著的正相关,而内部控制倾向与组织政治行为之间存在负相关;此外,高度自控性的人对社会暗示更为敏感,表现出更强的社会依从倾向,他们认为成败取决于自己的行为,并且相信"人定胜负""付出就有回报",因此更倾向于积极的组织政治行为。威莱(Valle)发现,马基雅维利主义对组织政治具有正向影响,高马基雅维利主义雇员组织政治行为的频率越高;他还发现,随着人们对权力的渴望越来越强烈,就越有可能表现出组织性的政治行为。章友达研究发现,在职业发展过程中,个体的职业目标、个人生活目标和家庭目标都会影响到雇员的工作-家庭关系。

② 组织因素。组织政治行为是在组织环境中发生的,受到许多组织因素的影响。尽管个别差异可以促进政治行为,但也有很多研究认为,具体的组织文化能够影响组织中政治行为,如资源再分配、晋升机会、缺乏信任、角色模糊不清、业绩评价体系不明确以及零和报酬分配、高绩效压力、自私的高层管理者等,都会导致更多的政治行为。

首先,资源的公平分配会影响组织政治行为。在组织资源不断减少、现有资源分配模式发生变化、存在晋升机会时，政治行为更有可能发生。随着组织的精简，其资源也相应减少，组织成员可以采取政治行动来保护自身利益。升职或发展机会可以刺激组织成员竞争有限的资源，并设法对其决策结果产生有益影响。

第二，组织内信任程度会影响组织政治行为。组织内的信任越少，政治行为就会越多，政治行为失当的可能性也就越大。高度的信任能够抑制政治行为，特别是不正当政治行为。对于企业来说，员工的信任度是慢慢培养和积累起来的，但破坏员工对企业的信任度只是一时之事，即使是一个小的方面，企业做得不公平、不到位，也会影响到员工对企业的信任和认同。一般而言，员工对组织信任程度越低，就越容易产生组织政治行为，而且这种政治行为可能是非法的。假如员工对组织有很高的信任度，他们就会认为组织可以给他们合理的薪水和升职机会，一旦他们认为组织不公平，他们就会不安于现状，并通过其他手段来达到他们的目的。从整体上看，高度信任能够抑制政治行为，特别是非法政治行为。

第三，职位模糊意味着对员工行为没有明确的规定，对员工政治活动的范围和作用的限制也就很少。从定义上讲，政治行为是处于员工正式角色之外的活动，所以角色越模糊，员工越容易在不被别人察觉的情况下做出政治行为。

第四，组织体系是员工行为的起点，组织体系的完善和明确是组织政治行为发生与否的重要条件。要有明确具体的组织体系，否则就会产生不同的解读方式，出现“公说公有理，婆说婆有理”的局面，而不管哪一种解读，无疑都有利于做出解释的这一群体，而对其他群体成员不利。如果制度是模糊的，那么组织更容易产生政治行为。类似地，如果组织的成员对他们的工作岗位和职责认识不清，组织中的各个成员、各个部门之间就很容易产生分歧，政治行为也更容易发生。

第五，组织业绩考核体系会影响员工政治行为。如果一个组织在进行绩效评估时，只强调一种衡量方法，或者在行为发生很长时间后才对其进行评价，其采用的主观标准越多，员工做出政治行为并蒙混过关的可能性就越大。在一个组织系统中，绩效评估是最核心，也是与其他功能最密切相关的功能，对于员工来说至关重要。另外，晋升制度需要依靠绩效考核的相关依据，绩效考核不完善同样会影响员工的加薪、奖金、晋升等。对于平日勤奋工作的员工来说，这无疑是一种心理打击，影响其工作积极性和自信心，也不利于组织凝聚力和向心力的形成。

第六，企业文化越是强调用零和方法分配薪酬，就能激发更多员工参与政治行为。零和法将报酬看作一个固定大小的“蛋糕”，某一成员或群体的所得必然来自另一成员或群体的损失。假如将一年15 000美元的加薪限额分配给5名雇员，那么加薪超过300美元的雇员就会被另一名或多名雇员拿走。这一方法鼓励人们努力使自己看起来很努力，使别人看起来不努力。随着组织队伍不断扩大，人员不断增加，需要更多的组织资源，以满足其成员日益增长的需求。目前，由于组织资源有限，在这种供需失衡的情况下，许多组织的管理者采取一系列措施对组织资源进行配置，以实现组织资源与成员资源的最佳配置。

最终，组织管理层因其在组织中的特殊权力而成为政治行为发生的源头和中心。如果雇员看到高级管理者采取政治行动，特别是这些人成功地执行了政治行动并因此得到奖励，那么在组织中就会形成一种支持政治行动的气氛。所谓“上梁不正下梁歪”，是指一个组织的管理者若是个以自我中心的人，员工在所见所闻中逐渐形成一种非良性的组织行为氛围，久而久之对于一些本应抵制和反对的事物，认为是理所当然的事，在习以为常的情况下慢慢失去了对组织的信任和信心。这一不利影响有时可能是深远而持久的，甚至可能成为组织内部一条公开的潜规则。无论何时，只要组织中有新成员加入，在他们在这种人人为己谋利益的组织氛围的熏陶和感染下，就很难保持其初衷。因此，这不仅是经理们的不良影响，更是员工们自身不能克制政治行为所带来的利益诱惑的表现。在某种意义上，高层管理者的政治行为意味着这种行为是可以接受的，因此也就允许低级员工的政治行为。

4.4.8 组织政治行为导致的后果

企业政治行为可能威胁员工个体，如降低工作满意度、增加焦虑和压力、增加离职、降低绩效等。

第一，个人成员对组织政治运作方式和原因的理解似乎会影响组织治理与绩效水平之间的关系。如果一个组织的成员完全了解谁负责决策以及他们为什么被任命为决策者，那么他就能够比那些不了解决策过程的组织成员更好地了解事情的来龙去脉。如果一个成员政治技能和理解力都很强，那么他的工作表现就会更好，因为他会把政治行为看作一个机遇。但是，当人们对组织政治的理解能力不强时，他们就更可能将其视为一种威胁，从而对工作绩效造成负面影响。

第二，工作中的政治行为对道德型领导的影响具有调节作用。研究发现，男性雇员更容易接受道德型领导，当组织中政治和道德型领导的水平较高时，他们会表现出更多的公民行为，而女性则最有可能在道德与非政治的环境下参与公民行为。

第三，人们视组织化政治为一种威胁时，往往采取防御性的应对行动，以避免指责或改变。防卫者的行为往往与对工作和工作环境的消极态度密切相关。从短期来看，雇员可能会发现这种防御行为保护了他们的利益。

4.4.9 组织政治行为内容与表现形式

以权谋私、以非正式的方式获取私利的各种利益主体，这是组织政治最普遍的表现形式之一。人们在工作中具有多重作用，作为雇员，他们的行为应该符合组织的目标，增加群体利益。身为消费者和社会人，他追求个人利益最大化。但是，职位资源、培训机会等组织资源往往是有限的，人的目标和组织的目标往往会发生冲突，人的理性可能使其抛开组织利益，采取各种政治策略来达到个人目的，获取个人利益。组织政治行为显然是人们理性的必然结果，人类的一切行为都是由某种心理机制决定的，没有这种心理机制，任何行为都无法产生。正如大多数生物体一样，由于人类有许多进化来的心理机制，人类也面临着许多适应问题。在个体的背景、经历和所处的环境不同的情况下，应采取不同的措施来解决适应性问题。组织中存在高政治行为的，个体具有强烈的自我监控能力，追求马基雅维利主义，对政治行为的成功有更高的期望，对组织的投入更少，有更多的选择机会。也就是说，在员工追求个人利益高于集体利益的情况下，组织的政治行为很高。在组织中，员工主要表现出以下的政治行为：

① 操控信息——将信息作为政治工具，包括蓄意隐瞒、歪曲信息，或者散布虚假信息、诋毁他人，这些是组织中常见的政治行为。前一类通常出现在管理或特殊部门的员工中，信息越重要，掌握信息的人就越少，拥有信息的权力基础和影响力就越大，就越有可能成为权力所有者，参与政治行为，以实现自己的目标。散播流言也是对信息利用的一种政治行为，这种信息往往缺乏可靠来源，不能核实，通过非正式渠道散播往往会被许多人“添油加醋”，

日益偏离真实轨道，最终给当事人带来不良后果。类似地，还可以控制组织通信链。例如，行政助理通常控制着老板的接待时间，并且经常控制自己不喜欢的人或事，以避免和老板打交道，从而对自己不利。

② 印象管理——个体为了形成对自己好印象而试图控制他人的过程。擅长运用这种政治手段的人具有敏锐的观察力，能够根据环境的变化调整自己的形象和行为。它们通常采用的策略是：穿着模仿成功人士的装束；支持或赞同一些重要人物的观点或观点，以达到“英雄所见略同”的效果；经常向周围的人施以微恩小惠，以获得他人的感谢和好感；在特殊情况下，表现出善良和诚实；敏锐地捕捉他人的优点，并给予适当的赞扬或宣传，这样更容易得到上司的赞许或同时给予肯定。

③ 对抗行为——作为一种最激烈的政治行为，往往表现为员工按照他们所坚信的原则行事，而非管理者的意愿行事。对抗性的行为是很难纠正的，由其产生而引起的快速的组织文化会给管理带来很坏的影响。例如，工人们因为不满工资待遇，罢工了好几天，导致企业停产。

④ 联盟——个人经常利用联盟的政治手段来扩大自己的力量。为减少自己接受威胁，扩大自己的影响力，与组织内的“志同道合者”联合起来，组成一个小团体，在组织内外建立资助网。当组织处于管理层时，他们会制定有利于自己的政策，这显然会影响组织以外其他成员的利益和积极性，严重时会导致组织的功能失调。

⑤ 控制议程——这是政治行为的另一种常见表现。在制定一项重大决议时，有一定权力的领导者通常会使用这个原则。也许他想要将某一项建议放在议程之外，也许他想要把它放在议程上，等到大家都累了，希望早一点结束会议时再将建议拿出来。一般情况下，他会得出理想的结论。

⑥ 欺骗——通常在企业中使用，目的是掩盖自己的过失，夸大自己的成就，或打击其竞争对手。欺诈形式多种多样，往往隐藏在组织内部人与人的日常沟通之中，尤其是当组织系统和政策各方面都不明确或混乱时，往往利用欺骗的政治手段。

⑦ 发展关系网——这种情况发生在组织的各个层面，主要是指与有影响的人物建立关系。个体为了自己的权力和利益，采取各种方法和手段，与组织内拥有权力并掌管重要资源和信息的人建立联系，以便了解组织内重大决议和活动的进一步发展空间。例如，用各种方法和手段取悦上级，与上级交朋友等，都有利于建立人际关系。

罗宾斯还加入了另一项政治行动——防御性政治策略。当个人在政治上的理解力很强时，一个人就会将组织政治活动看作一个机会。但是，当个人的理解水平较低时，他们更可能将政治活动视为一种威胁，并以一种自卫心理来回应它，包括逃避活动、逃避指责和逃避改变。这种防御方式在短期内能够起到一定的积极作用，但长期来看，这种行为只能带来负面的后果。

4.4.10 政治行为的道德问题

道德行为问题在组织中是很常见的，因为雇员会认为他们的雇佣组织是商业环境中正确和错误的合法来源。这样，员工就可以利用组织中的道德标准裁判道德行为。

尽管目前尚无明确的界限来区分道德和不道德的政治行为，但有几个问题应予以考虑：第一，采取政治行动的效用是什么。第二，采取政治行动的效用如何抵消该行动对他人造成的伤害，比如在一个项目中将别人的优点占为己有。第三，这种政治行为是否符合公正和公平的原则。有时,衡量某种政治行为的成本和收益是很困难的,但是这种行为是否道德是显而易见的。一个部门经理夸大他所喜爱员工的表现,贬低他所讨厌员工的表现,然后根据这些表现评估前者的工资,而后者的工资却没有得到提高,这就是部门经理对后者的不公平待遇。可悲的是,当权者往往善于从组织利益的角度解释他们追求私利的行为,并且宣称那些不公正的行为实际上是公正的,比如有权势、巧舌如簧、有说服力的人不仅最容易犯道德错误,而且他们更有可能成功地实施不道德的行为并使自己平静下来。此外,当你在面对政治行为道德问题时,不妨试着想一想:冒险玩政治把戏是否值得?这样做会伤害别人吗?假如你有这个国家的权力基础,那么你就需要意识到权力对你的侵蚀。别忘了,无权无势的人更容易按照道德准则行事,因为他们平时没有多少发挥政治才能的空间。

4.4.11 组织政治行为对现代管理者的启示

作为传统组织行为理论的有力补充,组织政治行为理论的提出使我们能够更全面、更深入地分析组织内部主体行为的动因,并采取相应的措施来规范个人行为以实现组织目标。但组织政治行为是无法消除的,管理人员应该正视它,理解其根源,采取措施对其进行正确引导,从而最大限度地减少其消极影响。

要想成功,高级管理者就必须是优秀的政治家,并采取某种政治行动。通过在政治框架下评估各种行为,他们将接受组织的政治本质,更好地预测他人的活动,并根据自己的信息制定自己的政治策略。通常人们认为,政治策略是卑鄙的诡计、卑鄙的幕后交易,这些行为令人厌恶,最好不要参与其中。政治行为如同组织生活中的权力一样,是极其普通的。所以,管理者应该考虑如何才能建设性地运用组织政治,而不是一头雾水地忽略或试图消除组织政治行为。管理人员要彻底根除或消除组织中存在的政治行为是不切实际的。实际上,这种消除行动增加了组织内部的不确定性和模糊性,反而导致更多的政治行为。而无节制的或泛滥的政治行为又会导致冲突、竞争和混乱,使每个人都浪费时间和精力在组织政治行为上,严重影响组织的正常运作。中庸之道在大多数情况下都是最好的选择:管理者认识到政治活动是无法避免的,不要想彻底结束,而是要扬长避短,有效地利用它对组织的好处。

当你想要改变一个团体或组织时,权力的掌握将会帮助你。下面是一些关于在工作中如何处理权力的建议。

首先,作为一名经理,如果你想让自己的权力最大化,那么你需要增加其他人对你的依赖。例如,如果你新学到的知识和技能是老板需要的,而老板觉得你很难找到有效的替代者,那么你就增加了对老板的权力。其次,并非只有你想要建立自己的权力基础,其他一些人,尤其是你的下属和平级同事,也会努力提高你对他们的依赖度;同时,你也在努力降低这种依赖度,提高别人对你的依赖度。再次,尽量避免让别人处于没有权力感的地位,通过在一个政治框架下评估不同的行为,从而更好地预测别人的行为,并根据这一信息制定自己的政治战略,为你和你的工作部门带来好处。最后,对于缺乏政治技能或不愿采取政治行为的员工,如果他们感觉到工作环境中存在组织政治,通常会表现出较低的工作满意度、较多的焦虑和较高的离职率。所以,如果你善于利用组织政治,就应该帮助员工意识到政治技巧的重要性。

4.5 组织中的核心态度

美国著名心理学家奥尔波特(Allport)认为,态度是社会心理学中最清晰和最不可替代的,心理学研究领域中态度取代了心理学某些模糊修辞,如习惯、天性、情感、社会力量等。态度包含着人的情感、动机、知觉、认知等在所处环境中的过程,这个过程是指人们对某些事情或思想的好坏判断、情感感知、行为倾向等。组织行为学将注意力集中在与工作相关的几种态度上,包括工作满意度、工作卷入、组织承诺、组织支持感、工作敬业度、组织公民行为等。

4.5.1 工作满意度

(1) 工作满意度内涵

工作满意度指员工对工作环境的感觉以及身体和心理上的满意程度,通常被定义为员工对工作的心理和态度。工作满意度有助于改善员工的工作业绩,降低离职率,也对员工的生活满意度和主观幸福感产生显著影响。可从以下3个方面理解:

① 综合性的定义:关于工作满意度的一般解释,并未就工作满意感的形成过程等方面展开过多的讨论。该定义认为,它是一个单一的概念,是组织内个人对工作本身和相关环境的态度或看法,是对其工作角色的总体情感反应。

② 差距性的定义:根据一个人的实际收入和他认为应得到的报酬之间的差距,确定工作满意度的程度。满意度的高低是由员工个人从工作中获得的利益和其心理预期之间的差距,即"他们得到的"和"他们期待的"之间的差距决定的。差异越小,满意度就越大,反之则越高。所以,这个定义也就是所谓的"需求缺陷定义"。

③ 参考架构性的定义:影响人的态度和行为的最重要因素是组织中个人根据自己的参考架构对工作特点的主观感知和解释所产生的结果,而员工对客观环境的主观感知会在很大程度上影响他们对工作的满意度,这种感知和解释会受到个人自我参考架构的影响。可以说,工作满意度是一种特殊构面的满足感,其特征是工作人员对此的情感反应。

(2) 工作满意度理论基础

① 工作特征模型。哈尔曼等人提出了工作特征模型,它可以衡量工作方法对员工的激励效果。研究人员提出了一项工作的五大核心特征,即技术含量高,工作质量高,任务重要性高,工作自主性强,以及反馈能力强。这五大核心特征决定了一个人的四种主要心理状态:感觉到工作意义、认识到工作责任、认识到工作成果和认识到工作满意度。具体地说,当工作的五个核心特征都在一个高水平时,员工的心理状态就会更好,工作满意度就会更高,反之就会更低。

② 成就需要理论。美国著名社会心理学家麦克利兰(McLilan)提出了成就需要理论,又称为"三种需要"。该理论认为,除基本生存需要外,人类的主要需要可分为3种:成就需要、权力需要和亲和需要。成功是指个人努力奋斗、追求成功、获得优越感的需要;权力是指有能力领导别人、不受别人控制的需要;亲和是指有必要被别人接受、融入集体、建立良好的人际关系。McLilan认为,人在某一方面的需要一旦得到满足,就会更加追求它。他还认为,成就需要对个人和组织的发展至关重要,一般成就需越高的人,他有更强的进取心,工作认真负责,这样有助于推动组织的进步。在他看来,成就需要可以通过后天的培养来提高,

所以组织可以通过进行有针对性的培训，有意识地提高员工的成就需要。

③ 期望理论。期望理论是1964年美国行为学家弗鲁姆（Vroom）提出的。在他看来，个人的工作热情等于个人的期望和效价的乘积，个人从事某种行为的动机取决于对这种行为所带来的价值估计，以及是否能够实现这种结果。个人对实现目标的评价越高，实现目标的可能性就越大，从而激发的热情就越高。

(3) 工作满意度的测量

关于工作满意度的测量方法主要有两种：一种是总体满意度的测量方法，即对员工的工作满意度进行总体考察，适用范围最广的是工作满意度分量表（job satisfaction scale, JSS）；另一种是综合记分法，它衡量了构成工作满意度的几个关键因素，认为员工的工作满意度由薪酬、管理水平、晋升、同事和工作本身等与其工作有关的各方面的满意度组成。沃森（Watson）等人使用工作描述指数对若干特定方面的满意度进行了评估，该研究使用明尼苏达工作满意度度量表（minnesota satisfaction questionnaire, MSQ）对总体工作满意度进行了测量。

以工作满意度的某一方面为衡量指标，可以更好地反映工作条件等因素；而以总体满意度为衡量指标，有利于反映个体对具体项目的反应差异，如工作本身、报酬、晋升、管理和同事等。雇员在工作中所经历的快乐时间越多，其总体工作满意度范围之间存在的正相关越高。有人认为，工作满意度的测量是一个复杂的系统，两种测量方法各有优缺点，最好将二者结合起来探讨。因为问卷调查的方法是最容易实施和测量的，所以大多数工作满意度测量都采用问卷调查的方法。外国常用的量表有以下三种：

① 工作描述指数（JDI），它是由史密斯（Smith）等人心理学家设计的，包括五个部分：工作、升迁、报酬、管理者及同事。每一部分由9个或18个项目组成，每一个项目都有具体分值，将员工所选择的描述其工作的各个项目的分值加起来，就可以得到员工对工作各个方面的满意度。

② 明尼苏达工作满意度调查表（MSQ），它是由明尼苏达大学维丝（Weiss）等人设计的。它分为长式量表和短式量表，其中短式量表包括内在满意度、外在满意度和一般满意度3个分量表。长式量表包括21个量表120个题目，可测量工作人员对20个工作方面的满意度及一般满意度。

③ 彼得需求满意度调查表（NSQ），它适用于管理人员。需求满意度调查的提问集中在管理工作的具体问题和异议上，NSQ每一项有两个问题：一是“应该是”；二是“现在是”。抽样中的每项得分是员工对“应该是”所选择的数值减去员工对“现在是”所选择的数值的差，离差越大，说明员工对工作中的这一方面越不满意。

在我国，卢嘉等人研制出了我国的工作满意度量表。实践证明，此量表具有较好的信度、效度，它的测量结果与MSQ的相关达到显著水平。除此以外，还有一些测量方法，如关键事件测量法与面谈测量法等也运用较多。

(4) 工作满意度的影响因素

作满意度的具体影响因素包括以下几方面：

① 组织内的情景因素，如工作任务和作用、工作的物质和人文环境。

② 制度因素，如规章制度是否合理。

③ 成果因素，如薪酬水平、公正、晋升机会和个人职业发展价值提升。

④ 员工个人因素，如人口统计特征、个性、性别等。

⑤ 员工的家庭、生活等非工作方面的因素。

⑥ 员工人格与工作相配，个人特征与组织文化相配等。

(5) 工作满意度的意义

研究表明，了解员工的工作满意度信息对企业做好人力资源开发和管理具有重要意义。

首先，员工的工作满意度有助于促进企业稳定快速发展。其次，通过对员工工作满意度的调查，了解员工对上级的看法，改善组织内的沟通，有利于从多方面改善人力资源开发和管理。最后，提高员工工作满意度可以激励员工的积极性和创造性，促进员工之间的和谐发展。

4.5.2　工作投入

(1) 工作投入内涵

在卡恩(Kahn)的人种学研究中，他首先对“投入”进行了定义，他将“投入”定义为工作时的心理状态。罗斯巴德(Rosbad)扩展了“参与”的定义，将其视为存在于工作中的一种精神状态，其角色表现包含认知注意力和专注两部分。

关于工作投入有两种观点：第一种观点认为，工作投入与工作倦怠是对立的，即“以个人投入的精力来完成工作任务的一种状态”，这会提升一个人的职业效能感，或者将工作视为“持久且具有普遍性的情绪认知状态”。第二种观点，哈尔贝格尔(Hallberger)认为，工作投入应该是在工作中所表现出的一种积极的精神状态，能够给自己带来成就感，并将工作投入维度归纳为活力、投入和专注。对于工作投入的定义见表 4-8。

表 4-8　工作投入的定义

年份	学者	概念
1965	洛达尔(Lodahl)等人	工作投入是指个体认为工作在自己心中的重要位置，或者是工作绩效对其自身的影响程度
1970	劳勒(Lawler)	工作投入是指个体视同工作绩效对其需求的满足，并且通过努力就能获得时，更愿意投入到工作中
1982	卡农戈(Kanungo)	工作投入是指员工对现在工作的认识，满足目前自身需要的程度
1990	卡恩(Kahn)	工作投入是指个体从认识上保持高度的生理状态和良好的沟通情绪来执行工作
1994	保莱(Paullay)	工作投入是指员工对工作忠诚和认真，并关注自身目前工作认真的程度
1997	马斯拉赫(Maslach)	工作投入是指个体对工作充满热情且精力旺盛，工作质量和工作效率都高
2001	罗斯巴德(Rothbard)	工作投入是指个体在心理上将工作看作生活的焦点，并积极热情地工作，是绩效表现的组成部分内容
2002	肖菲丽(Schaufeli)	工作投入是指个体对工作充满热情，并影响他人；不是针对某一特定的事件、情境或目标
2003	余朝权	工作投入是指个体在内心认同工作的重要性
2006	陈维政等人	工作投入是指个体认为工作很重要，或从心理上高度认可工作

表 4-8(续)

年份	学者	概念
2007	徐艳	工作投入是指个体对工作的匹配,积极表现工作所规定的行为准则
2008	梅西(Macey)和施耐德(Schneider)	工作投入是指一种有目的性和组织性的理想状态,具有承诺、卷入、热情、激情、专注、活力等特征
2009	安晓镜等人	工作投入是指将与工作有利的条件进行内化,个体对当前从事工作的认可重要程度

如今,工作投入已成为学术界、商界和咨询界十分流行的一个术语。根据以往工作投入的定义,并参照 Schaufeli 等人对工作投入的定义,将工作投入定义为个人以满怀的热情和顽强的毅力、专注的工作态度投入工作,并全力以赴地迎接工作中的挑战。调动员工积极性是指改善个人工作态度,增加工作投入。那些对工作持积极和认同态度的员工,他们的工作投入、出勤率和离职率往往较高;而那些对工作缺乏认同感的员工,他们的工作热情往往较低,缺勤和离职率较高。

(2) 工作投入的影响因素

工作投入受两个因素影响:

第一,人格特征。人格特征包括人口统计变量和个性特征两个方面,年龄、性别、婚姻状况、年资或教育程度等的人口统计变量。

第二,受个体所处的工作环境影响。

职业环境因素包括领导方式、组织环境或工作特征等。在此,工作投入并不是独立于个人特质或工作环境之外,而是二者相互影响的结果。

此外,工作中存在的特殊需要,以及缺乏必要的工作资源,都会导致工作倦怠,即工作投入减少。这里面,工作需要是指环境对个人注意力、精力等方面的要求程度。工作资源是指组织在角色压力、工作负荷和问题解决等方面所需的心理、生理、物质等方面的支持。例如,同事支持、上级指导、组织支持、社会支持以及组织公平和绩效反馈,这些都对员工的工作投入有显著影响。总之,工作投入的主要前因变量是:工作特点(自主、技能多样性、任务导向、重要性等)、管理行为(关注、参与)、个人差异(内在动机)。

大多数研究表明,员工的工作投入主要受个人因素、工作相关因素、工作相关因素之间相互作用的影响。近几年来,心理契约引起了许多学者的关注,这表明组织行为研究者更加关注员工心理对行为和态度的影响。马斯拉克等人认为,用个体与工作环境的匹配来解释工作倦怠和工作投入时出现的不匹配可能与心理契约有关。在形成心理契约的过程中,如果出现一些难以解决或员工无法接受的问题,很容易导致不匹配,而不匹配的程度加深会导致工作倦怠,进而产生更多的负面后果,如组织承诺降低等。但心理契约与工作投入之间的关系还有待于进一步探讨。

(3) 工作投入的测量研究

工作投入和工作倦态是一个三维连续体的两极,其内在维度是一致的,所以可直接用(MBI)测量,具体操作方法是用 MBI 中 3 个维度的分数的反向来衡量工作投入的程度。也就是说,工作倦怠的玩世不恭维度得分越低就说明工作投入的卷入维度得分越高,同理情感衰竭、个人成就感得分低说明活力、效能感的得分高。

如果用一个量表来测量两个概念，就会为下一步二者之间差异的实证性研究设下障碍。在投入一种以活力、奉献专注为特征的积极的、完满的、与工作相关的情绪状态基础上，进一步进行实证研究，通过分析一个大学生样本和一个企业员工样本的验证性因素，发现概念的三维模型和这两个样本的数据拟合良好，并初步确定了工作投入的评估工具 UWES。该量表含有 17 个题项：活力维度 6 个题项，奉献维度 5 个题项，专注维度 6 个题项，量表采用七点计分法，在此后的多项研究中都报告有良好的信度和效度。2006 年，通过对 10 个国家的跨文化研究，Schaufeli 等人对 UWES-17 进行了精简，这次保留有 9 个项目，3 个活力维度，3 个奉献维度、3 个专注维度，对 UWES9 进行验证性因素分析证明，信效度良好，三维模型良好。

布里特(Britt)认为，工作投入应该包括责任感、承诺和绩效影响知觉 3 个维度，并以此编制了包括 6 个题项的测量量表。例如："我要为我的工作绩效负责——责任感维度""我愿意为我的工作献身一承诺维度""我在工作中的表现如何与我自身有重大关系——绩效影响知觉"。

在诸多的概念和测量方法中，Scharfeli 的概念和测量比较符合工作中的实际情况，他将工作投入分为活力、奉献、专注，较全面地涵盖了工作中的各种状态，将比较难以描述和定量的工作状态通过这 3 个维度的分解较清楚地展现出来。

4.5.3　组织承诺

(1) 组织承诺内涵

组织承诺最早可以追溯贝克尔(Becker)于 1960 年基于单边投入理论对员工保持持续一致行为(留职)进行的解释，是指描述员工对特定的组织以及其目标的认同程度，以及希望继续作为该组织成员的意愿。大多数研究都集中在员工对组织的情感依恋以及对其价值观的认同上，将这两点视为衡量员工组织承诺的"黄金标准"。

企业的组织承诺和工作绩效之间似乎存在正相关，但二者的联系不紧密。对新员工而言，组织承诺和绩效之间的联系最强；对经验更丰富的员工而言，这一联系很弱。令人感兴趣的是，如果雇员觉得他们的雇主没有履行承诺，那么他们对组织的承诺就会减少，反过来又会降低工作绩效。有证据表明，组织承诺就像参与工作一样，与缺勤和离职是负相关的。

理论模型表明，对组织有承诺的员工，即使感到不满意，也不会因依赖和忠于组织而冷落他们的工作。另外，那些对组织不尽心尽力、不够忠诚的员工，他们对工作的投入也不多。调查结果证实了这种观点：即使员工对目前的工作不满意，但只要对组织有足够的投入，他们也愿意为组织做出牺牲。

(2) 组织承诺的结构要素

① 单因素结构。20 世纪 60 年代，Becker 提出的单方投入理论实际上是一个单维结构，这种在组织中单方面的投入包含了一切有价值的东西，如福利、薪酬、技能等。他认为，组织承诺是随着个体对组织的投入的增加而不得不选择继续留在该组织的一种心理现象。20 世纪 70 年代，波特(Porter)将组织承诺看作体现在个体对组织情感上的依赖，而不是 Becker 所强调的"一种经济上的工具"。社会学家维纳(Wiener)通过调查研究发现，个体对组织的承诺完全出于个人对组织的一种责任感，这实际上是一种"内化的行为规范"。

② 双因素结构。欧瑞利(O'Reilly)认为，组织承诺代表了一种对组织的态度，包括顺从、认同和内化 3 种形式。当然，这里的顺从不同于认同和内化，它们的不同之处在于接受影响力的基础不同，顺从维度类似于迈耶(Meyer)三因素模型中的持续承诺，认同与内化二

者结合起来，则类似于三因素模型中的情感承诺。Meyer等人根据行为的结果，将组织承诺分为持续承诺和价值承诺，持续承诺与离开和继续留在组织中的决定相关，而价值承诺与为达成组织目标而尽心尽力的行为相关。

③ 三因素结构。Meyer再次综合分析了组织承诺的研究理论，在学术界对组织承诺的理论结构形成了一个比较统一的看法，如图4-18所示。该模型将组织承诺定义为一种心理状态，这种心理状态包含了一种保持组织成员资格的需要（持续承诺）、渴望（情感承诺）和义务感（规范承诺）。

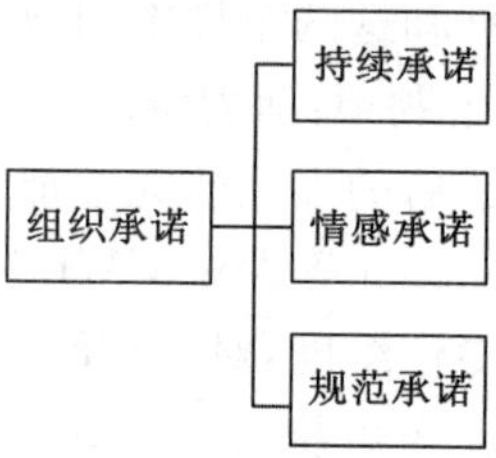

图4-18 Meyer的组织承诺三因素模型

持续承诺是指员工意识到离开组织将失去经济利益和社会关系，而被迫留在组织中，基于利益权衡，持之以恒的员工认为必须继续留在组织中。

情感承诺意味着员工认同组织的目标和文化，并由此与组织建立情感联系。雇员们之所以要为组织付出一切，是因为他们对组织有很深的感情，有这样的承诺的雇员们会愿意留下来，为组织贡献力量。

规范承诺是指由于长期受社会影响而形成的对组织的责任，个人在成长过程中潜移默化地接受了这一规约，并且具有这一规约的员工认为他们应该留在组织。

④ 五因素结构。在此基础上，谭晟对凌文车全、张治灿、方俐洛等人我国学者的组织承诺进行了深入研究，提出了中国企业员工组织承诺的5个要素：情感承诺、规范承诺、理想承诺、经济承诺和机会承诺。目前，该理论模型是国内学者在组织承诺领域中提出的最系统、最深入的理论，五因子模型更适合指导中国企业员工管理实践。该理论模型是否适用于所有的中国企业，这需要通过实证研究来验证。

(3) 组织承诺的测量工具

测量组织承诺的工具有多种，其中在学术界受到一致认可且较权威的是三因素组织承诺量表，这种测量组织承诺的工具是由Meyer等人修订完善的。三因素组织承诺量表包括情感承诺量表(affective commitment scale, ACS)、持续承诺量表(continuous commitment scale, CCS)和规范承诺量表(normative, commitment scale, NCS)。

① 情感承诺量表。Becker于1960年提出了基于单边投入理论(site-bet theory)的“经济理性假设”，并将其作为组织承诺的基本假设。首先，我们要分析和讨论员工为什么要选择留在组织中，以及一些导致选择留在组织中的心理或行为的决定，这些决定只是根据具体情况而被迫作出。例如，员工认识到如果他们选择离开公司，将会浪费他们的精力和时间，因此他们也会选择留在公司。瑞泽尔(Ritzer)据此编制了RT-S量表(Ritzer-Trice scale)，并指出只有两个因素与组织承诺成正比，即公司内部的可变性和收益。霍维尼亚克(Hewbiniak)等人修正了这个量表，提出了AH-S量表(Hewbiniak-Alonso scale)。但曾经有学者指出，这个经过修改的结果表无论在内容上还是在区分上都不够理想。

② 持续承诺量表。Meyer等人根据贝基(Beckee)的承诺理论制定了持续承诺量表，并在其研究中指出，持续承诺至少包括两个方面：第一，员工能够在离开企业后产生一种对自身损失的认识；第二，员工能够清楚地知道在离开组织后自己选择的工作机会较少。接着，他们对先前的CCS做了修改和完善。修订与完善后的量表，其内容与区分效度得到证实后，要好于修订前的量表，但有关学者对“意识损失”与“可供选择的工作机会”究竟应属于同

一维度还是不同维度仍持不同看法。

③ 规范承诺量表。维纳尔于 1982 年提出了两个影响组织承诺的变量：一是一般性道德标准，包括责任和忠诚；二是特定企业目标的认可，规范承诺早期制定的量表包含三个主题，但缺乏心理测量指标和内部一致性系数。三个衡量指标分别是：员工是否对企业忠心耿耿，员工是否不能批评企业，员工是否应该以牺牲自身为代价换取组织集体的利益。这三个指标所衡量的到底是哪一项指标很难确定。

莫迪等人在 1979 年的研究中指出，组织承诺是指"雇员个人与企业组织之间能够相互协作，并渴望融入组织的相关能力"，并提出了组织承诺的内涵应包括以下几个方面：第一，员工对企业价值和目标具有强烈的认同感；第二，员工愿意为企业贡献力量；第三，员工有继续留在企业的想法和意愿。波特等人于 1974 年提出了组织承诺的问卷调查（OCQ）量表的概念，该量表共包括 15 项规定，分别从 3 个方面衡量员工个人对组织的承诺：第一，员工对组织的忠诚度；第二，员工为实现组织的目标自愿作出贡献；第三，员工对组织价值观的接受程度。在此基础上，又进一步研究了 OCQ 法，认为 OCQ 法具有较高的可靠性。

（4）组织承诺的前因

① 个体层面。组织承诺的影响变量主要包括 3 个方面：一是个人特征，即与个人特征相对应的个人特征，包括人口统计变量、雇员的工作年限和职位等；二是与个人心理相关的因素，具体表现为心理契约、员工职业成长、心理资本、心理授权、满意度、信任、权力需求、安全感、工作压力等；三是与个人工作有关的因素有工作惰性、工作风险、工作忠诚和工作多样性等。

② 组织层面。影响员工组织承诺的因素为：一是组织特征，组织特征的变化会影响员工组织承诺；二是与组织管理行为相关的变量，如企业文化、工作气氛、组织认同、组织信任、组织支持、组织公正感、领导风格、人力资源管理实践等，这些变量对员工的组织承诺都会产生一定程度的影响。

（5）组织承诺的后果

组织承诺中的结果变量，即组织承诺会给组织和个人带来什么样的后果，其研究的重点在于组织承诺对组织和个人会不会产生影响以及会产生何种影响。通过对相关研究文献的梳理，可以总结组织承诺的结果变量集中在三大方面：离职相关行为、工作绩效和组织公民行为。

① 组织承诺对员工离职相关行为的影响。现有研究成果显示，组织承诺在一定程度上能够预测员工的离职相关行为。波特（Porter）等人认为，对所在组织有高度承诺并且愿意为了组织倾尽一己之力的员工们更加偏向于继续留在组织中任职。Porter 等人将时间变量引进研究，发现时间变量对组织承诺和员工的离职行为都会产生影响，特别是在员工即将离职之前，这种影响程度达到最大，关系也最紧密。组织承诺除了会对员工是否愿意继续留在组织中产生影响，同时还会影响到员工更换工作的意愿。部分学者认为，组织承诺对员工流动诸如升迁、离职、留任等不存在明显的关联，二者之间相互独立，互不影响或影响较小。通常来说，最终选择留任的员工往往不是对组织承诺最高的人。学术界将中国文化环境特征纳入组织承诺对员工离职行为的影响研究中，也得出了具有中国特色的研究成果。

② 组织承诺对工作绩效的影响。目前，学术界尚未对组织承诺是否会影响工作绩效的问题达成一致的结论。马飞等人认为，组织承诺与工作绩效二者间的关系较为复杂，它们的

相互作用暂时还没有统一的标准来衡量。部分学者认为，组织承诺会对员工的工作绩效产生正向影响：组织承诺越高的员工，工作绩效也相对越高；相反，组织承诺越低的雇员其工作绩效也会降低。此外，也有学者持反对态度，他们通过试验数据证明组织承诺与员工工作绩效之间影响较小，二者间的相关系数仅为0.13。结论之所以存在争议，其源头可能与组织承诺和工作绩效间的中介变量有关。随着时代的变化，现代人的心理与之前的研究相差太多，现有的研究成果已不适用，而且学者在相关实证研究中的研究方法不同造成结论的偏差。

③ 组织承诺对组织公民行为的影响。学术界普遍认为，组织承诺越高，员工的组织公民行为越强，且对所在组织产生的影响越大。帕斯(Pars)等人通过对从事IT行业的员工研究发现，情感承诺越高的员工所表现出的组织公民行为比情感承诺低的员工要高得多。也有学者经过实证调查研究后发现，组织承诺与组织公民行为间存在明显的正相关关系，验证了二者之间的关系问题。王颖等人认为，组织的情感承诺与持续承诺相互交叉，会对组织的公民行为产生显著影响，且组织持续承诺在一定程度上会促进情感承诺对公民行为产生影响。

4.5.4 组织支持感

(1) 组织支持感的内涵

艾森伯格(Eisenberger)认为，组织支持感是员工对自己的贡献和价值的评价，也是对自己的福利的关心。简单地说，就是从组织方面对员工的支持，包括工作贡献、与员工相关的利益和价值等方面的支持。该概念有两个核心要素：一是员工感觉组织是否重视自己的贡献；二是员工感觉组织是否重视自己的福利。如果员工对组织的支持产生了正面的认知体验，那么他们对组织本身就会有一种比较正面的看法和信念。这种积极的信念会让员工更容易在他们的贡献和组织的支持之间找到平衡，从而提高他们对组织各种制度和政策的满意度。此外，员工们还会增强他们对组织的责任感和忠诚度，并增加他们工作中所付出的努力。反之，如果员工觉得组织不重视他们的贡献和福利，他们对组织的责任感就会降低，那么员工对组织的情感承诺降低，工作绩效下降，甚至产生离职意愿和行为。

麦克米林(McMillin)通过自己的研究对Eisenberger的观点进行了的补充。他认为，Eisenberger等人所提出的组织支持感概念只包含了福利支持和尊重支持两个方面，而忽略了支持的其他方面，如工具性支持等。但是，员工如果缺少执行工作所需的基本的工具性支持(如信息、资源、工具、设备及培训等)，他们的工作进程和工作质量无疑会受到不利的影响，这将最终导致员工产生气愤和挫折感。McMillin认为，若想使员工对组织支持产生积极的知觉，组织方面的工具性支持也是必不可少的。

已有研究表明，组织可通过积极主动地提供支持措施来增强对员工的组织支持意识。组织社会化战略作为一种人力资源管理实践，通过积极主动地提供学习和社会支持，帮助员工迅速适应不断变化的组织和社会环境，增强员工的组织支持感，并进一步影响员工的工作态度和行为。组织社会化战略通过为员工提供情景、内容、社会等方面的支持，帮助员工学习行业知识，了解企业环境，满足员工的组织社会需要，加强组织与员工之间的互动，建立与员工之间良好的社会关系，增强组织支持感。在帮助员工提升组织支持感的同时，组织社会化战略还能帮助员工发现并融入其所属的群体，从而增强员工对组织的认同感，并对组织产生责任感。

(2) 组织支持感前因

影响组织支持感的前因变量很多，可归纳为组织因素、个体因素、组织或组织代理人与员工关系三大类。其中，组织因素包括组织公平、工作条件、组织政治活动、组织规模、特定文化因素（如照顾弱势员工、关心员工家庭）等内容；个体因素涉及价值观、正面/负面情感、录用前经历、工作状态等变量。组织或组织代理人与员工关系包括心理契约、人与组织匹配、领导成员交换、管理沟通、领导风格等变量。

(3) 组织支持感的后果变量

研究表明，组织支持感的结果变量可分为工作态度、工作行为及组织绩效三大类要素。其中，态度相关变量包括情感承诺、工作满意度、积极情绪、组织信任及留（离）职意愿等；行为相关变量包括角色内（外）行为、离职行为及退缩行为；组织绩效则包括关系绩效、任务绩效及团队潜能等。

首先，组织支持感够促进员工组织承诺、情感承诺，提升员工工作满意度，提高员工对组织信任及认同，促使员工产生积极情感、组织信任、基于组织的自尊、组织认同。组织支持感还能提离员工的留任意愿，缓解员工的角色压力（如角色模糊、冲突），降低员工离职倾向。

其次，组织支持感对员工工作绩效、组织公民行为等具有积极的正面影响，同时能够减少员工消极行为，如离职行为、反生产行为、退缩行为（消极怠工、迟到、缺勤）等。最后组织支持感在组织公平、管理控制、沟通、个体变量等与员工态度及行为（如组织承诺、离职倾向、组织公民行为等）之间发挥中介作用。实证研究表明，许多中介关系为完全中介，即通过形成的组织支持感对员工态度或行为产生影响。从前因及结果变量所涉及的领域来看，组织支持感作为一项重要的中介变量，已经被广泛地运用到许多管理领域中，它的影响力无论是在理论研究中，还是在管理实践中都是很重大的。组织支持感在许多管理领域中发挥着重要的中介作用。

(4) 组织支持感的作用

员工组织支持感的积极作用主要体现在以下几个方面：

① 组织支持感对员工的积极工作态度具有正向影响。实证研究显示，员工的组织支持感对其情感性组织承诺具有显著的正向影响，说明随着组织支持感的提高，员工对组织的情感性承诺也相应提高。此外，研究也证实了组织支持感对员工的工作满意度具有显著的正向影响，即员工的组织支持感越强，其工作满意度越高。

② 组织支持感对员工的消极工作态度具有负向影响。按照社会交换理论，组织支持感会使员工产生支持组织目标的责任感。因此，高组织支持感会降低离职意愿。诸多实证研究均证实了这一点，即组织支持感对离职意愿具有显著的负向影响。

③ 组织支持感对员工的工作投入具有正向影响。工作投入是指个体在心理层面认同自己的工作的一种总体信念状态。研究发现，组织支持感与工作投入存在显著的正向相关，说明高组织支持感能够显著地提升员工对其所从事的工作的认同感。

④ 组织支持感对员工的工作绩效具有正向影响。研究发现，员工的组织支持感与其工作绩效以及工作质量（由外部顾客评定）存在显著的正向相关，说明员工的组织支持感越高，他们的工作绩效和工作质量也相应越好；具有高水平组织支持感的员工对其主管的态度也更积极，其自身工作绩效的提高幅度也更为明显。

⑤ 组织支持感对员工的组织公民行为具有正向影响，对其消极行为具有负向影响。组

织公民行为是指员工自觉自愿表现出来的、不直接或清楚地为正式的报酬系统所认可的、能够从整体上提高组织效能的个体行为。研究发现,组织支持感有助于促进员工产生组织公民行为,如帮助组织避免风险、提供建设性意见、主动帮助同事等;同时,组织支持感也对工作中的消极行为(如消极怠工、缺勤等)具有显著的负向影响,即员工的组织支持感越高,其消极怠工等消极工作行为就相应越少。

(5) 改善组织支持感的途径

① 展示组织支持员工的诚意。组织在设计和实施各项人力资源管理措施时,应积极展现其对员工贡献的正面评价以及对员工福利的主动关怀。例如,对员工的奖励和晋升等措施都体现了组织对员工贡献的认可,因而可以显著地增强员工的组织支持感;另外,还应注意的是,组织不仅要切实地为员工做些什么,而且要让员工体会这些行为背后的意义,即要让员工感到这些行为的动机是出于组织自发地对员工的重视和关心,而不是外在环境或条件的压力使然。

② 提供主动的支持性措施。这些措施既包括尊重及福利支持,还包括工具性支持。研究发现,组织对员工采取主动的支持性措施对员工的组织支持感影响最大:与非主动的支持性措施相比,在主动的支持性措施条件下,员工的组织支持感要高出 6 倍。当然,组织也要注意支持措施的针对性,即根据不同员工的实际需要采取有针对性的措施,只有这样才能使支持措施发挥出最佳的效果。

③ 有效地传达高层领导者的支持。层领导者常常被视为组织的化身。因此,有效地传达高层领导者的支持,会直接对员工的组织支持感产生极其显著的正面影响。另外,高层领导者在自己的管理实践中,也有必要展示出对普通员工的正面评价,并经常通过公共行动等形式来展现对员工贡献的重视和福利的关怀。

④ 建立员工与其直接主管之间的信任及支持关系。直接主管常常被视为组织的代理人,员工会把直接主管对待自己的好坏看作组织支持的信号和体现,因此员工与其直接主管之间的关系是决定组织支持感的关键因素之一,并对员工的工作态度和行为具有显著的影响。如果这二者之间缺乏起码的信任与支持,员工就很难对组织方面的支持措施产生积极的知觉。因此,直接主管应当通过开诚布公的沟通以及主动展现对下属的关心和肯定,与员工建立相互信任与支持的关系。

⑤ 重视组织中的程序公平。程序公平包含结构性的程序公平和社会性的程序公平两个方面,前者是指对员工有影响的规章制度、政策的公平性,主要通过组织的一些具体活动如加薪、晋升等而得以体现和形成;后者是指员工之间在资源分配的方法及程序上的公平性。研究表明程序公平,尤其是社会性的程序公平对员工组织支持感的影响比其他方面的公平要更大。

⑥ 塑造出一种支持性的组织气氛。组织气氛是组织成员对组织的各种客观特性的总体认知。组织气氛提供了个体理解其组织生活的框架,并且能够影响和塑造个体的态度与行为。在支持性的组织气氛中,组织尊重并且重视员工的需求,鼓励员工对组织的战略和运作提出自己的意见和建议,并采取实际措施来满足员工的合理要求以及为实现员工的创新思想提供条件,这些都有利于员工将自己作为组织的重要一员。研究表明,支持性的组织气氛能够显著地改善员工的组织支持感。

⑦ 提高员工工作的自主性。工作自主性是指员工自我感觉能够独立控制自己的工作,

包括对工作方法、工作程序、工作时间和地点以及付出多少努力等决定。如果员工可以自主地决定如何开展工作，这无疑在很大程度上体现了组织对员工的信任和肯定。实证研究显示，工作自主性程度与员工的组织支持感存在显著的正向相关。

4.5.5　员工敬业度

（1）员工敬业度的内涵

员工敬业度概念最早在 20 世纪末由 Kahn 提出。他从心理学和社会学角度出发，以自我角色为中心，定义其为自我角色管理和自我认知表达，强调意义感、安全感和获得感三种心理状态，其反映为自我角色逃离和角色绩效的退出。罗斯巴德（Rothbard）认为，敬业是自我的心理展示，强调注意力和专注力。Schaufeli 等人从心理状态视角出发，定义其为与工作相关的积极奉献、充沛活力、全心投入的心理状态。员工敬业度的反义为工作倦怠。

员工敬业度是指个体对工作的参与度、满意度及工作的热情。关于员工敬业度，还有以下两个观点：

① 盖洛普的敬业度观点：美国历史最悠久和最权威的民意调查机构——盖洛普咨询有限公司，员工敬业度研究源于该公司。他们对健康企业成功要素的相互关系进行了近 40 年潜心研究，建立了“盖洛普路径”的模型，描述员工个人表现与公司最终经营业绩、公司整体增值之间的路径。“盖洛普路径”可以表述为：企业实际利润增长推动股票的增长—可持续发展驱动实际利润增长—忠实客户驱动可持续发展—在优秀经理领导下发挥员工所长驱动员工敬业度。他们认为，员工敬业度是在给员工创造良好的环境，发挥他的优势的基础上，使每个员工产生一种归属感，产生“主人翁责任感”。

② 翰威特的敬业度观点：全球领先的人力资源管理咨询公司——翰威特咨询有限公司，对 1 500 家企业进行的研究，涉及从翰威特全球“敬业度”咨询项目的客户和最佳雇主的调研数据，披露了敬业度和绩效之间有着密切的关系。翰威特认为，员工敬业度衡量的是员工乐意留在公司和努力为公司服务的程度。敬业员工的行为表现有 3 个层面：第一层是乐于宣传，即员工经常会对同事、可能加入企业的人、客户与潜在客户，说企业的好话；第二层是乐意留下，即员工有留在组织内的强烈欲望；第三层是全力付出，即敬业的最高境界，员工不但全心全意投入工作，而且愿意付出额外的努力促使企业成功。

综上所述，对员工的敬业度的说法虽然不统一，但强调的共同点是：员工的敬业度实际上指的是员工在情感和知识方面对企业的一种承诺和投入，他们会努力地工作，表现出一系列的行为来对公司的经营进行正面的影响。

员工敬业度与工作投入辨析：工作投入是个人或个人身份与其工作情况的相关程度，是自我认知或自我信仰的一种心理认同状态；而员工敬业度则是一种独特的认知、情绪和行为，可理解为工作投入的诱因。

员工敬业度与组织公民行为辨析：组织公民行为包括可以帮助同事和组织的自愿和非正式的行为；而员工敬业度的重点是一个人的正式的工作表现，不是额外的角色和义务行为。

（2）员工敬业度维度划分

目前，学术界关于员工敬业度结构维度的划分分歧较大，见表 4-9。Kahn 将敬业度划分行为、认知和情感 3 个维度。以潜水救生员为例，认知敬业主要体现在其对水中的生物、潜水员的特征和天气情况等了解程度上，情感敬业主要体现在帮助害怕的潜水员克服心理障碍等,行为敬业主要体现在对潜水过程中所使用的装备。马斯拉肯德(Maslacnd)认为,敬业作为工作倦怠的反向表达,其维度划分应该也为工作倦怠 3 个维度的反向表达分别为精力(枯竭的反向)、敬业(犬儒主义的反向)与效能(低效率的反向)。哈德克(Hardeker)等人从理性和感性的角度对员工敬业度进行区分,其中理性敬业主要是指员工对工作过程中可能的付出与收获充分了解之后在工作中的付出与投入,感性敬业主要是指员工对自己工作角色的重视与热情。萨克斯(Saks)在研究中,将敬业度分为工作敬业度和组织敬业度两个维度。曾晖等人对员工综合敬业度问卷进行开发,通过访谈指出员工的敬业度结构应包含活力、主动参与、任务聚焦、价值内化、积极坚持和效能 6 个维度。

表 4-9　敬业度维度划分

维度划分	具体内容
单维度	奉献
二维度	理性敬业、感性敬业
	工作敬业度、组织敬业度
	工作敬业、社交敬业
	奉献、专注
三维度	行为、认知、情感
	情感、认知、社会
	经历、敬业、效能
	乐于宣传、乐于留下、乐于付出
	认知投入、情感投入、生理投入
	活力、奉献、专注
	特征、情感、行为
	活力、奉献、吸引力
	认知敬业、情感敬业、体力敬业
	责任感、承诺、绩效影响知觉
四维度	自信、忠诚、字号、激情
六维度	人物聚焦、活力、主动参与、价值内化、效能、积极坚持

(1) 员工敬业度影响因素

根据当前的研究,影响员工敬业度因素主要有:个体因素、组织因素、个体与组织交互作用 3 个方面,其中组织因素又包含工作因素与组织环境因素。

① 个体层面因素。影响敬业度的个人因素主要包括人口统计学变量(性别、年龄等)、性格特质、个体心理状态等。

② 组织层面因素。影响员工敬业度的组织层面因素主要包括组织公平、报酬体系、工作特征、组织内信任、企业社会责任履行情况等。根据社会交换理论,员工在工作中得到公平的对待,包括领导的尊重与认可以及合理的薪资待遇,便会通过积极的态度和工作行为予以回报,敬业度水平的提高便是积极行为表现之一。此外,高绩效工作系统能够增强员工的工作自主与参与程度、有利于员工知识资本的积累与技能的提升,增强员工的工作自信心和

效能感，促使员工个人才能得到充分发挥，从而提高敬业度。

③ 个体与组织交互作用层面。基于社会交换理论与交往心理学的匹配理论，员工会根据个人感到组织支持表现一系列积极行为作为回馈。因此，个人-组织匹配是影响员工敬业度的重要因素之一。

(4) 提高员工的敬业度

敬业员工对企业所关注的经营业绩指标影响最大，包括效率、顾客忠实度、员工保留率、安全和产值。目前，对员工敬业度提升效果的研究主要集中在以下两个方面：

第一，从企业角度方面，制定合理公平薪酬体系、规划员工的职业生涯发展、以职业发展为导向的培训、营造以人为本、追求卓越的企业文化、选拔和培养优秀的管理者、提高管理水平等。企业在应用这些方法时，要注意结合企业自身的实际状况，在具体的管理情景中去检验和完善，逐渐变成适合自己和属于自己的管理模式。

第二，从员工个人角度方面，保持敬业的工作态度、热爱本职工作、积极主动、有责任心、不要拖延滞工、提高自我约束能力和管理能力、提高自律能力、反应快捷，善于解决问题、善于学习、对本职工作勇于创新，不断提高等。员工的敬业度强调的共同点是：员工的敬业度实际上指的是员工在情感和知识方面对企业的一种承诺和投入。敬业员工对企业所关注的经营业绩指标影响最大，包括效率、顾客忠实度、员工保留率、安全和产值。这些员工创造了一个组织的所有利润和顾客忠实度，只有他们才能帮助公司达到其商业上的目的和成果。我们可以从不同的角度提升企业员工的敬业度，从而达到提高企业业绩的目的。

4.5.6　组织公民行为

(1) 组织公民行为含义

Smith 等人首次提出组织公民行为，认为组织公民行为是雇员主动进行的工作行为，该行为不属于组织规定的职责范围，没有正式的报酬或奖励机制，是雇员根据自己的认识对组织的发展做出的贡献。

基于此，美国印第安纳大学的 Demnis Organ 教授将组织公民行为定义为：雇员的一种有意识的个人行为，而这种行为并不是由正常的薪酬系统明确和直接规定的，这有助于提高组织职能的有效性。这类行为一般不在员工的工作职责范围之内，完全出于个人意愿，与正式的奖赏系统没有任何关系，也不属于岗位中所要求的行为。从学者们对群体公民行为的研究来看，组织公民行为可归纳为 7 个方面的构成要素：助人行为（帮助他人）、运动员精神（冲刺）、组织忠诚、组织服从、个人主动性、公民道德和自我发展。不能由单一因素解释的组织公民行为是多维的。

(2) 组织公民行为特点

组织公民行为的内涵主要有以下几个特点：第一，代表人们除了致力于实践组织的规定事项外，还会经常自动自发付出额外心力，去从事一些直接、间接有利于组织的事情；第二，一种自我裁量的自动自发行为；第三，组织公民行为的出现与正式报酬并无直接相关；第四，组织公民行为对于组织长期效能及成功运作扮演关键性角色。

(3) 组织公民行为影响因素与结果

如图 4-19 所示，对组织行为的研究一般从前因和后果两个方面进行。前因是指这个行为产生的原因是什么，后果是指这个行为可以给个体、企业带来什么影响。

国外学者围绕的企业员工开展了组织公民行为影响因素的研究，认为员工的个体特征、

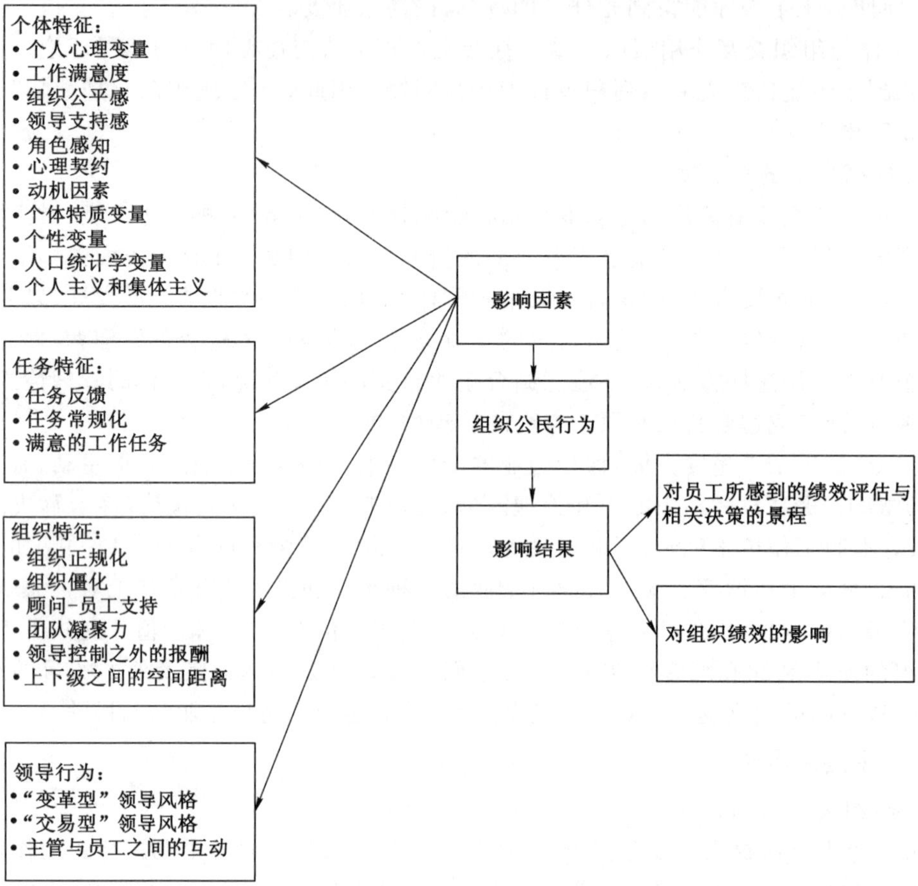

图 4-19　组织公民行为的影响因素与结果

任务特征、组织特征和领导行为是研究者较为关注的四个组织公民行为的影响因素，其中员工的个体特征包括心理变量（如员工的态度和个体的角色知觉）和特质变量（如员工的个性及人口统计学变量）。此外，还有诸如心理契约与动机因素，这些在很大程度上都对组织公民行为的表现产生影响。

国内学者对组织公民行为影响因素的研究大体上可从员工的个体特征、任务特征、组织特征和领导行为四个方面进行归纳：个体特征包括工作满意度、组织公平感、组织承诺感、组织领导支持感、心理契约、印象管理和动机等，这些个体心理变量作为影响因素与组织公民行为存在显著相关性。任务特征包括任务相关性等。组织特征包括组织文化类型、团队凝聚力等。领导行为包括魅力型领导、道德型领导、变革型领导等。

目前对组织公民行为影响后果变量的研究主要集中在两个方面：一是员工组织公民行为对组织绩效的影响；二是员工组织公民行为对他所受到的绩效评估与相关决策的影响。研究显示，组织公民行为与组织业绩以及效率有着密切的关系。

在科技发达、信息爆炸的新经济时代，企业组织所需具备硬设备的重要性已逐渐退居二线。随着竞争加剧，组织结构的扁平化，组织就必须依靠员工主动执行职务外的一些利他行为，这样才能使整个企业组织发挥无穷的潜力，企业员工的组织公民行为因而越来越为企业管理者所重视。

(4) 组织公民行为的测量与评定

目前,对组织公民行为(OCB)的测量研究主要从评价量表和评价视角两个方面进行,而将量表作为评价工具是目前研究的重点。

研究者们根据对OCB的不同认识和不同研究对象,编制了不同的OCB量表。其发展途径主要有以下几个方面:一是从访谈中获得;二是运用其他比较成熟的行为量表;三是为了达到特定的研究目的,利用已有的组织公民行为量表进行进一步的修订,形成新的量表,大部分都属于这种情况。1988年,奥根制定的众多衡量组织公民行为的量表中,最具代表性的是其5个维度,即利他、文明、运动员精神、责任意识和公民道德,并且22个题目组成了OCB量表,其他的量表大多基于这个量表。

就评价角度而言,可将OCB的评价划分为上级评价、同事评价和自我评价。上级评分法比较客观,能够较好地区分角色内行为与组织公民行为,但上级评分法只对其关注的行为进行评分,而不同上级的评分法也不一致。同事评估法能够掌握相对完整的信息,并做出相对全面的评估,但易受人际关系等因素的影响。近年来,研究者更倾向于使用上级评价。

4.6 案例分析

4.6.1 愿景与经营理念

宜家的愿景是"为大众创造更加美好的日常生活",经营理念是"提供种类繁多、美观实用、老百姓买得起的家居用品"。坎普拉德就曾经说过:设计一张价值1 000美元的办公桌对于家具设计师来说非常容易,但实际上只用花费50美元就能设计一个功能齐全且价格优惠的办公桌,并且还能做到最好。解决问题的方案不是越昂贵越好,这样只能是代表着平庸。

(1) 宜家的企业文化

① 非正式。作为一家瑞典企业,宜家的企业文化来源于瑞典文化。在宜家,所处可见的就是一种"非正式"的企业文化和工作作风。随着宜家进入到全球市场,这种文化可能与当地的文化产生一定的冲突。比如说在宜家德国,德国人会吐槽其瑞典同事会在香烟盒的背面来记事情;再比如在宜家美国,只有少数几个高管拥有名片。宜家采取的这种"非正式"实际上是想给予员工一定的自由空间,让"他们对自己负责",宜家的员工要对自己的职业发展负责。每年,员工们都要提前准备好自己的年度工作计划,列出要做的事情,然后再与主管进行讨论。

成本主义是宜家公司文化的另一个鲜明特征。虽然曾经荣列《商业周刊》评出的全球首富,坎普拉德70多岁高龄的时候坐飞机仍然选择经济舱。在宜家,成本概念深入经营方式、产品生产等各个方面。比如,大部分家居产品都需要顾客手工组装以节省成本,顾客要自行开车运送家具等。宜家的这种风格吸引了同样有"成本主义"情结的人。在宜家,即使是管理层员工,也鲜有开奔驰车、宝马车,穿着昂贵服装上班的。

② 平等。宜家通过平等的氛围、人性化的管理和有效的激励机制来留住人才。宜家主张平等,反对等级观念和官僚制度。宜家公司的总部是一座平房,地下有一个多功能停车

场。在这里，所有的同事都穿着T恤和牛仔裤，办公室都是敞开的。在这种氛围中，分不出谁是经理，谁是普通员工。坎普拉德痛恨任何形式的等级制度。巡视商店时，他鼓励大家直呼其名，以示他和大家是平等的。在宜家，经理对员工不称“员工”而称“同事”，以体现“宜家人人都是重要的”平等理念。

（2）宜家的雇主品牌

说起雇主品牌这个概念，就要提到它的创始人赛蒙·巴洛(Simon Barrow)。他和理查德·莫斯利(Richard Mosley)在2005年合著的一本书 *The Employer Brand：Bringing the Best of Brand Management to People at Work* 中正式提出了雇主品牌这个概念。因此，赛蒙·巴洛也被为“雇主品牌”之父。至概念诞生之日到现如今的15年当中，许多优秀的企业通过建立雇主品牌来进一步确立自己的人才竞争优势。比如，瑞典的宜家公司就是这样一家典型的企业。

提到宜家，人们会想到那四个醒目的黄色字幕——IKEA，会想到轻便简明实用又有些昂贵的家具，会想到小资的生活方式。宜家是瑞典人英格瓦·坎普拉德(Ingvar Kamprad)在17岁时所创立，IKEA四个字母中，“I”和“K”来自创始人名字的首字母，而“E”和“A”分别来自坎普拉德长大的农场“EImtaryd”和家乡“Agunnaryd”。从这里都能感受到创始人那一股浓浓的思乡之情。目前，宜家在全世界56个国家地区拥有430多家商场，超过21万名的员工，是全球著名的家居用品品牌之一。

宜家充分把自己的企业文化、人才理念都融入了雇主品牌的建设之中。它的价值观的核心是“民主设计”，让人人都应享有卓越的家居用品。雇主品牌是雇主对现有员工和潜在人才的“承诺”，包含外部品牌和内部品牌两部分。外部品牌就是在潜在的雇员中树立品牌，使他们愿意到公司来工作，为公司树立最佳工作地的形象。内部品牌则是在现有员工中树立品牌，它是公司对雇员做出的某种承诺，不仅是公司和雇员之间所建立的关系，还体现了公司为现有和潜在员工所提供的独特工作经历。在宜家内部，鼓励员工尝试不同的角色，让员工设计自己的职业道路，对自己的职业发展负责，这就是说，员工要了解自己的需求，按照需求来规划自己的任务。每年，员工们都要提前准备好自己的年度计划，列出要做的事情，然后再与主管讨论。在宜家，可以换工作，换公司，申请调换去自己感兴趣的其他部门工作，甚至还有机会可以去瑞典总部上班。

当然，员工在申请新职位或晋升时，宜家将评估员工的价值观，以确保和宜家文化的一致性。同时，宜家内部的工作环境充满了包容性，打造同事之间轻松的人际关系，实行人性化的管理，为那些脚踏实地、诚实正直的人们提供了十分广阔的发展平台，不仅是职业的发展，还有个人能力的发展——这是宜家一直以来坚持的人才理念。就像有宜家员工宣称的那样，她能在宜家找到一种平衡，生活和事业上平衡，兴趣和能力的不断匹配，感觉自己不仅仅只是宜家的员工和在宜家工作，而是与大家一同创造更加美好的生活，而且自己能影响越来越多的人。这份独特的工作经历让该员工终生难忘。

在对外方面，宜家也在寻找那些“兴趣相投”的候选人。“价值观和态度远比简历更重要”，这就是宜家的招聘理念。宜家在招聘时不仅要考虑候选人与工作相关的工作经验和能力，还要评估他们的个性特征和价值观，以考察他们与宜家文化的契合程度。对价值观和理念的评估成为筛选、面试候选人的重要依据，也是员工后续培训和发展的重要基础。

荷兰著名的人力资源公司任仕达(Randstad)曾经揭秘，宜家在招聘时鼓励应聘者带着他们的卧室照片参加面试，并且请他们谈论对家居的喜好以及对他们有何启发。宜家凭借这种方式来找到那些对家居充满了热情和喜好的人群，这是宜家想要的。

宜家通过对外宣传的手段来强化自身的雇主品牌。比如在中国，宜家每到一座城市开设新的商场之前，都会举办一场“雇主品牌访谈会”，向到场的众多候选人、媒体、招聘网站等详尽地揭秘宜家的人才理念、招聘标准、工作环境以及发展机会等。

当然，宜家在雇主品牌建设上还有待改进的地方，特别是随着社交媒体的崛起，对于雇主品牌的塑造是非常有效的手段。国外有 Facebook、Twitter、Linkedln、Instagram、Youtube 等，国内有微信等。现在的人，特别是年轻人，每天都花费大量的时间在社交媒体上，这应该引起企业的高度重视。宜家的直接竞争对手——家得宝（HomeDepot）在这个方面就走在了宜家的前面。家得宝将重点放在员工在社交媒体上讲故事，包括使用各种员工及办公场所的照片和视频，热情地回复那些评论者和求职者，以吸引年轻人的注目，传播企业的雇主品牌。

讨论：

(1) 有人认为，正是坎普拉德的个人风格孕育了宜家的企业文化，这种现象在国内也是屡见不鲜，我们称之为老板文化。你如何看待这种“老板文化”？

(2) 判断企业文化优秀的标准是什么？

(3) 请结合案例，谈一谈如何建设并宣传雇主品牌？

4.6.2　小米的互联网营销

(1) 小米的市场背景

① 现代社会工作压力大，大家除了工作就是工作，业余生活十分贫乏。看看地铁中年轻的白领只能通过手机来缓解压力就能知道现在的人有多寂寞，平均每天消耗在手机上的时间超过 4 小时的人大有人在。所以，手机越来越成为人们生活不可或缺的一部分，一部可玩性强的手机简直决定了你的生活质量。

② 手机互联网的迅速普及，致使大量的智能手机涌入市场，人们对手机的要求早已超过其本身，并且赋予手机更多的定义：“相机”“MP4”“录音笔”“电子书”……

③ 苹果手机在中国销售火爆，HTC、诺基亚等国外品牌紧随其后。但是，这类手机价格高昂，后续还有刷机费用，一些消费者叹而观止。

④ 国产手机因为各种因素不能被消费者在价格上认可，致使售价不高，成本就要降低，质量就要下降，满意度也就随之下降……成为一种恶性循环。国产手机只能忍居二线市场，高额利润被国外品牌赚取。

⑤ 现有热销品牌的手机在硬件、功能、外观等方面仍有很多方面值得改进，而更新的速度太慢，致使消费者更新的成本增加。

2011 年 8 月 16 日，雷军在北京召开新闻发布会，正式发布小米手机，并且首次公布了小米手机的一些细节。发布会上媒体云集，为的就是目堵雷军和小米手机的风采，随后各大媒体充斥了关于小米手机的新闻，一时间小米手机名声大噪，响彻整个 IT 界，小米手机此后也受到多媒体和手机“发烧友”的热捧，雷军和小米的一举一动都在媒体和手机“发烧友”的关注之下！

除了正式公开的媒体发布会，雷军还不断通过自己的微博发布有关小米的信息，以吸引媒体和手机“发烧友”对小米手机的持续关注。例如，雷军在 2011 年 10 月 1 日微博上首次正式透漏小米手机的销售时间，即首批小米手机于2011年10月15日发货！

除此之外，雷军还通过微博等互联网工具，制造媒体感兴趣的热点，吸引媒体的关注和炒作。例如，雷军本人还积极加入小米和360的口舌冲突，在微博上不断发表言论反击或抨击360的周鸿祎，被网友们戏称为"小三大战"。

（2）小米的市场定位

小米手机的成功，首先要归功于雷军对小米手机的精确定位。小米手机不是要针对所有的细分市场，也不是要蓝领、白领、学生、老板通吃，而是针对一群特定的消费者，用雷军的话来说，就是喜欢玩机的那群人，他们懂性能，喜欢折腾，就是手机控"。详细说来，这些人的特征包括：年龄在20～28岁，一般在20～25岁；拥有大专以上学历，学的是理工科，对IT技术痴迷；毕业不到5年，一般在2～3年，收入在2 000～6 000元；喜欢玩手机，喜欢上网，经常浏览"太平洋电脑网""中关村在线"等IT网站；有个人的消费主见，不喜欢随大流；喜欢网购，不喜欢逛街；社会地位不高，大都从事的是底层技术支持工作，渴望被社会认同。

在定位了目标群体以后，小米为这群人量身定做了一整套的产品策略、定价策略和营销策略。产品策略：做一部精品智能手机，配置要好，不然会被这群人轻视，技术（包括平台系统和产品本身）要有一定的复杂性，不然没什么可玩的。定价策略：2 000元以内，太贵了这群人消费不起，太低了显得没品位。营销策略：互联网营销，这群人每天干得最多事情的就是上网，小米所有的营销都是通过互联网来进行的，如微博、专业网站评测、论坛等。

（3）小米的营销渠道

小米手机在品牌营销的过程中并没有采用传统的电视或网页广告的形式，而是针对自身定位的消费群体，采取互联网营销，利用论坛、微博和专业网站评测，向目标消费群体精确传播。

① 微博。小米的微博阵地有两个：一是雷军本人，利用自己在IT产业的影响力不断发声，目前已有粉丝200多万，也就是雷军每一次发声有200多万的人在收听；二是小米手机的官方微博，目前有粉丝二十几万，同样是一个庞大的数字。不仅如此，每一条微博还会导致这粉丝的转发，从而影响到的人群数量会爆发式放大，比如小米公司××年5月20日一条活动的微博"@小米公司:【调查】有多少米粉期待，#小米手机QQ在线#的尾巴？想要的朋友，请举手转走～～"被粉丝转发11 647次，评论6 768条。雷军和小米利用这两个微博主要发布以下信息：

• 新产品上。比如，××年5月20日小米发布："今天上午10点，小米网限量发售15万台青春版，先到先得。请各位米粉选择好的网络，提前登录。"

• 活动通知。比如，××年5月23日小米发布："酷乐六一配件专场#活动，优惠加倍升级。用户购买配件，即有资格参与小米手机购买特权抽奖，50 000个特权资格等你来拿！可选标准版或电信版，欢迎转发告知朋友！"

• 制造热点。比如，××年5月22日小米发布："纵观360每次网络战都以败诉告终，令人不禁想象：如此不惧怕法律判罚，穷尽手段打击对手，360真是屡教不改。请大家转发相告！"

② 论坛。小米至少有三个论坛在聚集人气：小米官网社区、米聊论坛和MIUI官方论坛。那时，小米官网大约有350万注册用户，帖子500多万条，每天的发帖量都在1万多条，论坛的热度。

③ 专业网站评测。利用专业IT网站"专业编辑"或"普通网友"的评测文章吸引手机玩家注意，创造专家指点或口碑传播效应，影响消费者决策。小米的推广主要依靠"小熊在线""中关村在线""太平洋电脑网"这类传统的IT产品评测网站，这些网站都有一个"手机评测"的栏目，经常对一些新的机型或比较有影响力的机型进行评测，内容涵盖手机的外观、功能、系统软件甚至竞品对比等，十分翔实，内容十分可观，大多数"玩家"在购买产品之前都会参考这些网站的评测意见，通过"手机评测"影响消费者的购买决策，这是花钱不多且效果又好的互联网营销手段。

④ 电子商务销售。小米完全抛弃了传统的手机销售模式，没有国包、省包之类的经销商，也没有专卖店、形象店，在一些手机大卖场也没有专柜，更没有请导购员，小米手机主要依靠电子商务网站和运营商销售，尤其是前者。小米的网站设计得非常简约，没有多余的信息，首页就是产品信息，点击即可进入购买流程。购买流程也很简单，简单注册即可，完全是一个"成交型"电子商务网站，比一般的网店要大方、美观，比一般的企业网站要简约、高效。在跟运营商合作以前，普通消费者都是通过官网预约、购买，甚至是抢购。

讨论：

(1) 试从三种通用战略角度分析小米采用什么样的市场战略。

(2) 试从五力模型的角度分析小米的竞争策略。

(3) 试从外部价值链的角度分析小米的竞争策略及推广方式特点。

本章小结

(1) 组织战略与文化。主要介绍了组织战略的定义、类型、理解其与组织力的关系以及制定、实施与调整的过程，从而明确组织战略重要性；学习组织文化的定义、特征、内容与结构、功能和意义，从而理解组织文化是特定历史的产物。随着对组织文化认识与实践不断深化的过程，组织文化经过循环往复达到更高的层次。读者可以参考实例，这样有利于理解战略类型的选择与实施。

(2) 组织运行与效能。主要介绍了组织结构动态化以及如何衡量组织效能。通过学习，读者应理解组织制度、组织职权、组织协调、运行机制、组织效能的衡量、评估及其在实践中的意义。

(3) 组织中的社会化主要。主要介绍了社会化与组织社会化的定义、组织社会化的两种模型。通过对组织社会化过程和组织社会化策略的多角度分析，读者应明确组织社会化的内涵与实践中的意义。

(4) 组织中的权利与政治。每个人在组织中都有权利，人们会对不同权利基础做出反应。个人品质主要包括专家权利与参照权力，组织中主要包括强制权力、奖赏权力、法定权利。卓越的工作能力可以作为权利的起点，使成员做出更好的业绩。有效的管理者会接受组织中的政治性，每个人的政治敏感度不同，政治敏感度高的人会表现出更高的工作满意度，可以更好地化解工作压力。

(5) 组织中的集中核心态度。管理者应关注员工的态度，员工的态度会影响其行为。管理者为改善员工态度做出的努力都可以加强组织的有效性，带来更高的利润。

思考题

1. 什么是组织战略？它有哪些特性？
2. 谈一谈你对蓝海战略的认识。
3. 组织力与组织战略的关系是怎样的？请结合实际说明。
4. 举例说明组织文化的冰山模型。
5. 组织文化的特征有哪些？谈一谈你的思考。
6. 谈一谈你对名义文化与隐真文化的理解，二者的关系是什么？
7. 如何让组织文化有利于组织的发展？
8. 组织权力运行约束与监督如何展开？
9. 明确区分组织效能、组织效率与组织绩效。
10. 什么是社会化？社会化的本质是什么？
11. 什么是组织社会化？组织社会化的内容有哪些？
12. 组织社会化的策略有哪些？试举例说明针对新员工和老员工不同的策略方式。
13. 权力是什么？权力、领导和职权有何区别？
14. 常见的权术有哪些？具体如何使用？
15. 举例说明你身边存在的政治行为并分析原因。
16. 组织中的核心态度有哪些？这些态度在哪些地方相似？
17. 什么是工作投入？有哪些影响工作投入的因素？
18. 组织公民行为的含义是什么？如何衡量和评定组织公民行为？

第 5 章 个体与组织的关系

学习目标：

1. 了解组织中个体的人格差异与行为差异；
2. 掌握个体与组织匹配的类型、特征及其对组织绩效的影响；
3. 熟悉组织中的成长性职业生涯管理的目标及对组织发展的贡献；
4. 熟悉组织制度与激励的关系；
5. 了解基础激励理论和激励的当前问题；
6. 能够运用本章所学的理论思考和分析现实中的管理问题

【开篇案例】 王经理的困惑

某商业银行目前面临一些特殊员工的管理难题。他们大多来自重要客户或行内高管的推荐，其中不少是年轻的“90后”。一些人在工作中会表现得比较随性、自由，对绩效考核似乎看得也比较淡。这在企业整体较严谨的工作氛围中显得比较突兀和难以管理。小林就是其中之一，他是某大学数学系毕业的高才生，家庭条件优越，由行内高管推荐入职，担任数据挖掘和分析工作。平时工作中他经常迟到，分配给他的任务也经常不能按时完成，还经常对其他员工的工作随意批评，当问他是否有更好的解决方案时，他又不发表意见。在同事们眼里，小林是个不好相处的“异类”；在管理层眼里，小林是个有才能的“刺头”。王经理是小林所在部门的主管，他曾多次和小林私下沟通，想了解他到底想要什么样的工作、他在工作中的追求以及需要上司给他提供哪些帮助或支持。然而，沟通效果并不理想。小林认为自己家庭条件优越，父母对他的要求就是有个稳定而体面的工作，他对自己在收入和绩效方面也没有太多要求，而且有关数据需求和分析的工作对于他来说挑战性不大。小林觉得自己今天有心情就会多做点，心情欠佳就少做甚至不做，反正大家的数据需求在他看来也不差这一两天。同时，在沟通中也隐约听得出来，他是由行内高管推荐的，像王经理这些基层管理者也不能把他怎么样。对于小林这样的员工，是该激励培养？还是放任不管、维持现状？王经理陷入了矛盾之中。

讨论：

在案例中，小林的问题涉及哪些个体与组织的匹配和员工激励的问题呢？

资料来源：本书作者自拟。

5.1 组织中的个体人格差异与行为差异

为什么有些人安静而被动，而另一些人则热烈且进取？是否具有某些人格特质的人更加适合某些类型的工作呢？这就需要从人格的概念说起。

5.1.1 什么是人格

当谈起人格这个概念时，并不是说一个人是否有魅力，是否有乐观的生活态度，或者是否总是面带微笑。在组织行为学中，人格指的是人的一组相对稳定的特征，这些特征决定着特定的个人在各种不同情况下的行为表现。它是个体所有反映方式和与他人交往方式的总和。

有研究表明，人们之间行为的差异有相当一部分是人格差异决定的。人格测试对雇佣决定很有帮助，它能够帮助管理者更有效地评估某份工作适合的人选。因此，管理者需要了解个体的人格差异及其在组织管理中的应用。

（1）人格的特征

① 独特性。人与人之间的心理与行为是各不相同的，人格结构组合的多样性使得每个人的人格都具有自己的特点。例如，有些人沉默寡言，有些人活泼开朗，有些人顽固自守，有些人开放自然。

② 统合性。人格由多种成分构成，但它们并不是孤立存在的，而是密切联系并整合成一个有机的整体。人格的有机结构具有内在一致性，受自我意识的调控。当个体的人格结构在各方面彼此和谐一致时，就会呈现健康的人格特征，否则可能会出现适应困难，甚至导致人格分裂。

③ 稳定性。个体的人格在时间上具有前后一贯性，空间上具有一定的普遍性，那些偶然发生的心理特性不能称为人格。例如，个性外向的大学生，他不仅在学校里表现活跃，而且在校外也喜欢结识朋友；他不仅大学四年表现如此，而且毕业若干年后很可能依然这样。当然，这种稳定性不是绝对的，而是相对的。

④ 功能性。人格是一个人生活成败、喜怒哀乐的根源之一，它决定了一个人的生活方式，甚至有时会决定一个人的命运。例如，面对挫折与失败，有志者会认真总结经验教训，怯懦者则一蹶不振，失去了奋斗的目标。

（2）人格的决定因素

为了正确理解人格，了解其影响因素是非常重要的。早期关于人格的研究争议主要集中在人格差异形成的基础上。一个人的人格是来自遗传因素，还是后天的环境因素？随着研究的深入发展和多学科的交叉，越来越多的人认为：人格是遗传因素和环境因素共同作用的综合产物。遗传决定了先天条件和外围限制，后天环境决定了个体的表现，如图 5-1 所示。

① 遗传。遗传指的是那些在胚胎阶段已经决定了的因素。例如，人的身材、相貌、性别、秉性、肌肉的组成和反射、精力水平以及生物规律等特点，全部或大部分受到出身的影响。也就是说，人体会受到亲生父母在生物、生理、内在心理构成方面的影响。根据遗传观点的说法，个体的人格特征可以用染色体上基因的分子结构进行解释。

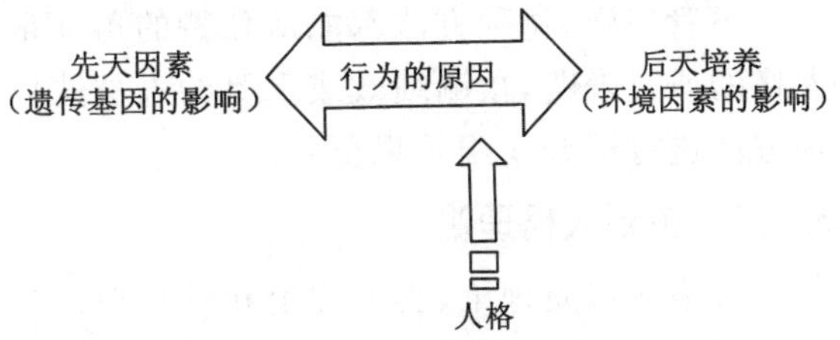

图 5-1　人格的影响因素

但是，人格并非永远不会改变。例如，人们在可靠性这一人格特征上的测量分数随时间呈增长趋势，因为年轻人会逐渐开始组建家庭、经营事业。然而，可靠性存在巨大的个体差异：因为每个人所能改变的程度大体相当，所以他们的排名顺序基本保持不变。用智力做类比可以解释得更清楚：随着孩子们不断长大，他们会越来越聪明，所以几乎所有人在自己 20 岁时都比 10 岁时聪明；然而，如果 10 岁时小明就比小刚聪明，那么到了 20 岁时可能还是这样。

② 环境。除了基因，一个人在孩童时期所经历的环境在个性塑造方面也起到重要作用。有研究表明，人格在青春期更易改变，在成年人中则更加稳定。换句话说，一个孩童所接触的和被对待的方式都影响着他成为某种类型的人。具体而言，一个孩童在社会化过程中的经历和所处的社会环境都将对其人格产生影响。

个体在社会化过程中主要处在家庭环境和学校环境中。家庭作为个体最早的生活环境和社会的基本单元，将个体与社会关联起来，承担着将本社会文化的规范和价值初步传递至下一代的任务。学校是有针对性、有计划地影响学生成长的场所，是个体成长过程中的重要环境因素；同时，学校聚集着的都是同龄的群体，这对个体人格发展的影响也非常大。

社会环境也会塑造社会成员的人格特征，使人的人格结构朝着同一方向发展。其目的是维护社会稳定，确保每个人都牢固地融入整个社会的文化形态中。

（3）人格的测量

奥尔波特（Allport）认为，人格是“个体内部身心系统的动态组织，它决定了个体对环境的调节方式”。因此，可以将人格视为个体对他人的反应方式和交往方式的总和，常常会通过个体所表现出来的能够测量的特质对其人格进行描述。常用的人格测量方法包括自我报告和观察者评定测量法。

① 自我报告。自我报告是指个体就一系列因素进行自我评估。例如，“我对未来有很多担忧”，通过被试的自我报告来评估他或她的某一特质。尽管编写良好的自我报告测量会非常有效，但作答人可能会为了给人留下一个好印象而进行印象管理或者撒谎，从而使得评估失真。有研究发现，与那些为了自我认知而参加测试的情况相比，如果人们知道他们的人格测试分数将被用来做出雇佣决定时，他们对自己责任心和情绪稳定性的评价将会提高大约 0.5 个标准差。另一个问题是准确性，求职者参加测试时如果处于心情不好的状态，得到的分数可能就不准确。

② 观察者评定测量法。观察者评定测量法指的是由一名或一些观察者来对某个人的人格特质进行评定（他们可能了解目标对象，也可能不了解）。虽然观察者评定测量法和自我报告调查法评定的结果是高度相关的，但观察者评定测量法在预测工作能否取得成功方面效果更好。

不管怎样，每种方法都能从独特的角度帮助我们了解个体的行为及其差异。大量针对人格的研究表明，预测绩效或重要的人员选拔与任用决策时，将观察者测量和自我报告这两种方法进行结合使用效果更好。

5.1.2 主要人格理论

人格的特质理论、类型理论和整合理论是关于人格共性与差异的代表性理论。

(1) 人格的特质理论

人格的特质理论起源于20世纪40年代的美国。特质理论认为，特质是人格评价的基本单位。主要的特质理论如下：

① 奥尔波特的特质理论。根据奥尔波特的分类，人格特质被分为共同特质和个人特质两类。共同特质是指某一群体或大多数人在特定的社会和文化背景下所具有的共同特质，代表着一定范围内群体共有的行为倾向。个人特质是指个体身上所独有的特质，代表着个人的独特的行为倾向。奥尔波特根据个人特质在社会上的作用将其分为首要特质、中心特质和次要特质。其中，首要特质是指一个人最典型、最具概括性的特质，它影响一个人在各个方面的行为表现；中心特质是指构成个体独特性的几个重要的典型特质；次要特质是指个体的一些不太突出的特质，往往只有在特殊情况下才会表现出来。

② 卡特尔的人格特质理论。美国人格心理学家卡特尔认为，特质是构成人格的基本单元。特质是指用以描述个人行为的一些持久而稳定的特点，比如畏缩、害羞、顺从、进取心等。特质在时间上具有稳定性，在空间上具有一定的普遍性。通过对特质的认识和了解，可以预测个体的行为表现。

1949年，卡特尔通过因素分析的统计方法，提出了16种相互独立的根源特质。根源特质是指制约表面特质的潜在基础和人格的基本因素，这些特质又分为低分者特征和高分者特征两个极端。卡特尔在这16种根源特质的基础上设计出一种自陈式问卷。该测验具有较高的信度和效度，在组织管理领域得到了广泛的应用。

(2) 人格的类型理论

① 单一类型理论。单一类型理论认为，人格类型是依据一群人是否具有某一特殊人格来确定的。该理论的典型代表就是美国心理学家弗兰克·法利提出的T型人格。法利认为，T型人格是一种爱好冒险、爱刺激的人格。

② 对立类型理论。对立类型理论认为，人格类型包含了某一人格维度两个相反的方向。这一理论的典型代表是A-B型人格类型和内-外向人格类型。

A-B类人格：1974年，福利曼和罗尔斯对A-B型人格类型进行了描述。A型人格属于不稳定型的人格，具有热情、易怒、缺乏耐心、勤奋精神强、时间感强、竞争意识强、行动快，经常处于紧张状态，急于求成，社会适应能力差等特点。与之对应的B型人格，则具有冷淡、沉稳、行为稳定、喜欢慢的生活节奏等特点。

内-外向人格：瑞士著名人格心理学家荣格是最先依据“心理倾向”来将人格类型划分为内向和外向两个典型类型的学者，这一观点就是内-外向人格类型学说。荣格认为，外向人格是指一个人的关注点和兴趣在外部客体上；内向人格则是指一个人的兴趣和关注点在自身主体上。在荣格看来，任何人都具有外向和内向这两种特征，但其中一种可能占优势，因而可以确定一个人是内向还是外向的。

(3) 整合理论

特质理论和类型理论分别从不同的角度解释了人格的差异。特质理论强调的是人与人之间的个体差异，它是从心理上进行评估的，并通过下位层次的人格差异表现出来；类型理论强调的是群体之间的人格差异，这是可以通过观察来获得的，并以较高层次的人格差异进行表现。艾森克将特质理论和类型理论有机地结合起来，提出了整合理论，更加全面地描述了人格的结构。该理论将人格结构分成了 4 个层次：特殊反应水平（日常观察到的反应）、习惯反应水平（由反复进行的日常反应形成）、特质水平（由习惯反应形成）、类型水平（由特质形成）。行为结构的构成如图 5-2 所示。

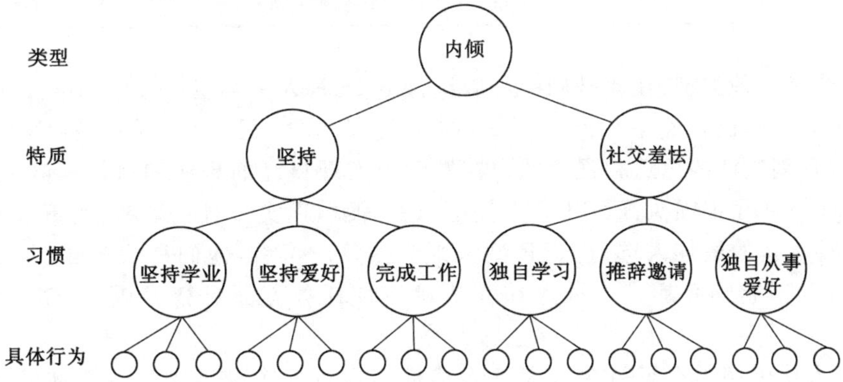

图 5-2　行为结构的构成

5.1.3　人格差异与行为差异

（1）人格类型差异与行为差异

早期对人格的研究曾试图识别和标记那些能够描述个体行为的持久特征，包括害羞、进取、顺从、进取、忠诚、怯懦等。当某人在很多情境下表现出这些特征时，我们将其称为此人的人格特质。

早期旨在识别控制行为的主要特质的努力，经常导致一长串难以概况的特质，并且很难为组织决策者提供实践指导。随着研究的发展，两个人格评估框架开始受到实践中管理者的青睐，分别是迈尔斯-布里格斯人格类型指标和大五人格模型（big five model），它们是目前对这些特质进行识别和分类的主导框架。除了这些好的特质评估框架外，管理者还需要关注与组织行为相关的一些负面特质，如黑暗三特质。

① 迈尔斯-布里格斯的人格类型理论与组织行为。迈尔斯-布里格斯类型指标（Myers-Briggs type indicator，MBTI）是使用最广泛的人格框架之一。这一人格测验包括 100 道问题，用以了解个体在一些情境中通常的感知和活动。这一指标可以根据个体的回答把个体区分为外向型或内向型（E 或 I）、感觉型或直觉型（S 或 N）、思维型或情感型（T 或 F）、判断型或感知型（J 或 P）。具体定义如表 5-1 所列。

表 5-1　迈尔斯-布里格斯的人格分类

序号	类型	定义
1	外向型	外向型的人性格开朗、善于社交、充满自信
	内向型	内向型的人安静、害羞

表 5-1(续)

序号	类型	定义
2	感觉型	领悟型的人注重实际,偏爱程序化和秩序化,注重细节
	直觉型	直觉型的人依赖无意识的处理过程,关注宏观的"大场面"
3	思维型	思维型的人运用理智和逻辑处理问题
	情感型	情感型的人依赖个人的价值观和情绪处理问题
4	判断型	判断型的人喜欢控制,偏爱充满秩序的结构化的世界
	感知型	感知型的人灵活变通、顺其自然

每组中选择一种类型,在此基础上可以组合出 16 种人格类型。每种人格类型的特点不同,其相对应的行为也自然不相同。例如,内向型/直觉型/思维型/判断型(INTJ 型人)是幻想者,他们有创造性的思想和强大的内在推动力实现自己的想法和目标,其特点是怀疑、批判、独立,而且往往很固执;ESTJ 型人是组织者,他们现实、理性、果断、实事求是,是从事商业和技术类工作的最佳人选;ENTP 型人则为抽象思考者,他们喜欢革新、特立独行、多才多艺,对独自创业感兴趣。这种人在完成挑战性任务方面足智多谋,但疏于关注常规工作。

② 大五人格模型与组织行为。大五人格模型通过 5 个维度来评估个体的人格特质。这 5 个基本维度被认为是所有其他人格维度的基础,包含了人格特质中最重要的变量:外倾性、随和性、责任心、情绪稳定性和经验开放性。

外倾性:这一维度描述的是个体对关系的舒适感程度。外倾者倾向于喜欢群居、善于社交和果断自信;内倾者倾向于个人独处、害羞胆小和沉默寡言。

随和性:这一维度描述的是个体服从别人的倾向性。高随和性的人是合作的、热情的和信赖他人的;低随和性的人是冷淡的、敌对的和不受欢迎的。

责任心:这一维度是对可靠性的测量。有高度责任心的人是负责的、有条不紊的、值得信赖、持之以恒的。在该维度上得分低的人很容易精力分散、缺乏规划性,且不可信赖。

情绪稳定性:这一维度刻画的是个体承受压力的能力。正向的情绪稳定性者倾向于是平和的、自信的和安全的;负向的情绪稳定性者倾向于是紧张的、焦虑的、失望的和缺乏安全感的。人们也会经常用它的对立面——神经质来标识这一维度。

经验开放性:这一维度是指个体对新奇事物的兴趣和热衷程度。经验开放性非常高的人富有创造性、凡事好奇、具有艺术的敏感性;处于开放性维度另一个极端的人则会很保守,对熟悉的事物感到舒适和满足。

大五人格特质模型是如何预测工作行为的呢?大五人格特质的研究给出了这些人格维度与工作绩效之间的关系。据有关文献报道,"占绝对优势的证据表明,那些值得信赖的、细致周到的、做事有条不紊的、勤奋刻苦的、持之以恒的、成就取向的个体,即使不能在所有职业当中,至少也可以在绝大多数职业当中取得更好的工作业绩"。另外,在责任心上得分较高的个体,在工作相关知识方面水平也会更高,这可能是高度责任心者学习得更多[一项针对 138 项研究进行的综述研究显示,责任心与平均成绩点数(GPA)密切相关],而且较高的工作知识水平又会带来较高的工作绩效水平。

责任心对于管理者来说与一线员工同等重要，如表 5-2 所列。一项对私营企业 313 名 CEO 候选人(225 名最终被雇用)人格分数的研究发现，以坚持不懈、注重细节、建立高标准的形式表现的责任心，比其他特质更重要。这项结果也许会让人意外，却证实了责任心对组织成功的重要性。

表 5-2　收购型公司取得商业成功最重要的特质

最重要	最不重要	最重要	最不重要
坚持	良好的口头沟通	分析技能	热情
注重细节	团队合作	设置高标准	倾听技能
有效率	灵活性/适应性		

尽管在大五特质中责任心与工作业绩始终相关度最高，但在某些情况下，其他特质与业绩的一些方面相关。大五特质还与工作和生活有其他的关联，如图 5-3 所示。

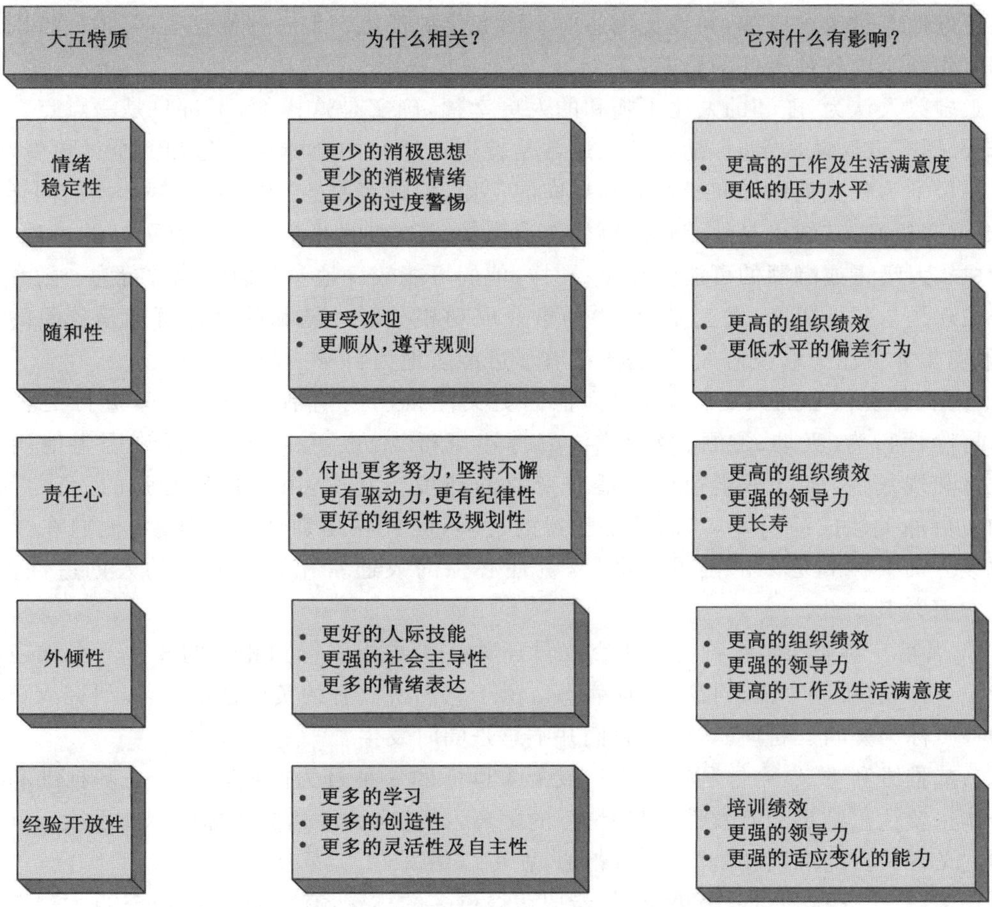

图 5-3　大五特质影响组织行为学模型

在情绪稳定性上，得分高的人比得分低的人幸福。在大五特质中，情绪稳定性与生活满意度、工作满意度和低压力相关度最高。因为得高分的人在他们思考的过程中更积极和乐观，同时经历较少的消极情感；情感稳定性低的人过于警醒（总是在寻找问题或危险临近的信号），并在对待压力的心理和生理影响上极其脆弱。

与内倾的人相比，外倾的人在工作与生活中感到更幸福。他们比内倾的人体验到更多的积极情感，而且他们更自如地表达这些感觉。在需要人际互动的工作中，他们也会表现得更好，因为他们拥有更多的社会技能，他们通常比内倾的人拥有更多的朋友，社交活动也多。外倾性这个指标能够相对准确地预测谁将成为团队中的领导者；外倾者更具社交主导性，更能“驾驭”各种各样的人，而他们通常比内倾者更加自信。外倾性的一个消极方面是外倾者往往比内倾者更加冲动；他们更有可能缺勤，采取冒险行动，如没有安全措施的性生活、酗酒以及其他冲动性或寻求刺激的行为。一项研究还发现，在工作面试中，外倾者比内倾者更有可能撒谎。

在经验的开放性维度上，得分高的个体在科学和艺术方面要比得分低的个体更有创造性。因为创造性对领导至关重要，所以在该维度上得分高的个体更有可能成为有效的领导者，并且他们在面对模糊性和变革时比得分低的个体感觉更得心应手。因此，得分高的个体能够更好地应付组织变革，并且更加适应不断变化的环境。但一些证据表明，他们特别容易受到工作场所中各种事件的影响。

大多数人认为，随和的人比不随和的人更幸福，确实是这样的，不过只是一点点。在选择恋人、朋友或团队成员时，随和的人通常是首选。随和的个体比不随和的个体更受欢迎，这就解释了为什么他们倾向于在人际导向的工作（如顾客服务）中表现更好。他们同样更顺从、更遵守规则，其结果是他们较少可能遭遇事故。随和的儿童在学校有更好的表现，而随和的成年人吸毒或酗酒的可能性更小；同样，他们可能较少地参与组织偏常行为。随和性的一个发现是与较低程度（尤其是收入）的事业成功相关联。随和的个体可能是较差的谈判者；他们非常关注于取悦他人，以至于没有尽可能多地为自身谈判。

首先，有责任心的人更长寿，因为他们更关注自己的生活（吃得更好，进行更多的锻炼），冒险性行为（吸烟、酗酒、吸毒或酒驾等违规行为）也更少；不过，或许因为他们太有组织性和规划性，所以不能很好地适应变化的环境。其次，由于责任心强的人比责任心弱的人更加关注成绩的好坏，而不是学习的过程，因此在培训过程的初期，他们在学习复杂技能方面会碰到更多的困难。最后，责任心强的人通常比责任心弱的人创造性更差，艺术方面尤其如此。

③ 黑暗三特质与组织行为。研究人员还关注了与组织行为相关的 3 种不受欢迎的人格特质：马基雅维利主义、自恋、精神病态。由于它们所具有的负面性质，所以研究人员将这三种特质称为黑暗三特质。当然，它们并不总是同时发生。

马基雅维利主义：个体利用他人达成个人目标的一种行为倾向。相信马基雅维利主义的个体比较注重结果和有效性，保持情感的距离，并且会为了达成目标而不择手段。马基雅维利主义者一贯的准则就是“只要行得通，就可以用”。

自恋：一个人认为自己极度重要，希望获得更多的称赞，有权力意识，并且自大。有证据表明，自恋者比其他人更有吸引力，自恋者的工作动机要比其他人高。一项针对挪威银行员工的研究发现，自恋分数高的人更享受自己的工作。但是，自恋似乎与工作表现无关，而与一些反生产行为和其他负面结果联系更为密切。一项研究发现，虽然自恋者认为自己比其他同事更能胜任领导者的角色，但是上级对他们的评价却相对较差。在道德要求高的情境中，自恋的人有可能会被看作不称职且不道德的领导者。

精神病态：对他人缺乏关心，并且当自己的行为对他人造成伤害时不会感觉愧疚或后悔。当然，精神病态并不意味着精神失常。在组织行为学中，精神病态通常是通过一个人是否遵守社会规范或者是否准备利用欺诈手段来达到目的来衡量的。

(2) 人格、情境与行为差异

人格差异对于员工的行为有着极大的影响，但员工的行为差异也不完全由人格决定。情境的差异同样对员工的行为有着极大的影响，员工的行为差异是人格与情境共同作用所导致的，如图 5-4所示。

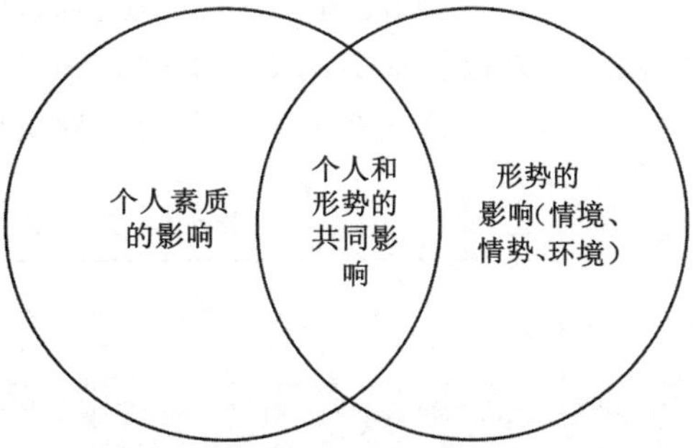

图 5-4　影响行为的因素

研究发现，人格特质对组织行为的影响取决于具体情境。以下两个理论框架有助于解释这当中的原理。

① 情境强度理论。情境强度理论指出，人格转化为行为的方式取决于情境的强度。所谓情境的强度，是指规范、规章或标准在多大程度上支配我们采取适当的行为。在高强度情境下，压力迫使人们表现出正确的行为，并清楚地哪些行为是正确的，哪些行为是错误的。相反，在较弱的情境下，由于“无论什么都可以”，所以人们就可以自由地表达自己。研究表明，人格特质在较弱的情境中比在较强的情境中更能预测行为。

下面从 4 个方面分析组织中的情境强度：

a. 明确性：关于任务和责任的清晰提示。清晰的工作产生的情境强，因为个人知道该做什么。例如，门卫的工作可能比保姆的工作更明确。

b. 一致性：关于工作任务和责任的指示，在多大程度上是互相兼容的。一致性强的工作带来的情境也强，因为所有提示都指向同一个目标行为。例如，急症护理护士的工作可能比经理的工作更有一致性。

c. 约束性：个体的决策和行动自由，在多大程度上受外力的限制。因为个体的自由受到了限制，所以约束性强的工作带来的情境也强。例如，银行审单员的工作比护林员的工作更有约束性。

d. 严重性：决策或行为在多大程度上会对组织及其成员、客户、供应商等相关人员产生重大影响。为了防止出现错误，对环境的控制会非常严格，因而严重性强的工作产生的情境也强。例如，外科医生的工作可能产生的后果比外语老师的工作更严重。

一些研究人员推测，从定义来看，组织是强情境，因为它们通过规则、规范、标准来管理行为，这些约束通常是恰当的。例如，我们不想让员工认为他们可以随意对他人进行性骚扰，使用可疑的会计流程，或者只在心情好的时候才来上班。

然而，这并不意味着组织应该总是为员工创造强情境。其原因如下：第一，一个充满规则和严格控制程序的工作可能会非常枯燥导致员工缺乏动力，就好像所有的工作都是在流水线上操作的一样。第二，每个人都是不同的，适合他们的东西不一定适合其他人。第三，有一些企业文化十分重视强情境，但是强情境有时候会削弱自主性、创造性和主动性。一项研究发现，弱情境中员工更有可能按照自己的价值观表现得更加积极主动。第四，工作变得越来越复杂,全球各国各地的关联度变得更高。创造强情境来管理复杂的、相互关联的、文化多样的体系可能既困难又不明智。因此,管理者需要确定职场中的角色,并找到正确的平衡点。

② 特质激活理论。特质激活理论(trait activation theory, TAT)是理解人格情境激活因素的又一个重要理论框架。TAT 预测,某些情境、事件或干预更能"激活"某种特质。例如,以佣金为基础的薪资方案可能会激活个体在外倾性上的差异,因为与其他特质(如开放性)相比,外倾性对奖励更为敏感。相反,在允许表达个人创造力的工作中,个体在经验开放性上的差异也许比在外倾性上的差异更能预测创新行为,如表 5-3 所列。

表 5-3 大五中的具体特质与哪些工作更相关

关注细节	社交技能	工作竞争	创新能力	应对愤怒的人	时间压力(最后期限)
得分高的工作(这里列出的特质可以预测这些工作中的行为)					
航空管制员	神职人员	教练/球探	演员	劳教官	新闻分析员
会计	司泵工	历史学家	档案管理员	生物学家	数学家
法律秘书	播送技术员	核反应操作员	医师	统计学家	健身教练
得分低的工作(这里列出的特质无法预测这些工作中的行为)					
林务员	软件工程师	邮局职员	法庭书记员	作曲家	护肤专家
按摩师	司泵员	历史学家	档案管理员	生物学家	数学家
模特	播送技术员	核反应操作员	医师	统计学家	健身教练
得分高的工作激活了这些特质(使它们与工作行为的预测相关性更大)					
责任心(+)	外倾性(+)	外倾性(+)	开放性(+)	外倾性(+)	责任心(+)
	随和性(+)	随和性(-)		随和性(-)	神经质(-)
				神经质(-)	

注:(+)代表此种特质高的人在工作中表现得更好;(-)代表此种特质低的人在工作中表现得更好。

一项研究发现,当上网学习的人受到电子监控时,他们会有不同的反应。那些特别害怕失败的人得到的评价要比别人高,但学到的东西会大大减少。在这个例子中,环境特征(电子监控)激活了一种特质(害怕失败),二者结合起来就意味着更低的工作绩效。

当然,TAT 也可以通过积极的方式体现。一项应用了 TAT 的研究发现,在同事关系不好的情况下,个体在亲社会行为倾向上的差异会变得更加明显。换句话说,在互相支持的环境中,每个人都会表现出亲社会行为。

情境强度理论和特质激活理论共同表明,与其争论先天和后天因素哪个重要,还不如将二者放在一个框架中考虑,这样不但相互影响,还会相互作用。换句话说,人格会影响工作行为,情境也会影响工作行为,但在正确的情境下,人格对行为的预测能力更强。

5.2 个体与组织匹配

5.2.1 什么是个体与组织的匹配

(1) 个体与组织匹配的概念

个体-组织(P-O)匹配指的是个体与他们所在的工作组织之间的相容性。相容性反映了主观的个人与客观的组织实体特征之间的融合性、一致性以及互补性的程度。个体-组织匹配是更广义的人与环境(P-E)匹配中的一种具体变式。人与环境交互的视角最早出现在职业心理学领域,帕森斯(Parsons)的职业选择三重理论首次提出该视角以来,它已经在心理学界存在超过百年。在现有文献中,个体与组织匹配的前因变量大致可分为个体因素、组织因素和社会文化因素。大多数研究者将个体-组织匹配宽泛地定义为个体与组织之间的"相容性",但对于"相容性"而言,不同研究者有不同的理解和概念操作化方法。

(2) 个体与组织匹配的重要性

个体与组织匹配能使人力资源得到充分的发挥和有效的配置、使个体特征与组织特征更加一致或互补;同时,个体与组织匹配可以提高员工的工作满意度、增强员工的组织承诺,促进员工的组织公民行为,降低离职意图和流动,提升工作绩效,最终提高组织的功效,以实现组织发展目标和战略。

5.2.2 个体与组织匹配的类型及特征

克里斯托夫(Kristof)结合前人的研究,提出了一个可以整合不同个体与组织匹配概念操作化的框架,将个体与组织匹配分为两大类:一致型匹配和互补型匹配。个体-组织匹配的匹配类型的框架如图 5-5 所示。

(1) 一致性匹配的内容及特征

个体与组织基本特征之间的一致性程度被称为一致性匹配。组织的基本特征一般包括价值观、组织文化、氛围、目标和规范,个体特征通常包括价值观、目标、人格特征和态度。当组织和个体在这些特征上具有一致性时,存在"一致性匹配"(图 5-5 中箭头 a)。其中,价值观一致是个体与组织匹配最重要的匹配变式,也是指导员工行为的组织文化的主要成分。受传统文化的影响,中国组织的个体-组织匹配在价值观上具有八个不同的维度:争创一流、平衡兼顾、客户导向、和谐仁义、社会责任、遵从制度、创新精神、变中求胜。这些维度折射出了中国传统文化对个体与组织匹配的深刻影响。例如,平衡兼顾体现着儒家的中庸思想,变中求胜体现了求权达变的辩证思想,和谐仁义反映了传统文化中的忠恕仁义。此外,和谐仁义、平衡兼顾、争创一流等对组织承诺具有较好的预测效果。遵从制度、创新精神等方面的契合度对工作满意度具有较强的预测力。

除了将个体与组织匹配视为价值观一致外,持"一致性"观点的一些研究者还将个体与组织匹配看作个体目标与组织目标的一致,这种观点主要受到施耐德(Schneider)的"吸引-选择-磨合"理论(ASA)影响。ASA 理论框架的基本假设是,人们容易被与他们具有相似目标的组织或个人吸引或选择。

(2)互补性匹配的内容及特征

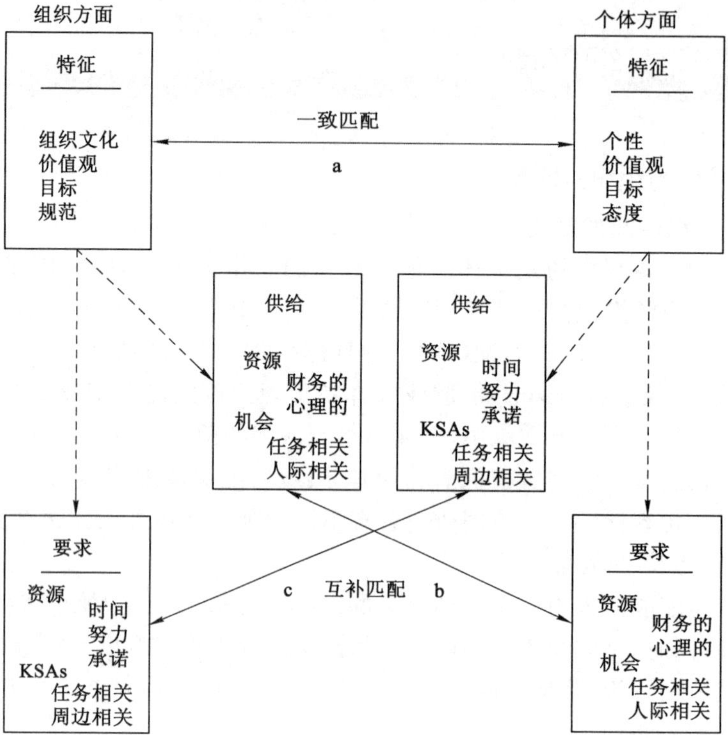

KSAs—知识、技能和能力。

图 5-5 个体-组织匹配概念操作化的不同变式

互补性匹配是指个人和组织互相满足对方的需求。根据 Kristof 的划分，互补性匹配又分为“要求-能力匹配”和“需要-供给匹配”两类。组织提供经济的、物质的和心理的资源，以及工作机会、人际交往机会和发展机会。当组织所提供的这方面的资源和机会满足员工的这些需求时，就会实现“需要-供给匹配”(图 5-5 中箭头 b)。类似地，组织方也会要求员工贡献其时间、努力、承诺、知识、技能和能力，当员工的能力能够满足组织这些要求时，“要求-能力匹配”即达成(图 5-5 中箭头 c)。

5.2.3 个体与组织匹配的作用

个体和组织之间的匹配程度在个人和组织中都扮演着极其重要的角色。组织的人事选拔过程以及社会化过程会影响个体-组织匹配的程度，而个体-组织匹配又会对个体工作选择和组织人员招聘决策以及一些较长期的结果变量产生重要的影响，如离职行为、组织承诺、周边绩效和任务绩效等。以个体的雇佣阶段为时间参照轴，可以从两个方面阐述个体与组织匹配的影响作用：一方面，在组织进入阶段，个体与组织匹配在个体工作寻找和选择以及组织甄选过程中的角色；另一方面，在个体进入组织后，个体与组织匹配对个体与组织的态度、绩效及员工行为的影响，如图 5-6 所示。

(1) 个体与组织匹配在进入组织阶段的作用

个体进入组织阶段的匹配更多是关注候选人的 KSAs 与职务要求之间的匹配(P-J 匹配)，随着劳动力市场竞争的加剧，组织吸引力和如何选择合适的人选进入组织越来越受到

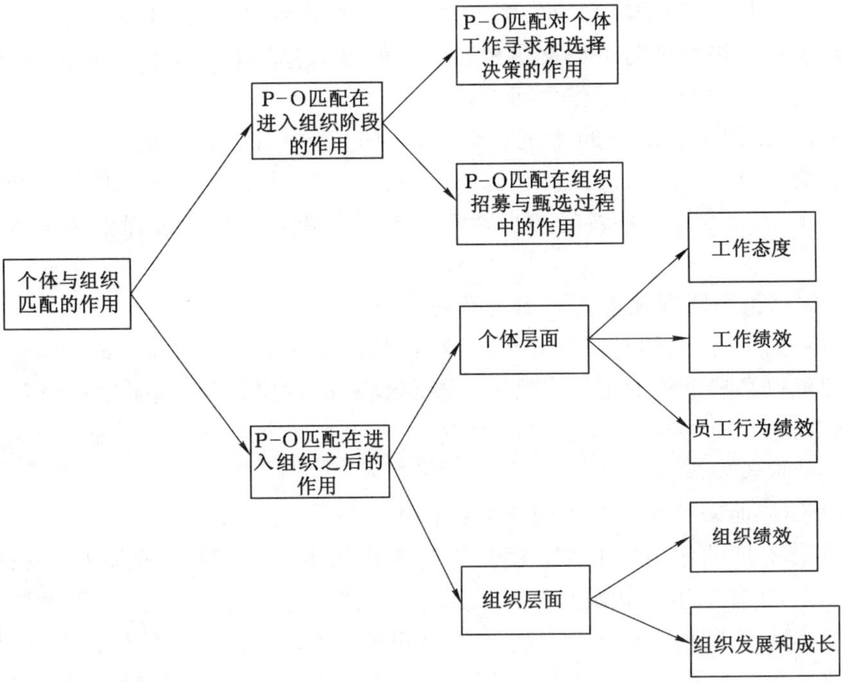

图 5-6　个体与组织匹配的作用

重视，候选人的价值观、信仰和人格特征与组织的价值观、信仰和组织规范之间的匹配也成为匹配研究和实践的重要组成部分。

① 个体与组织匹配对个体工作寻求和选择决策的作用。个体与组织匹配在个体寻求和选择工作决策过程中具有重要的作用。组织的奖励制度、组织价值观、人力资源系统差异化、薪酬期望组织文化和客观的组织特征等（如组织规模、国际化水平、薪酬水平、薪酬组合及集中化程度等）都会影响组织吸引力或偏好。从个体特征差异角度而言，影响个体与组织匹配的个体特征主要有人格特征、价值观和目标等。

个体的人格特征与组织特征之间的“需求-供给型”匹配可以显著影响候选人的工作选择决策。有研究发现，具有高成就需要的高年级学生更倾向于选择那些鼓励竞争，奖励个人努力和成就的组织。其他一些人格特征，如物质主义和自我效能，可以预测个体对于那些薪酬水平较高和强调个人报酬的组织的偏好，自我效能感高的个体比自我效能感低的个体更多被强调个人报酬的组织所吸引，而不喜欢冒险的求职者比喜欢冒险的求职者更容易被实施固定薪酬制度的组织所吸引。同时，不同的个体会被那些预期会与之形成一致性相匹配的组织所吸引。伯克（Burke）和德什察（Deszca）研究 A 型人格和 B 型人格的员工的组织偏好时也发现了这种对应现象：A 型人格的个体（具有较强的野心、竞争性、耐性差、高成就需求及较强敌对的特征）往往喜欢 A 型特征的组织（具有追求高绩效、主动、强硬等特征）。

② 个体与组织匹配在组织招募与甄选过程中的作用。在组织招募与甄选过程中，个体与组织匹配也起到重要的作用。在 20 世纪 80 年代末和 90 年代初，个体与组织匹配的概念被引入到员工的甄选过程中。个体与组织匹配不仅被作为甄选过程的预测指标，同时也被作为效标。博文（Bowen）等人提出将个体-组织匹配作为招募过程所要实现的重要目标。

他们提议，人与组织的匹配应当成为甄选具有长久稳定性的员工和增进组织灵活性的关键因素。选择那些人格特征与组织文化相容的人可以培育具有灵活性的人力资源队伍，这些员工很容易在组织中的不同工作之间进行轮岗。

一般来说，组织负责招募的主试者会在面试过程中对候选人的个体-组织匹配做出评估。招募者会通过对候选人的人际技能、未来目标取向以及个人外表的主观判断来评估其个体-组织匹配的程度。招募者的初步判断构筑了候选人在甄选过程中必须通过的第一道门槛。

(2) 个体与组织匹配在进入组织之后的作用

从个体层面来看，个体与其所在组织越匹配，越能获得与工作相关的积极效果。个体与组织的匹配可以影响个体的工作态度、工作绩效、离职意愿、工作满意度以及员工的甄选过程、组织承诺和员工行为等。从组织层面看，适当水平的个体与组织匹配能够改善组织绩效和促进组织的成长发展。

① 从个体层面来看个体与组织匹配的作用。

a. 对工作态度的作用。工作态度是指与工作和工作环境相关的态度。在个体与组织匹配的研究中，工作态度也就是评估某人工作的倾向，包括离职意愿、组织承诺和工作满意度等。个体-组织匹配对个体的工作态度产生积极的作用。对于一致性匹配，个体和组织价值观的一致性水平对其组织承诺和工作满意度有着积极的作用。这种关系在低层级会计人员、公共部门高管和 MBA 学员、高级会计师、中层管理人员等不同人群中都得到了验证。此外，受价值观一致性影响的工作态度还包括工作动机、工作群体凝聚感、大型制造企业管理人员的个人成就感和对股东利益的关注等。有学者在对美国的 82 名全职员工进行研究之后，发现价值观一致性与其工作满意度之间存在积极的关联。

b. 对工作绩效的作用。工作绩效反映了个人在指定时期内完成的工作达到组织目标和工作职责的程度。已有研究发现，工作绩效、晋升、薪水和事业成功都受到个体与组织匹配的影响。在企业员工中，那些对待成就的价值观与组织一致的员工报告的自评绩效比不一致的员工报告的自评绩效更高。希望有社会交往和对要求工作依存性较高的员工，在重视人本管理的组织中上述绩效指标都比对照组更优些，那些身处高度结构化的组织中对秩序要求较高的经理人员以及处在级权化程度较低的组织中而要求自主控制较高的经理人员的绩效也更高。同时，个体与组织匹配在教育环境中也具有重要的意义，它可以预测学生的学习态度和学习成绩，而且个体-组织匹配与学生的满意度与绩效存在一定的关系，可以预测学生的结果产出。例如，课室环境的一致性及价值观一致性均可以预测学生的满意度，学生与教师的人格一致性可以预测学生的结果产出(如学业成绩等级)。

c. 对员工行为绩效的作用。员工行为绩效可以分为正向的组织公民行为和负向的反生产行为，高的个体-组织匹配可以促进员工的组织公民行为和减少员工的反生产行为。

d. 对员工组织公民行为的作用。组织公民行为是员工的自主行为，它不是在正式报酬体系中规定的，而是一种可以提高组织绩效的自主行为。高的个体-组织匹配对组织公民行为具有更积极的影响。个体与组织匹配最重要的方面是价值观匹配，因为价值观不仅是根本性的和持续性的，而且还可以指导员工的行为。个人与组织核心价值观之间的一致性越高，个人与组织之间的匹配性就越好。当员工认为个人价值观和组织价值观不一致时，他会认知到自己与组织在看待问题的方式上的差异，内心会缺乏安全感，所以在对组织的行为和态度上会呈现消极状态。相反，如果员工觉得自己的价值观和组织的价值观一致，组织的不可预测性就会降低，员工也会逐渐对组织产生承诺，自觉做出有利于组织的行为，员工的组织公民行为也会受到员工与组织在目标上的一致程度的影响。当员工感知到组织的气氛会支持自己的目标时，员工会对组织产生感激之情，通过积极参与有利于组织目标实现的各种活动来回报组织对自己的支持；并且会主动利用业余时间，通过各种形式来开发自己的潜能，自愿接受组织提供的各种培训机会，学习相关工作知识和技能，以求实现自己和组织的目标，为组织的发展做出更大的贡献。此外，研究还发现，个人与组织的匹配还会促进员工主动实施环保组织公民行为，进而对组织的绿色绩效和可持续发展产生积极作用。

e. 对员工反生产行为的作用。反生产行为是一种员工个人的绩效，是指员工做出伤害组织或者员工的行为，这些行为违背了组织目标，组织需要通过降低这种行为来获得员工的绩效。高的个体-组织价值观的匹配可以减少这种行为。员工拥有了和组织一致的价值观之后，他们会减少反生产行为的产生。同时，在高的个体-组织匹配中，员工认为敬业行为和反生产行为是自己的事，他们应对自己的行为负责，因为一旦这方面出现问题，影响的也是自己的人格。相反，如果他们认为这是别人的事或抱着无所谓的态度，那么他们就很难保持高度的敬业水平，可能出现反生产的行为。

② 从组织层面来看个体与组织匹配的作用。

a. 对组织绩效的作用。对于一个组织来说，衡量其运营是否良好的最重要的指标就是组织绩效。一般认为，组织绩效是组织各项机能的成绩、效果的综合表现，可以反映组织实现目标的程度，个体与组织匹配对组织绩效的影响是复杂多样的。组织绩效目标可以分为短期绩效目标和长期绩效目标。从短期的静态观点来看，个体与组织匹配可以提高个体的工作绩效，进而在短时期内有利于组织效率的提高，从而达到组织目标。另外，从长期动态的观点来看，个体与组织匹配的程度是动态的、矛盾运动的；组织绩效的目标和组织战略也是在不断变化和发展的，通过组织文化和组织社会化，个体与组织之间高度的匹配会使人变得极端同质。相反，这种同质可以产生一系列问题，如过于追求从众、决策质量降低、战略缺乏远见和对外界环境的变化不能快速响应等。这样高水平的个体与组织匹配对组织的长期绩效会产生不利的影响。

b. 对组织发展和组织成长的作用。在组织发展的不同周期中，组织绩效受到个体与组织匹配水平的影响。凝聚力与合作对于组织生命周期的早期阶段非常重要。在此期间，组织应寻求高的个体-组织匹配，从而达到提高组织绩效的目的。当组织进入成熟发展阶段时，组织的创新水平反而受限于高的个体-组织匹配，使得组织绩效降低。这时，不匹配反而能激发组织创新和提升组织绩效，所以组织应努力采用多样化的策略或新的概念。

5.2.4　个体与组织匹配的未来发展

目前，对于个体与组织匹配的研究，主要基于其匹配的概念、类型、特征及前因变量、结果变量等。但对于个体与组织匹配的本质（包括个体与组织有效匹配的标准、个体与组织有效匹配的关键要素等）问题的研究仍然缺乏，尤其是缺乏充分的论证，如个体与组织的匹配度及匹配度高低的衡量标准。基于目前的研究现状，仍然具备深入探讨的价值。

近年来，中国情境研究引起了学者的广泛关注。许多研究人员试图在儒家文化领域找到不同的发现和研究结果，并发掘新的理论。对于个体与组织匹配，其中包含的一致性概念也非常接近中国的“圈子”文化和“关系”特征，这将可以用作后续研究的突破。

在当前知识经济时代，公司对员工提出了更高的要求，以应对不确定性和可变性等挑战。同时，随着工作压力的增加，如何有效地调整因个体与组织不匹配而引起的工作压力以及如何在这种压力下继续为组织、管理和工作提供有价值的想法，这是企业在当前背景下应该考虑的问题。

总体而言，个体与组织匹配的理论研究仍有很大空间，尤其是在中国的企业管理领域。在未来的研究中，应该逐步系统化对个体与组织匹配机制的研究，并且使用科学合理的度量和分析工具为公司发展提供切实有效的理论基础和战略建议。

5.3 组织的成长性职业生涯管理

5.3.1 组织的传统职业生涯管理与成长性职业生涯管理

职业生涯通常是指个人职业发展的整个过程和全部经历，记载着职业的演进方向和历程，一生从事的职业类型、扮演的角色等个人独特的自我发展形态。职业生涯管理是指个人或组织基于个人的职业生涯目标而开展的职业生涯设计、规划以及人力资源开发、职业评价等活动。

传统职业生涯管理包括个人职业生涯管理或自我职业生涯管理和组织职业生涯管理。传统职业生涯强调职业或就业的终身性，即个人一生从事某种职业，或者在一个企业(组织)中工作至职业生涯终点，强调职业生涯是一个连续不断的发展过程；组织为个人提供职业发展路径，并提供相应的发展环境，通过培训等帮助个人实现职业发展目标等。传统职业生涯强调职业生涯的外在性或客观性(注重个人的职位、头衔和薪酬等)，忽视职业生涯的内在性或主观性(个人内心或心理上的需求、理想和愿望的满足)。

19 世纪末至 20 世纪初，西方社会处于比较稳定的发展阶段，此时个体也处于相对稳定的工作状态之中，其一生的职业变化不大。因此，这一阶段，对于职业领域中的“职业”一词，职业发展心理学研究者更多地采用“occupation”和“vocation”，相应的研究内容多为职业选择。随着经济和社会的发展，加之经济波动、此起彼伏的战争导致的社会动荡等因素的影响，个体的职业稳定性逐步降低。此时，对于职业领域中的“职业”一词，职业发展研究者开始使用“career”，引申意思为生涯、事业，含意较以前的职业有所不同，“职业”突出的是事业或某个具体的行业，而“职业生涯”则更注重发展性，强调职业的变化。

进入 20 世纪末，由于社会和经济的变革，传统的职业生涯观念发生了以下变化：

① 组织与员工(雇主与雇员)之间的关系发生了改变。

② 一些员工的层级递进、逐步提升职位等职业发展需要已经无法通过传统的职业生涯得到满足，组织只能提供横向的职位变动或工作轮换。

③ 对于组织和个人来说，合乎逻辑的、连续的及规则的职业生涯发展已经不再明显。由于这些变化，所以组织不再为员工提供终身的职业生涯保障。

与传统管理理论不同的是，成长性职业生涯管理理论更关注环境的动态性，并强调个体的主导地位。组织的角色在新的职业生涯背景下也发生了变化，实现了由管理者、控制者向支持者、促成者和人力资本的开发者的转变，这就需要组织角色进行重新定位。例如，基于员工由关系型契约向交易型契约的转变，组织需要转变角色。这一个角色转变是组织发展过程中的一大难点,只有在新形势下创造性地开展工作才能顺利迎接挑战。

组织的成长性职业生涯管理是指组织对自己的角色进行重新定位,针对员工从事的职业和职业发展过程进行一系列计划、组织、领导和控制活动,以实现组织目标和个人发展的有效结合,达到个人与组织不断学习、成长的目的。

5.3.2 组织的成长性职业生涯管理的内容

新时代背景下的职业生涯管理即成长性职业生涯管理是处于动态变化之中的。员工个体在不同职业发展阶段的职业价值观、职业发展策略不尽相同;加之职业生涯观念的多元化,组织不得不改变传统的职业生涯管理策略。因此,成长性职业生涯管理应该是一种动态的管理。根据休珀(Super)的观点,职业生涯可以分为成长期、探索期、创立期和衰退期。成长期是个人职业准备期,还没有与组织进行实质性接触,对于组织而言暂时处于非职业生涯管理阶段;衰退期通常是指员工退休后退出组织,他们的职业生涯已经结束,个人与组织都完成了职业生涯管理使命。因此,成长性职业生涯管理主要包括职业探索期、创立期和维持期。

(1) 探索期的成长性职业生涯管理

不论是初次进入探索期的青年人,还是经历再循环进入探索期的员工,适应新组织、新工作或新环境是他们共同面临的任务。如果他们无法在短期内找准自己的位置,就会表现出对组织的不适应,由此导致对组织目标、现状的不理解和不认同。此时,组织应该尽快帮助探索期的员工调整工作态度、工作行为和价值观念,使员工对组织的认知和理解与组织文化相符合,适应组织的价值体系,实现员工与组织的匹配。中国正处于传统职业生涯与成长性职业生涯共存的发展时期,员工的职业生涯态度已经不同于往日,针对持不同职业生涯态度的员工,要想实现成长性的组织职业生涯管理,组织必须运用不同的管理策略。

(2) 创立期的成长性职业生涯管理

随着在组织内工作经历的增加,员工将会逐渐进入职业生涯创立期。在职业生涯的持续发展进程中,员工对组织和所从事工作的了解越来越全面和真实,与组织的互动越来越多,员工的职业生涯心态也会随之发生动态变化。对于拥有不同职业生涯心态的员工,组织首先应该根据员工的职业发展需要,对其进行有针对性的培训,建立合适的职业发展通道,提供给员工公平的成长与发展机会;其次建立职业档案,让员工参与设计其职业发展规划等。

(3) 维持期的成长性职业生涯管理

Super认为,人到中年以后,许多人进入职业维持期。因为该阶段人们基本都在自己的领域为自己创立了一席之地,如何维持或保有自己的职位或位置以及如何沿着该方向前进,便成为其主要任务。在这一时期,员工自身心理、生理和职业能力发生变化,在组织中扮演的角色也随之发生变化,权力逐渐减少、地位逐渐下降。基于此,员工开始接受自己的不足和缺点,并且非常珍惜已经拥有的职位或位置,尽可能地按照组织的要求去努力工作,期望在自己的努力下,在组织体制内实现自己的职业生涯目标。此时,组织希望富有经验的员工发挥自身的优势,对年轻员工进行技术和工作上的指导、辅导,培养后备人才。因此,在组织的成长性职业生涯创立期后期,员工和组织相互适应,职业生涯管理策略渐趋一致;进入组织的成长性职业生涯维持期,员工的职业生涯心态和组织的价值观趋于一致,个人与组织的职业生涯管理契合度逐渐提高。

5.3.3 成长性职业生涯管理对组织的挑战及变革要求

（1）对组织的挑战

① 员工的组织承诺和忠诚度降低。在成长性职业生涯下，由于雇佣关系及心理契约的变化，组织与员工之间的承诺关系也被弱化了。组织无法向员工做出“终身制”的雇佣承诺，员工的组织承诺也由于工作的不稳定性而难以换取，甚至忠诚度也大大降低。随着员工对组织承诺和企业忠诚度的降低，企业也面临着严峻的选择：管理人员如何激励那些只有很少组织承诺的短期员工？对于由不同雇佣关系和承诺水平的个体组成的自我管理型项目团队如何进行有效管理？这些都成为组织面临的挑战。

② 组织角色的重新定位。组织的角色在成长性职业生涯背景下发生了变化，从原来的控制者、管理者变成了人力资本的促进者、支持者和促成者。这就需要对组织角色进行重新定位。例如，基于个人更多地承担自我职业生涯管理的现实，组织需要转变观念，既不能因循守旧，也不能放任自流，需要发挥组织的职业生涯管理职能，如通过人力资源业务伙伴计划等协助的方式来帮助员工个人实现职业生涯的成功。

③ 组织的知识管理。在新型职业生涯时代，知识是如何被获得、使用并发展的，这些不仅应当被员工关注，对于组织竞争优势的形成也具有重要影响。面对流动频繁的员工，要想形成和强化组织的核心竞争力，必须要拥有知识产权，对集体知识进行创新。

（2）对组织的变革要求

① 情绪管理。情绪管理是对组织以及内部员工的情绪感知、调节和控制过程的管理。情绪管理的目的是了解员工的情绪状态并提高他们的情商。在成长性职业生涯中，员工将出现一系列问题，如人员流动增加和忠诚度下降。除宏观经济环境等客观因素外，组织还必须找到自身的原因。研究发现，除了组织不能满足员工的基本要求外，员工不满意主要归因于不合理的工作条件、不公平的发展机会和与期望不符的工资。因此，人力资源管理应采取以下对策：建立专门的机构和配备专门人员来处理员工的情绪管理；定期或不定期地进行员工满意度调查和自我测试；对员工的情绪、心理或个性进行测试。

② 员工帮助计划。员工帮助计划是组织设计实施的一套系统的、长期的为员工提供援助的计划项目。该计划通过专业人员为组织员工及其家属提供的诊断、评估、专业指导、培训和咨询，旨在帮助解决员工及其家庭成员的各种心理和行为问题，从而提高员工满意度和员工在企业中的工作绩效，改善组织气氛与管理效能。在成长性职业生涯下，员工的职业价值观、就业观念等发生了变化，就业、生存、发展等问题给员工造成了无形的心理压力。为了帮助员工发现并解决职业和就业问题等问题，提高他们的组织热情和忠诚度，有必要制订科学、有效的员工帮助计划。因此，组织应根据职业的特点制订具有时代特征的员工帮助计划。

5.3.4 组织的成长性职业生涯管理的做法

（1）增加职业结构灵活性

职业结构是组织职业生涯系统的重要组成部分，传统的职业生涯系统是基于工作分析和评价的基础上，为雇员在组织内的职业发展设计一定的结构和路径，以保证雇员在组织内的晋升。传统的职业结构大多是固定不变的，“刚性”的结构特点使得部分雇员在组织内实现不了预期的职业发展，造成雇员流失。增加组织职业生涯系统中职业结构的灵活性就是要扩大雇员在组织内职业生涯发展可供选择的机会。具体说来，一方面要对目前职业结构重新审视和评价；另一方面要将环境中的变化内化到职业结构中去，改变以往职业结构的“刚性”，降低因企业本身的职业结构的“刚性”。

（2）提高职业通道兼容性

传统意义上，在组织中的职业发展意味着沿着组织的阶梯或职位通道实现晋升。因此，为雇员创造可供选择的职业发展通道是组织职业生涯系统的主体，不论双通道职业发展阶梯还是多通道职业发展阶梯，都可以给雇员提供相似的地位、权力和经济报酬。提高职业通道的兼容性，即提高雇员在不同职位通道上转换的可能性，要求企业根据核心业务和核心雇员的特征和需求对已有的职业通道进行重新设计，也要求企业致力于满足日趋多元化的雇员职业发展模式。

（3）加强职业干预针对性

与以往的组织对个体职业生涯干预与指导活动不同，基于各种内外环境变化中的职业干预和指导仍是组织管理雇员职业生涯发展的主要方式，但职业干预的针对性也应被加强。既要开展职业培训、职业生涯咨询和辅导等普遍意义上的职业发展相关的实践活动，也要对雇员职业发展的需求进行甄别，识别与组织发展需求相匹配的雇员职业发展的需求，对其进行干预和辅导，避免职业干预的盲目性。有针对性地开展职业干预和管理活动，才能真正意义上实现组织职业生涯管理与个体职业生涯发展动态中的匹配，并实现二者双赢。

5.4　组织制度与激励

5.4.1　组织制度概述

（1）组织制度内涵

组织制度是一个组织得以运作的核心，也是建立与完善组织秩序的保障。任何一个组织制度都要根据不断变化的内部条件和外部环境，及时建设和完善组织的制度体系。组织制度可分为领导制度及管理制度两个层次，管理制度又可以分为岗位责任制度及工作管理制度。领导制度是核心，岗位责任制度和工作管理制度是保障。

制度是建立在对人的不信任基础上的。如果人人都能自觉地遵守各项制度，则制度也就失去它自身存在的价值。对人不信任的制度，实际上是保护所有人利益的制度。如果没有严格的制度或者有制度不落实，善良的人也很容易堕落；如果犯了错误或罪责不给以惩处，不仅会伤害和误导善良的人，而且会纵容犯错误和有罪的人。这样，组织的秩序就会紊乱，最终伤害的是所有人的利益。

通过制度将组织的决策及议事规程、内部不同岗位、不同环节应该完成的工作内容及工作程序确定下来，形成各个部门、各个岗位、各类人员、各个环节的工作责任、工作方法和工作程序。制度划分了各部门的职能范围，规范着领导决策及议事规程，规范着各个工作岗位、各类人员、各个环节的工作职责和工作规程，约束着组织中领导权力的触角，也约束着各类人员的行为规范，是组织管理中不可忽视的重中之重。常言道：“没有无规矩，不成方圆。”如果组织中的管理人员及员工找不到日常工作行为的规范和依据，那么组织必将陷入一种完全混乱的状态。

（2）组织制度特点

① 强制性。制度必须依法制定，在这一前提下，许多制度是单方面的行为，即制定制度的一方不需要与执行制度的一方进行平等协商。在制定制度时，执行方的利益是通过法律保证的，即制度必须合法。此外，不论是在制定还是实施制度时，都不需要与执行方平等协商。至于征求意见，则属于广泛咨询和民主管理的领域，而不是平等协商的关系。

② 严肃性。制度的严肃性表现在两个方面：一是必须按制度行事，否则制度将形同虚设；二是对不按制度办事的，必须进行相应处罚，否则原来按制度办事的人，也就不按制度行事了。在一些企业，制度制定了不少，但制度的内容比较随意，缺乏完整性和可操作性，致使有制度但很难按制度办事，这样的制度应及时进行修改并纠正。

③ 相对稳定性。制度不能朝定夕改，必须保持相对的稳定性，才能维护制度的作用。

④ 系统完整性。不同的制度对其内容有不同的要求，但制度的内容必须系统完整。

⑤ 可操作性。制度是用来执行的，所以制度的内容必须是可操作的，而且能够用明确的方法进行度量。在制度制定中，尽量不使用像“努力工作”“积极”等不便度量的词语。

我们常听到一个组织的制度很多这种说法，甚至还有很多组织的高层认为组织制度“很完整”，正是这种说法害人不浅。其实制度的类别有可能完整，但制度中包含的要素可能是不全的，要么制度缺少可操作性，要么制度中没有包含要执行事务中遇到的种种情况等。因此，在执行制度时，人为因素就会上升到主要层面，最终形成“人治”的局面，甚至在一些组织中，人们认为“法”只是说说而已，一切都由管理者当局“说了算”。如果制度缺少以上五个特点，那么制度的约束力就显得苍白无力。

（3）组织制度的分类

组织制度有两个层次，即领导制度和管理制度，其核心是领导制度。领导制度是由产权制度决定的，产权制度是指组织的财产制度，它决定了组织财产的组织形式和运营机制。管理制度又可分为岗位责任制度和工作管理制度。岗位责任制度规定各工作岗位的职责范围及管理归属和权限；工作管理制度规定各工作或事务应遵循的规范、标准和违约应承担的责任，工作管理制度又可以分为程序制度和方法制度两大类。

常见的制度有章程、条例、纲要、办法、方案、决议、决定、规定、规则、规程、指示等。除上述分类方法外，还可以按照业务性质分为财务主管岗位职责、生产设备管理办法、门卫管理办法等。

① 岗位责任制度。岗位责任制度是规定企业各部门、各工作岗位应有的职责范围、工作责任、工作权利及管理归属等问题的一种制度。它规定了每个工作岗位应完成的工作内容、职责权限及主管部门和主管领导。在描述岗位责任制度时，应用最简单的语言描述清楚。用一句话能够说清楚的，若用了较长的语言都不能描述清楚该工作岗位的职责时，便存在职责不清或岗位职责过多的问题。

② 工作管理制度。工作管理制度是规定企业工作的程序、方法、目标及违反工作纪律应受到的处罚等规范性、系统性、完整性和可实施性说明的管理制度。如门卫管理制度，应对门卫的上岗资格、工作范围、人员编制、工作方法以及失察和失职行为的处理等做出详尽说明。

（4）组织制度分析框架

下面通过一个例子说明组织管理的流程以及管理的职能。以老张为儿子小张筹办农家婚宴为例，假设小张确定来年正月初三要在老家结婚，老张要为小张筹办婚宴，预备宴请宾客，由家里全程操办，不涉及酒店请客的情况。

从上述例子可以看出，完成一件事情需要经历几个步骤，这些步骤就是管理学中的管理职能，即计划、组织、领导、控制。那么经济学角度出发，要举办一次成功的婚宴涉及哪些关键问题呢？一般要完成整个婚宴，老张一个人是难以亲自做完所有工作的。第一，老张的时间和精力有限，即使他样样精通，也不可能一个人在一天时间里提供那么多的饭菜；第二，其他人在某些方面做得更好，这涉及专业化和分工，因为烧菜、婚庆等都需要专业技能。所以，要把婚宴办好，就需要授权给相关专业人士。授权之后，由于可能存在委托代理问题，因此要求老张控制整个流程，以保证婚宴过程顺利。另外，由于都是亲戚朋友帮忙，不涉及货币激励问题，但涉及隐性激励问题。最后，由于各项工作相互联系，所以要完成一次成功的婚宴就需要对各项工作进行协调，让亲戚朋友都分工协作。

企业组织生产与上述例子存在一些差异，这些差异主要体现在两个方面：一方面，生产的次数不同，企业组织生产不止一次（偶然性生产），而是多次的连续性生产；另一方面，企业生产的产品和服务，可能随着市场需求和企业生产技术的变化而变化，企业生产进入动态环节。

首先看第一种差异带来的情况。从老张角度来看，由于举行婚宴不是一种经常发生的事情，所以老张在授权、激励、控制和协调方面都没有制度化，依靠非正式规则执行任务和约束亲朋好友的行为（如某个地方举行婚宴的各种惯例、习俗，提供帮助的亲戚朋友通常熟知这些惯例和习俗，知道该如何执行任务。另外，由于是亲朋好友，存在长期合作关系，所以他们不会偷懒）。但是，企业生产具有多次、连续生产的特征，经营者不可能长期低薪雇用亲朋好友、左邻右舍。员工进入和退出变成一种常见现象，而企业生产的各种流程、服务的各种技巧等，必须在生产过程中不断被总结出来，转变成书面材料，这个过程就是一个制度化过程。这个制度化过程就是经验总结的过程，即制度就是某种程度上的经验，是一种（局部）知识。也就是说，当企业规模不断扩大，企业管理者会逐步制度化很多行为规则（设立书面的激励制度、控制制度等），以保证授权、激励、控制和协调的有效性。

（5）影响组织制度的因素

在具体设计一个企业组织结构时，除了注意一些设计原则之外，还必须考虑影响组织结构的因素。一般来说，影响组织结构的因素有环境、企业的规模、工作任务与技术特征以及目标的一致性。

① 环境。企业面临的环境可以分为两大类：一类是社会环境或一般环境；另一类是工作环境或具体环境。不同环境对组织结构的影响是不同的，工作环境更具有直接性。社会环境对所有的企业的影响都是共同的，因而社会环境的变化对企业组织结构的影响也都有类似的性质。与社会环境相比，工作环境是指与个别公司的决策、转换过程相关联的更为具体的力量，包括消费者、供应商、竞争者、社会政治和技术等。工作环境对组织结构的影响更具有直接性，因此也就更加重要了。工作环境可以划分为稳定的、变化的和剧变的三种类型，它们对组织结构的影响是不同的。处于稳定的工作环境的企业，由于其业务多是机械式的和反复性的，所以适合采用正式的和集权化的组织结构，只要环境保持稳定，这种组织系统便具有高度的效率。处于变化的工作环境的企业仍适合采用正式的和集权式的结构，但必须辅以更多类型的参谋人员，并授权直线管理人员，这样可使高层管理人员及专家们有机

会对环境做出分析。处于剧变的工作环境的企业要想取得经营的成功，必须有较强的适应性与创新性。其组织必须采用相当分权化的结构，使组织更具有小型化与简单化的特点，并且弹性的结构也是必需的。处于剧变环境的企业还必须更广泛地动用各种类型的参谋专家，经常对环境作出分析，使公司始终保持对环境的敏锐性。环境对企业组织结构的影响是通过企业战略的调整与改变而实现的。也就是说，环境的变化迫使企业经营战略发生相应的变化，而企业经营战略的改变要求企业组织结构也跟着改变。

② 企业的规模。企业规模对组织结构的影响直接表现在部门化的过程中。随着企业规模的扩大，部门化的需要就变得明显起来。对于一个由几个人组成的企业来说，几乎不需要部门化，因而直线制组织结构形式将最适合这种情况。随着企业规模的扩大，部门必然会增多，管理的层次也会增加，同时组织的协调成为越来越困难的事情，因而就会经常用到委员会。在大型企业里，委员会不仅是用来协调的，有的还委以决策职能。总之，委员会存在的数量及性质与企业规模有密切关系。

③ 工作任务与技术特征。工作任务与组织结构有密切的关系，对于重复、呆板而简单的工作，采用正式集权的组织利于统一指挥和管理；反之，对于复杂的创造性的工作，则以分权化的结构为宜。技术的形态决定生产的类型，大批量的生产往往应用专业化的技术，产品生产也实行专业化和流水作业，因而组织权力是趋于集中的。而对于单位小批量的生产，产品生产的专业化程度很低，组织的权力相对分散。此外，生产技术本身的特有属性也决定了组织结构。

④ 目标的一致性。目标的一致性是指组织的目标和成员的个人目标相吻合的程度。较高的吻合程度体现了目标的一致性。当然，任何组织的目标与其成员的目标总是存在着一定的差异。目标的一致性对组织结构的影响表现为以下两点：第一，当下级的目标变得同组织的目标相一致时，对下级控制和监督的程度便可降低，参与管理和分权化的结构是适宜的；第二，当组织的目标与成员的目标分歧较大时，就必须依靠各种手段及正式的结构，以保持适当的控制。企业在进行组织结构的设计过程中，无论采用何种组织结构，都应当重视分析与研究组织部门的设置、管理跨度的确定、委员会组织的运用及如何授权等。

（6）组织制度的执行

有制度不执行或不严格执行，产生的后果往往比没有制度更严重。如果人们看到的制度只是挂在墙上而得不到有效落实时，企业的威望和形象就会受到损害，执行力和信誉也会大大降低。做到令行禁止不仅是一个纪律严明、充满活力、纪律性强的组织的标志之一，也是制度执行的必然要求。

华为公司总裁任正非认为，在引进新管理体系时，要先僵化，后优化，再固化。他在一次公司干部会议上讲道："5 年之内不允许你们进行幼稚创新，即使认为它不合理，也不允许你们动。5 年以后，把系统用好了，我可以授权你们进行最局部的改动，至于进行结构性改动，那是 10 年之后的事。"正是因为这种对制度的尊重和始终如一的贯彻，才创造了华为的春天。

所有的制度和规定都是帮助员工更好地工作，是提供方便而不是为了约束，是为了规范其行为而不是一种负担。一旦制度被长期地执行，它就会变成企业的有机组成部分，也就变成了企业文化的一部分。

5.4.2　激励概述

（1）激励的内涵

激励就是通过用某种有效方法和手段来调动人们积极性的过程。人的积极性是一种能激发人在思想、行动上努力进取的心理动力。这种心理动力可以激发人们的意识活跃水平和积极的心理活动状态。从心理学角度来看，可以从 3 个方面来理解激励：一是从诱导和促进动机的角度，激励是将适当的外部动机转化为心理动机，从而强化人的行为过程；二是从内部状态的角度，当人的动机系统被激活时，会有很强的驱动力；三是从心理和行为过程的角度，激励旨在使人产生前进的内在动机，这需要通过特定的刺激来激发他们的心理和行为。

（2）激励的价值

① 吸引优秀的人才。当处于激烈的人才竞争市场时，组织能够被激励机制激发，从而能提高其吸引力和凝聚力。激励是吸引人才的最有效途径，在许多组织中，特别是竞争激烈的组织中，他们会通过不同的优惠政策吸引所需人才，比如丰富的福利待遇和快速晋升的培养模式。

② 调动员工的积极性。管理学家的研究表明，员工的绩效不仅取决于他的能力，还取决于激励水平。当激励水平越高时，对达到目标的满意度和努力程度也就越高，就会提高工作效率；当激励水平处于比较低的状态时，组织会缺乏实现目标的动力，行动的有效性就越低。

③ 留住优秀人才。激励机制不仅能提高劳动者的积极性，而且会增加跳槽成本，对人才流动有一定的阻碍作用。

④ 增强组织的凝聚力。组织是一些员工组成的，为了确保组织像汽车一样正常运作，管理者必须使用人性化的管理工具，满足员工在社会沟通等方面的心理需求，以形成良好的组织氛围，最终提高组织的凝聚力和核心力量。

（3）影响激励的因素

激励过程涉及许多因素，由于这些因素相互作用，使得激励作用变得十分复杂。人的行为并不是一件简单的事情，必须将其理解为一个由许多变量和某些重要的激励因素相互作用所形成的系统。如果我们不考虑这些变量，只采用一个或一组激励因素，我们就要承担失败的风险。影响激励的因素如下：

① 个人因素。每个组织成员的个性、智力还有技能等各个方面是不同的。对于个人因素而言，每个人的个性差异是最为重要的区别要素。激励的强度因每个人的需要而不尽相同，而需要的强度也会因为组织成员的个性而不同，比如有些人对尊重有强烈的需求，而有的人对安全有强烈需求。即使每个人都有自己的需要，他们满足自己需要的态度也会随着他们的个性而改变。

除此之外，激励作用的发挥程度同样会因人而异，也会受到人们价值观、兴趣、信仰、态度等差异的影响。例如，一个人在衡量自己能否实现某个目标的信心时，过去成功或失败的经验会使他对于自己实现目标的能力产生乐观或悲观的看法。

② 工作因素。工作如何设计也会影响到组织成员的满足感和对激励措施的反应。工作对激励的影响如下：

第一，工作是否有意义，即工作重要的程度如何，该工作是否有价值。如果一个人是在从事一些琐碎的事，那么可以想象他从工作中得到的激励动机一定不高。

第二，对工作成果是否必须负责，即工作对一个人而言是否能使他感觉到他该尽什么样的责任或义务。假如一个人的工作受到很多限制，那么他的工作责任感一定很低。

第三，是否了解工作成果，即一个人是否可以得到自己工作成果的反馈，是否能看到自己努力的结果。如果一个人不能亲眼看到自己工作的结果，不能知道自己工作结果的好与坏，那么他就不会在乎是否应努力做好它了。

如果以上 3 项中有 1 项满意程度很低，那么激励的效果就会很低。

③ 组织因素。影响激励的组织方面的因素包括工作环境、组织制定的政策和规章、管理人员的领导行为等。例如，如果组织利用奖励作为激励因素，那么奖励制度就必须是公平的。如果奖励条件苛刻，那么激励就形同虚设，自然不会收到预期的效果，同时企业组织中员工创造力的发挥也会被一些陈旧、过时的评价标准束缚。

(4) 主要激励理论

20 世纪 20—30 年代以来，各种激励理论被相继提出，国外许多社会学家、管理学家和心理学家从不同的角度研究了怎样激励人的问题。通常来讲，各种激励理论一般被分为三大类：行为改造型激励理论、内容型激励理论和过程型激励理论。行为改造型激励理论一般包括归因理论、强化理论等；内容型激励理论主要包括需要层次理论、双因素理论、成就需要激励理论、ERG 理论等；过程型激励理论包括期望理论、公平理论等。

① 需要层次理论。美国著名心理学家和行为学家亚伯拉罕·马斯洛(Abraham H. Maslow)首次提出了需要层次理论。马斯洛认为，人类都是有需要的“动物”。人类的动机就是根据他们的需要产生的，这些需要成为激励人们工作的主要因素。马斯洛将人们的需要归结为五大类，员工的需要层次就是根据这五种需要的重要性和先后顺序排列的，如图 5-7 所示。

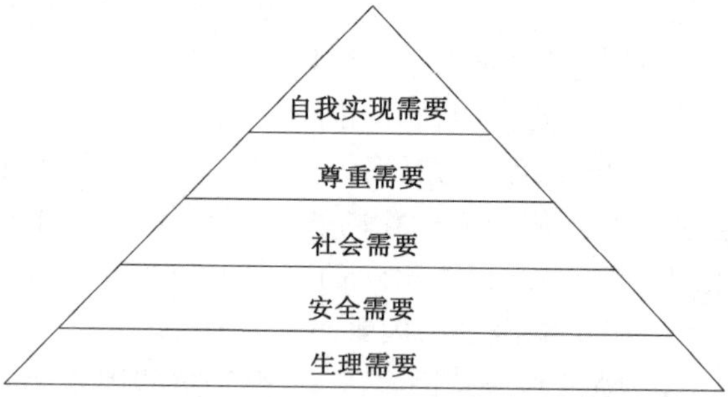

图 5-7　马斯洛需求层次理论

第一层次的需要是生理需要，这是为维持人类自身生命的基本需要，如食物、水、衣着、住所和睡眠。马斯洛认为，在这些需要还没有满足到足以维持生命之前，其他的需要都不能起到激励人的作用。

第二层次的需要是安全需要，这是有关人类避免危险和满足安全的需要，如生活要得到基本保障，避免人身危险，不会失业，生病和年老时有所依靠，等等。

第三层次的需要是社会需要。当生理及安全得到相当的满足，社会方面的需要便占据主要地位。因为人是有感情的动物，人们愿意与别人交往，希望与同事们保持良好的关系，希望得到别人的承认，以使自己在感情上有所寄托和归属。总之，人们希望归属于一个团体以得到关怀、爱护、支持、友谊和忠诚，并为达到这个目的而积极努力。虽然该层次的需要比前两种需要更难琢磨，但对大多数人来说，这确实是一种更为强烈的需要。

第四层次的需要就是尊重需要。根据马斯洛的需要层次理论，人们一旦满足了他们的归属需要，他们就会产生尊重的需要，即自尊和受人尊重。自尊意味着“在现实环境中希望有实力、有成就、能胜任和有信心以及要求独立和自由”；受人尊重是指“要求有名誉或威望，可看成别人对自己的尊重、赏识、关心、重视或高度评价”，同时“自尊需要的满足使人产生一种自信的感情，觉得自己在这个世界上有价值、有实力、有能力、有用处。而这些需要一旦受挫，就会使人产生自卑感、软弱感、无能感”。

第五层次的需要是自我实现需要。马斯洛认为，在需要层次理论中，自我实现需要是最高层次的需要，即一个人需要从事自己最适合的工作，发挥最大的潜力，实现自己所希望实现的目标等。例如，科学家、艺术家等在工作时往往将其看作一种创造性的活动，竭尽全力去做好它，并使自己从中得到满足。

② ERG 理论。在马斯洛提出的需要层次理论的基础上，美国耶鲁大学的克雷顿·奥尔德弗(Clayton Alderfer)在进行了更接近实际经验的研究之后，提出了一种新的理论——人本主义需要理论。他认为，人们存在生存、相互关系和成长发展 3 种核心的需要，所以这一理论又被称为 ERG 理论。生存需要是最基本的，包括层次理论的生理需要和安全需要，它关系到人类生存的物质需要。相互关系需要是人们对于保持重要的人际关系的要求，这种社会和地位需要的满足是在与其他需要相互作用中达成的，与马斯洛的社会需要和自尊需要分类中的外在部分是相对应的。成长发展需要在奥尔德弗分类中是独立出来的，该需要表达了人们内心对发展的渴望，包括马斯洛需要层次理论中自尊需要中的内在部分和自我实现层次中所包含的特征。

与马斯洛的需要层次理论相比，奥尔德弗的 ERG 理论除了用 3 种需要替代了 5 种需要以外，该理论表明：在同一段时间内，人们可能不止有一种需要；在较高层次需要的满足受到抑制的情况下，人们会更渴望满足较低层次的需要。

③ 双因素理论。赫茨伯格(Herzberg)围绕着马斯洛的需要层次理论进行研究之后，提出了著名的双因素理论。在 20 世纪 50 年代后期，赫茨伯格等人采用“关键事件法”对他们所在地区 9 家企业中的 203 名会计师和工程师进行了调查访问，要求他们回答两个问题：第一，什么原因使你愿意干自己的工作？第二，什么原因使你不愿意干自己的工作？对于这两个问题人们有两种明显不同的反应。调查发现，员工对组织的人际关系、政策、工资、职业稳定、管理、监控体系、工作条件、地位和个人生活所需等都有基本的需要，如果这些需要得不到满足，人们就会出现不满意的情绪；如果这些需要得到了满足，人们将不会产生不满意的情绪。赫茨伯格将与工作条件或环境相关的因素称为保健因素。如果人们对成就、赏识、艰巨的工作和工作中的成长、晋升、责任感等满足，则会给人们以极大的激励，产生满意感，有助于充分、有效、持久地调动人们的积极性。赫茨伯格将这类与工作内容紧密相连的因素称为激励因素。

赫茨伯格还认为，保健因素能够防止人们产生不满情绪，但是不能直接激励人们。身为管理者，首先要确保员工保健因素的满足，要提供给员工合适的工资和安全，要改善和提高他们的工作环境和条件，对员工的监督要在他们能够接受的范围内，否则很容易引起员工的不满。由于上述条件的满足不一定能够产生激励作用，因此管理者应充分利用激励机制，为员工创造更好的工作条件机会、丰富工作内容、强化员工责任感和促进员工的发展和持续进步。

④ 成就需要激励理论。20 世纪 50 年代，美国哈佛大学心理学家戴维·麦克利兰(David C. McClelland)对成就需要这一因素进行大量研究后提出了成就需要激励理论，主要研究生理需要得到基本满足以后人的需要。麦克利兰认为，人们的生理需要得到满足以后还需要以下 3 种基本的激励需要：

第一，对权力的需要。有强烈的权力欲望的人会很关心自己的影响力和控制力。这样的人一般寻求领导者的地位，他们一般表现出健谈、善于提问、善于辩论、坦诚、头脑冷静、爱教训人等特点。

第二，对社交的需要。渴望社交的人通常能够在人际交往中获得满足和快乐，并尽量避免被某个群体拒绝而带来的痛苦。对于个人而言，他们喜欢保持和谐的社会关系，在交流过程中享受相互理解和亲密的乐趣，愿意帮助和安慰处于危险中的伙伴，并喜欢与他们保持友好的关系。

第三，对成就的需要。有成就感的人会非常渴望胜利和成功，并非常担心失败，他们愿意接受挑战，并为自己设定一些比较困难但可以实现的目标。他们面对风险时采取切合实际的方法，并对所做的工作承担个人责任，一般喜欢表现自己。对正在进行的工作情况，他们希望得到明确而又迅速的反馈。

⑤ 期望理论。期望理论主要研究人们的努力与他们获得的最终奖励之间的因果关系，从而说明激励和选择适当的行为以实现最终奖励的过程。期望理论认为，人们的热情高涨是因为人们有需求并且有可能实现目标。激动力量取决于期望值和效价的乘积：

$$激动力量=期望值\times效价$$

式中，激动力量为达到高绩效而努力的程度；期望值是指职工对自己的行为能否实现所想得到的绩效和目标（奖酬）的主观概率，即主观地估计实现目标和获得奖励的可能性；效价是指对员工的评估以及对特定目标（奖励）的重视，即员工对特定奖励所具有的价值的主观判断。

上述公式表明，激动力量与期望值和效价有密切的关系。效价越高、期望值越大，激动力量也就越高；反之亦然。如果一个人毫不关心某一目标的达成，那么效价就为零。而当一个人宁可不要达成这一目标时，这时效价为负的，激励水平自然为零。同样，如果期望值为零或负，则一个人就没有动力去实现某个目标。因此，如果经理想要激励员工，他们不仅需要增加员工对特定结果的偏爱程度，还必须帮助员工实现他们的期望。

美国心理学家、管理学家波特（Porter）和劳勒（Lawler）提出了一个综合的激励模式，该理论可以用一个模式表示，如图 5-8 所示。

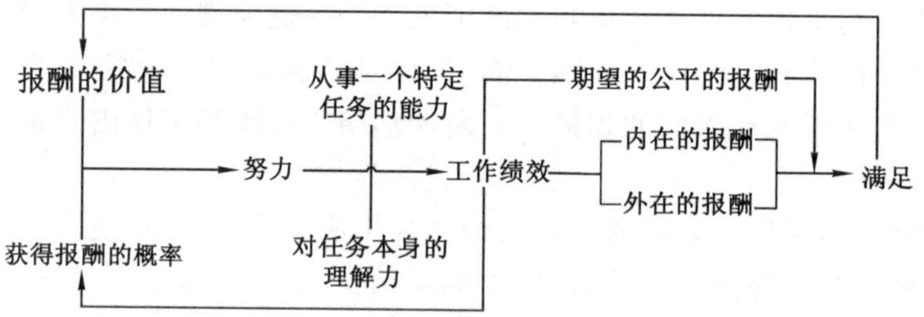

图 5-8　波特-劳勒的期望模式

⑥ 公平理论。20 世纪 60 年代，美国心理学家约翰·亚当斯（John S. Adams）首先提出了公平理论，公平理论又称社会比较理论。他认为，激励中的一个重要因素是个人对报酬结构是否觉得公平。公平理论用于解释一个人是否对报酬感到满意，即个人在主观上将自己的投入（如教育、努力、经济等）与他人进行比较，从而判断奖励是公平的还是不公平的。大多数人喜欢将自己与组织中的其他人进行比较，并对公平与否的程度做出判断。从某种

意义上来说，工作动机激发的过程，实际上就是人与人之间进行比较、做出判断，并据以指导行动的过程。当人们认为自己得到的报酬不公平时，他们可能会感到不满意，降低产出的数量和质量，甚至离开组织。当人们认为补偿是合理时，他们可以保持较高的绩效水平；如果他们认为个人薪水比他们认为的合理的薪水还高时，那么他们可以更加努力地工作。

⑦ 强化理论。美国心理学家伯尔赫斯·斯金纳(Burrhus F. Skinner)首次提出了强化理论。强化理论认为，外部环境刺激可以调节和控制人的行为，因此想要改变行为就要改变刺激。所谓强化，是指通过不断改变环境的刺激因素来消除、增强或减弱某种行为的过程。要想改变下级的行为，主管人员可以采用四种不同的强化类型：

第一，积极强化。当员工表现出积极的行为时，管理者应在精神或物质的鼓励下肯定这种行为。在这种积极刺激下，员工会感觉到这对他很有益的，从而增加这种行为的频率，这是积极的强化。积极的强化因素通常是奖酬，例如奖金、称赞、赞赏、薪水增长、奖金和奖品、分配有意义的工作等。

第二，消极强化，又称为逃避性学习。当一个特定的强化能够防止产生个人所不希望的刺激，就称为消极强化。职工努力工作是为了避免出现不希望得到的结果，如避免受到上司的批评，这就是消极的强化；而员工努力工作以实现高绩效并获得回报，这是积极的强化。

第三，惩罚。当员工表现出消极行为时，管理者会采取适当的惩罚措施来消除或减少这种行为，称为惩罚。

第四，自然消退。当管理者看到不愿看到的行为发生时，管理者选择听而不闻、视而不见，他没有对员工进行积极强化或惩罚相关人员。这样，员工将因为他们的行为未被认可而减少这种行为。

⑧ 波特-劳勒的综合激励。综合激励是一种本质上比较完善的激励模式，主要用于管理人员。一个人在做出成绩之后，将得到外在报酬和内在报酬。外在报酬包括安全感、工资、地位、提升职位等；内在报酬包括对自我的肯定、对社会的贡献等。而一个人的努力程度又取决于报酬的价值，加上他个人认为需要做出努力和获得报酬的概率，但所做的努力和实际取得报酬的概率则反过来受到实际工作业绩的影响。显然，如果人们知道他们曾经做过或能够做这样的工作，他们则能够更好地判断所需的努力，并更好地知道报酬的概率。波特-劳勒的综合激励模型如图 5-9所示。

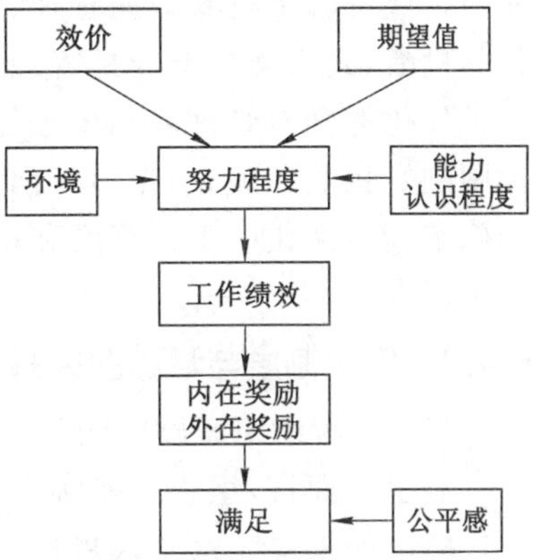

图 5-9　波特-劳勒的综合激励模型图

(5) 激励的当前问题和未来趋势

① 当前激励中存在的主要问题：

a. 盲目激励的现象。目前，许多中小企业意识到其他公司正在采取激励措施，因而自己也“依葫芦画瓢”。但他们需要一个合理的参考，而不是一味地模仿。因此，为了消除盲目的激励现象，有必要对员工的需求进行科学的调查和分析，并根据这些需求来制定企业的激励措施。

b. 激励措施的无差别化。当许多中小企业实施激励措施时，他们并没有分析员工的需求，而是对每个人使用相同的激励措施，结果适得其反。因为每个员工都有不同的需求，所以相同的激励措施起到的激励效果也不尽相同。如果企业不管部门或个人的表现如何，都是盲目地“平均分配”奖金，那么随着时间的流逝，奖金就会变成保健因素，不能起到激励的作用。

c. 激励机制随意性强，缺乏制度保障。在我国，中小企业制度流于形式或者制度的缺失，这与企业管理者的个人意志有很大的关系，大多数中小型企业缺乏对奖励制度的支持。管理者在根据员工的个人工作风格来奖励和惩罚员工方面随意性较大，对补偿和惩罚的程度没有明确的标准，承诺多而兑现少。因此，员工的激励机制不能很好地发挥作用，致使企业因缺乏吸引力而流失大量的人才。

② 激励的未来趋势：

a. 激励目标的多元化。随着外部市场环境的变化和公司组织结构的变化，“利润最大化”作为组织的唯一目标已让位于组织目标多元化，即企业应建立其自身经济效益和社会责任的双重目标体系。一方面，企业是追求总资源转换过程最优化的经济目标；另一方面，企业内、外部环境主体相互作用结果的社会目标，即企业的非经济目标。这种组织目标多元化的总体发展趋势要求企业的激励措施也要做出相应的改变，以契合企业目标的转变。

b. 组织结构激励的变迁。企业的内部组织结构是现代企业的骨架和“神经系统”，并且会随着时代和环境的变化而不断调整和变化。如今，西方国家许多公司的组织结构已开始从传统的金字塔形向扁平化方向发展，这种趋势反映在企业的整体架构上就是管理跨度增宽，管理层次减少。虽然通过增加员工的自主权就能构成一种激励，但也为管理者对下属员工的激励提出了更大的挑战。因此，如何了解每一位员工的需要将成为激励中亟待解决的问题。

c. 激励的文化差异。在经济全球化的时代，企业在国外派驻了众多的机构和人员，如何对这些资源进行有效的管理、统一行动，以获得全球利益最大化，这些将是企业领导层面临的挑战，其中文化差异是管理的最大挑战。员工的反应受到其所处的文化环境的制约，每一种文化都会对管理者和员工的角色有所界定。例如，一种文化鼓励员工参与管理而另一种则刚好相反。那么，作为跨国公司的管理者也许会面临不同文化之间的冲突，如何去理解和确定其他文化中工作态度和动机的不同点(跨文化管理)将成为管理者能否进行有效激励的关键点。

5.4.3 组织制度与激励的关系

(1) 思考组织激励问题的逻辑

对组织而言，组织想要实现组织目标，就必须通过满足组织内成员个人目标来实现其组织目标。如果要满足个人目标，组织必须设立各种激励措施(制度)。各种激励措施通过个体行为达到个体目标的同时，也能达到组织目标，如图 5-10 所示。

(2) 组织激励框架

企业是一种特殊的组织，最需要的就是有效的激励制度。再好的激励理论，再灵活实用的激励原则，在企业中如果不能转化成有效的激励制度，则一切都等于零。在现代企业中，企业激励范畴应该包括所有利益相关群体，具体如下：

① 权益层。权益层是指通过法定途径对企业进行投资(包括对非人力和人力资本的投资)以获取企业所有权的整个群体。通常情况下，企业所有股权持有人都属于权益层。其特征为：

第一，权益层是企业的终极所有者，即其对企业的所有权以最高合约—产权的形式受法

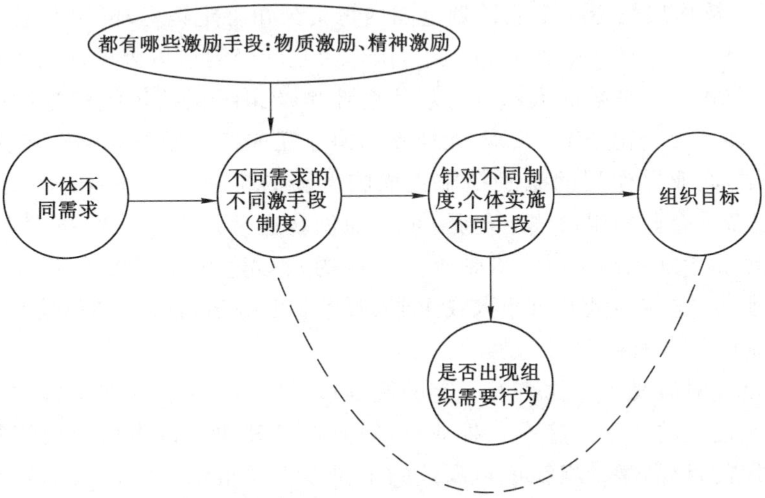

图 5-10　需要、激励与行为关系

律保护。通过产权合约而享有包括剩余控制权和剩余索取在内的一组权利。

第二,权益层承担最大的不确定性。因为他们唯一的收益是企业经营和生产的剩余利润,而不是企业的薪资。当企业经营好时,权益层是最大的受益者;当企业经营不善时,其也是最大的受害者。因此,与企业最为密切的一个群体就是权益层。

第三,权益层具有高流动属性。企业所有权的转让,保证了在企业所有利益相关群体中,权益层的可流动性是最大的。特别是在企业上市后,证券市场的流动性就等同于企业权益层的流动性。

从传统意义上讲,权益层是委托代理合约中的委托方,是企业激励的主体。在企业激励过程中,起决定性作用的是权益层的选择及所有激励安排和机制的设计。在现代企业中,由于权益层的流动性和分散性,其绝对性的主体地位已被动摇,这使得权益层在执行主要职责时产生新的代理问题——委托给董事会。在资本市场高流动性的条件下,对于股权高度分散的现代企业来说,权益层并不是一个非常稳定的群体,经常不能独立而一致性地占据传统的主体地位。正因为这样,使权益层在一定程度上也成为企业激励的客体对象。对这一阶层激励的目的是保持其对企业投资的兴趣,并积极参与企业的治理与监督。

② 经营层。经营层是指从事企业内决策、计划、组织、协调和控制职能的群体。在经济学中,经营层通常与“企业家”或代理人联系在一起,但是在管理学中,他们通常被理解为企业管理者。在经济学理论中,尽管没有一个统一认同的企业家概念,但是可以用“是否遵循市场均衡”的观点来判断这一理论对企业家理论的认可与否。从“市场是均衡的”的观点来看,如果认为竞争可以使市场达到自动均衡的状态,那么就不需要企业家了;如果认为“市场是非均衡的”,那么企业家可以起到平衡市场的作用,这样就需要企业家。企业家的行为特征可以归纳为承担风险和挑战、不确定性、机会敏感性、创新性等几个方面。相对而言,管理学中的企业管理者容易人将之与“企业保管者”相联系。因此,企业管理者应该是一个较企业家更为宽泛的概念,企业家包含在企业管理者其中。

一般而言,经营层都是在企业支薪的,同时享受以绩效为基础的报酬政策。如上所述,企业经营层对企业效率起着决定性的作用,是企业激励的主要对象。

③ 操作层。操作层是指在企业计划范围内负责公司特定运营环节（如技术创新和生产服务）的所有人员。在企业生产经营过程中，操作层是除经营层以外的所有人员。这一群体数量比较多，占公司员工总数的大部分。现代企业生产组织正从传统的连续生产转变为并行团队生产，从高度专业化分工向以单元独立与协作完成特定任务的形式转变。因此，企业的生产方式变了，企业操作层的激励措施也面临着新的挑战。另外，在知识经济时代的今天，企业技术创新是企业的生命线。但是，企业的创新通常是由企业的技术人员完成的，建立良好的企业创新激励机制可以有效地提高企业的核心竞争力。总之，现代企业追求敏捷制造和个性化服务，这需要激发每个人在生产、服务和业务运营方面的热情和创造力。

（3）激励制度化当前存在的问题

激励的制度化对激励工作而言有一定的规则可循，这减少了管理工作的不可预测性和无序性；同时，制度化的激励措施有各种缺点，需要在管理中加以克服。组织管理的任务是有效地实现组织的目标，激励组织成员高效的工作以实现组织目标已成为组织管理的重要组成部分。随着组织的发展，官僚制的倾向已渗透到组织的各个方面；同时，组织管理中的激励机制往往过于制度化，从而使激励达不到应有的效果。

官僚制对组织的渗透是指组织结构的科层化、职务分工的专门化、组织运作的公文化等，它对于组织管理中激励的影响是激励的制度化。所谓激励的制度化，是指以组织规章制度的形式对激励的形式、手段、方法、条件和情况进行严格的规定，其表现形式是复杂的激励措施的出现。这种制度化的激励为组织的管理工作带来稳定性和合理性，组织成员对他们自己的行为结果表现出一定程度的可预期性，以便他们可以调整自己的行为、符合组织的规则。但是，如果这种激励措施的制度化倾向过于严重，那么其消极的一面就暴露无遗，表现为激励工作的机械化和僵硬化，无法及时满足组织成员的需求，并且很容易激怒管理者。

（4）组织制度与激励问题的完善思路

① 建立明确的激励目标。在人才管理过程中，企业要制定科学合理的绩效考核标准，建立有效的人员配备机制，合理的物质激励机制和有效的精神激励机制，从而激发员工的积极性和热情。企业要以先进的理念和科学的激励措施来充分调动员工的积极性，通过实行正负激励相结合、物质激励与精神激励相促进的激励机制激发和开发员工的潜力；同时，为防止出现违规行为，组织要建立人才约束机制，通过竞争淘汰和内部审计监督制度实施绩效管理，增强人才竞争力，防范道德风险，促进企业的可持续发展。

② 坚持物质、精神激励相结合。在激励员工上，一定的物质激励是十分必要的，但这并不意味着员工只需要物质激励。在激励员工时，需要结合员工自身的需求，为员工选择最佳的激励措施；同时，在坚持物质激励的基础上，需要加强精神激励，做到物质激励和精神激励相互配合和融合，促进员工对企业的热爱和增强他们对企业发展的奉献精神。在激励员工时，应制定长期职业发展规划，提高人才的自我意识，支持员工的个人才能的发展，有效利用员工对企业的认同感和忠诚度。长期职业发展计划的制订主要包括建立合理的职位体系，员工评估体系和员工个人职业规划。通过建立和完善以上 3 个方面，可以帮助员工充分认识自我、认清方向、认清目标，并在了解这些的基础上有意识地促进个体与岗位、公司的高度匹配和契合。

③ 建立内部激励手段。建立并完善内部激励手段对于任何一家企业都是至关重要的。

完善的内部激励机制不仅可以增强员工的凝聚力和向心力，提高他们的忠诚度和对企业的归属感，还可以有效地提高员工工作的积极性，使他们更加乐于工作，乐于服务。过去，由于缺乏内部激励机制，许多企业不仅面临着人力资源管理薄弱的问题，而且面临着人才严重流失的问题。为此，企业需要加强完善和建立内部激励机制，在激励员工提高工作绩效和工作热情方面，尽可能地进行探索和创新，结合企业的实际情况，不断丰富激励的内容和手段，以满足企业内不同文化水平、不同层次的需求。注重发挥企业文化的激励机制，只有这样才能公平，公正地落实内部激励机制，促进企业的发展和提升员工绩效，提升企业在市场竞争中的生存和发展能力。

5.5 案例分析

徐女士是家乐福卖场的主管，卖场最重要的业务部门是“商品部”，她主要负责对大卖场内所销售的“商品”和“供货商”进行日常管理维护。商品部按照商品的“类别”将团队分为若干小组，每个小组按照分工不同，下设不同的职位，包括：采购主管、品类管理经理、销售发展主管和助理。徐女士直接管理的团队里包括 4 名采购主管，1 名销售发展主管和 1 名助理。

小刘是去年 6 月作为销售发展主管应聘进入公司的，主要负责数据方面的支持工作，不负责对外接触，虽然经验浅，但是心态积极，一直想要承担更多的责任，并且有强烈的愿望转做采购主管。然而，小刘自身存在的问题也很多，比如比较懒惰，从来不收拾自己的办公桌，上班经常迟到，工作时间玩手机，做事情经常应付差事，而且经常在上级或他人面前表达对自己现状和薪资的不满，认为自己受到了不公的待遇。另外，小刘喜欢攀比，与同部门的其他同事的关系也不是很融洽，经常因为一点小事而发牢骚，同事都不是很喜欢她。

尽管小刘心态积极、能够按照领导指令完成单一工作任务，但是所有的主管上级都认为她的工作表现不能够担当采购主管一职，其动机也饱受质疑。因此，在年终考核时，部门内部提拔了小沈做了采购主管，而没有提拔小刘，对此小刘颇为不满，多次情绪激动要求得到晋升，工作上消极怠工，迟到早退情况更加严重。一天下午，她声称自己不舒服要求早退 2 小时，徐女士要求她去看医生，小刘竟然拒绝并在未经许可的情况下早退。

讨论：

1. 请你分析一下小刘存在的问题，然后为小刘的职业发展提出几条有用的建议。
2. 作为卖场主管的徐女士应该如何激励小刘提高他的工作热情呢？

本章小结

管理者应该关注员工的人格差异以及人格差异带来的行为差异，重视个体与组织的匹配度，提高员工的满意度和组织绩效。首先，本章对组织在不同时期的职业生涯管理中面临的挑战和变革要求提出相应的做法。其次，本章对组织制度和激励以及二者之间的关系进行相应的论述，揭示当前激励制度存在的问题，为管理者提供完善思路。

思考题

1. 什么是人格？通常是如何测量人格的？人格形成的决定因素是什么？

2. 具体情境是如何影响人格对行为的预测能力的？

3. 假设一个缺乏责任感的员工正在影响工作团队中的其他人，你该如何帮助他改变这种态度呢？

4. 用所学的激励理论分析中国国有企业和私营企业的激励机制，它们有何不同？该怎样改进？

5. 企业成长分为哪几个阶段？它们各有什么特点？

第6章 领导

学习目标：

1. 了解组织中领导者的作用与权力基础；
2. 掌握领导理论的历史变迁；
3. 掌握组织中的领导与成员关系的交互过程与影响因素；
4. 了解新时代领导面临的挑战与机遇；
5. 能够运用本章所学的理论思考和分析现实中的管理问题。

【开篇案例】 哈佛校长西点演讲：魅力型领袖都有一个共同点

作为一位领袖，有洞见很重要，洞见是一种“天赋”，是能够聆听多种声音，能够对不同情况充满敏感度。语言的力量是无法抗拒、无可争辩的。很多时候，给我们生活带来翻天覆地变化的，往往是那些将语言视为行动的领袖们。正是这些领袖，激励人们，战胜内在惰性，敢于冒险。这些领袖有一个共同点，那就是他们都有语言天赋，都可以通过语言来鼓励他人。

——哈佛大学校长吉尔平·福斯特

来到西点军校，我倍感荣幸。我的家庭和军队有着很深的渊源，我的曾祖父1883年毕业于西点军校，我们家里一直以此为豪。

我曾祖父叫劳伦斯·戴维斯·泰森(Lawrence Davis Tyson)，我最近拿到他的成绩单才发现，他在他的年级里排名第51。这可能听起来不算差，但其实当年他所在的年级只有52人。他的成绩比1861年毕业的美国内战著名将军乔治·阿姆斯仕·卡斯特(George Armstrong Custer)好，卡斯特是1861年毕业生中倒数第一；但是没有尤里西斯·格兰特(Ulysses Grant，美国第18任总统)好，1843年毕业的39人中，格兰特总统排名第21。格兰特总统曾说过，当时在西点军校时，他常常花很多时间看小说。最近我在读我曾祖父的遗稿时发现，他和格兰特总统一样，都喜爱文字。

我的曾祖父年轻时是少尉，曾在美国西部驻扎。就在当时，他遇到了我的曾祖母，开始给她写各种深情款款而又充满诗意的情书。他甚至在其中一封中这样写道："我怕我写得太频繁你会厌烦。"在他们认识以后的第一个圣诞，二人互送礼物，是剑形的围巾扣。我的曾祖父把这看作二人结合的信物，他说："再也没有争吵，没有战争……我们两个人已经对彼此缴械投降。"后来，我的曾祖父在第一次世界大战中升任将军，当选为美国参议院的参议员，是在任期间去世的。

今天来到西点军校，我想谈谈语言对于领导力的重要性，富有感染力的言论对于一任领袖的重要性以及人文科学及艺术对于培养这些品质的重要性。

在西点军校谈领导力似乎有点班门弄斧，毕竟西点军校从 1802 年就开始成为领袖训练营了——尽管可能不为世人所知。从 19 世纪末开始，"领导力"一词，大量出现在书中——亚马逊上关于领导力的书超过 18 万种，哈佛大学的图书馆里关于领导力的索引也有 170 多万条。

但是我们看到，这么多关于领导力的书，真正成为领袖的人却很少。所以我们会问：是什么造就了一位领导人？领导人是坚定果敢的还是灵活多变的？他们应该有远见还是应该更务实？他们应该多考虑自己还是多考虑他人？我们如何才能培养出更多的领导人？

对于这些问题的回答可能难以达成一致，然而领袖们往往可以激励其他人挑战自己，做他们觉得做不到的事情。同时，当我今天站在这儿，在这个全球最好的领袖训练营，我似乎找到了问题答案：西点军校不仅是全国第一所工程学院，也是一所致力于人文教育的高等院校。

西点军校致力于人文教育是有原因的。最近英国文化委员会一项调查显示，国际上超过半数的领导人持有人文学科或社会科学的学位，而 75%的商界领袖表示，最重要的职场技能都与人文学科有关，即分析问题的能力、人与人之间沟通的能力和写作能力。

然而，为人们传授这三种能力的人文学科正在面临危机。一些立法者认为，人类学、艺术史和英语专业的学位不实用。他们呼吁"多要电焊工、少要哲学家"，从财政上削弱对各个高等院校人文学科系部的支持力度，更是对人文学科造成伤害。

尽管如此，西点军校的人文学的科系却发展势头良好。也就是说，当其他高等院校都在降低人文教育要求时，军事院校却在加强。在过去的 50 年间，西点军校已经将其课程转变为通识性质的人文教育，毕业生具有广博的科学与人文知识，拥有将这种知识应用于变化无常的世界中的能力。这里，人文学科正是构建自我意识、性格特点以及真知灼见的源泉，也是保证领导人与他人交际的内在动力。

人文科学对于领导力的影响，主要有以下 3 个方面：

1. 成为一名个领袖需要洞见

小说家扎迪·史密斯(Zadie Smith)认为，作为一位领导人，有洞见很重要，洞见是一种"天赋"——能够聆听多种声音，能够对不同情况充满敏感度。西点军校对于领导力发展的诠释是"一个人认知自己的能力以及多视角看待世界的能力"。这种能力就像护照，能让我们穿越时空、多元思考。

我研究历史，历史给了我多种认识自我、认识他人的视角。数据单独存在并没有价值，历史也不能告诉我们一切。正如巴顿将军 1944 年给在西点军校上学的儿子信中所写："要成为一名杰出的军人，你一定要懂历史。日期及详细的战术策略没有什么用，你需要知道人的行为。打仗并不是要打败一个人手上的兵器，而是打败他的灵魂。"

我的偶像——历史学家富兰克林曾经这样说过:"以知识武装自己。以史为鉴,抗击种族歧视。直面历史,正视过去。"的确,一些历史遗留的传统,仍在控制着我们的思想与行为。富兰克林通过矫正这些传统中的错误改变传统,他对于事实与真相有着清晰的认知,尽管这些真相当时并不为人所知,或者不为人所承认。他花了一生的时间做这件事。写作需要耐心与毅力,但是回报也是巨大的。用历史破除愚昧,当我们有勇气挑战所谓的"真相"时,就是为我们的过去提供了一种不同的诠释。正如富兰克林所说:"正确的历史是美好的现在与明天的基础。"

2. 领袖要有随机应变的能力

我常常说教育和上岗培训不同。工作中,实际情况千变万化。战士知道,在战争中我们一定要灵活,瞬间了然复杂局势。如果洞见让我们看清情况,那么多视角就给了我们创造性应对挑战的能力,而随机应变则能帮助我们应对意外之事。

在西点军校,我知道训练学生的方法是将其置于他无法控制的情况下,这叫作"friction"。这样你的思考能力会超出你本身原有的能力。文学、艺术、音乐、历史——这些都是"friction",因为它们或令人费解,或引人深思,或激动人心,都会让我们质疑、前进,并以全新的方式重塑自我与世界。

3. 领袖如何运用语言变得更有说服力

丘吉尔从很年轻的时候就深知语言的力量。在桑赫斯特军事学院上学的最后一个学期,他做了人生中第一个公共演讲。他站在伦敦街头,集合众人,反对禁酒运动。数十年以后,在第二次世界大战中,丘吉尔向英国人民发表演说,坚持抵抗德国侵略。所以,他最后拿到的是诺贝尔文学奖,而不是诺贝尔和平奖,这再合适不过了。

语言的力量是无法抗拒、无可争辩的。很多时候,给我们生活带来翻天覆地变化的往往是那些将语言视为行动的领袖们。这些领袖激励人们战胜内在惰性,敢于冒险。这些领袖有一个共同点,那就是他们都有语言天赋,都可以通过语言来鼓励他人。

所以,只有通过学习人文学科,才能理解往昔决策者的智慧、灵活多变且能够做出正确决策,才能培养激人奋进的语言能力。

最后,我希望大家:代表你我,负起责任;代表国家,肩挑重担。同时,我也希望大家要代表人文学科,走在前列——因为人文学科代表着人类经验和人性洞见的传统。希望大家认识到人文所赋予各位的特质,在生活中重视人文,向他人宣扬人文。让《伊利亚特》成为你的枕边书,让自己成为人文的力量,成为人类未来的力量!

资料来源:https://www.sohu.com/a/423104096_120872787.

6.1 组织中的领导者

6.1.1 领导的概念

在领导的概念层面,目前尚未形成一个统一的定义。意大利政治学家马基雅维利在《君主论》中认为,领袖是权力的行使者,是那些能够利用技巧和手段达到自己目标的人。美国政治学家伯恩斯认为,领导人劝导追随者为某些目标而奋斗,而这些目标体现了领导人及其追随者共同的价值观与动机、愿望与需求、抱负与理想。德国著名社会学家马克斯·韦伯认为，有效的领导有一种魅力，其具有的某种精神力量和个人特征，能够对许多人施加个人影响。管理大师彼得·德鲁克认为，有效的领导应能完成管理的职能，即计划、组织、指导和度量。哈佛大学的约翰·科特教授认为，好的领导应能鼓励人们朝着真正能给他们带来长期最大利益的方向努力，而不是将他们引向绝境；好的领导不会浪费他们稀缺的资源，也不会造成人性的阴暗面。

领导者在实现组织目标的过程中是一个能够影响一个群体有效参与组织活动的人，在组织中的地位至关重要。绝大多数领导者属于交易型领导范畴，一般成功的领导者都具有魅力型或者变革型领导的特点。例如，苹果公司的乔布斯就是一个典型的魅力型领导，不仅具备非凡的人格魅力，而且通过描绘美好的愿景来激励苹果公司的员工，使他们对自己产生信赖甚至崇拜，从而影响他们；格力集团的董明珠则是一个典型的变革型领导，她也具有一定的人格魅力，但她是一个以组织为导向的领导者，不惜抨击竞争者来捍卫组织的利益，以此来作为榜样影响其他员工。近年来，随着华尔街丑闻事件的曝光以及社会上各种因领导人诚信问题而导致的弊案的频发，企业领导者的诚信和道德问题引起了社会广泛关注。作为一个要求企业承担社会角色的领导者显然会为个人和组织树立很好的形象，从而影响和引导其他人，如比尔·盖茨。

也有学者提出不同的看法。刘永芳认为，领导是在一定条件下指导和影响个人或组织，从而实现某种目标的行动过程，其中将实施指导和影响的人称为领导者，将接受指导和影响的人称为被领导者，一定的条件是指行为过程发生的环境或背景。胡立君等人认为，领导能够让组织的资源有效地运作起来，它是组织成员在一定的组织环境中，通过管理者的指挥和协调，完成组织目标的一个过程。领导是为了实现组织目标而对他人施加影响的能力。孔茨认为，领导是指影响人们为组织和集体的目标做贡献的过程。赫塞和布兰查德认为，领导就是在特定情境中，通过个体与群体的行动来成功实现目标的过程。社会系统学派的创始人巴纳德认为，领导是一个包括领导者、追随者他们所处的不同环境这三个条件的职能。

总之，领导的内容是作为特殊活动的领导行为，领导行为是围绕组织目标实施并完成的整个过程。领导不仅是人们拥有或被认为拥有的某种品质或特征，还可以是人们所做的事情。领导既可以是领导者，也可以是领导力活动。领导者是组织中有影响力的人，他们可以是在组织中具有法律地位并有权决定各种管理活动的高管；他们也可能是没有既定职位的权威人士，并不一定暗指经理、主管或上级等职称。领导活动是指领导者使用权力或权威来指导或影响组织成员的过程，以便他们能够有意识地与领导者合作以实现组织目标。领导力是管理的基本功能，贯穿于管理活动的整个过程。领导不涉及使用武力、胁迫或统治。

6.1.2 领导的权力基础

从狭义的角度理解领导工作，即领导者运用其拥有的权力，以一定的方式对他人施加影响的过程。“影响”意味着使他人的态度和行为发生改变。要产生这种“影响”，领导者就必须拥有某种比被领导者更大的权力，这种权力是领导者对他人施加影响的基础。换句话说，领导的影响力是由权力派生而来的。

组织生活的一个现实是，权力在领导者和其他成员中的分配是不平等的。领导者通常拥有相对强大的权力，使他得以影响组织中其他成员的行为。所谓权力，是指一个人主动影响他人行为的潜在能力。这里，“潜在”是指一个人拥有一定的权力，尽管他可能根本就未行使这种权力。例如，一个足球队的教练有权开除表现不好的队员，队员们意识到教练拥有这种权力因而严格要求自己，所以教练实际上就很少真正行使这方面的权力。没有行使权力，并不意味着他不拥有这种权力。

在一个组织内部，权力可以按其来源不同而分为以下几种：

(1) 法定权力

法定权力是指组织内各领导职位所固有的合法的、正式的权力。这种权力可以通过领导者利用职权向直属人员发布命令、下达指示来直接体现，有时也可借助于组织内的政策、程序和规则等而得到间接体现。工人对不符合质量标准的产品要进行返工，是因为他知道质量标准是必须遵守的，返工是合法的要求。连队士兵听从连长指挥向敌军阵营发起猛攻，因为连长具有这种人们所接受的合法的职权。同样，企业中的各级管理人员对其下属也拥有法定权力，这种权力是组织的等级指挥链所固有的。

(2) 奖赏权力

奖赏权力是指提供奖金、提薪、升职、赞扬、理想的工作安排和其他任何令人愉悦的权力。由于被领导者感觉到领导者有能力使他们的需要得到满足，因而愿意追随和服从他。可以说，领导者所控制的奖赏手段越多，这些奖赏对下属越重要，领导者拥有的影响力就越大。

(3) 强制权力

强制权力是指给予扣发工资奖金、降职、批评乃至开除等惩罚性措施的权力。强制权力与奖赏权力一样，都是与法定权力密切相关的，如采购员可以向生产现场提前或延迟供应急需的零部件，交通警察可以对违反交通规则的驾驶员发出违章罚款单或扣留驾驶执照，这些权力的行使都与其所担负的工作和职务相关。

(4) 专家权力

专家权力是指由个人的特殊技能或某些专业知识而产生的权力，如律师、医生、大学教授和企业中的工程师，他们可能拥有相当大的影响力。与之相反的是，一个身居领导职位的人因为缺少某种专业知识，就可能缺乏相应的专家权力。我们提倡“内行当家”，其道理之一就在于此。

(5) 感召和参考权力

感召和参考权力是与个人的品质、魅力、经历、背景等相关的权力。例如，黑人领袖马丁·路德·金虽然拥有的法定权力很小，但凭借着他的人格力量，有力地影响着许多人的行为；同样的情形还可以在电影明星、战斗英雄和其他具有表率作用的榜样人物身上看到。感召权力又称为个人影响力，除了这种权力之外，有些人因为与某领导者或某权威人物有着特殊的关系，可能因此具有与普通人不同的影响力，我们称之为参考权力。例如，董事长的夫人虽然不在公司担任职务，却可能对该企业内的员工产生影响力。又如，总经理秘书的头衔和职务系列远低于部门经理，却可能令这些人对他敬畏三分。

总之，领导者获得影响力的途径是多样的，将主要依靠法定权力、奖赏权力和强制权力而形成的影响力统称为职位权力(制度权力)，将与个人因素相关的专家权力、感召和参考权力统称为个人权力。正式组织中的有效的领导者应该是兼具职位权力和个人权力的领导。

仅有职位权力的领导者只会是指挥官，而不能成为令人信赖和敬佩的领袖。非正式组织的领导者并不拥有职位权力，却能使周围的人对他一呼百应，其影响力主要来源于个人的力量。因此，正式组织的领导者应该加强个人素质的修炼，以便在拥有职位权力的同时，获得更大的个人权力。

6.1.3 领导的特征

目前，关于领导的特征的研究不仅涉及管理学领域，医学、教育学等领域也有所涉及。有学者指出，组织无法变革和创新的主要原因是那些负责变革的领导者缺乏技能或意愿。也有学者认为，领导能力的核心因素表现为“护士”单位/“病房”经理的角色、协作和关系的建立以及角色塑造等。领导作为动态的过程，具有以下基本特征：

(1) 领导体现了人与人之间的关系

人际关系学说认为，由于人们在各组织单位中所处的地位不同，从而形成一定的关系，领导者与被领导者就是这种关系的一种形式。领导者的一切行为都是在不断地协调领导与被领导、控制与被控制、指挥与被指挥的各种关系。实际上，领导是通过领导者协调人与人之间的关系，激发全体员工的积极性和创造性，使人力资源得到充分发挥，以实现组织的目标过程。

(2) 领导是一种特殊的“投入”与“产出”

领导是引导和影响他人或群体去实现目标的过程。实际上，领导是一种“投入”，而他的“产出”表现为他人的行为(包括领导者所领导的组织的行为)。因此，领导效率的高低和领导工作的成功与否并不反映在领导行为的本身，而是应该从被领导者的行为效率评定。尽管影响被领导者行为效率的因素很多，诸如工作的动机、热情、工作能力、工作条件、福利待遇等，但这些因素都与领导者的行为有关。作为领导者，不管他自身是否意识到，其行为都会时刻影响着被领导者的行为。也就是说，“投入”发生变化，“产出”也会相应地发生变化。

(3) 领导是领导者、被领导者及环境的函数

在现代社会，任何一个组织都是一个开放的社会技术系统，都处在特定的环境之中，而环境的变化常常会对人的心理和行为产生很大影响，领导者的行为则是环境因素的重要组成部分。因此，领导这一动态过程实际上是由领导者、被领导者及他们所处的环境这3个因素所决定的复合函数。该关系用公式表示为：

$$领导=f(领导者,被领导者,环境)$$

影响领导这个函数的变量，既包括领导者、被领导者、环境3个因素，也包括各因素之间的内在联系。也就是说，领导的有效性既取决于领导者的素质和领导艺术，也取决于被领导者的素质和接受领导的程度，还取决于领导与环境条件相互制约和相互适应的状况。

(4) 领导作用的“互惠效应”

在领导工作中，领导者总会因其职位或人品对其下属产生影响。一般情况下，人们容易注意到领导者对下属的领导，而往往忽视下属对领导者的影响。实际上，领导者在影响下属的同时，也必然受下属某方面的影响，这就是领导作用的“互惠效应”。比如，厂长如果客观地评价了员工，除了被评价的员工，还会引起其他员工对厂长的良好反应；反之，如果评价不当，不仅会引起当事者的不满，还会激起其他员工的义愤。因此，领导者的正确行为引起下

属的积极反应,错误行为引起下属的消极反应,这就是影响的分割和共享。领导者通过一定的领导行为影响下属意愿,与下属分享影响。领导者能够从建立较好的相互关系中获得更多的尊敬和信任,下属则由于对领导者有更多的了解而能够扩大自己的影响。实践证明,在有效的组织里,领导者和下属都会感到自己有较大的影响力,而领导者和下属在组织里的总体影响越大,整个组织的工作效率就越高。

6.1.4 领导与领导者

"领导"与"领导者"是两个不同的概念。在汉语的日常用语中,对"领导"与"领导者"一般不加以区别。通常情况下,人们习惯地将领导者称为"领导",而将领导者的行为称为"领导"。事实上,领导是一种行动过程,致力于实现这个行动过程的人叫作领导者,接收指引和影响的人就是被领导者。也就是说,领导就是领导者通过自己的活动对被领导者施加影响,从而实现某种目标的过程。一个组织可以指定一位领导者或选出一个领导集体,但不能指定或选出某种领导行为。因此,对领导行为的培养是非常重要的。

领导者是组织中那些有影响力的人员,他们可以是组织中拥有合法职位的、对各类管理活动具有决定权的主管人员,也可能是一些没有确定职位的权威人士。领导活动是领导者运用权力或权威对组织成员进行引导或施加影响,使组织成员自觉地与领导者一道去实现组织目标的过程。领导是管理的基本职能,它贯穿于管理活动的整个过程。一位好的领导者对组织带来的绩效增加与正向影响不可估量,而一位差的领导者也会让一个如日中天的组织走向衰败。

6.1.5 领导与管理

"领导"与"管理"是两个不同的概念,它们既有联系又有区别。约翰·科特认为,领导与管理是组织行为中两个不同却互补的系统;他还认为,有效的领导会对组织产生有利的改变,而好的管理能够掌控组织和情景中的复杂局面。在现实生活中,人们一般将"管理"和"领导"当作同义语来交互使用,认为领导者就是管理者,领导过程就是管理过程。一般来说,领导偏重于做出决策与用人,而管理侧重于执行决策,协调成员完成组织目标。从范围上来看,管理的范围小于领导的范围。领导过程影响他人实现的目标,既可能是组织目标,也可能是小群体目标和个人目标。管理过程则不同,管理是一种特殊的领导,专指实现组织目标的过程。由此可见,凡是指引和影响他人为达成个人或小群体目标的行为过程只能属于领导过程。从管理者与领导者的范围来看,管理者的范围大于领导者的范围。在社会组织中只有法定的个人称为领导者,而管理者则不仅包括领导者,还包括从事管理工作的职能人员,如会计员、统计员、政工、劳资人员等。因此,管理者的外延要比领导者的外延大得多。在实际工作中,领导者和管理者又是互相交叉的,比如工厂的厂长。总体来讲,领导与管理的差异存在持续争议,但二者之间又存在密切联系,很难将它们作为性质不同的活动区分开来。当今,强调管理与领导的相互关系并将二者看作同义词的趋势不断增长。

一般来说,领导者渴望改革和新方法,而管理者却提倡保持现状的稳定,它们之间不断变化着的冲突使得二者不能很好地融合。领导者与管理者特质的区别见表6-1。

表 6-1 领导者与管理者的区别

个性维度	管理者	领导者
对待目标的态度	具有非个人化的、消极的功能型态度;相信目标产生于必要性和现实性	有个人的、活跃的态度;相信目标源于想象和愿望
工作的概念	将工作看作一个授权的过程,通过平衡与协调,将人员、观念和事物组合起来	寻找新方法解决旧问题;寻求高风险的职位,特别是具有高薪酬的职位
与其他员工的关系	避免孤独地工作,愿意与他人一起工作;避免亲密和紧张的工作关系;避免冲突	适合孤独地工作;鼓励紧张的、亲密的关系;不厌恶冲突
自我感觉	人不可能再生;对生活的判断直截了当;接受生活现实	人可以再生;与生活作斗争;质疑生活

6.1.6 领导的作用

(1) 指挥作用

有人将领导者比作乐队指挥,一个乐队指挥的作用是通过演奏家的共同努力而形成一种和谐的声调和正确的节奏。由于乐队指挥的才能不同,乐队也会做出不同的反响。领导者不是站在群体的后面去推动群体中的人们,而是站在群体的前列去促使人们前进并鼓舞人们去实现目标。

(2) 激励作用

领导者为了使组织内的所有人都最大限度地发挥其才能,以实现组织的既定目标,就必须关心下属,激励和鼓舞下属的斗志,发掘和加强人们积极进取的动力。领导者有效激励下属的一个基础就是要了解下属。作为领导者,若对员工的家庭环境、背景、兴趣和专长等一无所知,有时工作会很难开展。有句俗话说:"士为知己者死。"领导者对他的员工要达到这种"知"的程度,就要付出很大努力。

(3) 协调作用

在组织实现其既定目标的过程中,人与人之间、部门与部门之间发生的各种矛盾和冲突以及在行动上出现偏离目标的情况都是不可避免的。因此,领导者的任务之一就是协调各方面的关系和活动,保证各个方面都朝着既定的目标前进。

(4) 沟通作用

领导者是组织的各级首脑和联络者,在信息传递方面发挥着重要的作用,也是信息的传播者、监听者、发言人和谈判者,在管理的各层次中起到上情下达、下情上传的作用,以保证管理决策和管理活动顺利进行。

【管理故事】 理智的管理人员

最近,劳拉·琼斯被提升为公司的市场部主任,而且这是一家在美国享有高度自治权的大型公司。"对这次晋升感到非常兴奋!"她很自豪地对她的丈夫内尔说道。有了这个职位和权威后,她将 MBA 课程中学到的知识和培养的技能用于实践,并且相信自己会得到总经理詹姆士的全面支持。在面试的时候,詹姆士给她的印象是一个理智、看重结果的人,这一点与她自己很相似。劳拉还认为，詹姆士的海军背景自然意味着他尊重他人努力工作的结果。

在上任后的第一个月，劳拉将精力集中在市场策略与分析、产品档案的完善以及基本市场信息系统的实施方面。

6个月后，詹姆士对劳拉的工作给予了高度的评价。在约见劳拉并表扬她后，詹姆士询问她未来5年在事业上有何目标。劳拉回答说，她希望能像詹姆士那样做一名总经理，她相信她的回答不会让詹姆士产生威胁感。不管怎样，詹姆士已经年近60岁了，劳拉一直将他当作一位父亲、一位良师益友、一位支持她朝着更远大的目标前进的人。

然而，劳拉未免太过天真了，她忘了一位主管商标的经理向她提起詹姆士时对詹姆士的印象了——詹姆士不仅热衷于航海，他还喜欢出席各种宴会，总是希望能开开心心地度过每次宴会的时间。

下半年对劳拉来说比较麻烦，市场分析表明，虽然产品档案显示公司仍然在盈利，但詹姆士提出并主持的新产品发布却没有取得预期效果。该产品离新"明星"位置还远着呢！而且开始陨落，其市场份额不断下降，亏损也越来越大。劳拉将有关该产品的信息告诉詹姆士后，他很不情愿地将这份报告递给董事会。劳拉对詹姆士的反应感到非常困惑，但她还是努力准备对这个有瑕疵的产品进行第二次市场分析。

然而，就在那周的小组会议上，劳拉感觉到詹姆士对他的航海故事比对市场和产品性能的具体讨论还要感兴趣。不管何时，只要一提到信息技术，詹姆士的眼光就变得呆滞——似乎计算机让他焦虑不安。

劳拉在随后的18个月里，牺牲了家庭生活的温馨，每周工作40小时，终于使该产品的市场份额有了显著的增长。

她希望能够得到下一次赞扬，能够有一份振奋人心的报告。但是，当詹姆士对她进行了严厉的批评、根本不愿意提及该产品增长的利润和市场份额时，她简直呆若木鸡。劳拉对自己这份工作争辩得越多，詹姆士对她的评语就越严厉。那天晚上，劳拉将这件事告诉了她的丈夫内尔后，两个人都陷入了深思：到底出了什么错？

资料来源：玛丽·布莱格. 发掘影响力[M]. 广州：广东经济出版社，2000.

6.2 领导理论的历史变迁

6.2.1 领导特质理论

领导理论最早可以追溯到法约尔的一般管理理论、孔茨的管理职能研究等，从20世纪开始成为管理学、组织行为学、心理学等领域的研究热点。20世纪30年代，学者们主要通过寻找和归纳成功领导者身上所具备的共同特质来对领导行为进行研究。特质理论强调领导者的个人品质和特征的重要性，成功的领导者应该具有他人不具备的独特品质和技能，而这些品质和技能是领导者与生俱来的。

领导特质理论强调的是个人品质和特征，探寻能够将领导者与非领导者区分开来的人格、社交、生理或智力方面的属性。领导特质的早期研究大多以失败告终，当研究人员围绕大五人格框架梳理领导特质时，出现了一些新的突破。在各种文献中出现的众多领导特质中，大都可以被归纳到大五人格的某个维度之下，这就为领导特质作为预测领导的指标提供了有力的支持。20 世纪 60 年代末的一篇研究综述共列出了近 80 种领导特质，但仅有 5 种特质能够在研究中被发现。到了 20 世纪 90 年代，我们能够得出领导特质理论的最佳结论是“领导者都与他人不同”，那些具体的领导特质却是千变万化的。

研究发现，外倾性是有效领导者最重要的特质。不过，外倾性与领导力展现方式的相关程度要高于外倾性与领导效果的相关程度。善于交际的、有支配欲的人更有可能在群体情境中坚持己见并脱颖而出，但领导者需要确保自己不会过分武断。一项研究显示，在主见这个维度上得分非常高的领导者不如得分适度的领导者那么有效。

随和性和情绪稳定性与领导力的相关度不高，但责任心和开放性与领导力有强相关关系，但其显著程度要弱于外倾性与领导力的相关性。伊沙克(Ishaq)等人也证实了这一点，即领导的亲和性、责任心和神经质与矛盾式领导行为评分呈负相关关系。总体来说，特质理论确实有些用处，当需要进行领导时，具有外倾性(喜欢与他人待在一起，并且能够坚持己见)、责任心(有原则，信守承诺)和开放性(有创造力，随机应变)的领导者具有明显的优势。因此，优秀的领导者存在某些共同的重要特质，其中责任心和外倾性与领导者的自我效能呈正相关关系，可使下属对领导者的绩效给予较高的评价。当然，人们更愿意追随那些坚信自己方向正确的领导者。

6.2.2 领导行为理论

领导特质理论并不能很好地预测有效领导和无效领导，使得其无法全面地解释领导行为。20 世纪 40 年代末到 60 年代，早期领导特质研究的失败使得学者们转向对领导者行为方式的研究。该理论认为，领导者个人素质特征是通过领导者后天的培训、发展，使其具备了有效领导能力的一种行为模式，其侧重于对领导者行为方式的考察。领导者在领导活动中采取的具体行为会对员工产生影响，通过研究这些影响来发现所谓最有效的领导行为。决定领导有效性的因素是领导行为，通过区分领导者的风格和影响，可以将领导者行为划分成几种类型，从而分析比较不同领导行为之间的特点和优劣。由此可见，影响领导者最重要的因素不是领导者的个性特征，而是他们在不同情境下的所作所为，他们独特的行为作风明显优于那些表现平平的领导。学者们对领导行为理论的研究是为了在实际情况中提前预判领导者的行为及其控制力，并且确定成功的领导者应该具有哪些领导行为以及哪一种行为起到的作用最强。

(1) 勒温的领导风格理论

美国艾奥瓦大学的研究者、著名心理学家勒温(Lewin)和他的同事们从 20 世纪 30 年代起就对团体气氛和领导风格进行研究。Lewin 等人发现，团体的任务领导并不是以同样的方式表现他们的领导角色，领导者们通常使用不同的领导风格，这些不同的领导风格对团体成员的工作绩效和工作满意度有着不同的影响。勒温等人力图科学地识别出最有效的领导行为，他们着眼于 3 种领导风格，即专制型、民主型和放任型的领导风格，表 6-2。

表 6-2　三种领导风格的特征

领导风格	专制型	民主型	放任型
权力分配	权力集中于领导	权力在团体	权力分散在每个员工
决策方式	领导者独断专行,所有的决策都由领导者自己做出,不重视下属成员的意见	让团队参与决策,所有的方针政策由集体讨论做出决策,领导者加以指导、鼓励和协助	团队成员具有完全的决策自由,领导者几乎不参与
对待下属	领导者介入具体的工作任务中,对员工在工作中的组合加以干预,不让员工知道工作的全过程和最终目标	员工可以自由选择与谁共同工作,任务的分工也由员工的团队来决定,让员工了解整体的目标	为员工提供必要的信息和材料,回答员工提出的问题
影响力	领导者以权力、地位等因素强制性地影响员工	领导者以自身的能力、个性等心理品质影响被领导者,员工愿意听从领导者的指挥和领导	领导者对员工缺乏影响力
评价员工	采取"个人化"的方式,根据个人的情感对员工的工作进行评价,采用惩罚性的反馈方式	根据客观事实对员工进行评价,将反馈作为对员工训练的机会	不对员工的工作进行评价和反馈

(2) 斯托格迪尔的领导四分图理论(图 6-1)

领导行为理论不同于甄选领导的特质理论,它表明领导者是可以培养的。最全面且得到最多验证的行为理论来自俄亥俄州立大学斯托格迪尔(Stogdill)的系列研究。研究者最初收集了 1 000 多个维度,最终缩减为两个维度。这充分体现了员工们所描述的绝大多数领导行为,分别被命名为结构维度和关怀维度。

结构维度指的是领导者为了实现组织目标而对自己与下属角色进行界定和建构的程度,包括对工作内容、关系和目标进行组织。结构维度得分高的领导者会"为本群体的成员安排特定的工作任务""期望成员达到具体的绩效标准",并且"强调在最后期限之前完成任务"。关怀维度指的是领导者与其下属的工作关系以及相互信任、尊重下属意见和重视下属情感的程度。关怀维度得分高的领导者会帮助下属解决个人问题,友善且平易近人,对所有下属一视同仁,欣赏和支持自己的下属。

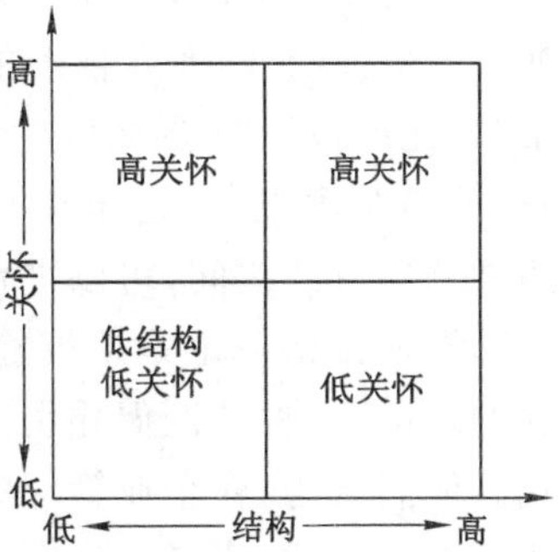

图 6-1　领导行为四分图

根据关怀和结构两个维度组合,得出以下领导行为类型:

① 高关怀低结构的领导者。这种领导者注意关心爱护下属,经常与下属交换思想,交换信息,与下属感情融洽,但组织内规章制度不严,工作秩序不佳,是一位较仁慈的领导者。

② 低关怀高结构的领导者。这种领导者注意严格执行规章制度,建立良好的工作秩序和责任制度,但是不注意关心爱护下属,不与下属交流信息,与下属关系不融洽,是一位较为严厉的领导者。

③ 高关怀高结构的领导者。这种领导者注意严格执行规章制度,建立良好的工作秩序和责任制度,同时关心爱护下属,经常与下属交流信息,沟通思想,想方设法调动组织成员的

积极性，在下属心目中可敬又可亲，是一位高效成功的领导者。

④ 低关怀低结构的领导者。这种领导者不注意关心爱护下属，不与下属交换思想，交流信息，与下属关系不太融洽，也不注意执行规章制度，工作无序，效率低下，是一位无能且不合格的领导者。

高关怀高结构的领导者并不总是产生积极效果。在生产部门内，工作技巧评定结果与定规程度呈正相关关系，与关怀程度呈负相关关系。但在非生产部门内，这种关系恰恰相反。一般来说，高结构低关怀的领导方式效果最差，而其他 3 种类型的领导行为普遍与较多的缺勤、事故、抱怨及离职有关系。

(3) 利克特的管理系统理论

密执安大学李克特(Likert)教授和他的同事对领导人员和经理人员的领导类型和作风做了长达 30 年之久的研究，研究过程中所形成的某些思想和方法对人们理解领导行为很有帮助。他认为，有效的管理者坚决地面向下属，依靠人际沟通使各方团结一致地工作，包括管理者或领导者在内的群体全部成员都采取相互支持的态度。在这方面，他们具有共同的需要、价值观、抱负、目标和期望。

Likert 提出了领导的四系统模型，即将领导方式分成 4 类系统：剥削式的集权领导、仁慈式的集权领导、洽商式的民主领导和参与式的民主领导。他认为，只有第四系统——参与式的民主领导才能实现真正有效的领导，并且正确地为组织设定目标和有效地达到目标。鉴于这种领导方式采取激励人的办法，我们认为这是领导一个群体的最有效方式。

(4) 布莱克管理方格理论

管理方格理论是由美国得克萨斯大学的行为科学家罗伯特·布莱克(Robert R. Blake)和简·莫顿(Jane S. Mouton)在 1964 年出版的《管理方格》(1978 年修订再版，改名为《新管理方格》)一书中提出的。如图 6-2 所示，管理方格图的提出改变以往各种理论中“非此即彼”式(要么以生产为中心，要么以人为中心)的绝对化观点，指出在对工作关心和对人关心的两种领导方式之间，可以进行不同程度的互相结合。

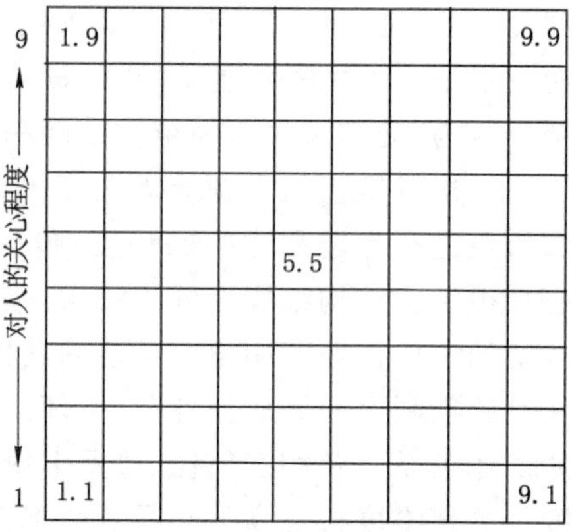

图 6-2 管理方格图

管理方格理论是研究企业的领导方式及其有效性的理论，这种理论倡导用方格图表示和研究领导方式。他们认为，在企业管理的领导工作中往往出现一些极端的方式，或者以生产为中心，或者以人为中心，或者以 X 理论为依据而强调靠监督，或者以 Y 理论为依据而强调相信人。为了避免趋于极端、克服以往各种领导方式理论中的“非此即彼”的绝对化观点，他们指出：在对生产关心的领导方式和对人关心的领导方式之间，可以有使二者在不同程度上互相结合的多种领导方式。为此，他们就企业中的领导方式问题提出了管理方格法，使用自己设计的一张纵轴和横轴各 9 等分的方格图，纵轴和横轴分别表示企业领导者对人和对生产的关心程度。第 1 格表示关心程度最小，第 9 格表示关心程度最大。全图总共 81 个小方格，分别表示“对工作的关心”和“对人的关心”这两个基本因素以不同比例结合的领导方式。

根据企业管理者“对工作的关心”和“对人的关心”程度的组合，可以将领导分为5种类型：

① 贫乏式领导者(1.1)：对业绩和对人关心都少，实际上，他们已放弃自己的职责，只想保住自己的地位。

② 俱乐部式领导者(1.9)：对业绩关心少，对人关心多，他们努力营造一种人人得以放松，感受友谊与快乐的环境，但对协同努力以实现企业的生产目标并不热心。

③ 中庸式领导者(5.5)：既不偏重于关心工作，也不偏重于关心人，风格中庸，不设置过高的目标，能够得到一定的士气和适当的产量，但不是卓越的。

④ 任务式领导者(9.1)：对工作关心多，对人关心少，作风专制，他们眼中没有鲜活的个人，只有需要完成生产任务的员工，他们唯一关注的只有业绩指标。

⑤ 理想式领导者(9.9)：对工作和对人都很关心，在管理过程中把企业的生产需要同个人的需要紧密结合起来，既能带来生产力和利润的提高，又能使员工得到事业的成就与满足。

总之，这些理论主要都是从两个维度进行分类的，即“关心人”和“关心生产”，侧重不同的维度的领导者会采取不同的领导方式，较为关心人的领导者会趋向于民主领导，关心生产的领导者会更独裁专制。这些理论都对行为理论有了较好的描述，并且确定了领导行为的类型与团队的工作绩效之间具有一定的相关性。

6.2.3 领导权变理论

后续学者对领导行为理论产生怀疑，认为其忽视了情境因素，存在一定局限性。学者们并未深入研究领导行为与领导有效性之间的具体关系，所以最终很难确定具体哪种领导行为是具有普遍有效性的。没有考虑环境因素在于学者们总想找到一套普遍适用的领导行为法则，认为终有某一种或几种类型的领导行为总会一直具有有效性，导致行为理论的研究也出现很多缺陷。

一些坚韧不拔的领导者在接管陷入困境的公司并带领公司走出危机，这样经常获得许多仰慕者。然而，预测领导者是否取得成功比分离出一些领导特质和行为更为复杂。在十分有利或十分糟糕的时期，行之有效的各种特质或行为并不一定会转化为长期的成功。20世纪六七十年代，学者们开始将情境这一因素纳入对领导行为的研究中。该理论认为，领导的有效性受到情境的影响，领导者在决策活动中需要根据具体的情境来选择恰当的领导方式。研究者在关注情境时发现，x 风格在条件 a 下是合适的，y 风格则更适合条件 b，而 z 风格更适合条件 c。下面介绍4种分离情境变量的方法：

(1) 费德勒模型

第一个全面的领导权变模型是由弗雷德·费德勒在1967年提出的。该模型指出，有效的群体绩效取决于以下两个因素的合理匹配：领导者的风格以及领导者对情境的控制程度。费德勒相信，影响领导成功与否的一个关键因素是基本领导风格。他设计了一个最难共事问卷(LPC)，用于测量个体的领导风格是任务导向型还是关系导向型，由16组对照形容词构成。费德勒让回答者回想自己共事过的所有同事，并找出一个最难共事者，用16组形容词对其进行评估(1～8分)。如果你以相对正面的词汇来描述最难共事者，费德勒称之为关系导向型；相反，如果你对最难共事的同事看法比较消极(LPC得分低)，那你可能感兴趣的是生产率，因而被称为任务导向型。另外，16%的回答处于中间范围，无法被划入任务导向型或者关系导向型的范畴。费德勒认为,一个人的领导风格是固定不变的。因此,要想达到最佳效果有两种办法:要么改变情境,要么替换领导者。

(2) 情境领导理论

情境领导理论将关注点放到下属身上,认为成功的领导是通过选择与下属的成熟度相一致的领导风格实现的。成熟度指的是下属完成某项具体工作的意愿和能力。一位领导者应当根据下属的成熟度来选择以下行为中的一种:

① 当下属对完成某一任务既无能力又无意愿时,领导者就需要给他们明确具体的指示。

② 如果下属缺乏能力但有意愿从事工作,则领导者需要实施任务导向的行为来弥补下属能力的欠缺,并实施关系导向的行为使下属接受自己的意愿。

③ 如果下属有能力却无意愿从事工作,则管理者需要采用支持性的、参与性的领导风格。

④ 如果下属既有能力又有意愿,领导者则不需要做太多事情。从直觉来看,情境领导理论是合理的。

但是,不少对该理论进行检验与支持的研究却得到让人失望的结果。就目前的证据而言,人们应该慎重地审视和应用。

(3) 路径-目标理论

路径-目标理论是由罗伯特·豪斯提出的,他从俄亥俄州立大学对关怀维度和结构维度的研究以及期望理论中吸取了很多重要元素。豪斯认为,为下属提供信息支持或其他必要的资源来帮助他们实现目标是领导者的工作(路径-目标这个概念意味着有效的领导者应当为下属指明通向他们工作目标的路径,并为下属扫清前进途中的各种障碍以使该路径更为顺畅)。

路径-目标理论认为,领导者应当采取命令型、支持型或者其他某种领导风格,这取决于对情境的深入分析。该理论还认为,与高度结构化和安排完好的任务相比,当任务不明确或者压力过大时,命令型领导会带来更高的员工满意度;当下属从事结构化的任务时,支持型领导会带来更高的员工绩效和满意度;对于认知能力强或经验丰富的下属来说,指示型领导可能被视为多余。一项针对 162 名文档处理公司员工的研究发现,只有当管理者设置了目标,明确了角色、责任和首要任务时,员工的责任心才会与更高水平的绩效相关。还有研究发现,专注于目标的领导者会使那些责任心低并且情绪不够稳定的下属感觉到更高的情绪耗竭。研究表明,领导者设定目标会使有责任心的追随者实现更高的业绩,但可能会给责任心低的员工带来压力。

(4) 领导者-参与模型

这种权变理论认为,领导者的决策方式与决策内容同等重要。维克托·弗鲁姆(Vidor H. Vroom)和菲利普·耶顿(Phillip Yetton)提出的领导者参与模型将领导行为与决策参与联系到一起。与路径-目标理论类似,认为领导者必须对自己的行为加以调整以适应任务结构。弗鲁姆和耶顿的模型十分规范化,因为该模型提供了一种包含 7 个权变因素和 5 种领导风格的决策树,用来决定决策参与的形式和程度。

【管理故事】 任正非凭什么领导华为

一向低调、神秘的任正非在达沃斯现场接受英国广播公司(BBC)采访时说:“我不神秘,又不懂技术、财务、管理。我就是坐在他们的车上,拉一拉,没有想象中的什么都有。我什么都没有……”

自谦“什么都没有”的任正非领导着一个令世人瞩目的华为,尤其是近年来,华为公司(以下简称华为)不仅在业绩上的增长令人叹服,整体形象也正在成为中国最受尊敬的企业之一。领导者的个性特征和领导艺术决定了企业的价值观和发展方向。从华为的发展轨迹中不难看出,任正非本人所具备的领导力主要有以下几个方面:

1. 大气:自我蜕变与转型

没有任正非的自我蜕变,就不可能有华为的今天。

过了不惑之年才开始因无处就业而被迫创建华为的任正非,像当年很多创业的人一样,出发点是成为一个商人。但走过十年的创业初期阶段后,随着华为的不断发展、壮大,任正非显然已经认识到:当企业成长到一定规模,特别是想做行业老大时,就必须从“机会决策”转向“战略决策”,尽力避免掉入机会主义陷阱。

《华为基本法》可以被视为华为在飞速成长时期对自身的生存和发展做了一次系统思考。中国很多创业者败在了从创业初期到飞速发展的这场转型中,创业者也只能成为商人,却不能成为志存高远、有系统思想的企业家。但任正非以其卓越的远见和领袖意识完成了从商人到企业家的转型,成为华为真正的精神领袖。

所谓领袖,重要作用之一就是解构与建构,或者说结束一个旧时代、构建一个新时代。任正非通过自我意识的转型,解构了华为处于创业初期的旧时代,同时建构了华为全面扩张并能做到与时俱进的新时代。任正非通过个人自我意识的蜕变完成了企业转型,他的思维早已不同于商人思维,而是立足于企业家的视角,对企业经营管理本质系统思考,对商业本质深刻洞察。

正如中国人民大学劳动人事学院的彭剑锋教授所说:“中国企业家必须完成‘从企业家的企业,转变为企业的企业家’。”任正非选择的就是“把任正非的华为,转变为华为的任正非”,这是无数家族企业创始人所难以逾越的障碍。

2. 小气:保持朴素品格

“以奋斗者为本,长期坚持艰苦奋斗”这个听起来老掉牙的常识却被任正非奉为真理,也被华为宣传为自己的核心价值观文化,并以极大的热忱和意志力将之传播、执行到了极致。

任正非出身贫寒,看过父母人生辗转,体会过谋生路的艰辛,他从老一辈身上继承了艰苦奋斗的精神意志。他认为,中国人从上一代继承的只有贫困与传统美德,要想改变自己的命运、改变组织的命运,只有一个选择——艰苦奋斗。所以,任正非将“以奋斗者为本,长期坚持艰苦奋斗”作为华为的核心价值观文化。这一价值观也贯穿在《华为基本法》中,任正非将自己的经营理念和价值观传递给华为管理层。

在获得长期的高增长、如今华为已经可以放缓脚步的情况下,任正非依然屡次强调要“艰苦奋斗”,这与他一贯具有的危机意识不无关系。他认为,艰苦奋斗必然带来繁荣,繁荣以后不再艰苦奋斗,必然丢失繁荣。从任正非的身上也能看到,只有自己将艰苦奋斗落实到现实之中,并且经历过真正艰苦的人,才能理解它的价值,才会自始至终去贯彻它。在外界看来,华为的脚步坚实、低调、稳健,符合任正非的品格特征。他个人艰苦奋斗的思想与企业的价值观也完全融合,并引领了企业的文化。

3. 霸气:独具卓越胆识

任正非在商业竞争中无不显露出的一种霸气。2010 年,任正非首度在华为引入"薇甘菊"的概念。薇甘菊是一种杂草,只需要很少的水和养分就能迅速成长,并抢光其他植物的资源,使自己生长的空间和范围变得宽广。薇甘菊这种霸气的成长方式,被称为"植物杀手"。任正非是薇甘菊精神的崇尚者,所倡导的理念也成为传播薇甘菊的基因。他说:"我们做产品需要具备薇甘菊这样的能力,要在末端接入层成为霸主。"他还说:"要成为行业的薇甘菊,就必须具备实力,没有实力是做不了霸主的。"华为的确做到了"霸主"。华为创立以来,在任正非的带领下,研发出多项世界领先的新的产品和技术,结网式的前进步伐已从中国走向世界,甚至有人称任正非带领下的华为人是"华为狼"。尽管遭遇中国社会的数次大变革,也在经济和政治的缝隙中生存过,但始终以霸气的风格赢得了市场话语权。

尽管任正非的战略目标霸气外露,为人却不霸道。他主张,让人人都能分享到公司成长的收益。在《我的父亲母亲》一文中,任正非谈道:难时期饿得受不了,却不敢去粮食缸里抓一把吃的,因为那样可能会让两个弟妹活不到今天。华为今天获得成功,与任正非不自私有很大关系。任正非非常重视分配,他曾说:"华为薪酬激励要管理好拉车人和坐车人的分配比例,让拉车人比坐车人拿得多,拉车人在拉车时比不拉车的时候要拿得多。"因此,企业家的霸气风格结合分享财富的人文理念成为华为战略和执行的有力驱动。

4. 静气:为企业长鸣警钟

看似华为在疯狂扩张、野蛮生长,但经历过困难时期和中国社会变革的任正非,他却始终居安思危。

从任正非对未来的构想来看,他似乎是一个不可救药的理想主义者。他一直坚守自己的理想,不断为华为提出更大的愿景,华为不断被新梦想驱动前进。

任正非的管理思想总是在两极之间激荡和平衡,这是他思维方式的一大特征。所以在《华为的冬天》一文中,他不断提醒员工们居安思危。任正非一直在不断为华为制造假想敌,不断为组织产生危机能量。任正非说过,"假定"是人类最伟大的思维方式,"假定"令人有梦想,"假定"也令人居安思危。

过去 20 多年,任正非每天都在假定华为明天会垮掉,华为员工的神经早就被危机论打磨得很粗糙了。在一次国际咨询会议上,华为一位英国顾问期望任正非展望一下华为今后 10 年、20 年的远景。任正非脱口而出:"20 年以后的华为,我可以告诉你两个字——坟墓。"当时华为的德国顾问戴姆勒对此的评论道:"任先生能这么想,20 年后华为会活得更强大,德国能有今天,就是因为我们民族总有危机意识,华为跟我们很相像。"

5. 人气:做精神导师

迄今,任正非在华为内部发表的文章共 40 余篇。每一篇文章都体现了任正非的个人价值观,指引着华为人。从 1994 年第一次写《致员工书》到再次修订,任正非强调:华为共同的价值体系就是要建立一个共同的,为世界、为社会、为祖国做出贡献的企业文化。这为现代年轻人进入华为提供了精神指引。

在华为取得成就之际,任正非做了《反骄破满,在思想上艰苦奋斗》的讲话,告诫干部、员工戒骄戒躁;在华为稳步发展的过程中,任正非又发表了《论学习》《我们向美国人民学什么》等文章,让全体员工保持谦虚学习的心态;在发表自己对人才观的看法时,任正非用《能工巧匠是我们企业的宝贵财富》来作答;当华为处在新时代的发展机遇中,任正非也多次以"创新"为主题在华为内部发表文章……任正非的这些文章体现着他在企业发展进程中的思考,并且不断为华为人指引方向,成为精神驱动。

在管理学上,领导力是一种能够激发团队成员热情与想象力的能力,也是一种能够统率团队成员全力以赴去完成目标的能力。领导力的核心是影响力,从任正非身上我们看到华为精神,这种精神在华为内部蔓延。一个企业的形象也反映出企业家的精神特质。在互联网思维盛行的当口儿,华为发布了企业形象广告。广告引用的是"千年扫地僧"李小文先生照片。任正非亲自撰写的广告词:"华为坚持什么精神?努力向李小文学习。""在大机会时代,千万不要机会主义。"无须多言,寥寥数语即可让华为上下认同并追随同一目标,这正是任正非领导力的最好体现。

讨论:

1. 根据案例,你认为华为成功背后最关键的几个因素是什么?
2. 运用领导行为理论与领导特质理论分析上述华为案例中的任正非。

资料来源:http://news.eeworld.com.cn/xfdz/2015/0228/article_40293.html.

6.3 组织中的领导与成员关系

传统领导理论发展至权变理论阶段后,随着时代的发展,人们发现这些理论不能对现实的领导行为做出完全合理的解释。在现实生活中,影响领导行为有效性的因素有很多,于是一些学者开始从不同的角度出发,研究得出了具有一定影响力的理论成果,如领导-成员交换理论、魅力型领导理论、交易型和变革领导理论等。此时,对领导方式的研究就进入了现代领导方式理论阶段。

6.3.1 领导-成员交换理论

工作场所的社会交流过程在建立组织中员工理想的态度和行为结果方面起着关键作用,它们已经被证明可以增加工作业绩和工作满意度。在一般层面上,社会交换理论将社会生活理解为涉及两个或多个当事方之间的一系列资源顺序交易。因此,员工可以选择以各自的积极或消极行为回报主管的感知待遇。在组织内部,人们发展不同的社会交流关系,最突出的是与他们的直接主管。

领导-成员的交换理论就是基于这样的社会交换理论。雅可布(Jacobs)率领学者最先开始进行研究并且认为,被描述为领导者的群体必然是会对下属产生积极影响,成员具有自我牺牲的精神应该给予一定程度上的奖励。领导者和员工被视为交换关系,领导者为下属分配工作,员工可以感受到领导者的信任和支持,下属需要尊重上司的合理规定与指示,下属会得到报酬、机会或地位等作为回报。通过这种方式,领导者和下属需要承担好自己的义务与角色,实现组织目标,最后带来的是各方之间的相互信任,并且这种信任会再一次加固二者之间的关系，最后达到双赢的局面。马丁(Martin)等人认为，领导者-成员的交换理论是指员工与直接主管之间的社会交换关系的质量。具体而言，高质量领导-成员关系突出了信任、开放、自发和互利的长期交流。在高质量关系中，领导者应该帮助他们的下属。作为回应，下属投入额外的时间和精力高效地完成他们的任务，员工还将创造相互信任、正直、感情、尊重和忠诚。低质量领导-成员关系特点是缺乏相互信任，注重基于合同的义务，并努力保持短期情景交易之间的平衡交流。在低质量关系中，主管和下属都局限于基于合同的交互，这是基于层次结构和角色定义的向下影响。与来自社会交换理论的相关结构相比，领导-成员交换理论在预测员工在工作场所的态度和行为方面具有相对更大的重要性。

主管作为组织代理人，从员工角度来看，他们的职责是制定规则和规范。因此，员工可能会将他们与直接主管的关系归因于整个组织，从而概括出来。员工与其直接主管之间高水平的相互信任和支持与员工感觉到自己与组织联系的程度有关。特别是领导-成员交换理论为员工提供了相关的线索，比如来自他们的主管的尊重，这形成了他们对组织的认同程度。

领导-成员交换理论指出，在领导与下属互动的初期，会隐含地将其划分为圈内人或圈外人，而且这种关系相对稳固，不随时间的推移而改变。“局内人”不是有权威的影响，更多的是高度的互相支持、信任与忠诚，而领导对于“局外人”的影响主要就是权威带来的，领导在这其中更多的是执行监督角色。“局内人”有更高程度的敬业度，体现更高的组织承诺，工作绩效表现出更高的水平，更愿意提供帮助或表现出组织公民行为，与“局外人”相比，离开组织的可能更低。通过对希望与其建立更密切关系的员工进行奖励，对不想与其建立密切关系的员工进行惩罚，领导建立了领导-成员交换关系；但要使领导成员交换关系保持完整，领导和下属都必须对这种关系进行投资。因此，领导者-成员交换理论表明，领导的来源是领导者和下属之间的关系，而不是领导者或他们的下属和行为。

研究表明，领导倾向于将那些在人口统计学特征、态度和人格方面与自己相似，或者相比圈外人来说能力较强的下属归为圈内人(图 6-3)。领导和下属如果具有相同的性别，则往往具有更密切的(更高的领导-成员交换水平)关系。尽管是领导选择，但下属的特征会左右该决策。

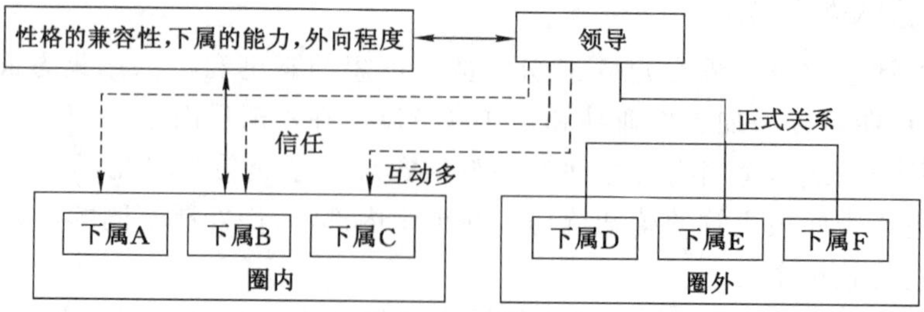

图 6-3　领导-成员交换理论

当下属在工作中表现积极并取得良好工作绩效时，领导与这些下属之间的关系会变得更加牢固。研究表明，当领导的差异化对待倾向比较明显时，员工的工作态度会更消极，表现出更多的退缩行为。另外，一项针对 287 名软件开发人员和 164 名主管的研究显示，对于工作自主性高和内控性高的下属来说，领导-成员交换关系对他们的绩效和态度具有更大的影响。

总体而言，领导-成员交换理论得到了实证研究的支持和证实。有确切的证据表明，领导会区别对待下属，这种区别对待绝不是随机发生的；与圈外人下属相比，圈内下属具有更高的绩效评估结果，在工作中更乐于提供帮助或做出"公民"行为，而且对上司更满意。领导将资源投给自己认为会有最佳表现的那些人，并且认为圈内人是最有能力的，领导者以这种方式对待他们，从而在不知不觉中促使他们的自我实现。

(1) 国内外领导-成员交换理论研究存在的问题

① 理论研究不足。虽然国外对于领导-成员交换的研究越来越多，但是比较分散，且多以定量研究为主，缺乏系统理论模型的支持，经验性或理论性研究比较薄弱。

② 本土化研究匮乏。国内研究多数是综述类文章，关于实证研究在后期有所涉及，特别是在2007—2008年有见涨的趋势。这些研究一般都是以国外研究理论为基础，实证研究一般沿用国外问卷或稍加修改，而且研究样本不具有代表性，使研究结论的推广受到一定的限制。

③ 跨文化研究不够。目前，已有一些国内与国外的研究者在进行领导-成员交换理论的跨文化研究，但绝大多数的研究仍然以西方文化为背景开展，如果将所得到的研究结果直接应用于以中国文化为代表的其他文化背景中，就会有相当大的风险。

(2) 基于差序格局对领导-成员交换关系影响作用的概念模型

陈红等人在领导-成员交换理论的基础上引入差序格局理论，提出了差序格局对领导成员交换关系影响作用的概念模型(图6-4)，并且构建了组织圈层本土化模型(图6-5)；同时运用理论分析与实证研究相结合的方法，对于差序格局和领导-成员交换理论的结构及差序格局对领导-成员交换理论的影响机制进行了具体分析和实证探讨。

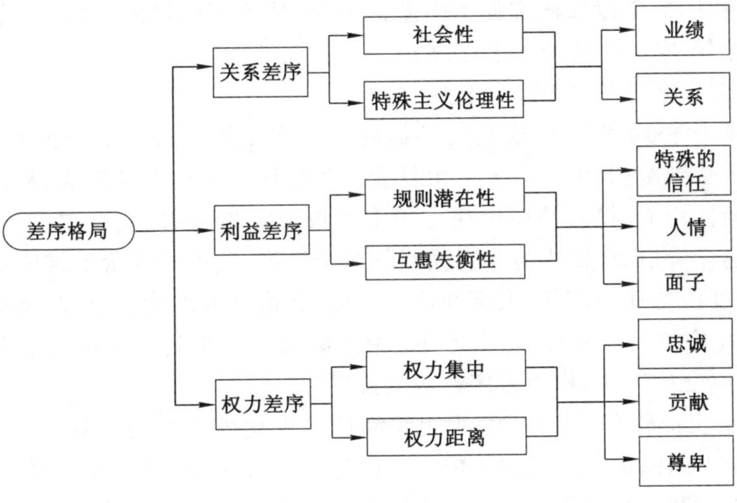

图6-4 基于差序格局对领导-成员交换关系影响作用的概念模型

① 主要创新。

a. 本土化研究。以往对于领导-成员交换理论的研究多以西方文化背景为主，国内学者对此理论的研究多是文献综述类的，即便实证研究也是将国外的量表直接或者稍加改编

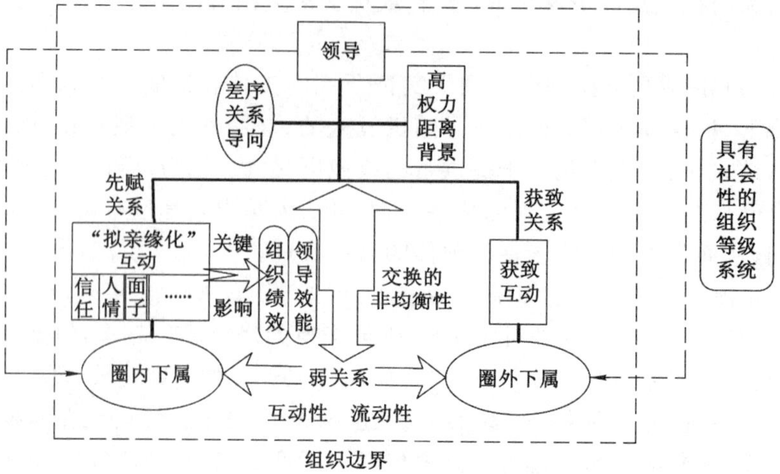

图 6-5 基于中国人际差序格局的组织圈层结构模型

加以应用。领导-成员交换理论的本土化研究不足，主要以中国的人际关系为视角构建领导-成员交换模型，即组织圈层理论的本土化模型，并通过开发差序格局量表和领导-成员交换理论关键过程量表，以实证研究验证了模型的有效性，对领导成员交换理论的本土化研究进行探索。

b. 学科交叉。引进社会学研究成果，即差序格局的研究，并对其进行分析后，用来研究组织行为学和管理学中的重要理论，即基于中国人际关系差序格局的领导-成员交换再分析，并基于此构建了组织圈层的本土化模型，体现了学科交叉的特点和优势。

c. 样本多样性。拟定样本来自各类组织，如企业、学校、其他事业单位及政府部门，为体现研究的普遍性，突破以往研究样本多来自企业、学校等的局限，将研究样本扩展在一定程度上能推进领导-成员交换的本土化研究。

② 主要研究结论。

a. 研究了差序格局和领导-成员交换的内在结构。差序格局划分为关系差序、利益差序和权力差序 3 个维度，其中关系差序由社会性和特殊主义伦理性构成，利益差序由规则潜在性和互惠失衡性构成，权力差序由权力集中和权力距离构成；领导-成员交换按照关系建立过程划分为建立价值、交换内容和交换目标 3 个维度，其中建立价值维度由业绩和关系构成，交换内容维度由特殊的信任、人情和面子构成，交换目标维度由忠诚、贡献和尊卑构成。

b. 研究了差序格局对领导-成员交换理论的影响作用机制。关系差序影响建立价值维度，利益差序影响交换内容，权力差序影响交换目标。

c. 结合模型实证研究，设计了基于组织圈层本土化模型的圈层效能提升策略模型，该策略模型由基于组织圈层关系建立价值判断的导向引导策略，基于组织圈层交换内容失衡的平衡调整策略和基于组织圈层建立目标维系的权力运用策略 3 个方面有机组成，借此系统策略实现组织圈层效能的提升。

6.3.2 成熟度演化视角下领导方式与员工创新嵌入的关系

国家实施创新驱动发展战略，推进大众创业、万众创新，在这一时代背景下，企业必须通过创新来获得竞争优势，而员工工作创新则是企业创新不可或缺的一部分。领导者的一个重要职责就是促进员工创新以提升企业竞争力，不同的领导方式对员工工作创新的作用是不同的；同时，员工在组织中的情感状态也会影响其工作创新嵌入水平。本书作者团队通过梳理领导理论，对领导方式进行了成熟度划分，探讨了不同成熟度下的四种领导方式，即任务级领导方式、个人级领导方式、组织级领导方式和社会级领导方式对员工工作创新嵌入水平的影响；通过深度访谈、调查问卷等方式获得数据，研究采用质性研究、探索性因子分析和验证性因子分析的方法确定了四种领导方式、员工情感分离、员工工作创新嵌入这几个核心概念的结构；通过方差分析，探讨核心变量在人口统计变量和组织工作变量上的显著性差异；通过相关分析和分层回归方法探讨了领导方式与员工工作创新嵌入之间的关系以及情感分离的调节作用。研究概念模型如图 6-6 所示(P202)。

(1) 实证结果

① 任务级领导方式包含任务交换、情感交换和关注任务 3 个维度；个人级领导方式包含领导魅力、战略性愿景、个性化关怀、环境敏感性、个人冒险和非常规行为 6 个维度；组织级领导方式包含领导魅力、战略性愿景、个性化关怀、智力激发和组织目标导向 5 个维度；社会级领导方式包含领导魅力、战略性愿景、社会化关怀、公正坦诚和社会化道德 5 个维度。员工工作创新嵌入主要由工作创新意愿嵌入、工作创新实践嵌入和工作创新成果嵌入组成。员工情感分离由员工-关系情感分离、员工-工作情感分离和员工-制度情感分离 3 个维度构成。其中，员工-关系情感分离包含领导作风情感分离、领导关怀情感分离和同级关系情感分离；员工-工作情感分离包含工作内容情感分离和工作对象情感分离；员工-制度情感分离包含一般制度情感分离和报酬制度情感分离。

② 员工工作创新嵌入的整体均值处于中等水平，员工工作创新意愿嵌入、工作创新实践嵌入和工作创新成果嵌入的水平呈现逐渐下降的特点。其中，员工工作创新成果嵌入水平偏低；员工情感分离的整体均值同样处于中等水平；员工-报酬制度检出率及均值得分最高。

③ 领导方式与员工工作创新嵌入有显著的相关关系。其中，任务级领导方式对员工工作创新嵌入有显著负向影响，而个人级、组织级和社会级领导方式对员工工作创新嵌入有显著正向影响，并且成熟度越高的领导方式对员工工作创新嵌入的正向影响也越强。

④ 情感分离与员工工作创新嵌入水平之间存在负相关关系，且在任务级领导方式与员工工作创新嵌入之间不存在调节效应，在个人级、组织级和社会级领导方式与员工工作创新嵌入之间存在负向调节效应。

(2) 研究的创新点

① 以整合的视角归纳了交易型领导理论、变革型领导理论、魅力型领导理论和诚信领导理论的特点，发现这 4 种领导方式呈现进阶式的发展脉络，进而提出了领导方式成熟度的概念，形成了领导方式 4 层级概念模型，即任务级领导方式、个人级领导方式、组织级领导方式和社会级领导方式，并整合、修订了一套基于成熟度的领导方式量表，拓展了领导方式研究的内涵。

② 从创新的动力机制及全过程视角出发，提出了“员工工作创新嵌入”这一概念，对员工工作创新嵌入做出概念界定，并开发了基于动态化创新嵌入过程的员工工作创新嵌入量表，为后续的相关研究提供参考。

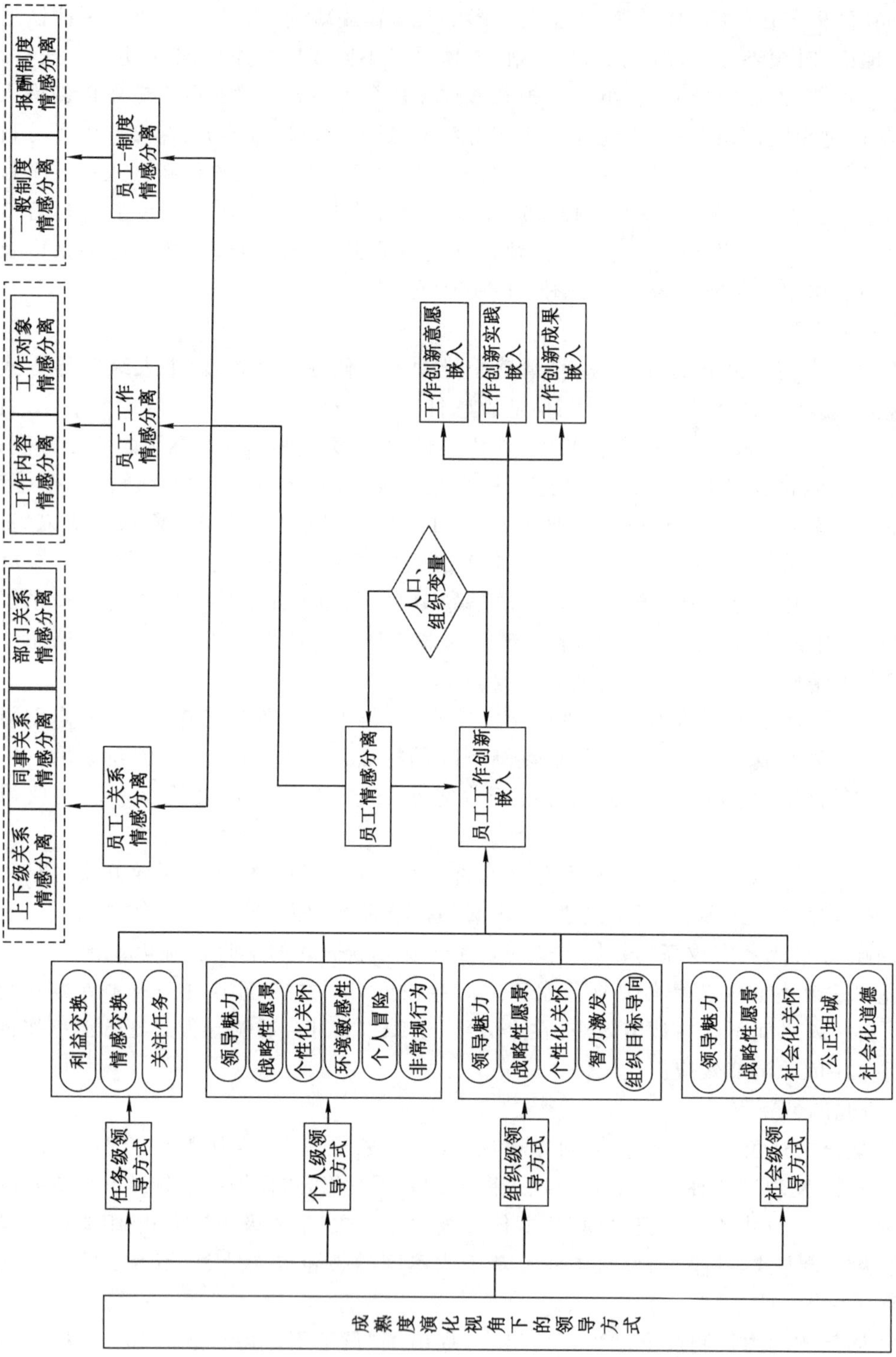

图6-6　成熟度演化视角下领导方式与员工创新嵌入的关系概念模型

③ 考察了不同成熟度下的领导方式与员工工作创新嵌入的关系，并进行了比较分析，是对相关研究的丰富和拓展。

④ 将心理学中的情感分离现象引入到组织行为学领域中，提出员工情感分离的概念，对其内涵进行界定并基于扎根理论探索其结构；同时将其纳入对领导方式和员工工作创新嵌入之间关系的考察中，这对领导理论、创新行为理论以及组织行为学理论研究做出了补充和贡献。

6.3.3　任人唯亲视角的组织任用

人是组织的核心，组织选拔任用人才是组织发展的关键环节，不同的选拔任用方式对组织的绩效和文化会造成不同的影响。近年来，各级机关和企事业单位在人才任用方面的行为方式引起的质疑声音越来越强烈，也引发了学者们的关注和思考。其中，任人唯亲作为组织任用的一种表现形式不断被学者们研究。

在组织发展过程中，领导会与一些下属建立起一种特殊的关联关系，这种关系可能是长期交往形成的，可能是一般的任务关系，也可能是原本就存在的特定关联。根据其存在的关系基础，可以将领导与下属的关系分为近缘关系、亲信关系、非缘关系和血缘关系。亲信是指跟随领导多年的老部下。实际中，领导与亲信之间除了上下级关系外，还存在承诺、忠实、可靠等要素，而这些因素是经过时间证明了的、维系双方信赖关系的要素。近缘，从字面看是区别于血亲、亲信的次亲近人员，比如朋友、邻居、同学及同乡等。近缘关系是一种先赋关系，并不需要长时间的交往来形成，领导根据过去的例证或他人的经验，会对其产生信任预期。非缘是指与领导除工作关系外极少有非任务性联系的下属，其中不乏有业务能力强、综合素质高的人员，在组织任用中尤其是有业务能力要求时，他们是领导的首选对象，但这种下属往往与领导的价值取向有差异，因而在实际任用中被任用的机会不多，即使被任用，领导承担的风险也较大。血缘是指以家人为核心的亲属，包括近亲和远亲。血缘关系也是一种先赋关系，有血缘关系的下属与领导是利益共同体，但容易造成下属的强依赖性，任用效果可能不佳。

在现代管理中，组织考察任用对象的现象较为普遍，而且提倡任人唯贤、注重实绩，选择德才兼备、群众认可的对象，但核心决策者的最终决定起着举足轻重的作用。那么，领导如何确定任用对象呢？本书作者认为，领导根据一定的“关系准则”来确定任用对象，关系准则可分为四种类型：信任准则、信任预期准则、任务绩效准则和亲缘准则。

① 信任准则是指任用对象通常是忠诚、能干的双重体，根据此准则，领导会将自己的亲信列为任用对象。需要说明的是，书中“亲信”是一个中性词，不带有任何感情色彩。亲信的忠诚度极高，能力较强，长期的相处使双方形成了大致相同的事业理念、工作思路、行为方式，彼此认同并达成默契，同舟共济，同心同德；同时，亲信深谙任用者的心理和风格，讨任用者喜欢。在可供选择并且能力相当的下属里，领导最可能任用自己的亲信。

② 信任预期准则是指任用者会对从任用对象身上获得信任和忠诚产生预期，这种准则在对近缘人员的任用中较为普遍。近缘虽不比亲信那般忠诚、可靠，但是任用者预期可以获得回报和信任。中国人历来讲究礼尚往来，“投之以桃，报之以李”“滴水之恩，涌泉相报”，不欠人情债，因此“还人情”也是一件重要的事情。正是基于这样一种心理，任用者认为任用对象将来会用忠诚作为回报。

③ 任务绩效准则是指任用者看重任用对象胜任任务、绩效达标的能力。根据此准则，

领导会将非缘人员列为任用对象。组织存在的目的在于执行组织任务，有能力达成组织目标是组织最基本的要求，尤其是在遇到紧急情况、紧迫任务或是需要处理某些复杂的专业难题时。虽然与任用者没有亲密的私人联系，但是非缘人员业务能力强，也有机会得到领导的信任和任用，而且一旦信任发生，非缘人员极有可能成为亲信，这种方式是组织值得倡导的。

④ 亲缘准则是人类繁衍的一种自然属性，这种情况在组织任用中表现为领导偏向任用自己的亲属。在中国历史传统上，皇位世袭、子承父业、以亲疏用人，早已根深蒂固，为大多数人所认可和接受。吴学谦等人认为，在中国社会中，人们对陌生的外人比对待自家人容易给予不公平的待遇，中国人的自我涵盖了家人，对陌生人普遍不信任。因此，血缘关系从某种程度上意味着绝对信任。随着时代的发展和人们意识的逐渐转变，"亲"已不再仅仅是传统意义上所指的亲属或者有密切私人联系的对象。总体来讲，"亲"的内涵是朝着有利于组织的方向发展的，反映的是领导的价值取向，能力、任务绩效等一些对组织有益的指标已经被用来重点考察任用对象的素质。

基于对任人唯亲内涵思考的组织任用模型，如图 6-7 所示。

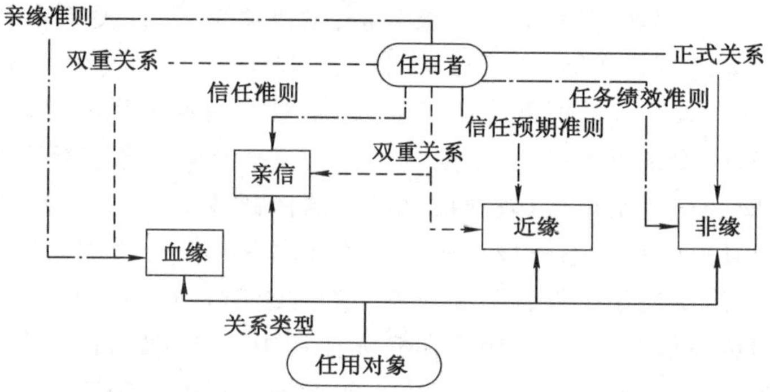

图 6-7　基于对任人唯亲内涵思考的组织任用模型

根据组织任用现状分析，可以发现组织对亲信、近缘、非缘、血缘 4 种类型人员的任用呈现出一种集中化倾向。因此，4 种关系类型距离任用者的上、下直线距离表示 4 种关系类型被任用的机会大小。距离与任用机会的大小成反比，即距离任用者越近被任用的机会越大，显示了现实生活中组织任用的发展趋势：亲信关系的任用居于首位，其次是近缘关系，血缘关系的任用较少。需要说明的是，虽然从某种程度上说血缘关系意味着绝对信任，但是在现代社会中，来自社会制度和社会公众舆论的强大力量逼迫着任用者不敢肆意、大量使用"亲缘准则"。另外，还存在这样一种现象，即领导之间互相交换，帮助安排子女、配偶等关系极为密切的亲人的工作，这时血缘关系就转化为近缘关系。

6.3.4 领导的类型

组织中领导与成员的关系也取决于领导所属的类型，不同类型的领导风格在处理问题时采取的方式和手段并不一致。例如，魅力/变革型领导可以通过向团队成员描绘美好的蓝图来激发他们的促进聚焦状态，而交易型领导则有可能使用权变奖励、例外管理等手段促使团队成员在当下的工作中表现出防御聚焦状态，尽可能在实际工作中减少不必要的失误；然而，后者侧重于当下导向，更多聚焦于解决眼前问题而非着眼于应对未来潜在的威胁。

(1) 交易型领导

1978年,伯恩斯在对政治型领导人进行定性分类研究的基础上,提出领导过程应包含交易型和变革型两种领导行为,这一分类为领导行为的研究开辟了新的思路。1985年,巴斯正式提出了交易型领导行为理论和变革型领导行为理论。

交易型领导行为是指当下属完成特定的任务后,领导者便给予承诺的奖励。整个过程就像一项交易,因此又可以将交易型领导行为理解成一种交易的过程。其主要特征如下:领导者通过明确角色和任务要求,指导和激励下属向着既定的目标前进;以组织管理的权威性和合法性为基础,完全依赖组织的奖惩来影响员工的绩效;强调工作标准、任务的分派以及任务导向目标,倾向于重视任务的完成和员工的遵从。交易型领导一般具有权变奖励、主动管理、自由放任等特点。

(2) 魅力型领导

社会学家马克斯·韦伯是第一个提出魅力型领导的学者。一个多世纪前,他将魅力(源自希腊语中的"天赋")定义为个体的一种特定的人格品质。该个体因为该品质而区别于普通人,并且会被视为拥有超凡才能的人或者至少是拥有非凡权力或特征的人。普通人是无法获得这些品质的,但是会把它们看作神圣的起源或者是学习的榜样。具有这类品质的人被人们当作领导者。韦伯认为,魅力型领导是理想的权威类型之一。

魅力型领导建立在领导特质理论的基础之上,罗伯特·豪斯(Robert House)是第一个从组织行为学角度来思考魅力型领导的研究人员。他指出,魅力型领导是领导者能够有效地影响追随者,能让企业的目标对下属而言是一种使命,能用自己的信仰来感染并直接影响到下级的信仰,当下属观察到某些特定的行为时,会将它们归因于英雄主义的或超乎寻常的领导能力,下属可以无条件服从领导者,认同并且模仿领导者的行为。大量研究都在寻找魅力型领导者的特点,唐吉(Conger)等人将魅力型领导解释为一种归因现象,认为下属在感知基础上对领导者行为进行归因,即他们都有一个愿景,并且愿意为了实现此愿景而承担个人风险,他们对下属的需求十分敏感,他们展现出超乎常规的行为,进而塑造并得出了魅力型领导的定义。奥勒格(Oreg)等人认为,魅力型领导本身就能够对追随者产生魅力,从而使追随者心甘情愿接受其领导。

个体能够具有与生俱来的魅力特质。研究表明,人格与魅力型领导是相关的,其中魅力型领导很可能是外向的、自信的和高成就导向的。个体可以通过保持乐观的态度来产生魅力的光环,这需要个体使用激情作为激发他人热情的催化剂,运用整个身体而不仅是语言来进行沟通,使用富有魅力的语调、眼神交流、生动的面部表情和放松的姿态来传递想法和诉求。

魅力型领导者究竟如何影响下属?首先,领导者会清晰阐述一个有吸引力的愿景。愿景就是为达成一个或多个目标的长期战略,它通常是将组织的现状和更美好的未来联系起来的一个纽带。好的愿景应该契合时机和形势,并且反映组织的独特性。愿景需要有与之相应的愿景陈述,这是对组织愿景或使命的正式阐述,魅力型领导者会用愿景陈述让下属对总体目标或目的产生印象。领导者可以向下属传达高绩效期望,并且对下属能够实现这些期望表现出极大的信心,这样就能增强下属的自尊和自信。

领导者通过自己的言语和行为向下属传递一套新的价值观,并且以身作则为下属树立效仿的榜样。让人们在底层管理工作中发挥魅力型领导特质是较为困难的。当人们感受到危机、处于压力之下或对自己的生活感到担忧时,他们尤其容易接纳魅力型领导者。魅力型领导者能够帮助员工减少压力,或许是因为他们可以使工作看起来更有意义、更有趣。

此外，有些人的人格更容易受领导者魅力的影响。以自尊为例，如果个体缺乏自尊并且质疑自我价值，就更有可能接受领导者的命令，而不是形成自己的领导或思维方式。魅力型领导是具有超凡魅力的商业领导者。

每个公司都想拥有一名具有超凡魅力的 CEO。一项研究表明，魅力型 CEO 可以利用他们的超凡魅力获得更高的薪酬，即便他们的绩效平平。遗憾的是，有传奇色彩的魅力型领导者未必会按组织的最佳利益行事。其结果就是在像安然、泰科、世通这样的公司出现了为追求个人利益而不计后果地使用组织资源的领导者，还出现了违反法律及突破道德底线编造财务数据来暂时提升股票价格和允许领导者将股票期权兑换成上百万现金的高层管理者。研究表明，自恋的人在某些行为中更容易表现出魅力型领导的特质。

总体来说，魅力型领导是有效的，但它并不总是有效，能否成功在一定程度上取决于情境以及领导者的愿景。

假设你是一家大公司的一个重要部门的主管，下列每项工作对你有多重要？用“是”或者“不是”表示你会或者不会努力做好这件事情。

1. 帮助下属明确他们的目标以及实现目标的途径。
2. 给员工以使命感，并让他们知道总目标。
3. 帮助员工按时完成任务。
4. 寻找新产品或者新服务的机会。
5. 用政策和程序作为解决问题的指南。
6. 发扬非正统的信念与价值观。
7. 对下属的良好绩效给予金钱奖励。
8. 获得部门内部每位员工的尊重。
9. 独立完成重要任务。
10. 提出新颖而独特的工作方式。
11. 将荣誉给予工作业绩突出的员工。
12. 激发员工对你个人及对组织的忠诚。
13. 制定程序，以便部门能够顺利地开展工作。
14. 用理念来激励员工。
15. 为新方法设定合理的界限。
16. 不墨守成规。

偶数代表魅力型领导者的行为和工作。魅力型领导者亲自参与出谋划策、设定目标和确定变革的方向。他们运用直觉的方法为老问题找到新的解决办法，并且为部门或组织谋划新的发展方向。奇数表示更多的是传统的管理(执行型领导)活动。这种管理者解决组织问题时不带个人情感色彩，他们制定理性的决策，协调并促进其他人员的工作。如果你对偶数问题回答“是”的数目多于奇数问题，那么你就可能是潜在的魅力型领导者。

资料来源：BASS B M. Leadership and performance beyond expectations[M]. New York：Free Press，1985.

(3) 变革型领导

领导变革理论认为,变革型领导关心下属的日常生活和发展的需要,帮助下属用新观念和发展的眼光去看老问题,从而改变下属对老问题的看法。提高下属对完成任务的价值与重要意义的认识,强调集体和组织的利益高于个人的利益,以此来唤醒和鼓舞下属为达到组织目标而付出更大的努力。此外,变革型领导也十分强调愿景激励的作用,具有变革型风格的领导能够通过感召力、智力激发、个性化关怀等手段激励下属追求愿景目标的实现。

领导变革理论是在领导交易理论的基础上形成的。变革型领导者易使下属提高努力水平和绩效水平,变革型领导比交易型领导更具领导魅力,除了引导下属完成各项工作外,变革型领导常以领导者的个人魅力通过对下属的激励和关怀来改变员工的工作态度、信念和价值观,使他们为了组织的目标而超越自身利益,从而更加积极地投入到工作中。该领导方式可以使下属产生更大的归属感,其前提是领导者必须明确组织的愿景和目标,下属必须接受领导的可信性和权威。变革型领导的主要特征如下:

① 领导魅力。变革型领导者能够提供远见和使命感,通过自身的能力和素质不断赢得尊重和信任,形成组织的凝聚力,向下属灌输实现目标的荣誉感,使他们自愿地发挥自身潜力。

② 感召力。变革型领导者用简单明了的方式表达重要意图,表明对下属的信任和期望,并采取有效的措施和发挥领导者的非权力性影响力来激励和鼓舞下属付出努力,实现组织目标。

③ 激发智力。变革型领导者能够激发人们的智力和理性,并且培养人们解决问题的能力。

④ 个性化关心。变革型领导者不是下达任务后就不管不问了,而是关注每一个人,针对不同的人采取不同的方法,根据不同的情况,或培训,或指导,或向其提出建议。变革型领导与交易型领导是互为补充的,在工作中这两种方式并不是相互对立的,而是相互补充的,最好的领导者既是交易型领导者,也是变革型领导者。图6-8为全范围领导模型。

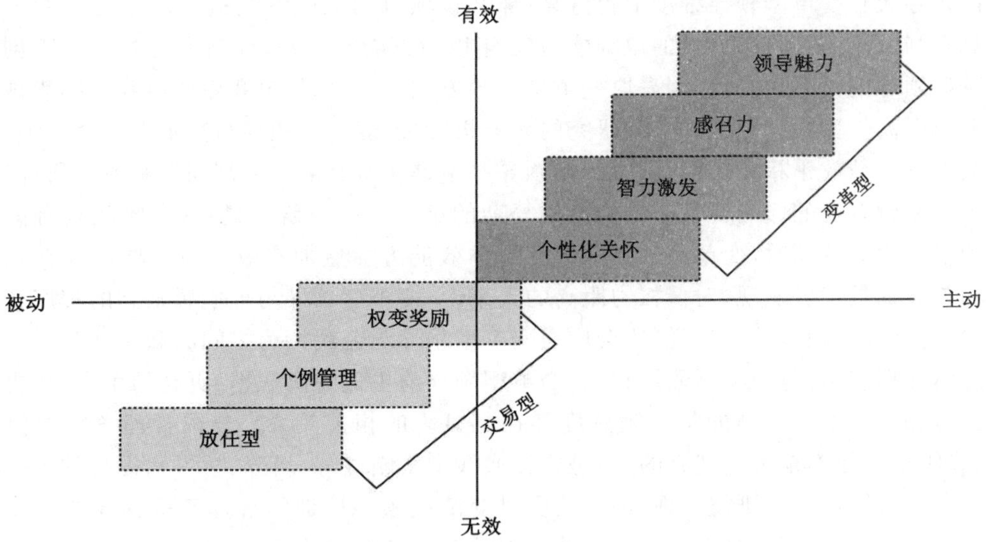

图6-8　全范围领导模型

放任型是最被动也是效果最差的领导行为。例外管理无论是主动的还是被动的,比放任型稍好一点,但是仍被视为效果不佳。例外管理型领导者似乎只是在产生问题时才出现,通常为时已晚。权变奖励能够成为一种有效的领导风格,但是具有这种风格的领导者却不能让员工更上一层楼,也不能让他们超越职责所在。

只有另外四种领导风格(全都属于变革型领导)才能让领导者激励下属有超出期望的表现,为实现组织利益而超越个人利益。个性化关怀、智力激发、感召力和领导魅力会让员工付出额外的努力,实现更高的生产率、更高的士气和满意度、更好的组织效果、更低的离职率和缺勤率以及更强的组织适应能力。从这个模型来看,当领导者经常交换使用这四种领导风格时,领导行为通常最有效。

变革型领导者被认为是最有效的领导风格,这是因为他们更具有创造力,而且鼓励自己的下属也变得更有创造力。变革型领导者更倾向于冒险,并且薪酬计划与公司的长期结果相一致。一项针对信息技术工人的研究发现,领导授权行为会给员工带来积极的个人掌控感,这增加了他们在工作中的创造力。另一项研究表明,滥用职权的监管者会给创造力带来消极影响,不仅仅是对自己的下属,还包括整个团队。

变革型领导者往往对本组织的目标表现出更高程度的认可,进而产生更高的组织绩效。一项针对以色列军队的研究得出类似的结果。结果显示,变革型领导者通过在群体中达成共识而提升了绩效。变革型领导者能够提升下属的自我效能,并将必胜的精神传递给整个群体,在群体内营造出一种"我能行"的精神。于是,下属更有可能追求远大的目标,认同本组织的战略目标,并且相信自己追求的目标对于他们个人也很重要。

正如愿景有助于解释魅力型领导如何发挥作用那样,愿景也解释了变革型领导的效果。一项研究发现,在解释创业型企业的成功时,愿景甚至比一种超凡魅力(热情洋溢、活力四射、生动活泼)的沟通风格更加重要。

变革型领导在不同的职业(校长、学校老师、海军指挥官、部长、MBA 协会主席、军官学校的学生、工会代表、销售代表)和不同的岗位职级中都有所体现。一项研究发现,如果项目团队的领导者在变革型领导维度上得分高,那么该项目团队能够制造出质量更高的产品(1年以后来判断),而且具有更强的盈利能力(5 年以后判断)。另一项研究考察了员工创造力与变革型领导的关系后发现,当采取变革型领导方式时,下属的自我效能以及实际表现出来的创造力更高。一项综合了 117 项研究的元分析发现,变革型领导与高水平的个人绩效、团队绩效与组织绩效正相关。但是,变革型领导并不是在所有情境下都同等有效。研究发现,它对小型私营企业的影响要大于结构更为复杂的组织。一项研究显示,当团队具有高权力距离和集体主义特征时,变革型领导在提高群体效能方面更加有效。另一项研究在观察了中国和美国的员工后发现,对低权力距离的人来说,变革型领导与他们感知到的程序公平呈正相关;对高权力距离的人来说,这会增强变革型领导与公民行为之间的联系。

总体证据表明,与交易型领导相比,变革型领导与更低的离职率、更高的生产率、更低的员工压力和倦怠以及更高的员工满意度存在更显著的相关关系。美国管理学家傅伊德认为,这些领导技能不是天生就有的,而是要在实践中不断锻炼、培养、学习和提高的。一项针对加拿大银行管理者的研究发现,那些接受过变革型领导培训的管理者所领导的分支机构的绩效,要显著高于那些没有接受过这种培训的管理者所领导的分支机构。

在后期领导理论的发展中,变革型领导一直占据着主流地位,诸多学者对变革型领导进行了研究。研究认为,变革型领导代表着有效领导,其是一种可以将追随者的心理转化为更高层次的激励和表现行动力的领导行为。2013年,赵明兰等人界定变革型领导是领导者通过描绘伟大的愿景,展示个人领导魅力,对下属提供帮助、支持和关怀,诱发下属内在动机和高层次需求,使组织形成互相信任的文化及氛围,促使下属为了组织的目标而不断努力、主动迎接挑战而达到自我的提升,最终完成超越预期绩效的结果。

根据你在典型的工作情境中担任的角色,完成以下任务。运用5分制李克特量表,其中"1"表示完全不同意、"2"表示比较不同意、"3"表示中立、"4"表示比较同意、"5"表示同意。

1. 我喜欢变革,并将自己视为变革代理人。
2. 我更善于激励下属面对新的未来而不是激励他们履行当前的工作。
3. 我拥有/曾经拥有一个关于组织可以怎样变革以改善现有境况的憧憬。
4. 我是一个能自如地鼓励人们去表达有别于我自己的理念和观点的人。
5. 我喜欢冒险,但不是不计后果。
6. 我喜欢花时间去寻找解决老问题的新方案,而不是执行现有的方案。
7. 我三思而后行,绝不冲动。
8. 我乐于支持变革活动,即便这个主意可能无效。
9. 我从自己的经验当中学习,不重复犯相同的错误。
10. 我坚信改变某些事情的努力应该会得到回报,即便最终的结果令人失望。

请描述你对以上10个选项的赞同程度,并将得分汇总,得分为10的表示典型的交易型领导,得分为50的表示典型的变革型领导,得分处于10~50的表示交易-变革型领导。得分越低,交易型领导的特质越显著,得分越高,则变革型领导的特质更加显著。

得分越高,你展示的变革型领导特质就越多。不过,变革型领导也会采取交易型领导的行为。一般而言,处在更高管理层级上的领导比低层管理者更容易成为变革型领导。

资料来源:罗伯特·N.纳瑟尔,克里斯托弗·F.阿川.领导力教程:理论、应用于技能培养[M].3版.北京:清华大学出版社,2008.

(4) 真实型领导

真实型领导者清楚地知道自己是谁,知道自己的信念和价值观,能够坦率、公开地按照自己的信念和价值观行事。下属会认为他们是有道德的人,真实型领导者的主要品质就是信任。真实型领导会与下属分享信息,鼓励开诚布公地沟通,并坚持自己的理想。其结果就是,人们逐渐对真实型领导产生信任。例如,思爱普(SAP)的联合CEO比尔·麦克德莫特的座右铭是"保持饥渴,保持谦虚",他确实做到了这一点。因此,真正的领导者被描述为具有自我意识,对于自己是谁具有清晰的认识,并始终遵循他们的个人价值观、信仰、动机和情感披露。基于这一观点,真实型领导由以下四部分组成:

① 自我意识产生于对个人价值观、情感、目标、知识、才能和优缺点的自我反思的理解。此外,它还涉及自我的多面性以及个人对于社会产生的意义的形成过程。

② 内在的道德视角是基于自我调节产生的,这是由一个人的使命,根深蒂固的价值观,

或希望有所作为的愿望所锚定的。

③ 平衡处理是指在决策时考虑他人的意见和所有可用的相关信息,同时保持相对客观的视角。

④ 关系透明是指向他人展示真实的自我,公开但适当地分享关于自己真实想法和情感。

研究表明,真实型领导可以带来一种积极的激励效应,从而提高公司的绩效。尤其是当高级管理层成员表现出真实型领导行为时,将道德和信任纳入领导范畴的真实型领导是一种很有前景的研究方式,有助于领导理论的发展,因为这种方法关注领导者的精神层面。变革型或魅力型领导者会有愿景,并且以一种有说服力的方式来传达愿景,但有时候愿景本身可能是错误的,或者领导者过分关注自己的需求。

真实型领导行为对领导者和下属的自我意识及自我控制行为具有正面的影响,并促进积极的个人成长和自我发展。真实型领导者对自己、对他人都是真诚的,他们自信、乐观、充满希望、富有韧性,具有高尚的品德并且是未来导向的;他们对自己的思想(包括信念、价值观和道德观等)、行为以及所处的工作情境具有深刻的认识。

【管理故事】 领导应承担起道德责任

领导应承担责任,这一点谁也不会否定;领导必须平衡多方利益冲突带领企业实现财务业绩。与其他因素相比,因未能实现财务目标而将领导撤职的或许最为普遍。大多数的领导希望在极端的财务压力和善待员工之间达到平衡,遗憾的是,在此情况下很难确保领导的行为合乎道德准则。在这样的压力下,真实型领导并不会受到奖励,领导的行为举措完全取决于自身的品行。

真实型领导是一个相对较新的研究领域,它强调公平、社会责任以及遵纪守法,这些甚至与许多老派的管理模式背道而驰。比如,管理学大师彼得·德鲁克(Peter Drucker)曾在1967年建议:"一定要清除掉那些从未有过优异表现的人,尤其是管理者,这是高管的职责所在。把这样的人留在公司只会带坏其他人。"现代道德型管理的指导方针认为,这种残酷的思维模式未能考虑组织将人当成物品对待可能产生的道德影响。

如今已经很少有组织会"为了业绩不惜一切代价",金融家、股东、董事会可以利用手中的权力,通过奖赏制度教会领导者什么样的结果才应该受到重视。道德型领导在组织的任何层面都可以起到积极作用,为组织带来负责任且极具利润潜力的成果,领导者必须在这些责任之间达到平衡,这才是最终的道德考验。

资料来源:RICKS T E. What ever happened to account ability? [J]. Harvard business review,2012,90(10):93-98.

(5) 公仆型领导

公仆型领导是一种超越自身利益,将注意力集中在帮助追随者成长和发展上的领导方式,他们不会使用权力来达到目的,而是强调说服的过程。其典型的表现包括:倾听、移情、说服、有管家精神和责任感、积极开发追随者的潜力。

公仆型领导可以提高下属对领导的承诺、自我效能及公平感，这些都与组织公民行为相关；同时，公仆型领导可以增加团队潜能（员工认为自己的团队技能和能力要高于平均水平），进而使团队取得优异的绩效。此外，在某些文化中，公仆型领导可能更普遍、更有效。研究表明，东亚文化中领导者的原型更符合公仆型领导的形象，这可能暗示着公仆型领导在这些文化中更有效。

（6）隐性领导

隐性领导是相对于传统的外显领导而提出的一种新的领导方式，它是以下属为中心、以领导行为的内隐为根本。领导者主要通过设计和改变环境及条件，提供引导、支持和服务等手段来对下属施加无形的领导力，它强调领导的软性和柔性控制，让下属在不知不觉中接受领导。隐性领导的作用就是要使领导者相对于下属如同空气，让下属看不见摸不着，感受不到其存在却又一刻也不能离开，从而达到“无为而治”的领导境界。

① 隐性领导的主要表现特点。

a. 非中心性。领导者主动“退”到领导情境的边缘，突出以下属为中心，并为他们提供更大更多的自主性、独立性和更广阔更自由发挥的舞台。

b. 强化非职位权力，弱化职位权力。领导者将尽量减少运用因职位而获得的权力，而转向多运用非职位权力，如利用自身的人格魅力和学识来感召下属。

c. 减少直接领导，增强间接领导。领导者更多地重视运用柔性、软性的间接手段来达到其领导的目的，重在设计和改变下属所处的环境和条件等领导情境，如设立明确目标、强调制度和文化建设。

d. 充分发挥对下属的引导、支持和服务功能。转入幕后工作的领导还要利用自身所拥有的资源优势来为下属提供支持和服务，并要引导下属不出偏差。

e. 突出自身的平民化。隐性领导的角色不再是高高在上，而是更加平民化，在与下属交往中放低姿态，强调下属的平等和对他们的重视，让其感受不到谁是领导者。

② 隐性领导在知识员工管理中的优势。

a. 隐性领导的方式既有助于下属避免知识员工创新的非理性，又有助于降低组织创新的难度。对知识员工创新进行隐性领导不是领导真空，而是主要通过设计和改变环境和条件等领导情境来进行间接领导，重在运用制度和文化等柔性手段来进行调节和控制。一方面，隐性领导既可以运用软的约束来减少知识员工在创新中的自我迁就和自身惰性，又可以通过愿景影响等间接方式来确保知识员工创新的理性和不偏离方向；另一方面，基于知识创新的动态复杂过程，领导者在知识员工创新的外围为其扫除制约组织知识创新顺利进行的各种障碍，让其感受不到却又获得了这种无形的帮助。

b. 隐性领导方式有利于激发知识员工的能动性和创造性，符合知识创新需要人有较大自主性和积极性的要求。员工自主性的增加会为组织的知识创新提供更多的机会和可能，同时也可以激励知识员工更加自愿地进行自己擅长的创新活动。

c. 隐性领导方式适应了外部快速多变的知识创新环境。领导的更多隐性无疑增添了知识员工的自主性和灵活性，提高了组织运作的柔性和适应力；同时，间接的领导影响会增强知识创新的氛围，形成一种创新支持型文化，减少一个组织因知识屏蔽而产生的知识延迟，进而提高了适应外部环境的能力。

d. 隐性领导方式符合知识员工观念的转变趋势，真正体现了尊重知识、尊重人才。现在知识员工在观念上已将工作从过去的谋生手段转为了谋事工具，与领导的关系倾向于合作，而不再是被使用，越是高尖端人才越重视个人事业的成功和自身价值的被认可。放低自身姿态，让下属和你在一起工作时，外人看不出你是领导者，这正符合知识员工观念转变的趋势，体现了对知识和人才的尊重。

e. 隐性领导方式会稳定知识员工队伍，减少关键人才的离职率。知识创新的连续性和关联性主要依赖其内部知识员工的稳定，而知识员工的难以管理和驾驭又具有普遍性，特别是关键岗位、可替代性差的员工的离职率将直接影响一个组织知识创新能力的起伏和维持，隐性领导方式的几大特点都较有利于稳定知识员工队伍。

（7）诚信领导

诚信是指个体拥有、了解和接受自己的价值观、信念、情感、需求以及偏好，并以一种与这些内在思想和情感相一致的方式行事。组织中的诚信领导是指一种将领导者的积极心理能力与高度发展的组织情境结合起来发挥作用的过程。

诚信领导的概念是在近几年提出的，与交易型/魅力型/变革型领导不同，其是从道德诚信层面对领导方式进行的划分。伯恩斯（Burns）认为，诚信被贯穿于领导过程并不只是领导者应该具有的，而且将其定义为“一个整合的过程，它集合了领导者和下属关于动机、目标的冲突和一致性”。或许 Burns 对变革型领导行为理论的贡献让人们忽视了他最早对诚信领导的定义。继华尔街一系列丑闻事件之后，比尔·乔治（Bill George）的专著 *Authentic Leadership* 使得“诚信领导”这一概念进入人们的视线，此后越来越多的学者也开始研究诚信领导的内涵。阿沃利奥（Avolio）等人指出，诚信领导者是那些对自己的思想和行为有着深刻的认知，客观了解自身的价值观或道德观、知识和长处的人，他们了解领导中的情境，自信、充满希望、乐观、有韧性，并且具有高度道德品质。哈托格（Hartog）对诚信领导概念的解释较为全面，认为诚信领导是一种源自积极心理能力和正面道德氛围的领导行为，在与下属的工作互动中，促使领导者形成一个更完善的自我意识、内在道德标准、信息平衡处理和关系透明度关系的积极自我发展过程，同时能够促进积极心理能力和正面道德氛围的发展。

诚信领导的特征概括起来主要表现在以下几个方面：

① 诚信领导者不伪装自己。他们不会因为身处领导者之位，而刻意发展出一种领导者的形象或面具。履行领导角色完全是诚信领导者的自我表达行为，而不是在遵从他人或社会的期望。

② 诚信领导者承担领导的职责或从事领导活动不是为了地位、荣誉或其他形式的个人汇报，而是出于一种信念。他们有一个基于价值观的理想或使命，担当领导就是为了实现这一理想或使命。

③ 诚信领导者是原创者，而非拷贝者。这并不意味着他们在人格特质上必然是独特的或彼此截然不同的；相反，他们的价值观、信念、理想或使命在内容方面可能与其他领导者或下属相似。然而，诚信领导者之所以具有这些价值观和信念，并不是一种模仿的结果，而是自己的亲身经历证明它们是正确的。

④ 诚信领导者的行为是以自己的价值观和信念为基础的，他们的所言与他们的信念是一致的，他们的所行则与他们的所言及信念一致，因而诚信领导者具有高度坦率的特点；他们的行为不是为了取悦他人、博取声望或出于某些个人的或狭隘的政治兴趣，因而诚信领导

者也是具有高度正直的特点。

(8) 忧患型领导

戴(Day)和休梅克(Schoemaker)最早提出了“忧患领导”一词，认为忧患是领导者个人的一种技能，强调领导者需要以开放心态主动从多种渠道获取信息，敏锐感知环境的细微变化。此外，他们对忧患领导的阐述均发表于面向实践的商业杂志，不仅没有给出严谨的学术定义，而且没有从领导力视角强调如何通过忧患型风格带领下属实现组织目标。忧患型领导与相关概念有明显的区别，从定义及维度来看，忧患型领导不同于领导者所具备的忧患意识、悲观倾向或焦虑心理，而是一种以领导行为作为载体，向员工施加影响、应对潜在威胁的目标驱动过程。忧患型领导是一种独特的领导力，是指引导员工关注、搜寻以及应对未来潜在威胁的领导行为。具体包括以下3个维度：

① 警醒。引导员工关注潜在的问题与挑战，而不是已经取得的成就，避免盲目乐观。例如，任正非要求员工保持危机感，思考如何在即将到来的冬天中活下来。

② 侦测。鼓励员工与外界建立广泛联系，敏锐发现微弱的告警信号，预判可能造成的不利影响。例如，任正非提出要用“一杯咖啡吸收宇宙能量”，他鼓励员工通过参加学术沙龙、研讨、论坛等方式，与公司外的学术大师和行业精英接触和交流，在思想碰撞中寻找“黑天鹅”的踪迹，预测公司未来发展可能面临的挑战。

③ 防范。鼓励员工针对每一种潜在的挑战和威胁，预先制定防范措施，降低其真正爆发时所造成的负面影响。例如，任正非当初支持组建海思团队就是为了应对未来可能出现的芯片断供危机。事实上，外部商业环境不确定性事件层出不穷，如果领导不能引导下属关注、搜寻潜在威胁并预先防范，那么其所领导的组织很可能在尚未取得竞争优势前就已经被突如其来的技术变革彻底颠覆。

(9) 糊涂领导

古语云：“水至清则无鱼，人至察则无徒。”凡事追求得太仔细，可能会适得其反，更有郑板桥的“难得糊涂”被奉为处世之道。在传统文化背景下，“中国式思维”的处事方式非常普遍，在组织中，领导者有些是出于组织利益考虑，适时“糊涂”，顾全大局；有些确实是因为自身能力不足，缺乏责任心，在某些事上“浑水摸鱼”，如表6-3所列。

表6-3　糊涂领导特征量表结构

<table>
<tr><th>一级指标</th><th>二级指标</th><th>取向</th><th>三级指标</th></tr>
<tr><td rowspan="8">糊涂领导特征</td><td rowspan="3">真糊涂</td><td rowspan="3">消极</td><td>职责缺位</td></tr>
<tr><td>专业欠缺</td></tr>
<tr><td>私心</td></tr>
<tr><td rowspan="5">假糊涂</td><td rowspan="2">积极</td><td>平衡</td></tr>
<tr><td>包容</td></tr>
<tr><td rowspan="3">消极</td><td>综合</td></tr>
<tr><td>越界</td></tr>
<tr><td>回避</td></tr>
</table>

具体地，对于糊涂领导的定义，首先从“糊涂”的含义出发，“糊涂”有分辨不了是非、脑子

不清以及模糊、含糊的意思。这里，它有两层含义：一是不明是非，犯傻；二是模糊。第一个含义是明显的贬义，是领导者行使职权或履行职责方面做得有所欠缺；第二个含义是模糊，可以是处理事情的一种方式，是领导者有意识地使用“糊涂”的方式来处理问题，这种处理可能是积极也可能是消极的。

由“糊涂”进一步来定义“糊涂领导”，即领导者在行使职权以及履行职责方面未按照要求行事，或者有意识采取模糊的方式来处理问题。

此外，真糊涂主要表现为领导在工作当中，曾出现过失误表现或偏差行为，包括不具备处理事务的专业能力、不正确对待上下级关系以及未按照职责范围内行事等一系列行为表现。经过编码整理，这些行为具体有职责缺位、专业欠缺以及私心。

假糊涂主要表现为领导在处理事务时，并不是真的犯傻，而是有意识地采取“糊涂”的方式，即模糊处理，具体包括平衡、综合、回避、包容和越界。平衡指的是领导对于有冲突有矛盾的事情的处理；包容则是对于那些是非线没那么清晰的事情的处理；综合是对复杂、棘手的、需要慎重考虑的事的处理；回避是对于涉及机密或隐私等比较敏感的话题的处理；越界是领导揽功或过分参与管理不属于自己职责范围内的事。其中，假糊涂可以分为积极和消极两种，积极的有平衡、包容和综合，消极的包括回避和越界。

6.3.5 信任与领导

信任是个体由于对事情走向抱有积极预期而使自己易受他人影响的一种心理状态，即便你没有使情况完全处于自己的掌控之中，你还是愿意相信对方会与你患难与共。信任包含一种与领导密切相关的重要属性，当信任遭到破坏时，会给群体绩效带来十分严重的后果。

当下属信任一个领导时，他们会相信自己的权力和利益不会被人限制和剥夺。变革型领导者声称自己所指示的方向符合每个人的最佳利益，从而为自己的理念寻求部分支持。当人们觉得某个人不诚实或有可能利用自己时，就不会尊重和追随他。因此，变革型领导者的确能从追随者那里获得高水平的信任，这有可能意味着更强的团队信心，最终带来更高的团队绩效。

在一份简单的劳动合同中，当你履行了工作描述中的职责时，你的雇主要按照约定向你支付薪水。然而，当今社会快速的企业重组、职责的扩大以及以团队为基础的协作型工作风格意味着雇佣关系不再是稳定的、包含明确条款的长期合约。与以往相比，如今的雇佣关系更多建立在信任关系的基础之上。你必须相信，当你向上级展示一个创新项目时，对方不会背着你将你的功劳据为己有；你还必须相信，你付出额外的努力会在你的绩效评估中被认可。在当今的组织中，越来越少的工作任务得到仔细记录和明确阐述，员工基于信任的自愿贡献是必不可少的。因此，只有被信任的领导者才能够鼓励员工们超越自我，实现变革型领导的目标。

6.4 新时代领导面临的挑战

6.4.1 挑战性压力源与员工创新行为

在复杂多变的商业环境中，创新是一个组织生存和发展的关键。所以在组织实践中，员工需要应对更重的工作负荷、更多的时间压力以及角色冲突，这些工作要求往往给员工带来沉重压力。简言之，员工需要在压力下创新，工作中的压力也能够激发出创新。研究表明，工作压力源对员工创新的潜在积极作用，同时挑战性压力源在员工工作场所中普遍存在，并且挑战性压力源与创新之间的关系不一致。因此，探索挑战性压力源在什么情况下能够激发员工创新显得尤为重要。

【管理故事】 高层领导压力最大

大型公司的领导要应对来自董事会、客户、管理者以及员工等各方面的压力。他们难道不是组织中压力最大的人吗？显然不是。哈佛大学、加州大学圣迭戈分校以及斯坦福大学合作完成的一项研究表明，领导这一角色可以给人带来一种幸福感，这种感觉可以缓解压力，不在管理层的人则不会有这种感觉。领导不但比非领导焦虑少，他们的皮质醇（引起压力的荷尔蒙）水平也较低，这说明他们在生理上感受到压力的可能性较小。另一项研究发现，与职位较低的人相比，职位较高的人感受到的压力和血压水平更低。

这是"身居高位"的另一个好处，至少在一定程度上你可以这么认为。除了收入更高、任期更长，"压力小"也是当领导的一个好处。然而，研究人员并没有在组织中发现所谓的"转折点"，或者说职位到了某个级别压力必然会减少。

一项研究发现，压力的减少与支配感相关。与支配感较低的人相比，拥有更多下属和权力的领导感受到的压力更少。因此，掌控公司资源并对许多员工发号施令的高层领导可以提前击退压力源，不受压力的影响。

资料来源：SHERMAN G D，LEE J J，CUDDYA C. et al. Leadership is associated with lower levels of stress[J]. Proceedings of the national academy of sciences of the United States of America，2012，109(44)：17903-17907.

6.4.2 领导语言框架与员工创新力

鉴于组织领导是工作环境的重要塑造者且是影响组织成员创造力的一个关键因素，而领导语言框架作为领导日常行为的一种客观呈现，当领导用不同的语言描述方式向组织成员描述任务时，组织成员对该任务的认知与判断不同，进而产生不同的行为结果。

领导语言框架分为领导积极语言框架和领导消极语言框架。其中，领导积极语言框架指的是描述任务时偏重于引导组织成员任务完成后得到的成长，如完成任务后能力的提升；领导消极语言框架指领导向组织成员阐述某一工作或任务时的语言偏重于描述任务失败会受到的惩罚和损失。因此，在领导积极语言框架和领导消极语言框架下，个体创造力是如何产生的值得关注。

6.4.3 组织德性对员工挑战型组织公民行为的影响

随着经济全球化、移动互联网和大数据时代的到来，企业只有尊崇伦理并承担更多的社会责任才能赢得更多的尊重。因此，如何通过践行组织德性来提升组织的竞争力并获得可持续发展已经成为组织领导者与管理者关注的重要问题。作为积极心理学和商业伦理学相结合的重要概念,组织德性一般是指由组织中个体(集体)行为、组织氛围、组织结构、积极组织政策和程序体现出来的整体伦理特征。目前,由于组织德性对组织及个体绩效提升发挥的独特作用受到学术界和实务界越来越多的关注与重视。另一个方面,企业竞争环境的变化使员工工作中的角色外行为所占的比重越来越大,在全新的工作条件下如何促进员工的挑战型组织公民行为(challenge-oriented organizational citizenship behavior, COCB)也成为组织人力资源管理需要关注的焦点问题。

研究表明,尽管有部分的研究探讨了组织德性与相关结果之间的关系,但是很少有研究关注组织德性与挑战型组织公民行为的关系。在全新的竞争环境下,企业如何提升组织德性以及激发员工更多挑战型组织公民行为已成为理论界与实务界关心的重要话题;同时,探讨中国情境下组织德性对员工挑战型组织公民行为的影响,从理论上可以弥补以往研究的不足,从实践上则有利于提升组织的德性管理水平并进一步促进员工的角色外行为。

6.4.4 "互联网+"背景下领导变化的趋势

当今时代,以信息技术为核心的新一轮科技革命正在孕育兴起,互联网日益成为创新驱动发展的先导力量,深刻改变着人们的生产生活,有力推动着社会发展。而随着互联网时代的全面到来,互联网不但深刻地影响着人们的生活方式、交往方式,也深刻地影响着企业劳动价值的创造方式和经营管理。互联网自身具有高度开放性与持续互动性,这与传统组织的特点存在很大差异,因此,很多领导都会遇到线下领导模式与互联网领导模式所产生的差异效应之间的冲突。

互联网时代要求企业家和管理者要重塑、提升新的领导能力,这种新领导力可归纳为"灰度领导力"。

(1) 愿景领导力

当前处在一个信息爆炸、获取便捷、价值选择多元的大数据时代,人们反而容易出现价值迷茫,这时恰恰需要目标牵引和价值观的牵引。因此,组织更需要重塑愿景领导力,需要有精神领袖进行思想的传递,用共同的价值理念、共同的理想愿景来凝集组织的力量。

(2) 跨界领导力

企业家要有跨界思维,因为在互联网时代,只要基于客户价值就完全可以跨越产业边界、跨越企业边界地去思考产品和服务的创新。跨行业、跨领域的合作与发展是最大趋势,这需要企业家具备极为开阔的视野和思维,不仅能够看到跨界的商业机会,而且能够互联互通、构建企业价值网,因而要求领导者是个多面手,能够跨界整合和领导。

(3) 竞合领导力

领导者一定要有竞争合作的意识,因为在这样一个瞬息多变的时代,对手可能瞬间变成朋友,朋友也可能瞬间变成对手。当然,竞争合作不是否认竞争,竞争在合作的前面,是因为没有竞争能力就没有合作能力,合作的前提是竞争力,只有具备资源和能力时才有合作的前提,开放、妥协、相互依存。既懂得斗争又懂得妥协,相互依存和平共处,这种智慧和能力叫作竞合领导力。时代要求企业家也应具备竞合意识,向竞争对手学习,和竞争对手合作,在合作中产生新的价值增长点,在合作中发现新的发展机遇。

(4) 跨部门、跨文化领导力

在互联网时代,应特别强调高管的跨部门领导。未来的企业一定是基于客户需求并组织一体化运作的，在这种条件下，如何提高企业家和高管的跨部门合作领导力、协同领导力就至关重要了。另外，随着中国企业越来越走向国际化，如何应对多元化和国际化也是一个重要命题。

(5) 真实领导力

真实型领导是指领导者要有掌控自我、自我要求进而能协调、驾驭外部复杂要素的一种能力。"真实领导"是国际管理学界正在讨论的新概念，共有四个维度：自我意识、信息平衡处理、内在道德观点和关系透明。

【管理故事】 打破现状

拉扎里·迪斯和贝尔·斯利将如何帮助移动研究公司(RIM)度过经济低迷期，他们又将如何应对强大的对手？问题的答案显而易见，他们会继续通过团队协作、授权、发展和关怀员工的办法鼓励创新。拉扎里迪斯和贝尔斯利注重合作与权力共享，引进智慧和创新型人才，并为其提供灵活的工作时间。鼓励权力共享是他们重要的领导策略。当他们打算在新的地点开设办事处时，他们会优先选择正在精简人员的公司，也乐于聘用团队式的员工集体。组织员工体育团队、开展公司补贴的社会活动也是他们培养权力共享品质的措施。例如，2008 年他们为员工举办了假期音乐会，悲呼组合(Tragically Hip)与吉他英雄范·海伦(Van Halen)受邀为 14 000 名员工、实习生和商业伙伴带来了精彩的表演。

拉扎里·迪斯和贝尔·斯利精简了公司的管理层，授予员工更多权力，采纳他们的意见，并容许他们参加董事决策。这些举措为员工提供了理想的工作环境，更有利于发挥他们的创造力。拉扎里迪斯和贝尔斯利还非常关注新理念的交流工作。RIM 每周都会开理念讨论会，总裁和不同的团队都有机会进行面对面的交谈。他们还举办了头脑风暴领导委员会，这个会议关注从技术到研究、从发展到黑莓手机用户界面等公司的方方面面。除此之外，该会议成员的身份不受任何限制，只要是有能力、有知识、有技术的人都可以参加。

公司的联席执行官也非常重视员工的生活质量。例如，RIM 为员工提供丰富的站内信息、灵活的作息时间、再深造补贴经费。所有的一切使他们成为加拿大 2009 年前 100 名优秀雇主。

资料来源：http://www.CanadasTop100.com/national.

6.4.5 "新生代"背景下领导变化的趋势

"新生代"是指"85 后"和"90 后"这一代人，在一些组织管理眼里，"新生代"普遍具有"五高五低"的特征；"五高"即学习欲望强烈、创新意识较好、工作节奏快速、自我实现更高、个人兴趣更浓；"五低"即忠诚度较低、团队精神匮乏、责任心较弱、抗压性较差、职业定位模糊。

西方学者认为，由于不同代际的员工具有不同的特点，因此针对不同代际的员工，应采取不同的领导风格和领导方式。中国目前正面临着新生代逐渐成为劳动力队伍的生力军的挑战。如前所述，由于成长和生活背景与前几代大相径庭，新生代表现出与前几代员工所不同的特征、价值观和需求。新生代"五高五低"的特征与之前的领导风格和领导方式产生了较为明显的冲突，领导者需要塑造和运用与之相适应的领导风格与方式，可以参与以下发展趋势：

第一，多进行教练式领导。要求领导者学会与“新生代”员工平等对话，成为他们的导师、教练和朋友，帮助他们获得成功，达成企业和个人目标。

第二，多给予挑战而少命令。在设定目标时，一定要有团队的参与和认同，要有具体清晰的指标，尽量少指示他们细节上怎么做，而是给予他们适当的自由度及创造的空间。设立的目标要具有挑战性，要能适当超越他们能力范围。设定目标后，可以听听他们的想法，可以给出意见，但不要命令式地告诉他们要如何执行或强迫依循领导者的想法，这样会浇灭了他们的热情。

第三，灵活进行管理和领导。个性化、个人化是“新生代”员工的一大特色，许多企业允许建立个人化的办公区，只要能提高工作效率、采取什么管理方式就变得不那么重要了。为了建立更有活动的“新生代”团队，最重要的是确定和坚定企业的目标，至于如何达成，不妨听取他们的意见，这也是最佳的激励方式之一。他们看重的不是给予什么而是怎么给，如，建立企业内部互动学习的交流平台，多组织户外活动，通过这些方式有效地强化团队合作与创新能力。

第四，建立个人及团队成长蓝图。除了薪资，学习及成长空间也是“新生代”员工所追求的，他们希望能够在工作中获得成长。企业可以和员工一同来构建他们个人的成长蓝图，企业可以建立内部的“导师制度”，特别是用 40 岁以上的资深员工担任“新生代”员工的导师，加强软、硬实力的传授，以达到不错的效果。

第五，满足“新生代”员工的创业梦想。“我要当老板”这是国内许多“新生代”员工的心愿和心声。他们创新创业意识强，更关注产品“使用者的体验”、个人感受和使用建议这是创新的动力来源。企业可以为优秀的员工搭建起“内部创业”的阶梯，由项目管理，部门管理，直到部门总经理。好的领导者善于培养更好的基层领导者，这样做会增进企业的内部合作，促进内部人才的快速成长。

第六，活力团队的激励机制。不少领导者比较偏重做“负面鞭策型”的考核，总带有恨铁不成钢的色彩，这种考核往往产生反效果，特别是对叛逆心理很强的“新生代”员工。有两点需要重点考虑：首先，给他们最需要的奖励，让他们选择自己最想要的奖励方式；其次，及时奖励，特别是来自领导的奖励一定要及时。

6.4.6 为未来的领导做准备——导师制

导师指的是为经验不足的员工（徒弟）提供支持和帮助的资深员工。成功的导师都是好老师。他们能够清晰陈述自己的想法，善于倾听意见，并对徒弟遇到的问题感同身受。导师制关系能够发挥两种职能：职业职能和心理职能。

（1）职业职能

① 通过游说让徒弟获得具有挑战性且能够被他人注意到的任务。

② 指导徒弟，帮助他们开发技能和实现工作目标。

③ 帮助徒弟，把他们引荐给组织内有影响力的人物。

④ 保护徒弟，避免潜在的风险影响他们的名声。

⑤ 支持徒弟，帮助他们获得晋升。

⑥ 充当传声筒，向徒弟的直接主管转达徒弟的想法或意见。

(2) 心理职能

① 为徒弟提供咨询和建议,帮助他们建立自信。

② 与徒弟分享个人经验。

③ 提供友谊和认可。

④ 做出行为榜样。

6.5 案例分析

财务共享是近年来出现并流行起来的会计和报告业务管理方式,以信息化的手段把分散的财务核算工作集中处理,以便达到更好地服务于决策、服务于业务和服务于员工的目标。

2018年3月23日,有这样一则新闻在新零售行业引起了广泛关注:在"2017中国&中关村独角兽企业发展报告发布会"上,在这场独角兽生态圈和创新驱动者的盛会上,孩子王实力上榜,获得"2017年中国独角兽企业"。

方红霞,现任孩子王财务总监,负责共享中心;曾任孩子王、五星电器财务主管、分部财务管理、总账财务、税务管理、核算管理等职位。2013年至今,负责建立孩子王财务共享服务中心,推动财务三位一体的建设,实现了财务数字化平台,推动了业财税融合,为"资源配置、资本运作、战略规划、业务支持"提供了有效的决策依据。全面推动提升企业管理水平,提高公司管理运营效率,增强企业核心竞争力。

6.5.1 方红霞与孩子王的"三度人生"

(1) 一度转折点——加入孩子王

方红霞的经历简单又专注,第一坚持走财务专业这条路,第二扎根在五星控股体系,从毕业进入五星电器门店担任财务人员,几乎70%的财务岗位都担任过了,就像是专门为零售培养的财务专家,骨子里为了让顾客心仪自己公司的产品,购买并接受满意的服务而感到快乐与自豪。

作为财务人要喜爱业务似乎没有这么容易,方红霞觉得每个人走进门店都带着一种期待与希望,能给消费者带来快乐是很棒的体验。特别是在传统零售行业,每逢节假日、大型活动,家人们带着期许结伴而来,为新家庭采购,给老家庭添置,现场选择购买与付款都是在排队中里三层、外三层地挤着。这种采买带着一个家庭对未来的希望与美好生活的寄语,能够实现一家人的梦想,人们怎能不快乐?母婴行业虽有差异,但对服务要求更高,同样代表着人们的一种期许,这是令人非常愉悦的工作。这样的心态和观念让方红霞在零售行业里一走数年,直至今日仍负责共享中心,与五星控股、孩子王共同成长10多年。

十年翻转,传统零售改革进入新零售时代,五星控股在2009年决定切入母婴行业,这给方红霞带来了机会与挑战。她在五星电器6年了,收获和学习很多,但也在寻找自己新的成长曲线。方红霞决定参与到孩子王创始人的团队中,一起参与筹建孩子王这家新公司。

6个人的财务团队开始了孩子王财务的最初,当时一年建立一家门店,需要100多人共同的努力，一切都在摸索，一切都在新建。而现在孩子王进入快速拓展时期，已进入全国 19 个省(市)，拥有 226 家门店，开设一家新门店只需要 35 人、90 天，这个成长的过程体现的管理是所有孩子王团队的共同努力。

(2) 二度转折点——筹建共享中心

互联网带来了消费的升级，商家需要提供更多安全和服务，新旧零售最大差别在围绕客户需求不断创造满足的空间。当然，母婴与家电是完全不同的行业，孩子王成立的前两三年里并没有立即快速扩张，因为耐用品和快消品的差距很大，需要更多的研究及沉淀。

当孩子王明确了自己的战略方向与经营模式、进入快速扩张时，公司发现财务支持到了瓶颈阶段；财务集中本来是非常明确管理要求，这在公司成立初期就确定了，这也是通过在百思买和五星电器经营的经验积累之一。但是，在孩子王在全国快速扩张时，公司发现集中财务管理不利于信息共享，对于业务支持有限。经过商榷与不断对外学习，最后公司决定成立财务共享中心，方红霞就是共享中心建设项目负责人。

谈起共享中心筹建，最开始方红霞也有过一些困惑，会在传统财务管理思维绕圈。例如，系统本来就会将“收入”自动生成“收入凭证”，为什么需要成立“应收”小组？为什么要将“收入”转成“应收”？当共享中心上线真正运行起来，就理解“应收小组”的关注重点不在收入入款与否，而是在每个收款点、每个流程收入确认的流程点、每个报表中收入的口径、管理维度、税务纳税点等财务风险管控。

(3) 三度转折点——财务共享中心深入

别人眼里的挑战、新事项也许是难题，对于方红霞而言挑战不是挑战，而是一次深入思考的机会、一次学习的机会。围绕着“新的挑战如何做得更好”“为了实现更好的结果要制定怎样的目标、实现的程度、实现的路径”“量化的时间点以及需要匹配的资源、事项的沟通与协调”等问题，方红霞认为更要在大战略方向下自己主动去创造“挑战”。孩子王内部一直有这么一句话：领导力就是制定目标的能力。所谓合理的目标，是指既能激发员工的创造力、成就感，又能创造价值、追求卓越，同时员工也能有信心和有能力来完成。

从成熟的家电行业到新兴的母婴行业，从账务处理的思维到共享中心筹建和运营的思维是完全不同的。共享中心绝对不是按照最初设计就可以一劳永逸的体系，而是需要不断与时俱进的成长过程，是一个需要不断运营、运用新工具、将新技术融入体系的建设和优化当中。孩子王财务共享中心一开始以财务核算、账务处理为基础，最早是从“应付”开始的。结合供应商的发票管理，共享中心管理了 2 000 多家供应商，是“进项”的雏形。共享中心另一项职能是基本税务申报，200 多家纳税主体，150 多个城市没有门店财务人员，所有报税统一由总部财务人员进行。随着共享中心的发展，从应收、应付、资金、税务作为重点，转移到管理会计的应用上。财务信息化、报表分析、资金管理以前归口财务管理模块的，现在只要能够标准化都纳入财务共享；同时，孩子王在推动人力、采购、信息化共享，设立了共享联盟，有双方约定的标准、大家一致认可的规则、有部门体系间互相的承诺，通过培训把这套体系深入一线门店所有人员的骨髓中，明确“军规”，提高执行力。

讨论：

1. 从方红霞的经历中，你可以看出哪些领导者的特质？
2. 结合案例，在企业进行组织变革与战略转型时，作为领导者应该怎么做？

6.5.2 互联网思维使企业无边界

(1) 互联网思维和传统思维最大的不同

记者:您是改革开放后第一代企业家中最“长寿”的,而且也亲手缔造了一个中国的世界品牌。按照一般人的观点,像您这个年龄和成就,应该功成名就、坐享其成了,为什么您这几年在海尔掀起了一场互联网革命?您是怎样感受到互联网冲击的?

张瑞敏:其实一开始也不知道互联网到底是怎么回事儿,但感觉肯定会有很大的冲击!2000年我参加达沃斯年会,那年大会的主题是“让我们战胜满足感”,意思就是传统时代我们所取得的那些成就可能在互联网时代都会化为乌有。整个会议期间,我逐渐感觉到这可能是一个时代的变化,但到底怎么化为乌有、互联网会带来多大颠覆等,想得不是很清楚。当时,我写了一篇“我看新经济”的小文章,提出不触网就死亡。但到底怎么触网、这个网是什么,也没有一个很清晰的概念;怎么做,也没有多少想法。

记者:从那时到现在,您对互联网的思考有什么答案?

张瑞敏:后来我逐渐感觉到,互联网的影响确实是非常非常大的!现在大家都在说互联网思维、互联网基因,到底怎么认识?我感觉,互联网思维和传统思维最大的不同主要有两点:一是零距离,二是网络化。

其实,这里的关键词是“零距离”,这是互联网带给我们最大的冲击。在没有互联网之前,企业和用户之间是有距离的,信息是不对称的。企业是中心,企业营销就是对用户发布我的信息,而广告成了一个最主要的渠道;至于用户,则是被动地接受企业发布的信息。但互联网时代就不一样了,现在用户成了主动的,不管你企业有多少信息,我到网上一看都有了。互联网时代“我”是主动的,你们都摆在那儿由“我”来挑选。

零距离给企业带来了什么?其实就是网络化,网络化说到底就是没有边界了,原来的企业是有边界的,现在则是无边界。所以说,在移动互联网时代,我们的生存变成取决于用户手尖的移动:他手尖移动到你,你就可能胜;不移动到你,你不可能胜。在某种意义上,市场竞争在线下的时代取决于地段,谁在一个好的地段这个产品可能就卖出去了;到了互联网时代就是流量,谁的流量大谁就有可能占先机。

零距离、网络化对海尔来讲是非常大的颠覆。在线下时,我们曾经算是做得比较好的,在很多地段都有优势,在全国有3万多个自己的门店,像毛细血管一样,渗透到乡镇,甚至村里面。但在线上,在移动互联网时代,我能不能真正地争取到用户的时间呢?过去靠发布争取用户,谁的声音大,谁能够占一点便宜。现在,在设计阶段可能用户就参与进来了,像小米手机,它没有设计,而是用户参与进来后带来了很多设计资源。这对于我们来讲可能就是一种颠覆,从某种意义上说,企业过去的一些资产,现在很有可能会变成包袱或负债。

(2) 互联网思维使企业无边界,管理无领导,供应链无尺度

记者:现在很多传统制造业所谈论的互联网思维,好像理解得有点单一,更多的还局限在怎样在线上卖企业线下的东西。您认为互联网思维究竟颠覆了传统制造业企业的什么?

张瑞敏:我们自己就是传统企业,我觉得互联网思维对传统制造业企业可能就是意味着一种颠覆。我理解这种颠覆是“三无”:企业无边界、管理无领导、供应链无尺度。

首先,企业无边界。原来企业是有边界的,但是为什么有的事儿你可以干得好,有的事儿你干不过别人呢?因为企业里头人员不行。所以说,企业的边界大小取决于企业人力资源能力的高低。在互联网时代,网络打开了一扇门,可以使得企业无边界,人力资源不再局

限于企业内部,你可以网上整合你想要的人。因此,企业无边界是从靠企业自身资源求发展,颠覆为并联平台的生态圈。

其次,管理无领导,管理无领导要颠覆的是从原来的员工只是一个执行者,变为现在员工成为一个创业者。无领导你听谁的呢?其实就是从原来听你上级的指令改成听用户的。过去管财务做好账就行,生产线的工人能超额做出产品就很好,用户是谁我不知道。现在不行,现在每一个团队都应该是直接面对市场的,将它一下子变成很多小的经营体,我们内部称之为员工的"创客"化。企业过去是管控体系,管理和控制,今后我们希望企业变成不是管控组织而是创业平台。管控组织给员工提供工作岗位,我们给员工提供的是创业机会。

最后,供应链无尺度,用户从被动的购买者变为主动的参与体验者。供应链原来是有尺度的,因为你不是供应给用户,是供应给经销商的。传统的企业销售往往是分给省级代理,省级代理再批给市级代理,是一层层批发零售的形式。现在供应链无尺度谁都可以要,你都应该满足他,比如网上如果一个用户要一个产品,你也应该满足他。供应链无尺度倒逼企业全流程都要无尺度,从研发到制造全流程都要有改变。

(3) 传统企业要善于"外去中间商、内去隔热墙"

记者:您的互联网思维以及"三无"在海尔是怎么落地的?

张瑞敏:我们提的"三无"其实是对企业在观念上、组织结构上彻底的颠覆,在互联网时代传统企业的颠覆和改变,实际上等于向自己开刀。

我们内部现在提的一个理念叫作"外去中间商、内去隔热墙"。"内部隔热墙"是什么?就是原来的管理人员。比如配送,我们现在有 9 万辆车,但这 9 万辆车都不属于我们,而是谁有车谁就可以加入我们。这在互联网叫作轻足迹,在企业就是轻资产。我们原来有个考核班子和很复杂的评价体系,做这个工作的就是传统企业中的管理人员。现在将这个去掉了,变成用户来评价。我们规定按约送达,约定早上 5 点送达却没有送达,这一单货就不能要钱了,那谁负责呢?谁造成的谁负责。这个考核就是最厉害的:如果有问题用户就对你提出批评,收入要受影响;有的点赞很多,可能收入就会多;而且那个订单要他自己在网上来抢,不是来分配。过去负责分配的组织其实就相当于隔热墙,市场的热度企业感受不到。

再说一说"外去中间商"。过去,采购、销售我一定要有中间商的,现在能不能去掉呢?比方说,采购,过去有一个班子专门去研究谁能进、谁不能进以及什么价格,非常复杂。现在我们正在尝试建立利益共同体,没有那么多评价体系了,你的零部件有竞争力就进来,下一步可能有更好地替代你。在营销上,过去是产品给了经销商,经销商再销售;现在网上直接有用户了,我们想直接到用户那里去,没有必要经过这个经销商。我们就称之为"外去中间商",没有中间层了,和用户之间是直接的零距离。

记者:您认为对于传统制造业来讲,"内去隔热墙、外去中间商"其实是一个很大的难题和挑战吗?

张瑞敏:对,很难做,特别是"内去隔热墙"。比如我们的销售,原来和国家行政机构差不多,这个人可能管全国的一个班子,然后下边就是有各个省的,各个省下边有各个市的,各个市发展到各个县。现在将这些"隔热墙"抽掉,从上面信息中心直接到县。去掉这一块儿说说容易,实际上做起来很难。本来是管一个省的部长,现在一下子没了,他自己可能都想不通,他家人、亲戚朋友也很难理解,你是犯错误了还是怎么回事儿。海尔这一步动了好几年,真是费了很大的精力,感觉很难。因为"动"人是最难的,去年我们一年减了 1.6 万人,大部分属于“隔热墙”的部分。

有很多企业说“要改变”，但“隔热墙”这一块儿你能不能动？原来企业中层管理体系那么庞大的班子，你能不能去掉？能去掉，我觉得一定会变，如果你做不到，其他的免谈。

(4) 互联网时代需要企业家作造钟师，造和时代同步走的钟

记者：互联网转型会有波动，但波动大了这么大的企业能够经受得起吗？

张瑞敏：当然，我们向自己开刀最后是不是一定能成功真的很难说。因为这一种颠覆要掌握好度，力度不够推不动，力度过大可能就会颠倒了、倒掉了。

传统的企业是一条线，互联网时代的企业是另外一条线。我认为这两条线是平行线，没有交点。美国《连线》杂志主编凯文·凯利到海尔来演讲时说过：“传统企业可能走到一个山的顶峰了，现在要从顶峰一直下来再重新爬上互联网的这座山。”我跟他说：“这个不大现实。海尔现在将近 2 000 亿元的销售额，不能到谷底变成零再向上爬坡，那吃饭都成问题。我的理念是，要处理好破和立的度，有破有立，破中有立。这个很难，破了这边那边立不起来就惨了。我们现在就是要解决度的问题，此时此刻这个度还很难把握，有时觉得太慢想加快，一加快又会有大的波动。”

过去中国企业都学日本的全面质量管理，后来又学美国的，现在学谁呢？传统企业转型没有路标，我们是自己在这儿摸索。摸索的过程就是一个破立的过程，但这个度掌握不好可能摸索就会出问题。

记者：您对海尔在互联网时代的命运担心吗？这个时代我们需要什么样的企业家？

张瑞敏：我们的目标是希望能够跟上这个时代的发展。现在这个时代，中国制造业再走原来的那种发展路径不行了。这个时代发展很快，你随便哪一次稍微没有跟上，瞬间就没了。所以我们大厅里放的那个雕塑就是提醒自己：人不能两次踏入同一条河流。时代就是一条河流，当你抬起脚再一次踏进去时，已经不是原来那条河了。传统经济时代，虽然也有变化，但互联网时代变得更快，再大的企业，一夜之间轰然倒塌也是有可能的。

一个企业如果仅仅依托企业家一个人，也是蛮危险的。就像《基业长青》里面说的：一个基业长青的企业很重要一点就是，企业领导人应该是“造钟师”，而不是“报时人”。做报时人就等于所有人都要听这个人的，但是企业家要造和时代同步走的“钟”，这样你这个企业可能就会延续得比较长。我希望在海尔造成(制定)一种大家都能挑战自我的机制。

讨论：

1. 互联网思维对现代企业管理有怎样的冲击？
2. 从张瑞敏的经历来看，作为领导者如何做好无边界管理？
3. 你认为新时代互联网经济下，传统企业的领导者面对企业转型应该做出怎样的改变？

6.5.3 揭秘人工智能 & 企业新管理

2017 年 12 月 12 日，北京睿特云网公司董事长谭智德先生在北京与众多国内知名企业家共同见证了“AI SUPER 超级人才”，开启了企业“新管理”时代。

我国改革开放 40 多年来，限制企业发展的因素有哪些？谭智德先生根据 RTC 人才发展商学院 2006—2017 年对 5 万名企业主及企业高级管理层的调研发现，就企业管理而言，最大的烦恼是对“人”的管理和对“事”的管理。解决企业高层对于“人”“事”管理方

面的难题是企业发展的关键，解决企业管理难题则需要“人才”。随着时代的发展，对“人才”的定义也有所改变。也就是说，能够独当一面、解决问题的人才，才是21世纪企业发展所需求的。

在全球企业管理模式中，有97%为传统管理，成功概率仅占30%。这些企业中，人们多数用经验想法解决问题。但经验不等于正确或成功，唯有用数据协助决策、科学协助经验、智能协助人工才能帮助企业解决发展问题。未来的企业管理模式不只是拥有智商、努力和坚持就能成功，需要“新管理”模式。

“新管理”则是企业管理发展趋势，它能够帮助企业让管理变得科学、简单、高效、愉快。企业要实现“新管理”，需要具备建立数据化、信息科技化、管理科学化、标准可量化、便利高效化、发展预测化、人才共享化的必要条件。新管理不仅具有高链接、高专业、高效能、高满意、高增长的价值，能够帮助企业紧密串联人才的选、用、育、留，提高管理层的管理能力；同时为企业实时更新人才数据，并让人才保持成长。

作为全球第一个“新管理”人工智能、AI+HR产品——“AI SUPER超级人才”，它能够全面协助企业完成“新管理”，让企业第一年可完成管理升级，第二年开始智能维护及保持HR4.0；同时让企业快速识才、用才，帮助员工智能解决工作瓶颈，从而提升执行力；帮助企业改善内耗或无共识的问题，用科学方式调派人才，达到适材适所。它还可以随时监控问题，调控关注点，及时解决问题，建立信息化，使管理者有明确方向及目标，强化人才战斗力，调整企业基因，使企业能够在未来的市场竞争中异军突起。

讨论：

1. 人工智能对企业管理带来什么样的影响？
2. 面对人工智能的冲击，领导者们应该如何开拓新的企业管理模式？

6.5.4 稳健医疗：一家神奇的口罩生产企业

2020年1月27日，李建全的一条微博一下子火爆起来。这条微博发布的《这些天，稳健医疗做了什么》一文介绍，近一个月内，稳健医疗用品股份有限公司（简称“稳健医疗”）已向全社会发货1.089亿只口罩。稳健医疗是中国医用敷料产品龙头企业，李建全是该公司的董事长。

在《这些天，稳健医疗做了什么》文章中，除了相关数据，许多网友表示时间线值得思考：

2019年12月20日，稳健医疗取消在武汉的年终高管会议，改为阳逻会场和深圳会场视频会议；2020年1月5日，武汉市卫健委发布情况通报，全市发现“不明原因病毒性肺炎确诊患者59例”“未发现明确的人传人证据”，并且提示：“必要时可佩戴口罩。”2020年1月10日，当时距离确定武汉新型冠状病毒肺炎（以下简称新冠肺炎）疫情还有两周多的时间，稳健医疗董事长李健全突然决定：动员全资子公司稳健医疗（湖北黄冈）有限公司唯一口罩车间380人，春节期间不休假，生产N95口罩、外科口罩和护理口罩，提前一个月生产了1.09亿只口罩。2020年1月19日，国家卫健委通报疫情，并称“已向全国各省（区、市）派出工作组”。2020年1月20日，稳健医疗又动员旗下两家子公司稳健医疗（嘉鱼）、稳健医疗（崇阳）全力生产防护服、手术衣、酒精片等医疗产品。2020年1月21日，稳健医疗公告取消春节假期，保持24小时生产，最大限度保持供应；2020年月22日，稳健医疗高管全员待命，随时服从生产安排。2020年1月23日，武汉当日上午10点起“封城”。据悉，从2019年12月20日到2020年1月26日，稳健医疗向社会供应了1.089亿只口罩(其中包括，N95口罩、外科口罩和护理口罩)，对医院发货3 140万只左右、全国药店发货6 680万只，电商发货1 070万只，并向医院发货11.47万套防护服。

2020年4月13日，在稳健医疗深圳总部，李建全接受了独家专访。

南方日报:有网友说你们“有预知能力”，稳健医疗是从什么时候开始发现疫情的？

李建全:去年12月底到今年元月初，我发现我们交货有些异常。口罩库存本来充足，但出货怎么一下子出了那么多？我们一般每年的年底就要准备春季的口罩交货，因为春季往往感冒发病率比较高，口罩销量在春季是最大的，“一年之计在于春”。春季也有很多其他突发事情(比如禽流感等)的高发季，所以我们会密切关注形势并做预判。我对SARS非典型肺炎有记忆深刻。当年SARS暴发，防护服、口罩需求一下子很大，导致当时稳健医疗的供应严重不足。SARS之后，很多口罩厂关了，但我们一直坚持到现在，是国内医院院用口罩供应商。这次，我们预感可能口罩需求会增大，但无法预测具体疾病，只会提前做充足的生产准备。这是我们多年的经验，其实我们也有预判错误的时候。有两年，稳健医疗的口罩准备货太多，销售了一年库存，那也是蛮痛苦的。

南方日报:那你们是如何提前决策和准备的呢？

李建全:当时湖北黄冈口罩厂有410多名工人，从1月10号开始加班加点赶制口罩。我1月22日从欧洲回来，发现情况更严峻了。我们员工感觉到武汉医院的需求量越来越大，也发现确实有人感染。所以，我就决定让生产酒精片、防护服和口罩的3家工厂加紧生产。员工们当时都傻了，说道:“这时候不休息肯定有难度。”。但是我告诉大家:“应该有高度(觉悟)，目前情况下，我们医疗企业应该率先做一些充分准备。

南方日报:这次稳健医疗主要工厂在疫区，却成为国内防护物资的生力军，你们为防疫贡献了多少物资？

李建全:我们有两个阶段。

第一个阶段是到1月底，稳健医疗除了加班生产，还从1月21日起公开承诺不加价，欢迎消费者监督举报。从12月20日到1月26日，稳健医疗为全社会提供了1.089亿只口罩(N95口罩、外科口罩和护理口罩)、11.47万件防护服。当时工信部给稳健医疗的防护服库存份额是2万件，但我们供应了11.47万件。到了2月初，公司立即扩大产能。那个时候真的很难，人流、物流都受到限制。湖北省委省政府防疫指挥部给稳健医疗开一些绿条，让更多工人及时回厂复产。第二个阶段是2月份到现在，我们防护服产能就大大扩张，截至4月4日，我们为国内交了近3亿只口罩、300多万件防护服。防护服生产工艺比较长，难度比较大。在政府的支持下，仙桃有8家工厂给我们提供防护服半成品，我们崇阳工厂再进行灭菌消毒，加工为成品，这样整合供应链后产能提升明显，最高峰稳健医疗一天能做7万件防护服，不是我们一家功劳，光靠稳健医疗做一天也就生产一两万件。所以，您在新闻里看到很多绿条子防护服，那是稳健医疗(生产)的，包括在火神山医院、雷神山医院以及全国很多大医院都有。

南方日报:什么时候您开始关注国外疫情防护？

李建全:3月初，很多国外老客户打电话、发邮件要口罩，但那时我们觉得国内市场还比较紧，我们基本上没有接过国外订单，而且国家当时也没有明确规定，我们也不敢接。到了

3 月中旬，我以中国医用辅料协会会长身份向领导建议：首先放开一定防疫物资的出口量，体现国际主义精神；其次必须管控质量，保证中国制造品牌。

对于产品质量，我有切身经历。从 20 世纪 90 年代末开始，很多大小工厂出口乳胶手套到美国去，结果因为产品质量不行，被美国停止进口，大批乳胶手套工厂倒闭。这是让我非常刻骨铭心的教训。中国产品走出去，尤其要注意质量，不能砸了中国制造牌子。这个牌子通过 40 年多几代人含辛茹苦地打造，从当初质量不合格，到慢慢做合格，再到世界一流，这些我都有经历。如果赚快钱将中国制造牌子砸了，是很危险的。

防护产品尤其注意质量。“疫情就是战场，口罩就是武器。”当一个武器不符合质量要求时，那战士上战场就会送命。很多人说，我们现在要先解决“有”和“没有”的问题。这个话没错，但是“有”，如果质量不行，比“没有”更坏。如果“没有”，你会控制一下，你不去接触；如果“有”，你可能就直接接触，那你就易被感染。你说究竟是哪个重要呢？

我不敢说“有”或“没有”是错误的，千万不能这么说，因为那时确实“有”比“没有”好。但是，中国出海产品保证质量不仅是信用问题，更是一种政治意义。如果我们产品质量有问题，你想那些国外市场怎么说？商务部等在 3 月 31 日就发文，出口防疫产品必须要先通过国内监管部门注册。我们在医疗防护行业走了这么多年，真的不能开玩笑。

讨论：

1. 你认为案例中稳健医疗在疫情期间成功的原因有哪些？

2. 你认为案例中李建全董事长是一位什么样的领导者？

3. 从稳健医疗在疫情期间采取的一系列措施以及对李建全董事长的采访中，你学习到哪些管理经验？

本章小结

本章对于现代组织中的领导与成员关系的领导理论，进行了介绍理论基础上，也融合了中国本土化情境下的企业文化和组织关系。通过梳理领导理论，对领导方式进行了成熟度划分，以整合的视角归纳了交易型领导理论、变革型领导理论、魅力型领导理论和诚信领导理论的特点，介绍了领导方式成熟度的概念，从成熟度演化视角下探索领导方式与员工创新嵌入的关系。基于任人唯亲内涵的组织任用模型，“关系准则”的四种类型：糊涂领导的概念，并且总结提炼出 8 个维度，开发了糊涂领导特征量表。

新的时代，领导也面临诸多挑战：领导者不同的语言描述方式会使得组织成员对该任务的认知与判断不同，进而产生不同的行为结果；企业只有尊崇伦理并承担更多的社会责任才能赢得更多的尊重，如何通过践行组织德性来提升组织的竞争力并获得可持续发展已经成为组织领导者与管理者关注的重要问题；“互联网＋”背景下要求企业家和管理者要重塑、提升新的领导能力，即“灰度领导力”；不同代际的员工具有不同的特点，针对不同代际的员工，应采取不同的领导风格和领导方式，领导者需要塑造和运用与之相适应的领导风格与方式。

思考题

1. 对领导者来说,领导风格是固定不变的还是灵活多变的?

2. 列举几个你认为对领导者有用的个人特征;这些特性在某些场合比在另外一些场合更有价值吗?

3. 领导特征理论和领导行为理论有什么区别?

4. 根据自身的实践经验,分析情境因素和领导风格的关系?

5. 结合时代背景,讨论未来领导理论发展可能的趋势有哪些?

第7章 领导与领导能力

学习目标：

1. 了解一般能力的概念以及能力的结构与呈现；
2. 掌握领导力与领导能力的内涵与区别；
3. 理解领导能力及其结构；
4. 了解领导力及其形态；
5. 掌握柯维的领导力圣则；
6. 理解卓越领导力的10大标签；
7. 熟悉卓越领导力的提升途径。

【开篇案例】 关于领导的三则故事

著名政治学家詹姆斯·麦格雷戈·伯恩斯在1978年出版的《领导力》一书已经成为领导力研究领域的经典。他在该书的开头就写道："领导力是世界上被人观察最多、却被人理解最少的现象之一。"有人统计过，学者们对领导力至少给出了几百个定义，如果一个现象有如此众多的定义，那么对它充满误解就不足为奇了。

对领导力最流行的误解，就是将领导力跟职位密切联系，甚至等同起来。领导力大师约翰·马克斯维尔说过："如果我必须界定人们对领导力的头号误解的话，那就是认为领导力只是来自拥有一个职位或者头衔。"

这是一个非常普遍的误解，不分中外。

1. 少年的选择

约翰·加德纳是美国知名的领导者，担任过美国政府的部长和许多大型非政府组织的一把手，他区分了领导力和职位的不同。"即使在大型企业和政府机构中，级别最高的那个人也许只是头号官僚而已。"加德纳说道。"领导力不同于权力，也不同于正式权威，领导力要求投入大量的努力和精力。"加德纳还说道。

加德纳对一个十几岁的少年讲述了上面这些道理，结果这个少年这样对他说："加德纳先生，我还是把你说的领导力留给你吧，给我些权力和地位就行了。"

2. MBA学员的困惑

有位学者在一所大学的商学院演讲,主题是领导力。一位年轻的MBA学员站起来提问道:"我对当领导不感兴趣,我该怎么办?"

学者能听出来他问题背后的深层困惑。MBA学员大多雄心勃勃,希望毕业后进入企业工作,并能立即担任或迅速晋升到重要的领导职位。但是,这位MBA学员对职位本身不感兴趣。

学者反问他道:"你对责任是否有兴趣?"他似乎领悟了什么,眼睛里闪过一丝光芒,说道:"有。"学者说:"如果你要承担重要的责任,你就需要发挥领导力。"

事实上,如果你要承担重要的责任,超越一己之力才能够履行的责任——不管是像马丁·路德·金一样在美国争取少数族裔的平等权利,还是像甘地一样争取印度的独立,或者像张瑞敏一样把海尔打造成世界级家电企业,或者像许多经理人一样推进一项新政策、打开一个新市场、培训一批新员工,你就需要发挥领导力。

3. 企业高管的傲慢

学者为一个企业高管的培训班讲授领导力,在座的几十位学员都是所在企业的一把手或二把手。一位学员说道:"我们能够坐在这里,就是我们有领导力的证明。"

学者说:"你能够坐在这里,只证明一件事——你有领导职位。实际上,坐在这里的人只有这一个共同点:不是你们都有领导力,而是你们都有领导职位。"

领导职位可能因为领导力之外的多种原因得到。例如,不管是一个国家还是一家企业,其领导职位都可能以世袭的方式得到;一个技术天才可以凭借自己的技术发明创立一家企业,并担任重要的领导职位;在一个官僚体制中,主要凭借资历升到了高层。正如约翰·加德纳的观察:即使在美国,许多政府部门和大型企业中担任最高职位的那个人只是一个官僚而已。也就是说,你所担任的领导职位,并不必然是领导力的证明。

讨论:

1. 领导力是什么?
2. 尝试理解领导力、领导职位、权力与责任之间的关系。
3. 如果要成为一个有力的领导者,需要具备什么样的能力或品质?

资料来源:刘澜.领导力十律[M].北京:机械工业出版社,2013.

7.1　能力的结构与呈现

能力是完成一项目标或者任务所体现出来的综合素质,是直接影响活动效率,并使活动顺利完成的个性心理特征。人们在完成活动中表现出来的能力有所不同。一般而言,能力总是和人完成一定的实践相联系在一起的,离开了具体实践既不能表现人的能力,也不能发展人的能力。

能力结构是指构成能力的诸要素相互联系的方式。能力可分为一般和特殊两种。前者是完成各项活动均需具备的,其结构要素包括注意力、观察力、记忆力、想象力、思维力与操作能力;后者指从事某种专业活动必需的能力,如音乐能力,其结构要素包括曲调感、节奏感等。顺利完成任何活动都需一般能力与特殊能力的诸种结构要素协调配合，形成合理的结构。对于能力的研究主要集中在心理学领域，不同的心理学家对能力的结构有不同的研究，并提出了众多能力结构理论。

7.1.1 能力的因素论

（1）独立因素论

美国心理学家桑代克曾对能力做过系统的描述。在他看来，人的能力是由许多独立的成分或因素构成的，如抽象力、对社会关系的适应能力、对机械问题的适应能力等。根据这种学说，不同能力和不同因素彼此是没有关系的；能力的发展只是单个能力独立的发展。显然，这种学说很快受到人们的批评。心理学家们很快发现，人们完成不同的认知作业时，他们所得到的成绩具有明显的相关，说明各种能力并不是完全独立的。

（2）二因素论

英国心理学家和统计学家斯皮尔曼（Spearman）根据人们完成智力作业时成绩的相关程度，提出能力由两种因素组成：

一是一般能力或一般因素，简称G因素，它是人的基本心理潜能，是决定一个人能力高低的主要因素。正是由于这种因素，人们在完成不同智力作业时，成绩才会出现某种正相关。

二是特殊能力或特殊因素，简称S因素，它是保证人们完成某些特定的作业或活动所必需的。由于这些因素起作用，人们的作业成绩才没有完全相关。

许多特殊因素与某种普遍因素结合在一起就组成了人的智力，人们在完成任何一种作业时，都有G和S两种因素参加。活动中包含G因素越多，各种作业成绩的正相关就越高；相反，包含S因素越多，成绩的正相关就越低。一般能力和特殊能力之间的关系见图7-1。图中的圆圈代表G因素，3个长方形代表3种作业。其中1、2两种作业渗透了较多的G因素，因而测验分数的相关度较高；而1、3两种作业，只有少量的G因素，因而测验分数的相关度很低。

斯皮尔曼的二因素论为研究一般能力与特殊能力的实质及其相互关系、制定测量能力的手段奠定了理论基础。但是，斯皮尔曼过于强调一般因素与特殊因素的区别，将它们绝对对立起来，没有看到它们之间的联系和关系，这是不科学的。

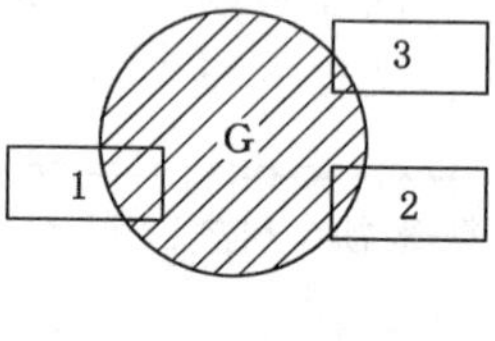

图7-1　斯皮尔曼的能力二因素说

（3）多元智力理论

多元智力理论是由美国心理学家加德纳（Gardner）于1983年倡议的。加德纳通过对脑损伤病人的研究及对智力特殊群体的分析，提出人类的神经系统经过100多万年的演变，已经形成了互不相干的多种智力。加德纳认为，智力的内涵是多元的，它主要由7种相对独立的智力成分构成。每种智力都是一个单独的功能系统，这些系统可以相互作用，产生外显的智力行为。每一种智力依据某一社会对它的需要、奖赏以及它对社会的作用，其价值也不同。

① 语言智力：包括阅读、写文章或小说，以及用于日常会话的能力。大脑的"布罗卡区"负责产生合乎语法的句子，这个区域受到损伤的人，能够理解单词和句子，但不能将单词组成句子。

② 逻辑-数学智力：包括数学运算与逻辑思考的能力，如做数学证明题及逻辑推理。

③ 空间智力：包括认识环境、辨别方向的能力，如查阅地图等。大脑的右半球掌管空间位置的判断。大脑的右后部受伤的病人，会失去辨别方向的能力，易于迷路，并且其辨别面孔和关注细节的能力明显减弱。

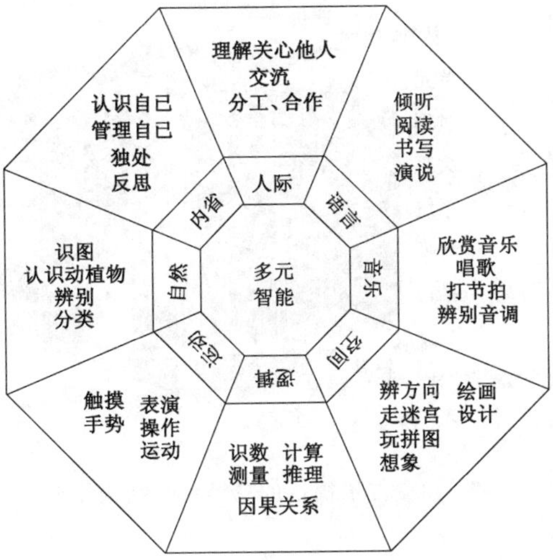

图 7-2　加德纳多元智力模型

④ 音乐智力：包括对声音的辨别与韵律表达的能力，如拉小提琴或写一首曲子等。大脑右半球对音乐的感知和创造起重要作用。研究表明，脑损伤会造成人的“失歌症”或音乐能力丧失。

⑤ 运动智力：包括支配肢体完成精密作业的能力，如打篮球、跳舞等。身体运动由大脑运动神经皮层控制，大脑的每一个半球都控制或支配对侧身体的运动。

⑥ 人际智力：包括与人交往且能和睦相处的能力，如理解别人的行为、动机或情绪。大脑前额叶在人际关系的知觉和处理方面起主要作用，这一区域受到损伤，虽然不会影响个体解决其他问题的能力，但会引起性格很大的变化。

⑦ 内省智力：包括认识自己并选择自己生活方向的能力。同人际智力一样，大脑前额叶对自知智力也起着重要作用。

⑧ 自然智力：包括认识、感知自然界事物的各种能力，例如敏锐地觉知周围环境的改变，善于将自然界中看似无关的基本元素有机地联系起来，对生物和环境感兴趣，向往自然、关心环境和濒危物种等。

7.1.2　能力的结构理论

能力的结构理论将能力看作包含多种成分的复杂结构，形成了能力的结构理论或群因素理论，如吉尔福德的三维智力结构理论和阜南的能力层次结构理论等。

(1) 吉尔福德的三维智力结构理论

吉尔福德(Guilford)认为，智力可以区分为 3 个维度：内容、操作和产品。

① 智力活动的内容：包括听觉、视觉（我们所听到、看到的具体材料，如大小、形状、位置、颜色）、符号（字母数字及其他符号）、语义（语言的意义概念）、行为（本人及别人的行为），这些是智力活动的对象或材料。

② 智力活动的操作：智力活动的过程，它是由上述种种对象或材料引起的，包括认知（理解、再认）、记忆（保持）、发散思维（对一个问题寻找各种答案或思想）、聚合思维（对一个问题寻找最好、最适当、最普通的答案）和评价（对一个人的思维品质做某种决定）。

③ 智力活动的产品：运用上述智力操作所得到的结果，可以按单位计算，也可以分类处理，还可以表现为关系、转换、系统和应用。由于 3 个维度和多种形式的存在，人的智力可以在理论上区分为 $5\times5\times6=150$ 种。这些不同的智力可以分别通过不同的测验来检验，如给一系列的四字母组合（PANL、CEIV、EMOC），要求它们重新组合为熟悉的单词（PLAN、VICE、COME）。在这项测验中，智力活动的内容为符号，操作为认知，产品为单元，即按重

新组合的字词数量来计算成绩。根据产品的数量即可度量一个人对符号的认知能力。如果给被测试 10 种图案，每种呈现 5 s，然后对它们进行简要的描述。在这项测验中，作业的任务为视觉，操作为记忆，产品为单元，代表了对视觉记忆能力的度量。

如图 7-3 所示，吉尔福德的三维智力结构模型同时考虑到智力活动的内容、操作和结果，这对推动智力测验工作起了重要的作用。1971 年，吉尔福德宣布，经过测验已经证明了三维智力模型中的近百种能力，这一成就对智力测验的理论与实践无疑是巨大的鼓舞。

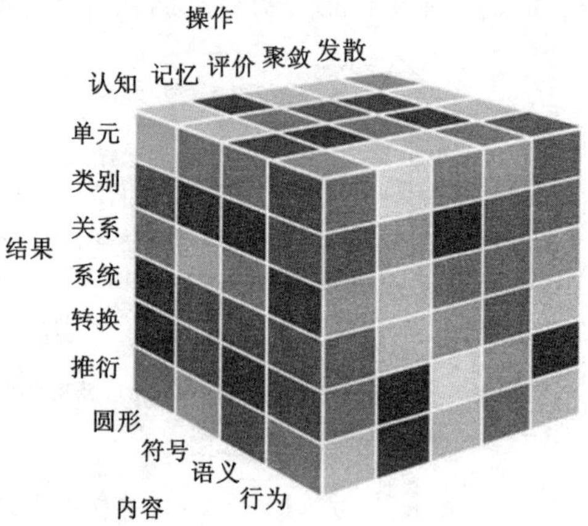

图 7-3　吉尔福德的三维智力结构模型

(2) 能力的层次结构理论

英国心理学家阜南(Vernon)继承和发展了斯皮尔曼的二因素说，提出了能力层次结构理论。他认为，能力结构是按层次排列的。智力的最高层次是一般因素(G)；第二层次分两大因素群，即言语和教育方面的因素以及操作和机械方面的因素，叫作大因素群；第三层为小因素群，包括言语、数量、空间信息、用手操作等；第四层次为特殊因素，即各种各样的特殊能力。阜南的能力层次结构理论像生物分类学的分类系统那样设想能力结构，如图 7-4 所示。

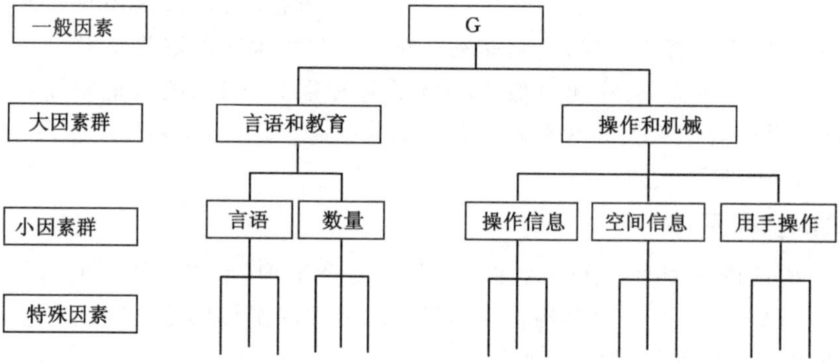

图 7-4　能力层次结构模型

7.1.3　能力的信息加工理论

(1) 智力的三元理论

美国耶鲁大学的心理学家斯腾伯格(Steinberg)于 1985 年提出了智力的三元理论，试图说明更为广泛的智力行为，如图 7-5 所示。斯腾伯格认为，大多数的智力理论是不完备的，它们只从某个特定的角度解释智力。一个完备的智力理论必须说明智力的 3 个方面，即智力的内在成分、这些智力成分与经验的关系以及智力成分的外部作用。这 3 个方面构成了智力成分亚理论、智力经验亚理论和智力情境亚理论。

智力成分亚理论认为，智力包括 3 种成分以及相应的 3 种过程，即元成分、操作成分和知识获得成分。元成分是用于计划、控制和决策的高级执行过程，如确定问题的性质，分配心理资源等。操作成分表现在任务的执行过程：接收刺激—将信息保持在短时记忆中并进

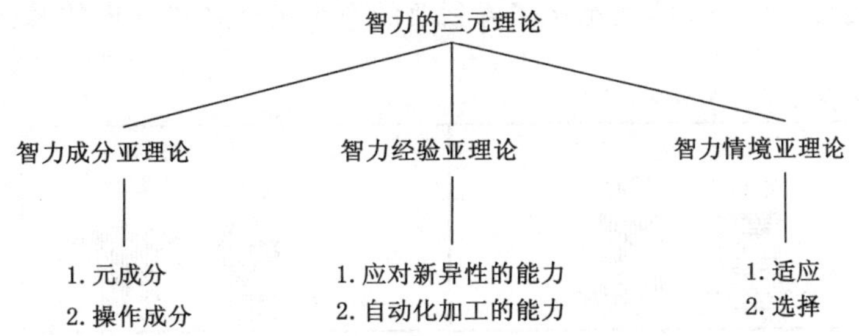

图 7-5 斯腾伯格的智力三元理论

行比较—负责执行元成分的决策。知识获得成分是指获取和保存新信息的过程，负责接收新刺激，做出判断与反应以及对新信息进行编码与存储。其中，元成分起着核心作用，它决定人们解决问题时所使用的策略。

智力经验亚理论认为，智力包括两种能力：一种是处理新任务和新环境时所要求的能力；另一种是信息加工过程自动化的能力。

新任务是个体以前从未遇到过的问题，新情境是一种新异的、富于挑战性的环境。当遇到新问题时，有的人就能够运用已有的知识和经验来解决它，有的人则束手无策；在面临新的情境时，有的人能应付自如，有的人则手足无措。任务、情境和个体三者间存在相互作用。

信息加工过程自动化的能力也是智力的重要成分。人们在完成复杂任务时，需要运用多种操作化的过程。只有许多操作自动化后，复杂任务才容易完成。如果个体不能有效地将一些自动化的操作运用于复杂问题的解决中，就会导致信息加工的中断，甚至使问题解决失败。

应对新异性的能力和自动化的能力是完成复杂任务时两个紧密相连的方面。当个体初次遇到某个任务或某一情境时，应对新异性的能力开始发挥作用，在多次实践后，人们积累了对任务或情境的经验，自动化的能力才开始起作用。

智力情境亚理论认为，智力是指获得与情境拟合的心理活动。一般来说，个体总是努力适应其所处的环境，力图在个体及其所处环境之间达到一种和谐。当和谐的程度低于个体的满意度时，个体就不适应了。当个体在一种情境中感到不能适应或不愿意适应时，人们会选择能够达到的另一种和谐环境。在其他情况下，人们会重新塑造环境以提高个体与环境之间的和谐程度，而不只是适应或选择现存的环境。在日常生活中，智力表现为有目的地适应环境、塑造环境和选择新环境的能力，这些能力统称为情境智力。

在三元智力理论中，成分智力亚理论是最早形成和最为完善的部分，它揭示了智力活动的内在机制。根据智力成分亚理论编制的能力测验，能测量出人们是怎样解决问题的，对深入了解能力的实质、促进能力的训练与培养有重要意义。

(2) 智力的 PASS 模型

什么是智力的 PASS 模型？PASS 是指“计划—注意—同时性加工—继时性加工”(planning-arousal-simultaneous-successive，PASS)。它包含了 3 层认知系统和 4 种认知过程。其中，注意系统又称为注意—唤醒系统，是整个系统的基础；同时性加工和继时性加工统称为信息加工系统，处于中间层次；计划系统处于最高层次。3 个系统协调合作，保证了一切智力活动的运行。PASS 模型建立在鲁利亚的三个机能系统学说的基础之上，如图 7-6 所示。

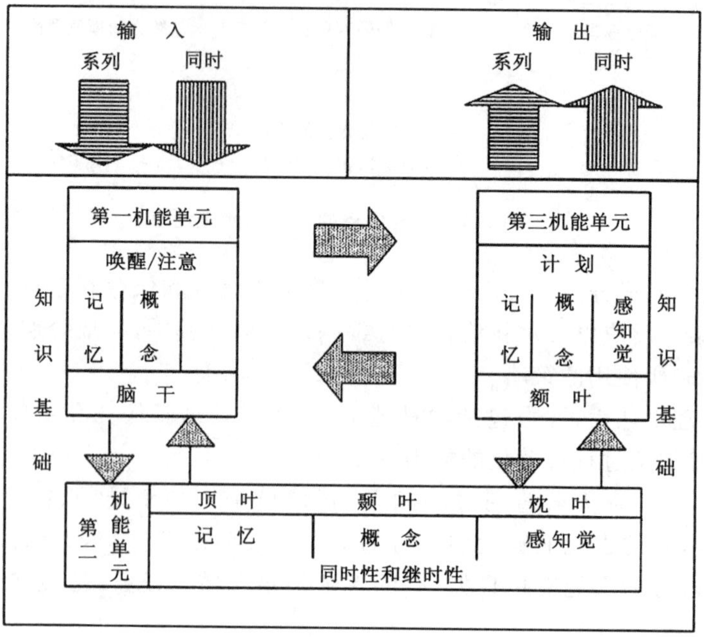

图 7-6 智力的 PASS 模型

三个系统之间有一种动态的联系，注意、信息加工和计划之间是相互作用和相互影响的。计划过程需要充分唤醒状态，以使注意能够集中，进而促使计划的产生。信息加工和计划过程也密不可分，现实生活中的任务往往能以不同的方式进行编码，个体如何选择加工方式需要计划功能的参与，所以同时性加工或继时性加工都会受到计划功能的影响。

智力的 PASS 模型体现了脑科学对智力研究的影响。人类对脑的秘密了解得越多，对智力的认识就可能越深入、越全面，因而对智力的发展和培养可能产生重要的意义。

7.2 领导力与领导能力内涵

7.2.1 领导力与领导能力的内涵与区别

（1）内涵

在许多文献中，领导力和领导能力二者是没有严格被区分的，很多研究者将领导能力直接等同于领导力。这种将领导力直接或间接等同于领导能力的看法实质就是从领导主体的角度研究领导实践所得出的领导主体在领导活动中所展示的能力。领导能力的实质是领导主体所具备的适应领导活动的知识、技术、性格、品质等因素形成的个体“资源”，是领导主体在领导实践中可以发挥和运用的个体资源。这种将领导主体在领导实践中所具备或者运用的能力等同于领导力的原因主要有 3 个方面：

首先，传统“领导文化”中“官本位”思想影响深远，无形中受到专制主义、等级制度、传统领导职能归属（领导是“官事”）等影响。

其次，传统哲学中“矛盾二分”思想的影响。在传统哲学中将矛盾对立问题分为主要矛盾和次要矛盾、矛盾主要方面和次要方面等，并将矛盾的解决重心偏向主要矛盾和矛盾主要方面。在领导力研究中，学者自然将领导主体归为主要矛盾或者矛盾主要一方，认为领导主体才是领导实践的决定性力量。

最后，现实科层制或者官僚制的影响。在现实的领导活动中，绝大多数沿用了科层制、官僚制等体制，在社会实践活动中，“首长”具有决定组织的绝对权力，其余成员处于跟随、服从地位。

以上 3 个方面的原因决定了相当一部分学者在研究领导力时只关注领导主体的能力，从而忽视了领导主客体之间朝向组织未来目的的“合力”。

领导实践是一种目的性、意识性很强的社会活动，目的是凝聚组织成员和力量，使组织整体向未来美好愿景前进，领导主体要对领导客体施加“影响”，使客体朝向目标前进；同时，领导客体也对领导主体所描绘的美好愿景和实施步伐等有独立的认知，从而对领导主体的“影响”产生“接受”或“抵制”力。

（2）区别

首先，质不同。领导能力是领导主体所具备的个人能力，是在领导活动中领导主体所运用、发挥的自有“资源”，是领导主体运用于领导实践活动中的思维能力、决策能力、协调能力等的综合。领导力是领导实践中主客体之间作用力与反作用力的综合，是领导主体对客体施加影响，客体接受主体影响后形成的朝向组织愿景、目的的合力，是主客体之间的关系力的综合。

其次，量不同。领导能力的量主要由领导主体自身因素决定，是领导主体自身所掌握的知识、技能以及实践经验积累和个体性格等因素共同形成的实施领导活动能力，其强弱主要集中表现在领导主体一方。领导力是领导主客体之间的“合力”。其量的大小不仅由领导主体对领导客体所实际施加的影响力的大小所决定，更受到领导客体的接受度、认可度的影响。如果领导客体在接受度上为“零”（漠不关心）或者为“负”（彻底抵制），这样在领导主客体之间朝向组织愿景的“合力”（即领导力）将严重低下。领导力的大小不是领导主体施加影响的大小的量化，而是主客体之间合力的量化。

再次，归属不同。领导能力是领导主体自身所具备的驱动领导实践的各种能力的综合，归属领导主体一方，与领导客体关系松散。一位领导能力很强的领导主体可以在不同的组织中面对不同的对象展示出自己的能力就是佐证。领导力是领导主体对客体施加影响和领导客体对领导主体的影响的接受度二者的合力，其要素主要由主体的影响力和客体的接受度两者共同决定。不仅和领导主体个体发出影响的大小有关，而且和领导客体（领导对象）的反作用（接受度）相关。

7.2.2　领导能力及其结构

管理者是否优秀需要从很多方面去评价，而在管理者素质指标中，领导能力是核心。国内外对于领导能力的研究主要还是体现在对于领导者的研究，形成了很多具有代表意义的理论研究成果，其中比较有代表性的有领导特质理论，主要从领导特质方面来研究。后来又有领导行为理论，主要研究领导的行为以及提倡变化的领导权变理论等。对于领导理论的发展以及传统的领导理论，在本书第 6 章已有详细阐述，下面仅介绍现代领导特质理论。20 世纪70 年代以后研究人员从领导者的能力特质方面提出了领导特质理论。学者们认为，领导者的特质受很多方面的因素影响，天赋只能占一部分，后天的学习和努力以及环境因素的影响也很重要，领导能力是可以通过后天的学习慢慢培养的。众多学者或实践者旨在努力找到有效领导的胜任特征。

德鲁克指出，有效的管理者具有不同的类型，缺少有效性的管理者也同样有不同类型。因此，有效的管理者与无效的管理者之间，在类型、性格及才智方面是很难区别的。有效性是一种后天的习惯，既然是一种习惯，便可以学会，而且必须靠学习才能获得。

一名优秀的管理者必须具备以下主要习惯：

第一，善于利用有限的时间。一个有效的管理者最显著的特点就在于珍惜并善于利用有限的时间。这包括：记录自己的时间、管理自己的时间、集中自己的时间、减少非生产性工作所占用的时间步骤。

第二，注重贡献和工作绩效。注重贡献是有效性的关键。贡献是指对外界、社会和服务对象的贡献。有效的管理者重视组织成员的贡献，并以取得整体的绩效为己任。每一个组织都必须有 3 个主要方面的绩效：直接成果、价值的实现、未来的人才开发。

第三，善于发挥人之所长。有效的管理者应注重用人之长处，而不介意其缺点。对人从来不问“他能跟我合得来吗”而问“他贡献了些什么”，也不问“他不能做什么”而问“他能做些什么”。有效的管理者择人任事和升迁，都以一个人能做些什么为基础。

第四，集中精力于少数主要领域，建立有效的工作秩序。有效性的秘诀在于“专心”，有效的管理者做事必“先其所当先”，而且“专一不二”。有效的管理者要善于设计有效的工作秩序，为自己设计优先秩序，并集中精力坚持这种秩序。

第五，有效的决策。管理者的任务繁多，决策是管理者特有的任务。有效的管理者做的是有效的决策。决策是一套系统化的程序，有明确的要素和一定的步骤。一项有效的决策必然是在“议论纷纷”的基础上做成的，而不是在“众口一词”的基础上做成的。有效的管理者并不做太多的决策，而做出的决策都是重大的决策。

法国著名经济学家亨利 · 法约尔认为管理能力包括以下特质：未雨绸缪，即三思而后行，做事之前要有详细的规划；组织，即合理协调自己的团队，掌控全局的能力；有效沟通，即保证各项指令的准确传达；创新，即学习和总结，适时改变自己，让思想处于时代的最前沿。

领导者应该是有成熟的心智和想法、坚定的立场、顽强的决心，有大毅力和大智慧、必要时用于奉献，敢于承担责任并维护集体利益。

美国学者奎因(Robert E. Quinn)等人在总结前人领导特质理论的基础上提出了领导整合观——匹配价值模型。他们认为，领导者可按八个分区的工作方向命名，它们是生产者、导向者、合作者、监控者、促进者、辅导者、革新者和中间商。这 8 种名称集中在领导者一人的身上，实际上表明了领导者应有的能力及有关特质结构的组合。每一类型的领导者都有其能力及特质的构成元素：生产者个人的生产性和动机激励他人时间和压力管理；导向者发起工作目标设定有效授权；合作者计划组织控制；监控者接收和组织信息评估日常信息对日常信息的反应和回答；促进者团队建设参与决策冲突管理；辅导者理解自己和他人人际沟通开发下属；革新者在变化中求生创造性思考对变化实行管理；中间商建造和维系一个权力基础协议和允诺的商议达成交流和出售点子。该理论认为，领导者要根据自己的工作需要来丰富或有效组合自己所需要的能力及相关特质。

由伯恩斯于 2003 年出版的《怎样提高领导能力》一书可知，领导能力特质包括以下几点：扎实的专业知识和精炼的业务能力、处理内外关系能力、自律、专注力、能熟练的运用社交工具的能力、洞察力、掌控全局能力、影响力、运用设备的能力、能很好解决实际问题的能力、说服和宣传鼓动能力、沟通和谈判能力、处理危机能力、学习能力、善于抓住机会、具有责任心、自我认知和自我批评的能力、组织管理能力、知人善用的能力。

7.2.3　领导力及其形态

领导力在组织领导系统里是一个根本性、战略性的范畴，是领导者凭借其个人素质与能力的综合作用在一定条件下对特定个人或组织所产生的人格凝聚力和感召力，是保持组织成长和可持续发展的重要驱动力。当今，领导力已经成为综合领导能力不可缺少的构成因素之一。要弄明白什么是领导力，首先要清楚什么是领导。领导不是指职务地位，也不是少数人具有的特权专利，而是一种积极互动的、目的明确的动力。通俗地讲，领导就是引导团队成员去实现既定目标的过程，主要包括以下几个方面：

① 引导：涉及领导者的领导技巧，包括授权和管理下属等。

② 团队成员：在团队中员工的人际关系、沟通协作、冲突管理以及团队建设和维持。

③ 目标：涉及企业的战略目标的制定和决策。

④ 实现过程：涉及战略实施中的执行层面，以目标为导向的组织变革和组织创新。

因此，作为优秀的领导者，就需要具备领导的能力，包括引导、授权、关系管理、战略制定和执行管理、领导创新和组织变革的能力。而领导力又是什么呢？有人认为，领导者是处于组织变化和活动的核心地位，致力于实现组织愿景的人，这些人掌握和配置组织的关键资源的能力称之为领导力；也有人认为，领导力是一个人先天所具有的领导特征和性格的合集，这些先天特点在组织环境中能够引导他人共同完成任务；还有人认为，领导力与领导者及其下属之间的权力关系有关，领导者具有权力，并运用它们影响他人；更有人认为，领导力是一种达成目标的工具，协助团体内部成员实现其目标。以上定义的核心为：领导包含着相互影响；领导在组织中发生；与目标追求密切相关。

所谓领导力，就是一种特殊的人际影响力。组织中的每一个人都会去影响他人，同时也接受他人的影响，每个员工都具有潜在的和现实的领导力，都有可能在团队工作中成为正式或非正式领导者。在组织中，领导者和成员共同推动着团队向着既定的目标前进，从而构成一个有机的系统，在系统内部具有以下几个要素：领导者的个性特征和领导艺术，员工的个性特征和主观能动性，领导者与员工之间的积极互动，组织目标的制定以及实现的过程。

领导系统是否正常取决于各要素能否协调地发展，而协调发展的关键在于领导者和团队成员之间的互动。能否使领导行为双方形成积极统一的认识、情感和行为活动，是领导力正确发挥的必要条件。与此同时，领导者或团队成员也需要正视自己与其他人的差异，构建良性的互动模式，并学会如何避免对风格不同的领导者或追随者产生偏见，容许积极的差异是推动组织创新。

领导力可以分为两个层面：一是组织的领导力。组织作为一个整体，对其他组织和个人的影响力。从这个层面上来讲，领导力涉及组织的文化、战略及执行力等。二是个体领导力。对于企业来讲，就是企业中各级管理者和领导者的领导力。随着组织中自我管理团队普及，明星员工、意见领袖这类具备非正式领导力的群体在组织管理中扮演的角色也越来越重要。组织领导力的基础是个体的领导力，如何突破和提升领导力，如何由一个领导自己的人成为一个领导他人的人，再成为一个卓越的领导者，是当前面临的迫切需要解决的问题。

(2) 形态

从人类社会和领导活动的发展来看，领导力有如下几种形态：

① 原生态领导力。原始社会，在母系氏族和父系氏族中，领导已经有了雏形，无论是共同劳动还是部落之争，领导力在其中都开始发挥作用。那时，所谓的领导力是在应对原始的自然环境、满足人类自然需求所形成的，称之为原生态领导力。

② 技术性领导力。进入奴隶社会以后，社会生产力比原始社会有所提高，手工业、农业和畜牧业有所发展，脑力劳动和体力劳动有了社会分工。与社会分工同步形成的是，随着个体专业所长慢慢凸显，在各自领域里开始出现"专家"这一角色。从领导力的角度来看，技术成分的融入促生了技术性领导力，也大大提高了社会生产力，人类社会才获得了缓慢的进步与发展。技术性领导力让人们崇拜有能力的领导者并追随之。

③ 理性领导力。理性领导力从理性的角度思考管理和领导问题。比如，西方企业领导体制的发展，经理制之所以产生，就是因为企业家对管理中出现问题的反思，将企业的所有权和经营权分离，职业经理人开始出现，老板们不再固执地站在"第一线"。正因为如此，领导和管理行为有了进步。1910年，被西方称为"管理之父"的泰勒出版了第一本管理组织的专著——《科学管理原理》，促使生产管理从只凭经验管理走上了科学管理的道路，管理开始成为一门科学，这也为领导成为一门科学打下了基础。理性领导力表现出教导式的领导方式，主要目的是关注工作任务、提高工作效率。由此可见，理性领导力对人的理解还在理性人的层面，并没有将人视作真正意义上的人。

④ 感性领导力。随着社会生产力的发展，机械化和理性管理背景下员工就像流水线上的螺丝钉，按部就班完成自己的工作，理论界和实践界涌现出越来越多尊重员工、尊重人性的声音。此后，领导力中加入了一种脉脉温情，道德和信任日益被看作领导的基础，领导者和被领导者的关系变得融洽起来。在这种情况下，被领导者的主观能动性有所发挥，20世纪70年代，日本的企业领导在这方面表现得比较明显。但是，单纯的感性领导力对领导体系认识不够全面，尤其是对领导活动中的制度建设有所忽视。

⑤ 复合领导力。复合领导力不是所谓的原生态领导力、技术性领导力、理性领导力和感性领导力的简单相加，而是由领导环境所决定的，能够根据战略目标调整的，为取得更好的领导绩效而形成的多类型领导力的有机组合，体现领导管理的艺术性。

以上几种领导力都有其存在的合理性，存在于不同的时代，但也有其弱点。

7.2.4 柯维领导力圣则

史蒂芬·柯维(Stephen R. Covey)是美国当代较有影响力的领导行为科学专家，由他提出的领导力准则已产生了广泛的社会影响。下面介绍被誉为"领导力圣则"的柯维理论(图7-7)。

图7-7 柯维领导力圣则理论

（1）即知即行

在组织内对某些问题形成一致的看法、做出一项决议，或者接受一条正确的意见，这些对大多数组织来说并不困难。其困难点在于将这些建议落地为有效实践、促进组织变革和发展，这就需要领导者拥有足够的勇气。

M 公司在行业竞争中总有上乘的业绩表现，他们总裁极富有领导力，在他的推动下，M 公司完成了许多极有影响的业务，他个人也在商业界树立了一定威信。但随着企业各项业务逐渐扩大，市场上却无法容纳这些持续运行的业务。如果不开发新的领域，那么一年内产品将要积压三成，就会极大地威胁着公司发展。

经过公司董事会的集体研究，公司总裁决定同美、德、日的三家国际电子公司联手，共同开发一项高新电子项目。然而，公司想要推进这个开发项目，就要承担极为昂贵的科研费用。而获取这笔费用的方式只有两条途径：一是向银行借贷，自此公司将背上沉重的银行债务；二是将一家分公司出售，但这家分公司承担了总部的一些支柱业务。

此外，这次项目开发的风险极大。一旦研发失利，M 公司将陷于非常不利的地位。这使 M 公司人人自危，总裁为此寝食不安，向史蒂芬·柯维先生请教道："这简直是一场豪赌！一家有几十年历史的公司，几千人的饭碗，都系在了这条绳上。"

柯维替他约见了美、德、日三家公司研究项目小组的负责人，同他们探讨开发计划的具体细节。令柯维十分惊讶的是，他发现这三家公司各自为政，没有有效的沟通协作，甚至没有共同的科研规划。由于这种缺乏经常和必要的交流，项目开发往往会带有一定的盲目性，并由此可能产生同一劳动的无价值重复。

这样的调研结论让公司总裁十分震惊，他无奈地抱怨道："真是该死，怎么会出现这情况呢？"柯维根据自己的管理经验，及时提出补救方案：让公司总裁以 M 公司的名义牵头，召开四大公司高层首脑会议，在会上制订总体计划，进一步明确各公司的角色与职责、项目进度安排，这将有效地协调四大公司的各自研究工作，并让开发最具成效。之后，这位公司总裁决定以此试一试。

四周之后，他重新拜访了柯维。

由于 M 公司的决策层对这个计划仍然缺乏足够的信心，公司总裁也不敢一意孤行、独立坚持，最后决定放弃这项可能促进公司二次发展的计划。这显然是 M 公司的损失，因为另一家公司迅速取代了 M 公司，并与美、德、日的三家国际公司签订了开发合同。由于勇气的缺乏而造成决策的迟疑不决，而决策的迟疑不决最终导致失去了极好的机遇。

身为领导者，就要有战略家的风采：能够预知事物的发展前景，能控制其发展过程，及时做出果断决策，并按照计划付于实施。

（2）获知有效信息

所谓"知己知彼，方能百战不殆"，领导者必须十分熟知自己的实力，并最大限度地获知下属、合作伙伴、竞争对手的信息，获知准确的信息并加以科学的分析，从而形成正确的判断，这是决策者所必须经历的过程。领导者要有自知之明，更要有知人之明，通过搭建社会关系，建立一张庞大的信息网络，收集来自各个方面的信息，针对不同信源的信息进行比较分析，最终做出合理且正确的决策。

美国道尔公司曾开发了一个小产品，准备在西雅图市场销售。这时，公司信息网传来西雅图当地的一家公司开发了同类型的商品并定于当月28日举行展览会的消息，公司老板道尔立即收集这家公司的大量材料并加以研究。他对比了两种产品在性能、质量、预定价格方面的差异，做出产品当月26日在西雅图提前上市的决定，并且采取了加大宣传力度、下调价格、完善售后服务等措施。这些措施取得了显著的成效，道尔公司的产品快速占领了市场。最后，西雅图当地那家公司不得不取消展览会，在西雅图不再与道尔公司展开竞争。然而，在美国其他城市，情况照样如此。

因此，领导者只有在熟知自己实力的基础上，最大限度地获知对方的信息才能做出有效判断，最后达到事半功倍的效果。

(3) 妥善准备

世界上不乏拥有雄心壮志的人，但真正能够将理想落实、成就一番大事业的人往往只是少数。有理想、有抱负固然是好事，如果事前没有周密详细的准备、制定切实可行的行动方案，归根到底也就只是空想。

总会有人扬言要开一家私人企业，要做个成功的企业策划人，或者表现更好而得到上司提拔。事实上，他们往往会缺少条件：开办企业缺乏足够的资金；当企划人缺少聪明灵活的头脑；想工作出色却不去学习技术，无法受到加薪或提升。提出一个目标很容易，但实现中必须有足够的准备。相对于想象力，执行力对于实现理想而言似乎更加重要，行动是最有力的声明。

(4) 切忌方向错误

对于领导者而言，制定一个正确的方向直接影响企业的发展前途。在行动之前，必须解决的问题包括：这件事情为何而做；实现这件事的思路和计划正确与否。如果动机和方向错了，没有完善的实现路径，那肯定不能引导正确的行动。

正确的行动理由可以减少在追求和实现过程中的各种焦虑和担忧。只有拥有足够底气，才能胸怀坦荡，从容地应对各种各样的风险和不可预知的困难。事实上，员工只会在错误上迷失一时，随着时间的推进，他们总能识别出正确的道路。如果领导者的动机不纯，员工也会自然而然地远离这位领导，变得消极怠工、不配合，甚至离职。

史蒂芬·柯维说过："每当我有所行动时，我总是让所有的职员都明白，我为何要这么做。通常情况下，我总是获得他们的理解和支持。"让所有的员工跟着既定的方向前进，而且心甘情愿、坚定不移，最可行的不是靠你的权力、你的命令，而是让员工明白他们有足够且正确的理由去行动。这些将是他们获取战胜困难不断前进的力量之源。

(5) 承受压力

相对于员工，企业领导者担负着更多的责任，但他们也常常要独立承受因危机而带来的恐惧。如果没有很好的心理承压能力，也不具备"扶大厦之将倾，挽狂澜于既倒"的勇气与智谋，是无法领导企业的。

在商场上奋斗的人，尤其是作为企业的领导者，所面临的困难和抉择、所承受的竞争压力，都是远远高于常人的，这也正是很多人不能成为领导的原因，也同样是很多人具备领导素质却不愿身为领导的最大缘由。常言道："无官一身轻。"在决策者的位置上，领导者将不再完全属于自己。一方面，领导者背负着带领组织发展的重要责任，需要引导组织共同努力获得更高的利润、社会评价和声誉，承担更多的社会责任。另一方面，需要统筹各方力量，承担来自组织内外的压力。领导者做出的抉择往往需要通盘考虑、冷静分析，尤其是在目前这样不确定的大环境下。

风险总是不期而至，领导者必须有大无畏的精神，镇定以对，而不是让灾难压倒自己、压垮企业；同时，领导者要将风险看作磨炼组织、打造自己的机会，努力思考如何转危为机，“任凭风吹浪打，我自岿然不动。”这也正是成就大事者处事的风格。以勇士的精神面对危险，以骆驼般的忍耐来担负压力，从危险中寻找机会，并采取有效的行动，以摆脱险境。柯维告诫道：“绝不要让来自危险的恐惧压倒了斗志，而是用强而有力的行动主动出击。”

(6) 查看实现程度

衡量一个计划的价值，最终要看它所产生的实际成效。根据 PDCA 模型，plan(计划)、do(执行)、check(检查)和 act(处理)是一个完整的流程。当一项计划的完成临近尾声时，领导者应该对此计划进行评定，这也是对自己领导能力的评估。察看实际成效是比预定得要好，还是未达到目标，同时调查分析产生这些结果的原因。是目标过高而导致的，还是方式不够完美而造成欠缺，这是领导者着重思考的问题。将预定目标与实际成效进行对比，将会对自己的决策有更深一层的了解，这对领导者而言是极有力的一种自我完善方法。

当领导者每次都能将计划圆满完成时，他将获得成就感，对前途充满信心。即使有所偏差，也不一定是坏事，领导者将找出自己的缺点，从而弥补它。这是一次可以从中学习的机会，不论是经验，还是教训。

(7) 自信者胜

自信是成功的领导者的必备品质。一个积极自信的人往往会认为自己是有能力的，能够有效地控制周围的环境。对于领导者而言，自信这一品质能够在团队和组织范围内扩散，影响组织各个层级的员工。

某大型超级市场的首席执行官年轻有为、踌躇满志，在他的领导下，超级市场经营得非常成功，这让他对自己的能力充满自信。在年初的计划会上，他对员工说道：“去年我们的销售额增长了 50%，这有赖于大家的共同努力，今年我们的目标是在去年的基础上，实现销售额翻一番。”员工们听完之后，个个目瞪口呆，认为今年销售额增长 20%～30%就非常不错了。员工们惊讶的原因在于目前市场环境下，许多超级市场的销售额甚至出现负增长，在这种状况下提出这么高的目标无非天方夜谭。

看了员工们的反应，年轻的首席执行官信心也有些动摇了。但他仍以充满自信、坚定的口吻说：“没错，照我说的去做，我们肯定会取得成功。”员工们以为首席执行官有制胜法宝，按照既定的计划，也都自信地开始按部就班工作了，他们朝着翻一番的目标迈进。

而令全体员工惊喜的是，前五个月他们已完成了相当于去年全年的营业额。这极大地鼓舞了大家，在年终评审会上，甚至实现了销售额翻一番还超出很多。在庆祝筵席上，首席执行官向员工们敬酒，笑着说道：“我说的没错吧？”

由此可见，领导者对于组织前途和发展的自信能够传染到整个组织中。营造一种积极向上的氛围，对于克服困难、实现增长具有巨大的价值。

(8) 领导之途永无止境

史蒂芬·柯维提醒领导者还应注意的是，现阶段公司所取得的成绩同他所拥有的实力不相符合，甚至这种背离仍在扩大。他解释道：“我们承认自己在发挥自我的能力上，还存在缺陷，但更为重要的是，我们积聚了更大的潜力。这使我们可以把希望寄托于将来，这是有把握的。”作为领导者，不仅要立足当下，更要以战略的眼光看得清、摸得清自身和企业发展的潜力，能够识别出企业的发展方向，这种巨大的潜力是向未来进军的资本。只有站位足够高的领导才能带领团队不满足于现状，保持前进的动力，走上上坡路，为今后的发展提供了更高的起点。前途无限，只要你不断前进。

(9) 做出正确决定

行路难，领导之路就尤其难。因为惧怕旅程困苦，个体总是习惯在自己的舒适区内工作和生活，往往会逃避上坡路。而最终成功的人，总是在正确的事情和容易的事情中选择正确的道路，也正是这些坚定的行路者，不断带领团队和组织迈向新的台阶。当然，他们也深知前途维艰、任重而道远，但他们有征服困难的雄心，也有他们坚信有成功的一天，因此能够轻装上阵，自信坦然地上路。

7.3 卓越领导力的标签

7.3.1 卓越领导力的十大标签

一个卓越的领导者需要制定公司目标、明确公司的发展定位与价值观、构建企业文化等，也需要随时根据外部市场环境的变化对公司发展节奏进行调整。坦白地说，工作不累、没有疲倦感的领导者极为少见。优秀的中国企业家们面对复杂多变的市场时，往往能够准确地制定公司战略，这源于企业家的远见、坚韧、雄心以及判断力，而卓越的企业家所具备的卓越领导力就是中国企业走向成功的关键。因此，卓越领导力的十大标签要素如下：

(1) 信念力

一个信念不坚定的人是很难成为优秀的企业家的，因为实现胜利的目标或者前往终点的路上不可能是一帆风顺的，在通往成功的路上往往会遇到各种各样的问题与阻碍。这时，如果企业家没有坚定的信念，企业是很难战胜困难、勇往直前的。

(2) 规划力

作为组织领导者的企业家，需要有能力结合组织所处行业与发展阶段向团队描绘未来的愿景，也需要规划出吸引人的未来的能力，要清晰地指出整个团队未来能达成什么目标，激发员工工作参与的热情，让员工与组织的双赢成为现实，员工才会努力工作。

(3) 目标力

美国前国务卿基辛格说过：“领导就是要让他的人们，从他们现在的地方，带领他们去还没有去过的地方。”卓越领导力必须要能有效认清现状、根据实际情况，实事求是地制定切实可行的目标，并且带领团队高效地实现目标，这是领导力三个核心因素的真实写照，缺一不可。

(4) 影响力

一个伟大的企业家必须具备强大影响力，因为变革当前的管理措施或管理手段，势必会引发强大的阻力或带来不和谐的声音。这时，如果企业家缺乏影响他人的能力，改革必将受阻，良好的管理措施也很难得到有效的贯彻与实施。

(5) 人际力

作为领导者,应经常思考以下几个问题:自己该与什么样的人交往,并与其发展什么样的关系;如何进一步处理好和利用好这种关系。对于企业家而言,要有足够的意愿投资在建立与保持人际关系上,有能力让团队成员信服,能带好工作团队,而且需要时能找到人给予帮助。

(6) 包容力

对人来说,有时舌头与牙齿也会“打架”,更何况是每天要处理各种繁杂事务的企业家,他们有时也会被下属、客户、供应商等利益相关方误会。作为企业家,是选择继续冲撞对抗还是停下来找寻出口,都要有包容能力。正所谓“宰相肚中能撑船”,否则很难维持企业正常运转。

(7) 沟通力

对于管理人员而言,想要在公司跻身领导之位,沟通是首先必须掌握的技能。沟通其实是一种自我推销能力,也是一种良好的口头表达能力。作为一个卓越的企业家,必须具备优秀的沟通能力,因为只有沟通才能消除隔阂与不理解、达成默契,最终在任务执行时大家步调才能一致,行动才能统一。

(8) 读人力

企业家必须有所为有所不为,做自己应该做的事情。比如,战略目标的指定、组织与人员的配置以及规章制度的确定,将自己不应该做的事情授权给下属,切忌学诸葛亮“鞠躬尽瘁死而后已”的事必躬亲状态。使授权发挥应有作用的前提是企业家没看错这个人,一旦读人发生错误,授权根本就不会发生任何作用,甚至会对企业产生致命性的危害。

(9) 表达力

中国的企业家对于怎么发展企业,怎么寻找客户,怎么开展业务,怎么跟政府、银行打交道,不同位置上都需要用什么能力的员工,他们比企业中的任何一个人都清楚。然而,作为企业家怎样将这些信息传递给团队,怎样用最通俗的语言员工理解,这就要求企业家必须具备优秀的表达能力。也就是说,能够将组织中复杂的目标和议题,以简单易懂的方式解释给员工,确保大家对目标的认知一致,才能更容易进行讨论与规划。

(10) 协调力

企业领导者的协调涉及工作协调、利益协调、环境协调、部门协调和人际关系协调诸项内容。其中,协调人际关系是重点,包括:处理好与上级、下级及同事的关系;对上级要服从,要尊重,要配合,出力却不越位;对下级要多支持、多鼓励、多服务,宽严有度;对同事要多协作、多交流,互相配合,共同促进。实践表明,一个班子内部能否做到关系顺畅、心情舒畅,在很大程度上取决于一把手的协调作用。领导者只有提高协调艺术才能充分发挥组织内诸要素的作用,使组织产生“系统放大”效应,提高组织的总体效能。

7.3.2 解析卓越领导力的六大公式

简言之,领导能力就是领导力。领导艺术娴熟的人,一定拥有极强的领导能力。凡领导者皆有能力,不过能力也有大小之分、高低不同。对于能力低下的领导者,谁也无法恭维他的领导艺术;对于领导能力超强者,员工可能会称赞他很有领导才能,也有人会说他的领导艺术不错。

不知何时起,领导力成为国内管理的热点,管理培训市场也多了许多跟风者。但随着时间推移,培训内容“旧瓶装新酒”,自我创新意识匮乏,导致领导力讲座的宣传力大打折扣,而领导者的领导力也不见提升。那么，领导者如何提升自我的领导力、从优秀迈向卓越呢？本书总结了发展领导能力的6个公式，具体如下：

(1) 能力＋忍耐＝能耐

古人云："宽以济猛；猛以济宽，政是以和。"领导者包容，可以使"近者悦，远者来"。《尚书·君陈》中有："有容，德乃大。"《周易》中提出："地势坤，君子以厚德载物。"佛家认为："精明者，不使人无所容。"荀子主张："君子贤而能容罢，知而能容愚，博而能容浅，粹而能容杂"。以上言说都强调领导者要加强个人修炼，学会包容与超脱。

实践证明，假如你不按"包容"行事，你就永远不可能成为一名成功的领导者。如果你因别人的一点过错就心生怨恨，一直耿耿于怀，甚至想打击报复，整日沉湎于一些琐事上，哪里还有精力发展自己的事业呢？因此，善待下属，拥有豁达、包容的胸怀是成功领导必须走出的第一步。

(2) 能力＋干劲＝能干

公司是一个复杂的系统，管理也涉及各个方面的内容。管理无小事，许多管理举措都是直接或间接地与员工相关。从这个角度可以看出，建立以员工为中心的激励系统十分必要。俗话说："工欲善其事，必先利其器。"因此，管理制度中的激励系统则正是领导者管理和协调公司各种关系的法宝。

(3) 能力＋主动＝能动

理顺被动服从与主动作为的关系。在工作中，是被动服从还是主动作为，采取不同的态度会产生截然不同的结果。作为企业的领导者，对于日常的工作或上级交代的任务，不能只满足于说了、抓了、管了，而应关注结果如何，更不能借口资源有限等客观原因遇到问题不去积极寻求解决办法。要想工作出成效，必须不讲条件、不找理由，积极克服困难、化解矛盾，争取达到最佳的效果。工作岗位是体现个人自身价值的平台，要想取得成绩、有所发展，必须努力要求自己主动思考工作，积极建言献策，要自觉克服懒惰心理和得过且过的思想，勤观察、勤动脑、勤实践，在完成任务中不断积累经验、改进工作、谋求发展。

(4) 能力＋手段＝能手

手段是指为完成一定的目标或任务所使用的一定技巧。就手段本身而言是无所谓好坏之分的，如果代入一定的价值判断，那么不同的人就会因不同的价值观对手段做出好坏之分。自古以来，凡成大事者必然拥有一定的手段；同时，社会上的邪恶势力也因要手段而受到社会的制裁。

(5) 能力＋气量＝能量

生活中难免有不如意的地方，这时不妨将生命弯成一张弓，弯成一张能屈能伸、弹性极佳的弓，用平和的心态，坚韧的性格坦然面对一切。经历风雨、经历阴暗，饱受挫折、饱尝磨难，其实这些都是在为你成大事储备必要的资源。以蟑螂为例，蟑螂和恐龙是同时期的昆虫，但是恐龙早已绝迹，而蟑螂至今仍然存活，并大量繁衍，因为蟑螂在墙缝里、橱柜里可活，甚至阴沟里也可活。作为一个人，若是在最黑暗的时刻、最卑贱的时刻、最痛苦的时刻也能像蟑螂一样能屈能伸，以屈求伸地活下来，哪有什么大事是做不成的呢？

(6) 能力＋人格＝能人

众所周知，领导者领导人心。试问：人心在何处？古人云："江山易改，禀性难移。"试问：您的禀性是什么？古训："一屋不扫，何以扫天下。"试问：您要扫去的是什么，当如何取舍？

阿基米德曾说过:“给我一个支点,我就能撬起整个地球!”作为一名领导者,那个有效的支点在哪里呢?那个有效提升我们领导力的关键点是什么呢?

性格决定命运。当我们被性格认知的盲点蒙住双眼时,我们永远无法360°正确地看待世界。是什么阻碍了我们的视野?又是什么局限了我们的自我?九型人格作为一门识人利器,是目前在全球500强企业普遍采用的提升效能工具,并以此培训领袖、建立团队、改善人际关系、提高执行力。

领导力是一门综合、复杂的艺术,它不仅囊括了各种具体的管理技能和管理手段,也涵盖了前瞻与规划、沟通与协调、真诚与平衡等诸多要素。

7.4 卓越领导力的培育

新的时代呼唤新的领导力,新的时代需要我们用更加平等、均衡、开放,以更加富有创造力的心态来认识、理解和实践领导力。

在现代企业中,按照完全自上而下的管理方式已经并不适用于目前的管理模式。相反,随着时代的发展,员工自主意识日渐崛起,领导者需要将自己与员工放在一个平等的位置上,将自己视作激励者、协调人或沟通桥梁,作为一个资源的整合调度者,而非传统意义上的领导者、督促者或命令中心。今天的领导者仍然需要具备彼得·德鲁克所提到的那些有关决策、组织、评价、奖罚等任务的基本技能,但新时代为领导者提出了更高、更全面的要求。

为了从一个传统的管理者转变为一名卓越的领导者,我们最需要做的不是推动完成既定的任务、设计好团队的组织结构,也不是熟练地发号施令,而是为所有员工营造一种充满激情、开放创新的环境——领导力不是一种方法或技能,而是一种独特的艺术。对于卓越领导力的培育,我们还是要落脚到领导力“引导”“团队”“目标”和“实现”这几个要素上。

(1) 愿景比管控更重要

在《基业长青》一书中,作者吉姆·柯林斯认为,那些真正能够留名千古的宏伟基业都有一个共同点:有振奋人心、让人备受鼓舞并且可以帮助员工做重要决定的愿景。

愿景就是公司对自身长远发展和终极目标的规划和描述。缺乏理想和愿景指引的组织会在面临风险和挑战的时候畏缩不前。这一类组织往往对自己所从事的事业不会拥有坚定的、持久的信心,也不可能在复杂的环境中,立足大局、长远规划、果断决策,从容应对各类的生存和发展问题。

一些人错误地认为,企业管理者的工作就是将全部精力放在对企业的组织结构和设计、管理运营和人员管控上。这种依赖于自上而下的指挥、组织和监管的模式虽然可以在某些时候起到一定效果,但在目前的大环境中它会极大地限制员工和企业的创造力,让企业无法以开放的心态拥抱变化的环境,容易丧失前进目标,进而使员工对企业未来的认同感大大降低。

相比之下,制定一个明确的、振奋人心的、可实现的愿景,对于一家企业的长远发展更加重要。处于成长和发展阶段的中小企业,会将更多精力放在谋求企业生存、严抓运营管理中，但即便如此，管理者也不能轻视愿景对凝聚人心和指引方向的重要性。对于已经发展、壮大的成功企业而言，是否拥有远大且令人深思的愿景，就成为该企业能否从优秀迈向卓越的重中之重。

事实上，绝大多数领导都会向员工分享自己的愿景。但优秀的领导者不仅会与员工分享企业的愿景，如果可能，还会让员工参与愿景的规划，能够培训员工从而开发他们对有效愿景的理解。如果能让所有员工充分理解管理者对企业长期发展方向的思路，让与自己一同工作的同事都拥有相同的努力目标，那么这家企业就会拥有无穷的原动力。

(2) 信念比指标更重要

就像每个人都需要正确的价值观引导一样，每个企业也需要拥有正确的、能够引导企业向上发展的价值观。这里，价值观本质上就是企业长期坚守的，能够影响到企业态度和行为，判断是非对错的最基本的信念。拥有正确积极的价值观是成功企业能够保持基业长青的秘诀。

作为企业的领导者，坚持正确的经营和管理信念，恪守企业的核心价值观，这是所有工作的出发点和落脚点，不能只是片面地追求某些数字形式的指标或成绩，或者只着眼于当下，一切决策都从短期利益出发，从而放弃了最基本的经营信念和行为准则。相比之下，正确的价值观和信念可以给企业带来可持续发展的机会，积极的价值观能够吸引更多的人才和客户，获得社会声誉与认同；反之，如果将企业的重点资源和全部精力放在追求短期指标上，虽然有机会获得一时的成绩，却可能导致企业偏离既定的发展道路和目标，使企业走错路、走弯路，走向迷茫，从而很快丧失继续发展的动力。

成功企业总是能够坚持自己的核心价值观。例如，Google公司的核心价值观之一是“永不满足，力求最佳”。拉里·佩奇指出，完美的搜索引擎需要准确了解用户的使用意愿和检索目的，能够切实解决用户的需求。就搜索技术而言，Google公司不断通过研究、开发和革新来实现组织长远的发展，并始终致力于成为这一技术领域的开拓者。尽管已是全球公认、业界领先的搜索技术公司，Google公司仍然矢志不移地坚持“永不满足，力求最佳”的信念，不断实现对技术升级、管理迭代和自我超越，将越来越好的搜索产品奉献给客户。

同时，公司整体的信念或价值观也必须在员工身上体现出来，毕竟任何一家企业都是由该企业的所有员工组成和推动的。组织面对着不断变化的环境，要求员工能够准确及时地跟上组织的步伐，做好准备适应组织的发展。因此，员工和组织的价值观匹配至关重要。

通用电气公司前董事长兼CEO杰克·韦尔奇(Jack Welch)在评价员工的绩效评价标准时明确指出，员工的绩效考核必须要兼顾到员工的价值观考核，其考察的重点是在于评价员工的价值观与公司的价值观(尤其是坚持诚信的信念)是否一致。因此，无论是组织还是个人，坚定的信念、正确的价值观在任何时候都是十分关键、不可或缺的。

(3) 人才比战略更重要

新时代无论如何强调人力资源的重要性都不为过。新时代是人才的时代，主流的经济模式也将逐步转化为人才密集型和智力密集型的经济形态，人力资源在社会发展中发挥出越来越重要的作用。拥有杰出的人才可以改变一家企业、一种产品、一个市场甚至一个产业的面貌。

例如，Google公司人员最顶尖的编程杰夫·迪安（Jeff Dean）曾开发出一种高效前沿的方法，这种方法可以让程序员在几分钟内完成以前需要一个团队做几个月的项目。他还发明了一种神奇的计算机语言，可以让程序员同时在上万台机器上用最短的时间完成极为复杂的计算任务。这样的人才可以极大地提高企业的管理和运行成效，对团队建设和企业发展具备最重要的意义。

由此可见，对于面向未来的管理而言，人才甚至比企业战略本身更为重要，因为拥有了杰出的人才，就意味着企业拥有了发展的原动力，才能在市场上有所作为；对于管理者而言，拥有了杰出的人才，才能真正拥有一个管理者应有的价值。缺少强有力的人才资源，无论什么样的宏伟蓝图，无论什么样的高瞻远瞩，都无法得以有效实施，企业和领导者也无法取得最终的成功。

因此，"以人为本"应成为企业管理者始终坚持的理念。领导者应该竭尽所能、不遗余力地挖掘身边的潜在人才，将能够和企业文化有效匹配的优秀人才吸引到自己身边。通常情况下，一名职业经理人如果不能将10%～50%的工作时间投入到招聘和选拔人才的工作中，那么他就无法让自己的团队获得持久的动力，他所管理的团队员工的绩效和满意度都会受到影响，他个人也就不是一名合格的经理人。

当然，这里所说的"招聘"并不局限于直接的面试和招聘行为。作为领导者，它的内涵更加丰富，包括建立领导者的社会网络，更多地结识业内的朋友，以便从中发现更多、更好的人才。好的管理者会十分重视员工的成长，为人才营造更好的成长氛围和发展空间，提供足够的培训和学习机会。只要拥有强大的人才储备、成熟的发展体系和引导机制，企业就可以实践任何宏伟的战略；反之，如果没有人才，再壮丽的企划也只能是一纸空文。

(4) 团队比个人更重要

在任何形式的组织中，团队利益总是要高于个人利于。一家成功的企业，任何一级管理者都会将全公司的利益放在第一位，然后会考虑到部门和团队利益，最后才是个人利益。

在实际工作中，很多理念很难完全贯彻实施。例如，许多部门管理者总是习惯性地将自己和自己的团队作为更高的优先级，而工作中不知不觉地就忽视了公司的整体战略方向和集体利益。这种做法在短期内对个人来说似乎是攫取了部分资源、获得了一定的利益和声誉，但长期来看是非常错误的。其原因在于，如果公司无法在整体战略方向上取得成功，偏离了既定的发展路径，组织内部的任何一个部门、任何一个团队也就无法获得真正意义上的成功。组织内团队之间的互相损耗，使组织"元气大伤"，对于团队中的任何个人而言，也就更不可能取得哪怕是一丁点儿的成功。

优秀的管理者善于根据公司目标的优先级顺序决定自己和自己部门的工作目标以及目标的优先级。例如，一项产品的研发可能面临着巨大的人力物力的投入，面临着较长的周期，从部门利益角度考虑，也许这样的产品研发在短期内并不能获得足够的市场收益，部门的绩效考核可能也不会是令人满意。这时，部门管理者应该果断放弃对该产品的研发投入。

但是，如果从公司整体战略的角度出发，假设该产品是帮助公司在未来两三年内赢得潜在市场的关键因素，或者该产品的推广对于提高公司的企业形象有重要的帮助，那么投入和研发该产品在总体上是符合公司整体利益的，部门对于该产品研发目标及其优先级的设定就应该符合公司的整体安排。

对于一个组织而言，有条不紊地推动组织战略落地实施是所有组织成员的首要任务，团队利益一定是高于个人利益的。作为管理者，往往会面临这种两难的选择，除了在认知上强调团队利益，还需要为员工的个人利益做好文化和制度设计，为员工做好保障，这样才能确保团队或员工能够勇于做出一些有利于公司整体利益的抉择，就算对自己的部门甚至对自己来说是一种损失。

管理者也应该主动扮演"团队合作协调者"的角色，不能只顾突出自己或某个人的才干，而忽视了团队建设和内部合作。在工作中，会经常遇到各部门不积极配合，互相推诿的情况。这其实就像篮球比赛的例子一样：

公司里的一个团队和篮球场上的一支篮球队其实是一样的。打篮球时，后卫不能脱离整个团队独来独往，不同位置的队员需要按照战术安排紧密配合，互相支持，这样才能赢得比赛。

在工作中，市场人员需要帮助产品部门寻找产品的合适定位，要为销售部门提供潜在的客户信息，而管理者会承担起教练的角色，为整个团队制定合适的战术。你们能够想象，篮球教练在布置战术时只是一对一地与每个队员单独讨论吗？那样的话，后卫不知道前锋在想什么，前锋不知道后卫的助攻策略，球队不输球才怪！

除此之外，管理者还需要关注这些团队中的优秀人才和重点角色。相对于其他员工，团队中的关键角色占据着团队的重要资源，对整个团队和组织的影响也会远高于其他人。对关键角色的培养和激励，往往能够有效地带动起整个团队工作的热情，让员工的工作氛围向利好的方向发展。

最后，公司的中层管理者要善于找准自己的角色定位，利用好自己的位置特点发挥作用，让自己成为老板和员工之间沟通、协调的桥梁，而不要让自己片面带入到某一立场中，让老板和员工对立起来。例如，有一些管理者很容易陷入对自身角色的误解，他们要么将自己和"雇主"等同起来，与"雇员"做利益上的对抗，或者将自己视作普通员工，与老板对立。这两种极端的做法都是不可取的。

（5）授权比命令更重要

新时代的管理需要给员工更多自主决定的空间，只有这样才能更加充分地调动员工积极性，最大程度释放潜能，取得更高的工作表现。技术的发展和社会的变迁到了信息垄断，人人都会拥有足够的信息，人人也都拥有决策和选择的权利。对于企业而言，将选择权、行动权、决策权部分地甚至全部地下放给员工，让员工充分参与到企业管理中，提高员工的主人翁意识和参与感，这样的管理方式将逐渐成为现代管理主流。

在企业实践中，放权的管理会越来越接近于员工的期望，这是最为聪明的管理方式。因为当企业聚集了一批足够聪明的人才之后，如果只是将这些聪明人当作齿轮来使用，让他们事事听领导指挥，那只会造成如下结果：

① 员工的工作满意度降低。

② 员工认为自己不受重视，工作的乐趣和意义不明显。

③ 员工很难在工作中获得成长。

④ 员工个人才智和潜能没有得到充分利用。

为了给员工更多的空间、更好地发掘个人的潜力，许多成功的企业都推出了相应的举措。例如,Google公司允许工程师在20%的时间里从事自己喜欢的项目或技术工作,这一制度一经实施,就收到了意想不到的出色效果。

因为有了20%可以自由支配的时间,许多拥有新颖想法却没有时间付诸实施的工程师可以花费这部分时间,或者说服两三个同事一起利用这段时间内将这些创意落地,形成出色的创意产品原型,进而在公司内分享、发布,让内部的同事使用。

在众多的创意中,很容易就会有足够吸引人的产品显露出来,进而可能成为Google公司推向世界的下一个"震撼级"的产品或服务。事实上,像GMail和Google News等许多Google公司引以为豪的产品,都是刚开始由工程师在这20%的时间内思考并创造出来的。有了20%这样的管理模式,我们发现:

由于员工更加地自主和投入,在20%的时间内完成的产品的市场成功率会很高。

20%的时间管理模式让员工能够意识到公司对他们的充分信任和放权,这营造出了非常好的管理氛围。在员工调查中,员工对公司的满意度总是高于其他公司。

很多企业的管理人员处于领导地位后,追求自己对内部权力的掌控,他们往往习惯于指挥和领导下属,并且将下属的努力换来的工作业绩大部分归功于自己的有效领导。这种"大权在握""命令为主"的企业管理方式很容易造成以下后果:

由于管理人员身上承受的压力太重,所以员工们凡事必须要向领导请示,等待管理者的指示和建议。

团队过分依赖于管理者。团队的成功也大半取决于管理者个人能否事无巨细地熟悉和掌握团队中所有事务。通常来说,没有一位领导可以做到事事都通晓,也没有一位领导可以做到事事都正确。

整个团队对于外部环境变化的适应能力和响应效率都会被大幅下降,因为所有的决策和指示都是需要经过管理人员自己去做出,员工们在感觉到这种变化时往往只是习惯将其汇报回馈给上级领导。

因此,"授权"比"命令"更重要,也更有效。但是,管理者应当怎样做好对下属的授权呢?首先就是信任。领导对员工的信任是做好授权的前提。这种信任既包含对员工情感上的认同,又包含了对员工能力的认可。领导作为组织中处于优势地位的角色,需要走进员工群体,以平等的心态了解下属,进而对不同的下属进行有效授权。

其次要注意权利和责任之间的对等统一。在向员工进行授权时,既需要定义好相关职位和工作的权限范围,给予员工提供足够的资料和支撑,也需要划定好其责任范围,让被赋予权利的员工都能够在自己权限范围下,在独立负责任务的同时,也能够彼此共同负责,这样才不会使得管理体系混乱。也就是说,被授权的员工既有义务主动地、有创造性地处理好自己的工作、履行工作职责,对自己的工作产出承担责任,也有义务在遇到其他团队或个人存在问题时,主动指出、向对方提出意见和建议,从而帮助对方改进工作。

为了做好管理授权,可以预先设定好工作的目标和框架,不应该做得太过于详尽,以免严重影响到员工的自主性。在获得授权时,所设置的任务目标必须要清楚,并且可以采取客观的手段来进行衡量,这样每一位企业的员工都才真正认识到哪些是属于自己的任务和职责,是完全可以由自己决策、选择并执行实施的,而哪些不是属于自己的任务和职责。有关目标设定,可以建议大家使用著名的SMART原则:

S——明确(specific):目标的范围是明确的,而不是宽泛的。

M——可度量(measurable):目标可以被度量的。制定目标是为了取得进步,必须把抽象的、无法实施的、不可衡量的大目标简化成实际的、可衡量的小目标。

A——可实现(attainable):目标应当是可实现的,而不是理想化的。

R——结果导向(result-based):目标应该基于结果而非基于行动或过程。

T——时效性(time-based):目标应当有时间限制。时效性的要求可以让你明确这个目标是短期、中期还是长期目标。

领导者在制定目标时,应该让员工参与到目标制定的过程中,共同拟定合适的SMART目标、衡量这些目标的方法、目标分工的模式,并且能够结合实际情况在适当的时候修改目标。但领导者也需要注意,不应该过分详细地去告诉员工如何具体地执行。如果一个领导过分地控制员工在他们的工作权限内执行,他就违背了"授权"最基本的要求。

授权非常重要,但授权不只是让下属分摊所有的管理职责,而是领导者协调统筹的工作。对下属的授权包括:组织一个互信、拥有合作基础的团队;制定好团队的目标,并且大家能够认可这一目标,同意将团队的目标作为最重要的目标;整个团队成员彼此之间可以互相提供帮助、互相监督,团队或个人存在的问题可直接提出来。

(6) 平等比权威更重要

在对企业进行管理的过程中,尽管职责分工、掌握的企业资源不同,但管理者和员工应该拥有平等的角色,只有这样才能在企业里营造积极向上、同心协力的良性工作氛围。

平等的第一个基本要求是要重视提高员工的参与感,与员工共同制定团队的工作目标。共同制定目标是指在企业制定目标的过程中让员工尽量多地参与进来,允许他们根据自己的工作经验和需要提出不同的想法和建议,但最终仍然由管理者自己做出选择和决定。

这种鼓励员工积极参与的做法可以让员工对公司的事务更加支持和投入,更具有热情,同时对管理者也更加信任,有益于提高员工工作绩效和创新产出。虽然授权并不代表每一位员工的意见都会被采纳,但亲身地参与或融入企业的决策实施过程中,当他们的想法被聆听和共同讨论时,即使意见最终没有采纳,他们也会有强烈的参与感和组织认同感,会因为被尊重而拥有更多的责任心。

平等的第二个要求是管理者要诚实地、真心地聆听员工的意见。作为管理者,不要认为自己高人一等,事事都认为自己是对的,应该平等地听取员工的想法和意见,接受不同观点和专业性建议。在复杂情况面前,管理者要经历综合、权衡和再分析的过程,并在此基础上果断做出判断。不善于聆听的领导者,自然无法获得员工的全力支持和充分信任。

(7) 均衡比魄力更重要

很多人错误地认为,领导者就必须始终保持行动高调、有领导魄力,像一个精力充沛、一呼百应的将军一样。其实,这样高调的领导一定不是新时代的好领导者。

在《从优秀到卓越》一书中,作者吉姆·柯林斯通过广泛的企业案例调查和统计数据和,讨论并分析了一家企业或一位企业的领导者是如何从优秀逐步上升到卓越的。该书的重要结论之一就是:最好的领导者不是那种富有领导魄力的管理者,而是那种具备优秀领导者特质和情商、能够在不同的个性层面达到理想的均衡状态的"多元化"管理者。

柯林斯指出,优秀的公司和优秀的领导者很多,许多公司都可以在各自的行业里取得不俗的商誉和业绩。但是，如果以卓越的评价标准来衡量公司和个人的成就，那么能够始终保持持续健康增长的企业和能够不断取得事业成功的领导者都极其罕见的。一位企业的领导者在成功的基础上要想进一步提高自己，使自己的企业保持持续增长，使自己的个人能力从优秀向卓越迈进，就必须努力培养自己在"谦虚""执着""勇气"三个方面的品质。

谦虚使人进步。许多领导者在工作中唯我独尊，不愿意听取他人的规谏和建议，往往不能容忍他人提出和自己相左的意见，这些不懂得谦虚谨慎的领导者也许可以取得暂时的成功，却无法在事业上不断进步，达到卓越的境界。另外，从组织发展的角度看，如果领导者在组织中表现得谦逊，对员工和组织创新就有积极作用，这样能够降低员工的离职率，提高员工的敬满度和工作绩效。

执着是指我们要始终坚持正确的道路和方向，保持矢志不移的决心和意志。无论是企业还是个人，一旦厘清工作的方向，就必须在该方向的指引下努力工作。在工作中，轻言退缩或者朝三暮四的做法都不能取得实际的成功。

成功者需要有足够的勇气来面对各种风险和挑战。无论是什么样的事业成就，都不可能是轻易就可以取得的。一个人想要在工作中出类拔萃，就必须面对各种各样的艰难险阻，必须正视事业上的挫折和失败。只有那些有勇气正视现实、有勇气迎接挑战的人才能真正实现超越自我的目标，达到非凡卓越的人生境界。正如马克·吐温所说："勇气不是缺少恐惧心理，而是对恐惧心理的抵御和控制能力。"

此外，均衡的、多元化的管理者尤为重视对自己的情商培养。在领导力方面，情商比智商更重要。许多人认为，领导力最重要的是战略、运营、技术等，其实这些"硬技能"固然重要，以情商为核心的"软技能"则更加重要。这里，我们将以"情商"为中心的"软技能"定义为一种艺术，它包括了与人相处、团队合作、以诚待人、以身作则、同理心等至关重要的组成元素。

均衡的、多元化的管理者不仅要善于用理智的、全方位的思维来准确分析复杂的组织情景，还要能够针对不同类型的团队组织或团队的不同发展阶段，灵活地选择团队管理方式。例如，当员工表现不佳或是团队新成员以及企业碰到重大危机时，领导可以亲身参与到团队建设和管理中，以家长式的领导方式使用命令，让员工能够明确该做什么、该怎么做，从而增强工作效率和节奏；当企业考虑改变发展方向或组织变革以及员工因不理解组织战略方向而整体士气不高时，领导需要走进团队里，经常与员工分享企业愿景，给员工强心剂，做团队中的"压舱石"。

当员工对工作能得心应手或发现部门协调有问题时，可以采取更大程度地强调和鼓励团队合作和协同，及时让信息在团队内分享，提高群体效能；当员工懂得较多或没有危机时，可以使员工以民主讨论或公开投票方式来做出正确的选择；当员工能力非常高又是业务专家且员工主动性很强时，领导者应该尽量给员工授权；当员工有动力但能力和经验不足时，应当尽量考虑员工的长期发展，安排有启发性的工作，慷慨地做员工的"教练"。总之，领导者需要根据团队中的人际关系、任务结构、自身的实际情况等来均衡地选择领导方式和领导风格。

(8) 理智比激情更重要

管理者应该充分了解和认识自己，能够在工作中自觉并理智地进行自我分析，自省、自控和自律。管理者应该对自己的业务能力和基本素质有充分的认识和理解，清醒地知道自己的长处和不足，明白哪些事情是自己擅长的，哪些事情是自己办不到的。只有充分地自省才能在各种复杂情况面前提供正确的思考判断，才能在与同事或下属合作时获得别人充分的支持和信任。

在发生危机或面临挫折时，管理者要能够充分自控，并在理智、冷静的基础上做出审慎的选择。这里自控包括以下几个方面：

① 在高压的环境中，能够控制自己的反应，并且让自己和自己的团队镇定下来，冷静处理问题。

② 理解自己的位置和影响力，懂得自己随时都在被他人（上级、下属、其他部门甚至客户）关注。

③ 利用各种机会，通过自己的一言一行影响团队，调整团队氛围。

管理者在和团队进行沟通时必须清楚，你的一举一动都在被他人关注着。尤其是在公开场合下，如集体会议、团建等，领导要尤其注意自身的言行举止。员工会敏锐地捕捉到领导言行所释放出的信息，一言一行都会潜移默化地影响甚至改变员工。如果领导尽心努力地工作，员工也会努力做好工作；如果领导在乎创新和产品升级，员工也会竭尽所能提高创新能力，推动产品不断更新迭代。

除了自省和自控，管理者应当时刻保持自律。无论在什么时候，都要以身作则，不能有居高临下、享受特权的思想和左派。例如，Google 公司聘请的 CEO 施密特刚刚加入公司时，由于 Google 公司所有员工都没有自己独立的办公室，但出于管理需要，员工们还是觉得有必要给他一个相对安静的办公场所，就给他安排了一个小的独立办公室。有一天，一名工程师来到施密特的办公室，说道："别人都是共享办公室，我那边太挤了，所以我想坐到你这儿来。"施密特很惊讶，问他："你有没有问你的老板？"那位员工去问了老板后，说道："老板也觉得我该坐在这儿。"于是，他们就共享一个办公室，直到公司后来购买了更大的一幢楼。即使在新的大楼，施密特还特别要求"我的办公室应该尽量小"，避免被误解"特权阶级"的出现。

（9）真诚比体面更重要

真诚是所有卓越的管理者共同的品质。优秀的管理者应当对自己有清楚的认知，能够坦率、公开地按照自己的价值观去待人接物。管理者应当学会以诚待人、尊重员工，让员工知道你理解并且感谢他们的工作。一些领导为了"面子"，处处维护自己所谓的"权威"，不愿将自己的真实一面在员工面前展露。殊不知，这种遮遮掩掩的领导方式是很难得到员工的真正信任和支持。

真诚意味着管理者要善于使用同理心，经常换位思考，从他人的角度出发考虑问题。例如，管理者应该多给员工回馈，在人前多感谢，在私下适当的场合予以建设性的批评，并且多和员工进行坦率沟通，但这并不意味着在人前就不可以对犯错的员工予以批评。如果是就事论事，领导者还是应该坦诚地在人前讨论，也起到团队内警示的作用；如果是对人，那就不要当众贬低，会损害员工自尊，挫伤员工和团队的工作积极性。

对管理者来说，体现同理心的最重要一点就是要体谅和重视员工的想法，能够换位思考，让员工们觉得你是一个非常在乎他们的领导。如果不能充分了解自己的下属，没有能力评价下属的某项工作，那就不要盲目地褒奖下属，不要动不动就给员工一些"非常好""不错"

"棒极了"等含糊其辞的评价，这会让员工觉得领导者只是在履行所谓的职责罢了。只有在员工确实做出成绩时，及时分析并具体地指出他对公司的贡献，将他的优秀事迹公之于众，这种激励员工的方式才能够真正让员工认可和感激领导，赢得员工的信任和支持，能够对企业的凝聚力产生巨大的影响。

领导者能够对员工展现真诚的背后是管理者需要对员工充分信任，不要总是毫无理由地对员工指手画脚，也不要任意干预和控制员工的言行。既要坦诚地面对自己，也要坦诚面对他人，努力赢得同事或下属的信任。信任是一切合作、沟通的基础，如果一个团队缺乏合作或缺乏效率，那么最重要的原因很可能就是团队成员之间缺乏信任。

在互相信任的基础上，团队也需要有建设性的冲突。团队中的冲突有多种形式，如人际和任务冲突、建设性和破坏性冲突。破坏性冲突往往是不可逆的、针对个人而非工作本身的冲突，而适度的建设性冲突是有益于团队建设和创新发展的。中国人传统上都喜欢避免冲突、息事宁人，但一个好的团队必须坦诚地面对各种问题。如果大家都能够对事不对人，那么公开的辩论会更有效率。只有将所有的信息放到桌面上，一个团队才能够做出更快、更有效的决策。

而领导者的行为对于团队处理冲突的文化显著影响。领导者在带动团队发展的过程中，应该鼓励每一个人开放地倾听别人的正确意见、容忍和接收别人的错误观点，鼓励团队内部存在建设性的冲突和理性辩论，引导团队达成共识。当共识无法达成时，则应引导团队做出智慧的选择，而不是安抚大家而做简单的折衷，这样既挫伤了认真参与讨论的团队成员的积极性，又无法有效地解决实际问题。

从本质上讲，信任是当个体对事物发展走向抱有积极预期，从而容易受到别人影响的一种心理状态。简言之，信任就是相信别人的出发点是好的。在充满信任的环境中，我们不需要隐藏真实状态，可以向周围人敞开自己的心扉，坦然承认自己的缺点和不足，或者向周围人寻求帮助。领导者需要创立一个充满信任的环境，不但自己需要去坦诚面对员工，也鼓励和激发企业员工坦诚地面对别人。

真诚意味着管理者和员工之间可以在平等友好的工作环境中，直截了当地进行沟通。在企业内部沟通过程中，如果所有的事项都要拐弯抹角、揣测别人的想法，害怕直截了当沟通的话，那么整个公司运作就会丧失效率，更不要说提高公司的绩效和影响力了，导致最终走向失败。在坦率沟通这方面，管理者不但要以身作则，而且必须反复向员工传达直接沟通的优越性，营造一种坦率沟通的组织文化，构建制度和渠道，用实际行动鼓励员工直截了当地表达自己的观点。

同样地，领导者对员工的直接反馈也一样重要。当问题发生时，领导者要及时地给员工以清晰的反馈信息。对自己的员工，管理者应在适当的场合借机直接表达出自己的想法，而不是通过第三者传话。当发现自己与下属沟通不顺畅或下属总是躲避自己时，应注意反思自己的个性和行为，多改进自己的沟通方式，使用不同的方法，通过多种渠道了解情况，在不断增强互相信任的基础上与下属展开充分交流。

7.5 案例分析

商界领袖:杰克·韦尔奇的传奇故事

通用电气公司的杰克·韦尔奇曾是全世界薪水最高的CEO。从1981年到通用电气公司起,在短短20年里,通用电气公司的市值达到了4 500亿美元,增长了30多倍,排名从世界第10位提升到第2位。他所推行的"六西格玛"标准、全球化和电子商务,几乎重新定义了现代企业。

同时,这位锐意改革的管理奇才还开创了一种独特的管理哲学和操作系统,该系统依靠一种扁平的、"无边界"的管理模式,一种对人的热情关注以及非正式的、平等交流的风格,帮助庞大多元的商业帝国摆脱成熟企业的痼疾——金字塔式的官僚体制,走上灵活主动、不拘一格的道路,他本人也成为世界上最令人仰慕的商界领袖。作为通用电气公司的领导者,他在20年间所做的工作就是发现有想法并有能力实现想法的人,并且建立起有利于培养人们产生新奇想法的制度。

1981年4月,年仅45岁的韦尔奇成为美国最大而且最著名的公司——通用电气公司历史上最年轻的董事长和CEO。此时的通用电气公司还保持着250亿美元的年销售额,15亿美元的年利润,市场价值在全美上市公司中排名第10。作为拥有100多年悠久历史的公司,通用电气公司是全美企业界的典范,其领导层的管理方法,还作为经典实例被收录于各大经济院校使用的管理教材中。

但当时美国的制造业利润已经日益下降,通用电气公司仅依靠其传统的电机和电子制造业占得总利润的8%。这意味着通用电气公司的前途已经出现危机,想要继续发展将困难重重,甚至仅延续通用电气公司的传统、保持现状都成为不可能的事。但是杰克·韦尔奇到通用电气公司后,他再次创造了惊人的奇迹。在韦尔奇的领导下,通用电气公司一路迅跑,连续多年被《财富》杂志选评为"全美最受推崇公司"。

(1) 变革的力量

通用电气公司是一家集技术、制造和服务业为一体的多元化公司。从1981年以来,在韦尔奇的领导下,公司战略进行了一系列的改变和重新定义。这些主要战略观点在韦尔奇上任后的几个星期内清楚地表述了出来。这些观点包括:公司成员在其从事的所有行业中成为最好的一个或两个之一;在公司内分享技术和专业秘密;通过文化改变以打破官僚主义,释放出员工的能量。

"成为最好的一个或两个之一"是一个简单的原则,它要求通用电气公司的所有成员要么成为其所在领域的领先者,要么退出。自提出以来,这条标准的执行推动了公司成员的很大变化。通用公司在医疗设备、金融服务、照明和广播等领域内独自建立合资公司而成为领先者。作为一名不折不扣的实用主义者,韦尔奇坚信达尔文主义是市场竞争中亘古不灭的真理:种群中只有最强壮的角马才能躲过猎豹的捕杀;市场中只有最强壮的企业才能生存。如果某项业务不能做到数一数二,那么对不起,关闭它或卖掉它。

根据其著名的"感冒理论",韦尔奇认为,如果市场中数一数二的企业出现了"感冒"的症状,那么排在第四、第五位的企业将会得"癌症"。为此,他不断地关闭或卖掉那些"爷爷辈"

的、甚至是标志性的业务和部门，仅仅是因为它们不能处于领先地位。同时，又买入一些令人不可思议的企业，干什么不重要，要紧的是能够做到数一、数二。

在韦尔奇的价值观中，企业成功最重要的就是企业文化，他认为企业的根本是战略，而战略的本质就是企业文化。通用电气公司永远推崇三个传统，即坚持诚信，注重业绩，渴望变革。诚信是人之本，也是企业之本，作为世界上首屈一指的大公司，不会因为规模大而害怕变革，而是主动出击，利用企业规模优势，勇于冒险并尝试新事物。

不断变革的承诺使得通用电气公司100多年来一直愿意尝试新事物，总愿意进行变革。有成功的事情，但那是过去的成功，通用电气公司并不感到满足，而总是从新、从头做起，这就是通用电气公司对变革的承诺。大胆抓住每个机会应对每个挑战，不断追求更快、更好，这是通用电气的文化精髓。

(2) 行动的价值

当其它公司在大肆宣扬雇员终身制时，通用电气公司内部到外部媒体都对韦尔奇的做法产生了反感或质疑。多年后，韦尔奇为当年的决断寻找的理论依据是：这是一个越来越充满竞争的世界，游戏规则在不断变化。没有一个企业能够成为安全的就业天堂，除非它能在市场竞争中获胜。韦尔奇自豪地说："在通用，我不能保证每个人都能终身就业，但能保证让他们获得终身的就业能力。"

在管理上，韦尔奇自有他独特的方法，最为著名的莫过于"聚会""突然视察""手写便条"了。韦尔奇懂得"突然"行动的价值；他每周都突然视察工厂和办公室，匆匆与比他低好几级的经理共进午餐，无数次向公司员工突然发出手写的整洁醒目的便条，所有这一切都让人们感受到他的领导并对公众行为施加的影响。

韦尔奇认为，挑选最好的人才是领导者最重要的职责。他说："领导者的工作就是每天把世界各地最优秀的人才招揽过来。他们必须热爱自己的员工，拥抱自己的员工，激励自己的员工。"

作为一个过来人，韦尔奇给公司管理者传授的用人秘诀是他自创的"活力曲线"：一个组织中，必有20%的人是最好的，70%的人是中间状态的，10%的人是最差的。这是一个动态的曲线，即每个部分所包含的人一定是不断变化的。但是，一个合格的管理者必须随时掌握那20%和10%人的姓名和职位，以便做出准确的奖惩措施——最好的应该马上得到激励或升迁，最差的就必须马上走人。

(3) 以标杆为师

尽管韦尔奇和通用电气公司在20年内达到了空前的辉煌，韦尔奇却一直强调通用电气公司是一个无边界的学习型组织，要以全球的公司为师。他说："很多年前，丰田公司教我们学会了资产管理；摩托罗拉和联信推动了我们学习六西格玛；思科帮助我们学会了数字化。这样，世界上商业精华和管理才智就都在我们手中。面对未来，我们也要这样不断追寻世界上最新最好的东西，为我所用。"

通用电气公司之所以能成为赫赫有名的"经理人摇篮""商界的西点军校"，有超过1/3的商界名人都是从这家公司中出去的，除了归功于严格淘汰的人才体制，最重要的就是这种无边界的学习型组织。在这样的组织里，每个经理人无时无刻不在自觉地精心雕琢自己，从专业知识到职业技能，从管理手段到说话方式，从画好一张表格到接好一个电话，从写好一封E-mail到日常生活的一点一滴，目的是随时能够接受更高的挑战。

韦尔奇的管理理念给人最深刻的印象是：竞争，竞争，再竞争；沟通，沟通，再沟通。可以说，韦尔奇在通用电气公司的变革都是围绕着“竞争”与“沟通”的指导思想展开的。

对韦尔奇而言，竞争已不再是获取成功的必由之路，它更是一种每天持续不断的工作状态。竞争越激烈，他的生活就越充实。他认为：“我们每天都在全球竞争战场的刀光剑影中工作。而且在每一回合的打斗之间，甚至没有片刻时间休息。”

对于竞争的价值，韦尔奇表示：“美国最繁荣的时刻正是它竞争最残酷的时刻。最残酷的竞争时刻同时却是最令人兴奋、最有价值、最令人感到充实的时刻，因为它是公司拓展疆域的契机。”尽管这位商业传奇人物已经永远离开了世界，但是他的领导理念仍在整个商业市场上发挥着作用，他努力创造出的现代企业文化，还在产生更深远、更悠久的作用。

讨论：

1. 结合案例并查找资料，分析韦尔奇作为企业领导者身上具备的卓越领导品质。

2. 请思考：在当今新时代的商业环境中，一个企业若要取得成功，领导者需要具备什么样的能力结构？

3. 请思考：人工智能和大数据时代对领导能力有什么新的挑战与机遇？

本章小结

能力是完成一项目标或者任务所体现出来的综合素质，是直接影响活动效率，并使活动顺利完成的个性心理特征。能力结构是指构成能力的诸要素相互联系的方式。能力可分为一般和特殊两种。前者是完成各项活动均需具备的，其结构要素包括注意力、观察力、记忆力、想象力、思维力与操作能力。后者指从事某种专业活动必需的能力，如音乐能力，其结构要素包括曲调感、节奏感等。顺利完成任何活动都需一般能力与特殊能力的诸种结构要素协调配合，形成合理的结构。不同的心理学家对能力结构提出了不同的观点，主要有独立因素论、二因素论、多元智力论、能力结构论与层次论以及能力的信息加工理论。

领导力与领导能力的概念内涵既存在联系又存在区别。德鲁克认为：一位优秀的领导者必须具备5项主要能力：善于利用有限的时间，注重贡献和工作绩效，善于发挥人之所长，集中精力于少数主要领域，建立有效的工作秩序、有效的决策。法约尔认为，管理能力包括：未雨绸缪：三思而后行，做事之前要有详细的规划；组织：合理协调自己的团队，掌控全局的能力；有效沟通：保证各项指令的准确传达；创新：学习和总结，适时改变自己，让思想处于时代的最前沿。奎因认为，领导者发挥领导能力要扮演好8种角色，它们是生产者、导向者、合作者、监控者、促进者、辅导者、革新者和中间商。

史蒂芬·柯维是美国当代较有影响力的领导行为科学专家，由他提出的领导力准则已产生了广泛的社会影响。柯维领导力准则主要包括：即知即行；获知有效信息；妥善准备，拥有明天；切忌方向错误；承受压力；察看实现程度；自信者胜；领导之途永无止境；做出正确决定。

卓越领导力的十大标签：信念力、规划力、目标力、影响力、人际力、包容力、沟通力、读人力、表达力、协调力。解析卓越领导力的六大公式：能力＋忍耐＝能耐；能力＋干劲＝能干；能力＋主动＝能动；能力＋手段＝能手；能力＋气量＝能量；能力＋人格＝能人。

思考题

1. 能力和能力结构的内涵是什么？请举例说明。

2. 能力信息加工理论的主要观点是什么？在数智化时代，这些理论是否适用？为什么？

3. 简要谈谈领导力和领导能力的联系与区别。

4. 史蒂芬·柯维的领导力准则有哪些？谈一谈你的理解。

5. 卓越领导力的标签有哪些？谈一谈你具备哪些标签？还缺少哪些标签？

6. 在中国文化背景下，请你谈一谈如何培育个人卓越领导力？

参考文献

[1] 伯利，米恩斯. 现代公司与私有财产[M]. 甘华鸣，罗锐韧，蔡如海，译. 北京：商务印书馆，2005.

[2] 鲍捷. 领导成员交换对新生代员工敬业度的影响研究：基于心理授权的中介作用[D]. 南京：南京邮电大学，2019.

[3] 德鲁克. 卓有成效的管理者[M]. 许是祥，译. 北京：机械工业出版社，2020.

[4] 曹勇，向阳. 企业知识治理、知识共享与员工创新行为：社会资本的中介作用与吸收能力的调节效应[J]. 科学学研究，2014，32(1)：92-102.

[5] 陈红，刘梅. 基于中国人际关系格局的组织圈层模型分析[J]. 软科学，2009，23(7)：26-31.

[6] 陈卫旗. 人与组织匹配：个体与组织价值观的互动观研究[M]. 北京：中国书籍出版社，2014.

[7] 陈志霞. 社会心理学[M]. 北京：人民邮电出版社，2016.

[8] 邓修权，彭金梅. 组织能力的系统剖析：从具体到抽象[J]. 管理学报，2006，3(5)：549-555.

[9] 丁妮，丁锦红，郭德俊. 个体神经质水平对情绪加工的影响：事件相关电位研究[J]. 心理学报，2007，39(4)：629-637.

[10] 范林榜. 薪酬战略与企业文化[J]. 企业管理，2007(4)：101-102.

[11] 高建丽，张同全. 个体-组织文化契合对敬业度的作用路径研究：以心理资本为中介变量[J]. 中国软科学，2015(5)：101-109.

[12] 谷珊珊. 领导能力与员工个人绩效的关系研究[D]. 西安：西安理工大学，2006.

[13] 顾海. 管理学[M]. 北京：中国医药科技出版社，2005.

[14] 关培兰. 组织行为学[M]. 北京：中国人民大学出版社，2015.

[15] 郭文臣. 个人-组织契合：双赢目标的实现过程[M]. 北京：科学出版社，2018.

[16] 利维特. 管理心理学[M]. 张文芝，等译. 北京：中国人民大学出版社，1989.

[17] 贺小格. 组织系统质涌现研究：基于组织系统五要素[D]. 广州：暨南大学，2014.

[18] 胡豪. 变革型领导对组织公民行为的影响研究：心理资本的中介作用和权力距离的调节作用[D]. 南昌：江西财经大学，2020.

[19] 胡立君,唐春勇,石军伟. 组织行为学[M]. 武汉:武汉理工大学出版社,2016.
[20] 黄炯. 权力距离、组织承诺对员工创新行为的影响研究[D]. 杭州:浙江大学,2019.
[21] 黄培伦,尚航标,李海峰. 组织能力:资源基础理论的静态观与动态观辨析[J]. 管理学报,2009,6(8):1104-1110.
[22] 金蕾. 制度环境、社会资本对社区社会组织有效性的影响及其作用机制[D]. 杭州:浙江大学,2017.
[23] 李成彦. 组织文化对组织效能影响的实证研究[D]. 上海:华东师范大学,2005.
[24] 李金海,申丽洋. 项目导向下社会组织能力建设研究[J]. 管理现代化,2018,38(6):34-37.
[25] 达夫特. 组织理论与设计[M]. 王凤彬,等译. 北京:清华大学出版社,2017.
[26] 廖三余,曹会勇. 人力资源管理. [M]. 2 版. 北京:清华大学出版社,2011.
[27] 刘澜. 领导力十律[M]. 北京:机械工业出版社,2013.
[28] 刘新. 企业组织冲突管理研究:以石油企业为例[D]. 北京:中国地质大学(北京),2010.
[29] 刘鑫,杨东涛. 互动公平对工作敬业度的影响:信任领导的中介作用及自我建构的调节作用[J]. 软科学,2015,29(3):84-87.
[30] 刘永芳. 管理心理学[M]. 北京:清华大学出版社,2008.
[31] 刘云. 组织德性研究回顾与展望[J]. 外国经济与管理,2012,34(2):43-49.
[32] 刘忠华. 组织凝聚力的形成机制与组织建设[J]. 中国集体经济,2019(35):26-27.
[33] 芦慧. "名义-隐真"文化错位与安全管理制度遵从关系研究:以国有大型煤矿作业人员为例[D]. 徐州:中国矿业大学,2014.
[34] 陆雄文. 管理学大辞典[M]. 上海:上海辞书出版社,2013.
[35] 罗珉. 现代管理学[M]. 成都:西南财经大学出版社,2004.
[36] 马新建. 组织行为学[M]. 北京:北京大学出版社,2015.
[37] 毛凯贤,李超平. 新员工主动行为及其在组织社会化中的作用[J]. 心理科学进展,2015,23(12):2167-2176.
[38] 倪建民. 组织力[M]. 北京:人民出版社,2009.
[39] 彭聃龄. 普通心理学[M]. 5 版. 北京:北京师范大学出版社,2019.
[40] 巴纳德. 经理的职能 中英双语·经典版[M]. 杜子建,译. 北京:北京理工大学出版社,2014.
[41] 巴纳德. 组织与管理[M]. 曾琳, 等译. 北京:中国人民大学出版社, 2009.
[42] 盛伟忠,陈劲. 企业互动学习与创新能力提升机制研究[J]. 科研管理,2018,39(9):1-10.
[43] 柯维. 领导者准则[M]. 阮江平,等译. 北京:中国青年出版社,2003.
[44] 史金平. 管理学[M]. 北京:高等教育出版社,2006.
[45] 罗宾斯,德森佐. 管理学原理[M]. 毛蕴诗,译. 沈阳:东北财经大学出版社,2004.
[46] 罗宾斯,贾奇. 组织行为学[M]. 16 版. 孙健敏,等译. 北京:中国人民大学出版社,2016.
[47] 罗宾斯,库尔特. 管理学[M]. 刘刚,等译. 北京:中国人民大学出版社,2017.
[48] 斯皮尔曼. 人的能力[M]. 袁军,译. 杭州:浙江教育出版社,1999.
[49] 孙健敏,陈乐妮,尹奎. 挑战性压力源与员工创新行为:领导-成员交换与辱虐管理的作

用[J]. 心理学报,2018,50(4):436-449.
[50] 孙燕一,程立茹,王纪芒. 实用组织行为学[M]. 西安:西北工业大学出版社,2007.
[51] 泰罗. 科学管理原理[M]. 胡隆昶,译. 北京:中国社会科学出版社,1984.
[52] 王博荣. 管理的路标:论管理的方法与架构[M]. 西安:陕西人民教育出版社,2009.
[53] 王萍. 人与组织匹配的理论与方法[M]. 北京:中国地质大学出版社,2008.
[54] 王琦,杜永怡,席酉民. 组织冲突研究回顾与展望[J]. 预测,2004,23(3):74-80,26.
[55] 王雁飞,朱瑜. 组织社会化理论及其研究评价[J]. 外国经济与管理,2006,28(5):31-38
[56] 王勇,王瑞飞. 个体有机能力及其同组织层次能力整合机理与过程分析[J]. 科研管理,2004,25(3):110-116.
[57] 钱德勒. 看得见的手[M]. 北京:商务印书馆,2017.
[58] 钱德勒. 企业规模经济与范围经济:工业资本主义的原动力[M]. 张逸人,等译. 北京:中国社会科学出版社,1999.
[59] 肖金岑,全静,章璐璐,卿涛. 中国组织情境中职场友谊对任务绩效的影响研究[J]. 软科学,2020,34(11):117-122.
[60] 肖余春,沈淑红,郑喜燕. 多团队系统协作机制的结构方程模型研究:以高新技术企业NPD多团队系统为例[J]. 科学学研究,2013,31(3):422-429.
[61] 徐联仓,杨林林. 领导行为研究[M]. 武汉:华中理工大学出版社,1991.
[62] 徐志静. 员工-组织关系与员工敬业度间关系的研究:组织支持感的中介作用[D]. 南京:南京大学,2016.
[63] 阎海峰,王端旭. 现代组织理论与组织创新[M]. 北京:人民邮电出版社,2003.
[64] 杨国安. 组织能力的杨三角:企业持续成功的秘诀[M]. 2 版. 北京:机械工业出版社,2009.
[65] 杨朦晰,陈万思,周卿钰,等. 中国情境下领导力研究知识图谱与演进:1949-2018 年题名文献计量[J]. 南开管理评论,2019,22(4):80-94.
[66] 余璇,袁月,张印轩,等. 科技企业组织社会化策略对新生代员工组织承诺的影响:一个有调节的中介模型[J]. 科技进步与对策,2021,38(6):147-154.
[67] 俞文钊. 领导心理学导论[M]. 北京:人民教育出版社,1993.
[68] 袁庆宏,付美云,陈文春. 职业生涯管理[M]. 北京:科学出版社,2009.
[69] 张乐. 组织政治、选择性知觉及与员工道德行为关系研究[D]. 徐州:中国矿业大学,2020.
[70] 张立峰. 人力资源管理强度对员工敬业度的影响研究:以组织支持感为中介变量[D]. 沈阳:辽宁大学,2016.
[71] 张蔚虹,陈英武,史会斌. 装备制造业服务化协作网络类型与特征分析[J]. 科技进步与对策,2015,32(12):55-60.
[72] 张肖虎. 组织制度分析[M]. 北京:经济科学出版社,2012.
[73] 张旭,樊耘,黄敏萍,等. 基于自我决定理论的组织承诺形成机制模型构建:以自主需求成为主导需求为背景[J]. 南开管理评论,2013,16(6):59-69.
[74] 张艳清,王晓晖,王海波. 组织情境下的不道德行为现象:来自道德推脱理论的解释[J]. 心理科学进展,2016,24(7):1107-1117.

[75] 张燕红,李永周,周勇,等.关系资源视角的新员工组织社会化过程机制[J].心理科学进展,2018,26(4):584-598.

[76] 张周.非营利组织效能评估研究[D].长沙:中南大学,2014.

[77] 赵新宇,尚玉钒,李瑜佳.基于高校科研团队的领导语言框架、工作复杂性、认知评价与创造力关系研究[J].管理学报,2016,13(5):671-679.

[78] 郑义.没有组织力,企业就是一盘沙[M].北京:中国财政经济出版社,2014.

[79] 郑湛,徐绪松,赵伟,等.面向互联网时代的组织架构、运行机制、运作模式研究[J].管理学报,2019,16(1):45-52.

[80] 朱彬.社会自组织在基层社会管理中的作用研究[D].天津:天津大学,2013.

[81] ADKINS C L, RUSSELL C J, WERBEL J D. Judgments of fit in the selection process: the role of work value congruence[J]. Personnel psychology, 1994, 47(3): 605-623.

[82] ASHFORD S J, BLACK J S. Proactivity during organizational entry: the role of desire for control[J]. Journal of applied psychology, 1996, 81(2): 199-214.

[83] ASHFORTH B E, MAEL F. Social identity theory and the organization[J]. The academy of management review, 1989, 14(1): 20-39.

[84] BANKS G C, BATCHELOR J H, SEERS A, et al. What does team-member exchange bring to the party? A meta-analytic review of team and leader social exchange[J]. Journal of organizational behavior, 2014, 35(2): 273-295.

[85] BERLINER J S. The informal organization of the soviet firm[J]. Quarterly journal of economics, 1952, 66(3): 342.

[86] BI Z M, XU L D, WANG C G. Internet of things for enterprise systems of modern manufacturing [J]. IEEE transactions on industrial informatics, 2014, 10 (2): 1537-1546.

[87] BOWEN D E, LEDFORD JR G E, NATHAN B R. Hiring for the organization, not the job[J]. Academy of management perspectives, 1991, 5(4): 35-5.

[88] BRETZ JR R D, ASH R A, DREHER G F. Do people make the place? An examination of the attraction-selection-attrition hypothesis[J]. Personnel psychology, 1989, 42(3): 561-581.

[89] BRIGHT D S, CAMERON K S, CAZA A. The amplifying and buffering effects of virtuousness in downsized organizations[J]. Journal of business ethics, 2006, 64(3): 249-269.

[90] BRIKER R, WALTER F, COLE M S. The consequences of (not) seeing eye-to-eye about the past: the role of supervisor-team fit in past temporal focus for supervisors' leadership behavior[J]. Journal of organizational behavior, 2020, 41(3): 244-262.

[91] CABLE D M, JUDGE T A. Pay preferences and job search decisions: a person-organization fit perspective[J]. Personnel psychology, 1994, 47(2): 317-348.

[92] CHEN T J, WU C M, WANG Y C. Transformational leadership and job satisfaction[J]. Open journal of social sciences, 2015, 3(7): 174-179.

[93] COLARELLI S M, ARVEY R D. The biological foundations of organizational

behavior[M]. London: University of Chicago Press, 2015.

[94] DELOBBE N, COOPER-THOMAS H D, DE HOE R. A new look at the psychological contract during organizational socialization: the role of newcomers' obligations at entry[J]. Journal of organizational behavior, 2016, 37(6): 845-867.

[95] DEN HARTOG D N. Ethical leadership[J]. Annual review of organizational psychology and organizational behavior, 2015, 2(1): 409-434.

[96] DERUE D S, MORGESON F P. Stability and change in person-team and person-role fit over time: the effects of growth satisfaction, performance, and general self-efficacy[J]. The journal of applied psychology, 2007, 92(5): 1242-1253.

[97] FIEDLER F E. A theory of leadership effectiveness[M]. New York: McGraw-Hill, 1967.

[98] FISCHER T, DIETZ J, ANTONAKIS J. Leadership process models: a review and synthesis[J]. Journal of management, 2017, 43(6): 1726-1753.

[99] FLEISHMAN E A, MUMFORD M D, ZACCARO S J, et al. Taxonomic efforts in the description of leader behavior: a synthesis and functional interpretation[J]. The leadership quarterly, 1991, 2(4): 245-287.

[100] FOTI R J, HAUENSTEIN N. Pattern and variable approaches in leadership emergence and effectiveness[J]. Journal of applied psychology, 2007, 92(2): 347.

[101] FULMER I S, GERHART B, SCOTT K S. Are the 100 best better? An empirical investigation of the relationship between being a "great place to work" and firm performance[J]. Personnel psychology, 2003, 56(4): 965-993.

[102] FU P P, YUKL G. Perceived effectiveness of influence tactics in the United States and China[J]. The leadership quarterly, 2000, 11(2): 251-266.

[103] GARDNER H. Frames of mind: the theory of multiple intelligences[M]. New York: Basic Books, 1983.

[104] GARDNER H. Intelligence reframed: multiple intelligences for the 21st century [M]. New York: Basic Books, 1999.

[105] GAVETTI G, RIVKIN J W. On the origin of strategy: action and cognition over time[J]. Organization science, 2007, 18(3): 420-439.

[106] GERPOTT F H, LEHMANN-WILLENBROCK N, VOELPEL S C, et al. It's not just what is said, but when it's said: a temporal account of verbal behaviors and emergent leadership in self-managed teams[J]. Academy of management journal, 2019, 62(3): 717-738.

[107] GUILFORD J P. The nature of human intelligence[M]. New York: McGraw-Hill, 1967.

[108] HERZBERG F, MAUSNER B. The motivation to work[M]. New York: Transaction Publishers, 1959.

[109] HOUSE R J, HOWELL J M. Personality and charismatic leadership[J]. The leadership quarterly, 1992, 3(2): 81-108.

[110] HU J, ZHANG Z, JIANG K, et al. Getting ahead, getting along, and getting

prosocial: Examining extraversion facets, peer reactions, and leadership emergence [J]. The journal of applied psychology,2019,104(11):1369-1386.

[111] ISHAQ E, BASHIR S, KHAN A K. Paradoxical leader behaviors: Leader personality and follower outcomes[J]. Applied psychology,2021,70(1):342-357.

[112] JAGO A G. Leadership: Perspectives in theory and research[J]. Management science, 1982,28(3):315-336.

[113] JONES D A, WILLNESS C R, MADEY S. Why are job seekers attracted by corporate social performance? Experimental and field tests of three signal-based mechanisms[J]. Academy of management journal,2014,57(2):383-404.

[114] JUDGE T A, CABLE D M. Applicant personality, organizational culture, and organization attraction[J]. Personnel psychology,1997,50(2):359-394.

[115] JUDGE T A, HIGGINS C A, THORESEN C J, et al. The big five personality traits, general mental ability, and career success across the life span[J]. Personnel psychology,1999,52(3):621-652.

[116] KARK R, VAN DIJK D. Motivation to lead, motivation to follow: the role of the self-regulatory focus in leadership processes[J]. Academy of management review, 2007,32(2):500-528.

[117] KRISTOF A L. Person-organization fit: an integrative review of its conceptualizations, measurement, and implications[J]. Personnel psychology,1996,49(1):1-49.

[118] KUKENBERGER M R, D'INNOCENZO L. The building blocks of shared leadership: the interactive effects of diversity types, team climate, and time[J]. Personnel psychology, 2020,73(1):125-150.

[119] LEE S, KLEIN H J. Relationships between conscientiousness, self-efficacy, self-deception, and learning over time[J]. Journal of applied psychology,2002,87(6): 1175-1182.

[120] LEPINE J A, COLQUITT J A, EREZ A. Adaptability to changing task contexts: effects of general cognitive ability, conscientiousness, and openness to experience [J]. Personnel psychology,2000,53(3):563-593.

[121] LEPINE J A, PODSAKOFF N P, LEPINE M A. A meta-analytic test of the challenge stressor-hindrance stressor framework: an explanation for inconsistent relationships among stressors and performance [J]. Academy of management journal,2005,48(5):764-775.

[122] LI N, ZHENG X, HARRIS T B, et al. Recognizing "me" benefits "we": investigating the positive spillover effects of formal individual recognition in teams[J]. The journal of applied psychology,2016,101(7):925-939.

[123] LIU H Y, DUST S B, XU M Y, et al. Leader-follower risk orientation incongruence, intellectual stimulation, and creativity: a configurational approach[J]. Personnel psychology, 2021,74(1):143-173.

[124] MEYER R D, DALAL R S, HERMIDA R. A review and synthesis of situational

strength in the organizational sciences[J]. Journal of management,2010,36(1):121-140.

[125] MILES R E,SNOW C C,MEYER A D,et al. Organizational strategy,structure,and process[J]. Academy of management review academy of management,1978,3(3):546-562.

[126] NAGLIERI J A, DAS J P. Planning, attention, simultaneous, and successive (PASS) cognitive processes as a model for intelligence[J]. Journal of psychoeducational assessment, 1990,8(3):303-337.

[127] NAGLIERI J A, DAS J P. Planning-arousal-simultaneous-successive (PASS): a model for assessment[J]. Journal of school psychology,1988,26(1):35-48.

[128] NAZIR S, SHAFI A, ASADULLAH M A, et al. Linking paternalistic leadership to follower's innovative work behavior: the influence of leader-member exchange and employee voice[J]. European journal of innovation management,2021,24(4):1354-1378.

[129] NG K Y, ANG S, CHAN K Y. Personality and leader effectiveness: a moderated mediation model of leadership self-efficacy, job demands, and job autonomy[J]. The journal of applied psychology,2008,93(4):733-743.

[130] OREG S, BERSON Y. Personality and charismatic leadership in context: the moderating role of situational stress[J]. Personnel psychology,2015,68(1):49-77.

[131] OWENS B P, JOHNSON M D, MITCHELL T R. Expressed humility in organizations: implications for performance, teams, and leadership[J]. Organization science,2013,24(5):1517-1538.

[132] PRABHU, V. P. Proactive personality and organizational change: factors affecting retention[J]. Journal of organizational psychology, 2016,16(1),11-23.

[133] RUBIN P H. The expansion of firms[J]. Journal of political economy,1973,81(4):936-949.

[134] SASHKIN M. The visionary leader[M]. San Francisco: Jossey-Bass,1988.

[135] SCHAUFELI W B,BAKKER A B. Job demands,job resources,and their relationship with burnout and engagement:a multi-sample study[J]. Journal of organizational behavior,2004, 25(3):293-315.

[136] SHEMYATIKHINA L. The enterprise memory in knowledge management of modern organization[J]. Economics & law,2020,2(1):49-54.

[137] SHIFLETT S. Is there a problem with the Lpc score in leader match? [J]. Personnel psychology,1981,34(4):765-769.

[138] SIMON H A. Administrative behaviour[J]. Australian journal of public administration, 1950,9(1):241-245.

[139] SIMON H A. Notes on the observation and measurement of political power[J]. The journal of politics,1953,15(4):500-516.

[140] SLUSS D M,PLOYHART R E,COBB M G,et al. Generalizing newcomers' relational and

organizational identifications: processes and prototypicality[J]. Academy of management journal, 2012, 55(4): 949-975.

[141] SPEARMAN C. "General intelligence", objectively determined and measured[J]. The American journal of psychology, 1904, 15(2): 201-292.

[142] SRIVASTAVA S, JOHN O P, GOSLING S D, et al. Development of personality in early and middle adulthood: set like plaster or persistent change? [J]. Journal of personality and social psychology, 2003, 84(5): 1041.

[143] STERNBERG R J. Beyond IQ[M]. Cambridge: Cambridge University Press, 1985.

[144] STOGDILL R M. Personal factors associated with leadership: a survey of the literature[J]. The journal of psychology, 1948, 25(1): 35-71.

[145] SUN R, ASENCIO H D. Using social media to increase nonprofit organizational capacity[J]. International journal of public administration, 2019, 42(5): 392-404.

[146] TANG G Y, CHEN Y, VAN KNIPPENBERG D, et al. Antecedents and consequences of empowering leadership: leader power distance, leader perception of team capability, and team innovation[J]. Journal of organizational behavior, 2020, 41(6): 551-566.

[147] THORNDIKE E L. Educational psychology: the psychology of learning[M]. New York: Teachers College, 1913.

[148] TURBAN D B, KEON T L. Organizational attractiveness: an interactionist perspective[J]. Journal of applied psychology, 1993, 78(2): 184.

[149] VAN DER ZEE K I, ZAAL J N, PIEKSTRA J. Validation of the multicultural personality questionnaire in the context of personnel selection[J]. European journal of personality, 2003, 17(S1): S77-S100.

[150] VERNON M D. Reading and its difficulties[M]. Cambridge: Cambridge University Press, 1971.

[151] WEISS M, RAZINSKAS S, BACKMANN J, et al. Authentic leadership and leaders' mental well-being: an experience sampling study [J]. The leadership quarterly, 2018, 29(2): 309-321.

[152] WYATT M, SILVESTER J. Do voters get it right? A test of the ascription-actuality trait theory of leadership with political elites[J]. The leadership quarterly, 2018, 29(5): 609-621.

[153] YALABIK Z Y. Mergers and acquisitions: does organizational socialization matter? [J]. Human resource development international, 2013, 16(5): 519-537.

[154] YUKL G, GORDON A, TABER T. A hierarchical taxonomy of leadership behavior: integrating a half century of behavior research[J]. Journal of leadership & organizational studies, 2002, 9(1): 15-32.

[155] YU K Y T, DAVIS H M. Autonomy's impact on newcomer proactive behaviour and socialization: a needs-supplies fit perspective [J]. Journal of occupational and organizational psychology, 2016, 89(1): 172-197.

[156] ZAHRA S A, SAPIENZA H J, DAVIDSSON P. Entrepreneurship and dynamic capabilities: a review, model and research agenda [J]. Journal of management studies,2006,43(4):917-955.

[157] ZHANG X M, BARTOL K M. Linking empowering leadership and employee creativity: the influence of psychological empowerment, intrinsic motivation, and creative process engagement[J]. Academy of management journal,2010,53(1):107-128.

[158] ZHANG Y, HUAI M Y, XIE Y H. Paternalistic leadership and employee voice in China: a dual process model[J]. The leadership quarterly,2015,26(1):25-36.

[159] ZHAO H D, LIU W W, LI J, et al. Leader-member exchange, organizational identification, and knowledge hiding: the moderating role of relative leader-member exchange[J]. Journal of organizational behavior,2019,40(7):834-848.

